우리 문화 그 은은한 향기

우리 문화 그 은은한 향기

장진호

글누림

전국시대 때, 연나라의 수릉에 한 청년이 살고 있었는데, 어느 날 이웃 나라인 조나라 한단 사람들의 걸음걸이가 아주 멋있다는 소문을 들었다. 그래서 그는 한단 사람들의 걷는 모습을 배우고 싶어 한단으로 갔다.

그런데 한단 거리에서 매일 사람들이 걷는 모습을 보며 따라 했지만 뜻하는 대로 잘 되지 않았다. 몇 개월이 지나도 한단 사람들의 걷는 법을 제대로 배울수가 없었다. 그러다가 그만 원래 자신이 가지고 있던 걸음걸이마저 잃어버렸다. 그래서 그는 이런저런 걸음걸이를 다 잃고, 네 발로 엉금엉금 기어서 자기 나라로 돌아왔다.

한단지보(邯鄲之步)라는 고사에 얽힌 이야기다. 자신의 근본을 잊고 남의 흉내를 내려다가 그만 지기 것마저 다 잃어버리는, 어리석은 사람들을 깨우치기 위한 이야기다.

그러면 우리는 저 연나라 청년처럼 어리석은 행동을 한 적은 없었을까? 주위를 둘러보면 가까이서 그러한 예를 쉽게 찾아볼 수 있다.

사라진 동신제(洞神祭)도 그 비근한 예다. 동신제는 마을을 지켜주는 동네 신에게 그 마을 사람들이 공동으로 복을 비는 제의(祭儀)다. 온 마을 사람들이 질병과 재앙으로부터 벗어나고, 풍년이 들고, 고기가 잘 잡히게 해 달라고 비는 제사의식이다. 그런데 지금은 그 동제를 거의 찾아볼 수가 없다.

동제가 없어지기 시작한 것은 일제강점기에 일본 사람들이 벌인, 이른바 미신 퇴치 작전 때문이었다. 동제는 미신이므로 그런 걸 하루빨리 버려야 문명인이 될 수 있다고 일제는 꾀었다. 그 속셈은 마을 사람들의 단결과 우리의 전통적인 맥을 끊기 위함이었다. 일제의 감언이설에 속아 전래의 그 동제를 그만 잃어버린 것이다. 마을 사람들을 하나로 묶어주던 정신적 유대의 끈이 끊어진 것이다.

이러한 꼼수를 부린 일본 사람들은, 자기들이 서구문물을 받아들일 때는 '아이 씻은 물을 버리는데 아이까지 함께 내다버리는 일은 없어야 한다.'고 하면서 자신들을 다독거렸다. 그러나 우리는 그러질 못했다. 땟물을 버리면서 아이까지 함께 버리는 어리석음을 저질렀다.

당나무 신앙도 마찬가지다. 당나무는 마을에 따라서는 신목(神木) 또는 신수라고도 불렸는데, 그 나무에는 신령이 강림하거나 머물러 있다고 믿는 신성한 나무였다. 이름 그대로 우주목이요 세계수였다. 당나무는 마을을 지켜주는 수호신이었다. 그런데 새마을 운동을 벌이면서, 당나무 신앙을 미신으로 취급하여 당나무를 베어버리거나 수없이 훼손하였다.

우리는 대대로 물려오던 귀중한 문화유산을 그렇게 잃었다. 자신의 걸음걸이를 잃어버린 것이다.

중학생 시절에 이광수의 「꿈」이란 작품을 감명 깊게 읽은 적이 있다.

그런데 얼마 후에, 이 소설이 『삼국유사』의 「조신 설화」를 바탕으로 하여 쓴 작품이라는 것을 알게 되었다. 소설 「꿈」에 감명을 받았던 나는 곧장 도서관으로 달려가 그 설화를 찾아 읽었다. 『삼국유사』에 적혀 있는 조신 설화의 줄거리는 매우 간략했다. 짤막한 그런 이야기에 그토록 살을 붙여 재미난 소설로 재탄생시킨 춘원의 재주에 나는 크게 놀랐다.

그 후 이 「꿈」 이야기는 영화로도 만들어졌다. 영화는 영화대로 또 다른 각색을 하고 있었다. 고전에 숨어 있던 설화가 현대에 와서 소설로, 영화로 새로 태어났다. 우리가 가졌던 작은 설화의 씨앗을 버리지 않고 잘 길러, 더 크고 화려한 꽃을 피우고 열매를 맺은 것이다.

우리가 어릴 때 흔하게 듣던 도깨비 이야기는 시대의 물결을 타고 이제 그 자취를 감추었다. 그런데 근래에 도깨비 이야기가 드라마로 새로 만들어져 큰 인기를 얻었다. 한국 고유의 전통적 신앙의 대상이었던 도깨비를 고전적 통설에 맞게 다시 살려낸 것이다. 한국인들의 의식 속에 아련하게 자리 잡고 있던 고유한 정신적 유산을 되살려 내어, 시청자로 하여금 큰 공감대와 즐거움을 얻게 만드는 효과를 자아낸 것이다.

외국의 어느 투자청장은 이를 보고, 지금 자기 나라에서도 '도깨비 열풍'이 불고 있다면서, 한국만의 문화가 녹아 있어 호기심을 갖고 있다고 하였다. 그리고 다른 이야기도 더 찾아서, 그런 것들을 활용해 모바일 교육용 자료 등을 만들자고 제안하였다.

아동문학가 권정생은 민담으로 전해오는 호랑이 이야기를 바탕으로 「금강산 호랑이」라는 동화를 창작하였다. 포수였던 아버지가 사냥을 나갔다가 금강산 호랑이에게 잡아먹히자 아들이 열심히 수련해 결국 원수를 갚는다는 내용이다. 그런데 일본의 대표적인 아동도서 출판사 회장인 마쓰이 다다시 씨가 이 작품을 보고, 요즘 일본 아이들이 너무 나약해졌는데 읽고 나서 씩씩해질 수 있는 좋은 작품이라 하며 출판 허락을 받아갔다.

이 모두가 한국적인 것이 세계적이라는 것이란 것을 다시 새겨보게 한다. 그런데 우리는 귀로는 이런 이야기를 들으면서 고개를 끄덕이기도 하지만 정작 실천은 잘 하지 못하고 있다. 그것은 우리 것에 대한 깊은 애정이 없거나, 깊이 살피려고 하는 기본자세가 되어 있지 않기 때문이다. 한말로 말하면, 우리 문화에 대한 기본적인 섭렵이 부족하기 때문이다.

돌아보면 우리에게는 지난날 쌓아 놓은 문화적 자산들이 수없이 많다. 기본기만 익히면 그것을 발판으로 하여 제2의 '꿈 이야기', 제3의 '도깨비 영화' 그리고 수많은 '금강산 호랑이' 이야기나 애니메이션을 얼마든지 만들어 낼 수 있다.

의학용어에 위생가설(hygiene hypothesis)이란 것이 있다. 어린 시절에 감염균이나 장내에 존재하는 세균들 또는 기생충 등에 노출되는 기회가 적은 아이들에게는, 자연적으로 형성되는 면역체계가 억제되어 나이가 들수록 알레르기 질환이나 여러 가지 질병에 대한 유병률이 높아진다는 이론이다. 자라는 환경 속에서 적절한 면역력을 얻지 못하면, 자라서도 여러 가지 병에 잘 걸려 생존에 지장을 받는다는 것이다.

이와 마찬가지로, 우리가 가진 기층적 문화에 대한 소양을 가지지 못하고 갑작스레 만들어내는 문화는 면역성이 약하여 오래가지 못한다. 뿐만 아니라, 그러한 문화는 참다운 우리 문화라 할 수도 없다. 그런 문화는 일시적으로는 유행을 탈지 모르나, 건강성이 부족하여 오래 가지 못할 것이다. 우리의 토양에 뿌리를 박지 않은 문화는 다른 사람들의 관심도 끌지 못할 뿐만 아니라, 오래 가지 못하고 시들어 버리기 마련이다.

우리 주변을 돌아보면, 우선 돈벌이가 되는 날치기 콘텐츠들이 문화라는 이름을 달고 활개치고 있다. 우리의 것에 바탕을 둔 기초공사가 튼튼하지 않는 것들이다. 이제 우리는 우리 문화의 기층을 이것저것 살펴보고, 그 토대 위에서 새로운 것을 만들어 가야 한다. 평소에 관심을 두지 않았던 우리의 것에 대한 시야를 넓히고 기본적 소양을 다져, 거기서 얻은 역량으로 새로운 문화를 만들어 가야 한다. 한단의 청년처럼 어설프게 남의 흉내를 내려다가 자기 것을 잃어버리는 어리석음을 이제 범해서는 안 된다.

　　이제 우리는 밑바닥에 쌓여 있는 우리 것들에 대한 섭렵의 폭을 넓혀야 한다. 다른 말로 하면 문화의 지평을 넓혀야 한다. 우리 것에 대한 폭넓은 소양을 가져야 한다. 이것이 새 문화를 창조하는 밑거름이다.

　　그와 같은 소박한 소망의 일환으로, 우리 문화의 이런저런 것을 한데 모아, 이렇게 한 권의 책으로 다듬어 감히 세상에 내놓는다. 필자는 수년 전에 그러한 생각으로 『우리 문화 그 가슴에 담긴 말』이라는 표제로 하여 일차 출간한 바가 있다. 문화체육부가 주관하는 세종도서 우수교양도서에 선정되는 기쁨도 안았다. 이번에 출간하는 이 졸저는 그 속편이라 할 수 있다.

　　내 딴에는 새로운 문화 창조를 위한 생각의 밭에, 조금의 거름이라도 될까 하는 바람으로 쓴 것들이다. 아무렴 심심풀이 삼아 읽고, 우리 문화의 뒤안길을 거니는 사람들이 많아졌으면 참으로 좋겠다.

2018년 4월

장 진 호　씀

차
례

책머리에 <u>005</u>

제1부 **언어 · 문학**

지명과 그에 얽힌 전설의 의미   17

왕의 성기 길이가 여덟 치라   29

잘못 알려진 서산대사의 시   38

향기를 숨긴 한(恨)의 꽃 진달래   45

큰 수의 난위를 나타내는 우리말은 없었나   53

우리에게도 창세신화가 있다   59

조선 여류 시인들의 사랑   66

우리의 이솝 우화 설(說) 문학   79

전설과 민담은 어떻게 가지를 뻗어가나   90

한글의 자모 이름과 순서는 어떻게 정해졌나   95

야단법석(野壇法席)은 야단(惹端)스럽지 않다   103

짤막한 국민시를 만들자   109

제2부 역사·유적

단군신화는 일연이 지어낸 것일까   123

우리 민족 최초의 나라 이름과 건국자   127

단군이 세운 나라 이름은 고조선인가   131

우리는 모두 단군의 자손인가   135

단군과 웅녀가 말해 주는 것   138

대왕암은 살아 있다   145

백제는 왜 건국 신화가 없을까   149

선덕여왕은 선하고 덕이 많은 왕이었나   152

우리 옛 나라 이름과 왕명에 담긴 뜻   158

광해군은 폭군인가   174

육주비전 육의전 육모전의 말 뿌리   180

역사에서 기르치고 배워야 할 것   183

제3부 예절 · 풍습

범보다 더 사나운 것에 시달린 사람들   195

쥐뿔도 모른다   204

한국 고추와 미국 고추   208

송도(松島)는 소나무가 많은 섬인가   212

양을 훔친 아버지를 고발해야 할까   222

조선 선비들은 왜 우스갯말 책을 엮었나   228

선조들은 왜 바보 이야기를 만들어 냈을까   241

그 많던 도깨비는 다 어디로 갔을까   247

제사의 강신 참신과 불천위   254

누이를 잃은 어느 독립투사의 눈물로 쓴 제문   259

은장도 있던 자리에 다이아몬드 액세서리   269

제4부 설화 · 민속

동물과의 결혼담 전설에 담긴 의미 281

아내의 간통 장면을 보고 처용은 왜 춤을 추었을까 287

우리의 슬픈 이야기 장자못 전설 294

아기장수를 영웅으로 키우지 못한 사람들 300

귀신을 부리는 비형(鼻荊) 설화는 왜 만들어졌을까 309

노래하는 새와 우는 새 317

한국의 어머니는 진짜 신(神)이다 323

임금님 귀는 왜 당나귀 귀가 됐을까 328

한국의 이끼와 서양의 이끼 337

경상도 보리 문둥이란 말의 유래 345

섣달 그믐날 밤에 잠을 자면 왜 눈썹이 셀까 350

무덤은 왜 깰까 356

제5부 종교·철학

마음의 실체와 수양에 대한 인심도심설 363

화두는 목표란 뜻이 아니다 367

닫집의 유래와 의미 373

대승불교의 새로운 이해 379

미륵보살반가사유상은 무엇을 사유할까 386

불교의 표지에는 어떤 것이 있나 390

이차돈을 다시 생각한다 397

정도전의 불교 비판을 다시 읽다 405

최한기는 어떤 세상을 꿈꾸었나 419

정약용, 성리학을 새로 쓰다 430

원효의 파계는 어떤 의미를 갖고 있나 439

우리의 농경신(農耕神) 자청비는 어디서 왔을까 453

* 참고문헌 458

제1부

언어 · 문학

지명과 그에 얽힌 전설의 의미

　우리나라의 땅이름에는 여러 가지 재미난 전설이 깃들어 있는 곳이 많다. 그 대표적인 것이 신선이나 선녀와 관련된 이야기, 충신, 효자·효부, 정절을 지킨 부인의 이야기, 이루지 못한 애절한 사랑의 이야기 등 그 종류도 다양하다. 그 외에도 계급의 상하에 따른 갈등이나 일상사의 고뇌에 얽힌 이야기 등 그 갈래가 수없이 많다.

　그런데 이들 전설은 우리들의 삶과 그에 따라 빚어지는 한을 담고자 하는 바람에서, 원래의 지명이 가진 뜻과는 거리가 멀어진, 가공의 사실로 윤색된 것이 많다. 이를테면, 아리랑 고개란 이름이 자기 정조를 지키려다 억울하게 죽은 '아랑' 낭자의 이름에서 왔다는 전설이나, 달래강의 이름이, 옷이 물에 젖은 누나의 모습을 본 남동생이 솟아나는 욕정을 참지 못하여 자신의 성기를 짓이기고 죽자, 그것을 본 누나가 어이없고 애석한 나머지, '달래나 보지' 하고 말했다는 전설에서 나온 이름이라고 하는 것 따위가 그런 것이다. 이러한 전설은 사람들이 그럴듯하게 꾸며낸 이야기지, 실제 그 지명과는 아무런 관련이 없는 것이 대부분이다.

　그러면 이러한 예에 속하는 지명 설화 몇 가지를 보기로 하자.

먼저 손돌목 전설을 들어보자.

손돌목은 경기도 김포군과 강화군 사이에 있는 손돌목이라는 여울 이름이다. 손돌목 전설은 이 지명에 얽힌 유래담이다. 손돌목은 원래 우리말로 된 지명인데, 사람들이 그 속에 담긴 말뜻을 잃어버리자, 손돌목을 손돌목(孫突項, 孫乭項)이란 어떤 사람 이름으로 이해하고, 거기에 갖다 붙여 만든 이야기가 손돌목 전설이다. 그러면 그 전설을 들어보자.

고려시대 몽고군의 침입으로 왕이 강화로 피난을 할 때, 손돌이란 뱃사공이 왕과 그 일행을 배에 태워서 건너게 되었다. 손돌은 안전한 물길을 택하여 초지(草芝 지명이다)의 여울로 배를 몰았다. 마음이 급한 왕은 손돌이 자신을 해치려고 배를 다른 곳으로 몰아가는 것으로 생각하고, 신하를 시켜 손돌의 목을 베도록 명하였다.

이때 손돌은 왕에게, 자신이 죽은 뒤 배에 있는 박을 물에 띄우고, 그것을 따라가면 몽고군을 피하며 험한 물길을 벗어날 수 있다는 말을 남기고 죽었다. 손돌을 죽이자 적이 뒤따라오므로, 왕과 그 일행은 손돌의 말대로 박을 띄워 무사히 강화로 피할 수 있었다.

왕은 손돌의 충성에 감복하여 그의 무덤을 만들고 제사를 지내 그 영혼을 위로하였다. 손돌이 억울하게 죽은 날이 10월 20일이었는데, 그 뒤 이날이 되면 손돌의 원혼에 의하여 매년 추운 바람이 세차게 불어오므로, 이를 손돌바람, 손돌추위라 하고, 이 여울목을 손돌목이라 하게 되었다. 이로 인하여 어부들은 이날 바다에 나가는 것을 삼가고, 평인들은 겨울옷을 마련하는 풍습이 생기게 되었다.

그런데 이 이야기는 앞에서 말했다시피, 사람들이 그럴싸하게 지어낸 이야기다. 그러면 '손돌목'이란 말의 본래 뜻을 하나하나 살펴보자.

손돌이란 지명은 '용비어천가'에도 나오는데, 한자로는 착량(窄梁)이라 표기하고 있다. 착량이란 '좁은 물목'이란 뜻이다. 손돌목의 '손'은 '좁다'의 뜻인 '솔다'의 관형사형이다. '멀다'의 관사형이 '먼'이고 '놀다'의 관형사형이 '논'이 되는 것과 같다. 그러니 '손'은 '좁은'이란 뜻이다. '바지통이 솔다', '저고리 품이 솔다' 또는 '버선볼이 솔다'와 같이 지금도 쓰는 말이다.

'돌'은 물목이란 뜻인데 한자로 표기할 때는 량(梁 돌 량) 자를 쓴다. 울돌목을 명량(鳴梁)이라 하고, 노돌(강)을 노량(露梁)이라 적는 것도 이런 예에 속한다. '돌'은 현대어 '도랑'에 그 흔적이 남아 있다.

그리고 '목'은 '(다른 곳으로는 빠져나갈 수 없는) 중요한 통로의 좁은 곳'을 뜻하는 말이다. '길목, 골목, 나들목' 등과 같이 합성어를 만들기도 하는 말이다. 그러니 '손돌목'은 '좁은 물목'이란 뜻이다. 오랜 세월을 지나면서 사람들은 '손돌목'의 이런 뜻을 잃어버리고, 그것을 손돌(孫乭), 또는 손돌목(孫突項, 孫乭項)이란 사람 이름으로 둔갑시켜, 위에서 본 바와 같은 전설을 지어낸 것이다.

우리나라 지명에 아차산현, 아차산, 아차고개, 아차섬 등과 같이 '아차'가 붙은 것들이 있다. 앞의 손돌목 전설에서 본 바와 같이 이 아차가 붙은 땅이름에도 그에 따른 전설이 붙어 있다.

서울시 광진구 중곡동에 있는 아차산의 전설을 들어보자.

조선시대에 용하기로 소문난 점쟁이가 있었다. 그는 이 세상에서 모르는 것이 없다는 사람이었다.

이 소문을 들은 왕이 점쟁이를 불러들여 명했다.

"네가 그렇게 용하다면, 이 궤짝 안에 무엇이 들어 있는지 맞혀 보아라."

"이 안에는 쥐 아홉 마리가 있사옵니다. 전하."

그러나 궤짝에는 단지 두 마리의 쥐가 있었을 뿐이었다.

"네 이놈, 역시 사기꾼이었구나. 백성을 현혹한 죄로 사형에 처한다."

점쟁이가 끌려 나간 후, 왕은 왠지 찜찜한 기분이 들었다. '혹시 저 쥐 두 마리가 암컷과 수컷이라면 ······ ?' 이런 생각이 든 왕은 서둘러 쥐의 배를 갈라보니, 두 마리 중 한 마리가 새끼 일곱 마리를 밴 암컷이었다.

왕은 급히 형을 중지하려고 신하를 보냈지만, 이미 점쟁이의 목이 달아난 후였다. '아차, 내가 잘못했구나!' 하고 왕은 크게 후회하였다.

점쟁이가 죽은 곳인 광나루 응화대를 끼고 있는 산을 그때부터 '아차산'이라고 부르게 되었다.

다음으로 아차고개에 대한 전설을 보기로 하자.

서울 동작구 노량진 사육신묘 마루터기로 올라가는 고개를 '아차고개'라 불렀다.

전설에 따르면, 세조 때 영등포 남쪽 시흥에 살던 어떤 선비가 사육신을 처형한다는 소식을 들었다. 그는 민심을 대변하여 이를 막고자 도성을 향해 말을 몰았다. 이 고개에 이르렀을 때, 육신은 이미 노들나무 건너 맞은편 새남터에서 처형되었다는 비보에 접하고, '아차! 늦었구나' 하고 탄식하고는 울면서 돌아갔다.

그 뒤부터 '아차' 하고 탄식한 고개라 하여 이 고개를 '아차고개'라 불렀다.

그런데 이 전설의 내용이 조선 때 유명한 점술사인 홍계관과 얽혀진 이야기로 되어 있는 것도 있다.

조선 명종 때 홍계관이라는 사람이 있었는데 그는 점을 잘 치기로 유명하였다. 한번은 자신의 운명을 점쳐보니 아무 해 아무 날에 비운으로 죽을 운수였다. 그래서 살아날 방법을 궁리해보니 용상 밑에 숨어 있어야만 죽음을 면할 수 있었다.

이에 그런 뜻을 임금에게 올려서 그날 용상 밑에 숨어 있었다. 이때 마침 쥐가 한 마리 지나가자 임금은 홍계관에게

"마루 밑으로 지금 쥐가 지나갔는데 몇 마리였는지 점을 쳐보라"고 물었는데,

"세 마리인 줄로 아뢰나이다"라고 답하자, 임금은 홍계관이 임금을 기만했다 하여 노하여 사형에 처하도록 명하였다.

홍계관은 도리 없이 새남터로 끌려갔다. 형장에 도착한 홍계관은 다시 점을 쳐보고 형관에게,

"잠깐 동안만 여유를 주면 내가 살 길이 있으니 사정을 들어 주시오" 하니 형관도 불쌍히 생각하여서 잠시 기다리기로 하였다. 임금은 홍계관을 형장으로 보낸 뒤 그 쥐를 잡아 배를 갈라보니 그 배 속엔 새끼 두 마리가 들어있었다.

그것을 본 임금은 깜짝 놀라서 곧 승지를 불러 홍계관의 처형을 중지하라고 일렀다. 급히 말을 달려 간 승지가 당현 고개에 올라보니 막 형을 집행하려는 순간이었다. 승지는 크게 "처형을 중단하라."고 소리를 질렀으나 그 말소리는 그 곳까지 들리지 않았다. 승지는 다시 손을 들어 중지하라고 손을 저었으나, 형 십행관은 도리어 그 시늉을 속히 처형하라는 줄로 알고 곧 처형을 단행했다.

승지가 그 사실을 임금께 보고하니, 임금은 '아차' 하고 무척 애석해 했다. 그리하여 그 고개 이름을 '아차고개'라 부르게 됐고, 지금의 워커힐 뒷산을 '아차산'이라고 부르게 되었다.

이들 전설을 보면 '아차'가 붙은 지명은 어떤 사람을 무지하게 죽인 데 대하여, 그것을 안타깝게 생각하거나 후회하여 '아차' 하는 감탄의 말을 한 연유로 붙여진 이름이라고 하고 있다. 그러나 이는 말 그대로 하나의 전설일 뿐이다. '아차'의 원뜻은 그런 것이 아니다.

'아차'의 뿌리말은 '앗/앛'이다. '앗'은 '작다, 새로, 덜 된'의 뜻이다. 이러한 말뜻은 얼핏 보면 서로 다른 것 같으나, 실상은 하나로 연결되어 있다. 즉 '새로' 된 것은 아직 완전하지 못하고 '덜 되어[미숙]' 있고, 따라서 '작다'. 이러한 뜻을 가진 '앗'이 음운변화로 인하여 '앚, 앛, 앛' 등이 되었고, 일본말의 '오토[弟]'도 여기서 생겨난 것이다.

작은 사람을 '아시>아이(아우)'라 하고, 작은어머니를 '앗어머니>아주머니' 작은 아버지를 '앗아비>아자비'라 하는 것은 거기서 유래한 말이다. '아시빨래', '아시갈이'도 마찬가지다. 처음 새로 하는 빨래가 아시빨래다. 처음 논을 가는 것이 아시갈이다. '아침'도 마찬가지다. '앗춤'이 변한 말이다. '새로' 시작되는 때가 '앗춤>아침'이기 때문이나. 일본어의 '아사[朝]'도 '앗아'가 건너간 것이다.

단군신화에 나오는 '아사달(阿斯達)'도 '앗달'을 표기한 것으로 '새 땅'이란 뜻이다.

그러면 '앗'에서 변한 '앛'의 예를 보자. 세밑의 옛말이 '아츤설'인데 이는 '작은 설'이란 뜻이다. '아츤아들'은 조카이며, '아츤딸'은 조카딸이다. 신라 때의 벼슬 이름인 '아찬(阿飡), 아비한(阿比干)'은 '앛찬, 앛한'인데 여기서의 '앛'은 '작은'의 뜻을 지닌다. 즉 아찬, 아비한은 '작은 제상'의 의미다.

그러므로 '아차산'은 '앛아산' 즉 작은 산이란 뜻이다. '앛아산'의 '-아-'는 문법적인 조음소다. 아차고개는 '작은 고개'이고, 강화도 서쪽에 있는 섬인 아차섬(阿次島)은 작은 섬이란 뜻이다.

아차산(阿嵯山・峨嵯山・阿且山) 기슭에 사는 사람들은 아차산을 '아끼산・액끼산・에게산・액계산・액개산' 등으로 다양하게 불렀는데, 이는 모두 '아기'를 세게 말한 데서 생긴 말들이라 생각된다. '아기산' 곧 작은 산이다.

그러니 아차산과 아찬고개 전설은, '작다'는 뜻인 '앛(아)'가 시대를 내려오면서 그 뜻을 잃어버리고, 감탄사 '아차'로 이해한 언중(言衆)들이 만들어 내었던 재미난 이야기다.

다음으로 달래강 전설을 보자. 달래강은 충주 단월동을 관통하고 있는 강이다.

옛날 오누이가 이 강을 건너다 소나기를 만났는데, 얇은 옷이 비에 젖자 몸에 찰싹 달라붙었다. 누이의 드러난 몸매를 보고 남동생이 불측스런 정을 느꼈다. 동생은 이 욕망을 저주한 나머지 자신의 남근을 돌로 쪼아 죽고 말았다. 앞에서 가고 있던 누이가 남동생이 따라오지 않는 것을 이상히 여겨 되돌아가 보니 남동생이 피를 흘리고 죽어 있었다. 전후 사정을 안 누이가 "달래나 보지. 달래나 보지." 하고 울었다 하며, 그 후부터 이 강을 달래강이라 부르게 되었다고 한다.

달래강 전설은 달래고개 전설과 더불어 근친상간 모티프를 가지고 있는, 우리 광포전설(廣布傳說 널리 분포되어 있는 전설)의 하나이다. 근친상간의 금기 때문에 오누이가 죽었다는 이야기로, 인간의 본능과 윤리적 가치관에 대한 갈등이 그 지배요소로 깔려 있다.

달래강 전설은 지금 전하는 종류가 20여 가지나 된다. 그러나 기본적인 서사

구조에서는 크게 차이가 없고 전체적으로 등장인물의 관계는 누나와 남동생인 경우가 많고 오빠와 여동생으로 간혹 나타나기도 한다. 소나기를 맞아 옷이 젖는 바람에 몸맵시가 드러나는 경우가 많지만 강물이 불어서 옷을 벗고 건너느라 몸을 보게 되는 경우로 나타나기도 한다.

그러면 달래강의 원의미를 더듬어 보자. 먼저 달래강의 '래'를 보자. 이 '래'는 '내[川]'의 변한 말이다. 이 달래강을 덕천·달천·달천강 등으로도 부르는 것을 봐도 그것을 알 수 있다. '달의꽃'이 달래라는 말에 이끌려 '달래꽃'으로 변한 이치와 같다.

다음으로 '달래강'의 '달'을 보자. '달'은 원래 고구려어로서 산이란 뜻이었는데, 후대로 내려오면서 '들'이란 뜻을 함께 갖게 되었다. 단군신화에 나오는 '아사달(阿斯達)'의 '달'도 바로 그런 뜻이다. 이 '달'이 '땅'이란 말을 낳았다. '달'이 산이나 들 곧 땅을 의미했음은 지금의 '양달, 응달'이란 말에 그 흔적이 남아 있다.

그러니 달내는 '들 가운데로 흐르는 내[천]'라는 뜻이다. 곧 '들의 내'라는 의미다. 이 '달내'가 '달래'로 변하여 '달래강'이 되고, '달래(나 보지)'란 말과 관련지어 시대를 내려오면서 그런 설화를 만들어 낸 것이다.

다음으로 박달재에 대한 이야기를 들어보자.

박달재는 조선조 중엽까지 이등령(二登嶺)이라고 불리었다. 이는 천등산(天登山)과 지등산(地登山)이 연이은 영마루라는 뜻이었다고 한다. 이 박달재에는 비운의 전설이 숨어 있다. 그 사연은 이러하다.

영남에 사는 박달은 과거 합격이라는 청운의 꿈을 안고 한양을 찾아가다, 평동 마을의 한 농가에서 유숙을 하게 되었다. 그런데 박달 도령의 늠름하고 준수한 태도에 그 집의 딸 금봉이는 그만 마음을 빼앗기고 말았다. 박달 도령도 금봉이의 절절하고 연연한 자태에 넋을 잃고 말았다. 뜻과 뜻이 맺어지고 마음과 마음이 이어져, 누가 먼저랄 것도 없이 달빛이 호젓한 밤 두 청춘남녀는 사랑을 맹세하고 장래를 약속하였다.

그러나 이들은 곧 이별하지 않을 수 없었다. 박달 도령이 과거를 보러 떠나야 했기 때문이다. 박 도령은 금봉이가 싸준 도토리묵을 허리춤에 달고, 이등령 아흔아홉 구비를 꺾어 돌며 과거 길에 올랐다.

한양에 도착한 박달은 만사에 뜻이 없고 오로지 자나 깨나 금봉이 생각뿐이었다. 연연한 그리움을 엮으면서 과거를 보았으나 결과는 낙방이었다. 며칠을 두고 고민하는 날이 계속 되었다. 그리움이 내키는 대로 평동을 가자니 낙방의 초라한 모습을 금봉이에게 보일 수 없었다.

한편 금봉이는 박달을 보낸 날부터 성황님께 빌고 빌기를 석 달 열흘, 그러나 박 도령의 소식은 끝내 없었다. 금봉이는 아흔아홉 구비를, 그리운 박달의 이름을 부르며 오르고 내리다, 마침내 실신하여 상사의 한을 안고 불귀의 객이 되고 말았다.

박달은 뒤늦게 금봉이의 삼우 날 평동에 도착하여 금봉이의 허망한 죽음 앞에서 실의와 허탈감에 그만 의식을 잃고 말았다. 얼마나 지났을까? 눈을 뜬 박달의 앞에 금봉이가 애절하게 박달을 부르며 앞으로 지나갔다. 앞서가던 금봉이가 고개 마루 정상 벼랑에서 박달을 부르며 몸을 솟구치는 찰나, 박달은 금봉이를 잡았으나 그것은 허상일 뿐 벼랑에서 떨어지는 몸이 되었다.

이러한 전설을 배경으로, 반야월이 작사하고 박재홍이 부른 노래가 <울고 넘는 박달재>다.

천등산 박달재를 울고 넘는 우리 님아/ 물항라 저고리가 궂은비에 젖는구려

왕거미 집을 짓는 고개마다 구비마다/ 울었소 소리쳤소 이 가슴이 터지도록
부엉이 우는 산골 나를 두고 가는 님아/ 돌아올 기약이나 성황님께 빌고 가소
도토리묵을 싸서 허리춤에 달아주며/ 한사코 우는구나 박달재의 금봉이야

그러나 이렇게 애틋한 사랑의 얘기를 담고 있는 박달재 전설은 말 그대로 전설일 뿐 사실이 아니다. 박달재의 박달을 한 도령의 이름으로 각색한 이야기일 뿐이다.

여기의 '박달'은 우리말 '붉달'에서 온 것이다. '붉달'의 '붉'은 '밝다'의 어근이다. 그리고 '달(達)'은 산 혹은 들을 가리키는 우리 옛말이다. 그러니 박달은 '밝은 산'이란 뜻이다. 단군조선을 세운 단군왕검의 단(檀)은 흔히 '박달나무 단' 자로 읽고 있는데, 이는 박달(붉달) 즉 밝은 산[白山]을 의미한다. 우리 민족은 '밝음'을 지향한 겨레다. 단군신화의 태백산(太白山)도 '한붉뫼'란 우리말을 한자로 적은 것이다. '한'은 '큰'이란 뜻이니 이는 '크게 밝은 산'이란 의미다. 고구려 동명왕(東明王)의 동명은 '새붉'을 표기한 것이고, 신라 박혁거세(朴赫居世)의 '박혁'도 '붉'을 표기한 것이며, 원효(元曉)의 이름 또한 '새붉(새벽)'이란 뜻이다. 단군신화에 나오는 백악산(白岳山)도 역시 '한붉뫼'를 한자로 적은 것이다. 신라 건국설화에 보이는 광명이세(光明理世)는 '밝음으로써 세상을 다스린다'는 뜻이다. 이처럼 '붉'은 우리 민족의 가치 지향점이었다.

그러니 박달재는 아마도 아득한 옛날 우리 민족의 시원과 함께 하늘에 제사를 올리던 성스러운 곳이라 생각된다. 박달은 결코 사람 이름이 아니다. 밝은 산이란 이름인 '박달'을 과거보러 가는 도령 이름으로 바꾸고, 이에 곁들여 금봉이라는 처녀와의 사랑 이야기로 꾸민 것이다.

다음으로 임진강의 한 갈래인 한탄강(漢灘江)에 얽힌 전설을 보자. 이 강에는 다음과 같은 두어 가지 전설이 전해 온다.

후고구려를 세운 궁예는 철원군의 넓은 들을 배경으로 거기다 도읍을 정하고 나라 이름을 태봉이라 하였다. 그런데 그는 국가를 세우고 나서 백성들을 위하기보다는 자만에 빠져 독선적인 다스림으로 군림하였다.

그가 남쪽으로 내려가 후백제와 싸우다 패해 철원으로 후퇴하던 어느 날, 이 강을 건너다가 강가의 돌들이 모두 구멍이 숭숭 뚫려 있는 것을 보고는 이렇게 한탄하였다.

"아, 돌들이 모두 좀 먹고 늙었구나. 내 몸도 저 돌들처럼 늙고 좀 먹었으니 나의 운도 다했도다."

그 후부터 이 강 이름을 한탄강이라 했다는 것이다.

그리고 또 8·15 광복 후 월남하던 북한의 반공 인사들이, 이 강에서 크게 한탄했다고 해서 이 같은 이름이 붙었다고도 하고, 6·25 전쟁 중 최대의 격전지였던 김화, 평강, 철원을 잇는 철의 삼각지대를 흐르는 이 강에서 많은 생명들이 한탄을 하며 쓰러졌다고 해서 한탄강이라는 이름이 붙었다고도 한다.

그러나 한탄강은 이런 연유들에서 생긴 이름이 아니다. 그것은 한탄강의 한탄(漢灘)을 다른 한자어 한탄(恨歎)의 뜻으로 생각하여 꾸며낸 이야기에 불과하다. 한탄강은 원래 '한여울'이라고 불렀다. 지금도 노인들은 그렇게 부르고 있으며, 옛 지도에도 한여울로 표기되어 있다.

이 한여울을 힌자로 바꾸면서, '한'을 한자 '漢' 자로, '여울'은 한자 '여울 탄(灘)' 자로 옮겨 적었다. 그래서 한탄강이란 이름이 생긴 것이다. 그런데 '한여울'의 '한'은 고유어로 '큰[大]'이란 뜻이다. 그러니 한여울은 '큰 여울'이란 뜻이다. 한탄(恨歎)이란 말과는 아무런 관련이 없는 것이다.

이상에서 우리나라 지명에 얽힌 몇 가지 전설을 살펴보았다. 그런데 대부분의 전설들이 실제의 땅이름이 갖는 의미와는 아무런 관련이 없는, 가공적 이야기임을 알았다. 이것은 본래의 지명이 갖는 의미가 시대를 내려오면서 그 지역 사람들에게 잊혀진 것이 일차적 이유가 될 것이다. 후대로 내려오면서 지명의 본뜻은 잃어버리고 전설이 주는 의미가 주인 자리를 차지하게 된 것이다.

우리 조상들은 이렇게 어떤 사물과 관련하여 아름다운 이야기를 곳곳에 만들었다. 이러한 이야기 속에는 선인들의 삶이 투영되어 있다. 그 속에 웃음과 눈물이 스며 있고, 슬픔과 회한이 배어 있다. 인생의 고뇌가 녹아 있는가 하면, 깨달아야 할 교훈이 그 안에 담겨 있다. 비록 지명의 원뜻과는 거리가 있더라도 그것은 그것대로의 깊은 가치가 있는 것이다. 조상들은 그러한 이야기를 지명전설로 정착시켜서, '이렇게 좋은 일을 후세 사람들은 본받아야 하느니라' 하는 교훈을 나타내려 한 것이다. 여기에 지명 전설이 갖는 유의미성이 있다.

이러한 이야기들은 모두 다 우리 조상들의 뛰어난 상상력으로 창작한 소중한 문화유산이다. 우리는 그것을 한껏 즐기면서 소중히 보존하고 또 후세에 전해주어야 한다.

왕의 성기 길이가 여덟 치라

　향가 찬기파랑가는 충담사가 지은 노래다. 여태까지 찬기파랑가는 '화랑 기파랑을 찬미한 노래'라 하고, 이 노래는 여타 다른 향가와는 달리 그 창작 배경을 알려주는 설화는 없다고 단정하여 왔다.

　그런데 종래의 그와 같은 주장에는 몇 가지 의문점이 발견된다. 그러면 그 수수께끼를 풀기 위해, 관련 기록을 다시 한 번 자세히 파헤쳐 보기로 하자.

　찬기파랑가는 『삼국유사』 권 2에 '기파랑을 찬미한 노래'란 제목으로, 안민가와 함께 다음과 같이 실려 있다.

　당나라에서 도덕경 등을 보내니 왕이 예를 갖추어 받았다.

　왕이 나라를 다스린 지 24년이 되던 해에, 5악(五嶽)과 삼산신(三山神) 들이 때때로 나타나서 대궐 뜰에서 왕을 모셨다. 3월 3일 왕이 귀정문 문루 위에 나가서 좌우 신하들에게 일렀다.

　"누가 길거리에서 위엄과 풍모 있는 중 한 사람을 데리고 올 수 있겠느냐?"

　이때 마침 위엄과 풍모가 깨끗한 고승 하나가 길에서 이리저리 배회하고 있었다. 좌우 신하들이 이 중을 왕에게로 데리고 오니 왕이 말했다.

　"내가 말하는 위엄과 풍모가 있는 중이 아니다."

하고 그를 돌려보냈다.

다시 중 한 사람이 있는데 누비옷을 입고 벚나무로 만든 통을 지고 남쪽에서 오고 있었다. 왕이 보고 기뻐하여 문루 위로 맞아 들였다. 통 속을 살펴보니 차 달이는 도구가 가득 들어 있었다. 왕이 물었다.

"그대는 대체 누구요?"

"소승은 충담이라고 합니다."

중은 이에 차를 끓여 바쳤는데, 찻잔 속에서 향내가 풍겼다. 왕이 말하였다.

"짐은 일찍이 대사가 기파랑을 찬미한 사뇌가의 뜻이 매우 높다고 들었는데, 정말 그러하오?"

"그렇습니다."

찬기파랑가는 이러하다.

목메어 자리하매
나타난 달이
흰 구름 따라 떠가 숨었구나
모래 깔린 물가에
기파랑의 모습이 있으라
일오나리 조약돌에서
낭(郎)이 지니신
마음을 좇으려 하네
아!
잣나무 가지 드높아
눈도 덮지 못할 고깔이여

경덕왕은 성기의 길이가 8치나 되었다. 아들이 없어 왕비를 폐하고 사량 부인으로 봉했다. 후비 만월 부인의 시호는 경수태후이니 의충 각간의 딸이었다. 어느 날 왕은 표훈대덕에게 명했다.

"내가 복이 없어서 아들을 두지 못했으니, 바라건대 대사는 상제께 청하여 아들을 두게 해주시오."

표훈은 명령을 받아 천제에게 올라가 고하고 돌아와 왕께 아뢰었다.

"상제께서 말씀하시기를 딸을 구한다면 될 수 있지만 아들은 될 수 없다고 하셨습니다." 왕은 다시 말하였다.

"원컨대 딸을 바꾸어 아들로 만들어 주시오."

표훈은 다시 하늘로 올라가 천제께 청하니 천제는 말하기를,

"될 수는 있지만 아들이면 나라가 위태로울 것이다."

하였다.

표훈이 내려오려고 하자 천제는 다시 불러 말했다.

"하늘과 사람 사이를 어지럽게 할 수는 없는데 지금 대사는 마치 이웃을 왕래하듯이 하여 천기를 누설했으니, 이제부터는 아예 다니지 말도록 하라."

표훈은 돌아와서 천제의 말대로 왕께 알아듣도록 말했지만 왕은 또 다시 말하였다.

"나라가 비록 위태롭더라도 아들을 얻어서 대를 잇게 하고 싶소."

이리하여 만월왕후가 태자를 낳으니 왕은 무척 기뻐하였다. 8세 때에 왕이 돌아가시매 태자가 왕위에 오르니 이 사람이 혜공왕이다. 나이가 매우 어린 때문에 태후가 섭정하였는데, 정사가 잘 다스려지지 않아 도둑이 벌떼처럼 일어나 이루 막을 수가 없었다. 표훈대덕의 말이 맞은 것이다.

왕은 이미 여자로서 남자가 되었기 때문에 돌날부터 왕위에 오르는 날까지 항상 여자의 놀이를 하고 자랐다. 비단 주머니 차기를 좋아하고 도교의 무리들과 어울려 희롱하며 노니, 나라가 크게 어지러워지고 마침내 선덕왕과 김양상에게 죽음을 당하였다.

표훈 이후에는 신라에 성인이 나지 않았다 한다.

종래 찬기파랑가는 배경설화가 없는 노래로 인식되어 왔다. 또 이 노래를 기파랑이라는 화랑을 찬미한 노래로 알아 왔다. 그러나 이 점에 대하여는 다시 한번 세심히 더듬어 봐야 할 필요가 있다. 그럼 이에 대해 하나하나 살펴보자.

향가 기록은 산문인 배경설화와 운문인 시(향가)가 하나의 구조로 짜여 있는 형태로 되어 있다. 배경설화란 그 노래를 짓게 된 경위와 연유를 설명한 것이다. 그러므로 향가와 관련된 글은 산문이 빠지거나 혹은 운문이 빠지거나 하면 그것은 완전한 글이 되지 못한다. 바꾸어 말하면 두 가지 형태의 글이 합해져야 완결을 이루는 체제다. 이것은 일찍이 인도에서 유래한 불교적인 고유 문체다.

이처럼 『삼국유사』의 향가 관련 기록은 날줄과 씨줄로 긴밀히 짜인 구조로 되어 있다. 겉으로는 엉성한 것 같지만 속은 매우 긴밀한 짜임새를 갖고 있다. 그러므로 찬기파랑가의 배경설화는 없다고 하는 종래의 주장은 그만큼 위험성을 안고 있다. 과연 찬기파랑가는 배경설화가 없는 노래일까? 결코 그렇지 않다. 자세히 살펴보면, 이 설화의 후반부 이야기는 바로 찬기파랑가의 배경설화라고 할 수 있다.

그러면 이 배경설화를 좀 더 자세히 들여다보자.

이 배경설화는 크게 두 부분으로 되어 있다. 왕과 충담사가 찬기파랑가에 대한 이야기를 나누는 앞부분과 아들을 낳기 위한 왕과 표훈대덕과의 이야기를 적은 뒷부분이 그것이다.

그런데 앞부분의 이야기 행간에서, 우리는 왕과 충담사가 초면이 아니라는 것을 암시받을 수 있다. 겉으로 보기에는, 왕이 충담사를 처음 보는 것 같지만 사실은 왕은 이미 충담사를 익히 알고 있었던 것으로 보인다. 처음 위엄과 풍모를 갖춘 승려 한 명을 데려오라 해서 신하들이 한 승려를 데리고 오자, 그를 본 왕은 단번에 "내가 말한 위엄과 풍모가 있는 중이 아니다."라고 하면서 물리쳤다. 이를 보면 겉으로 말은 하지 않았지만 미리 점찍어 놓은 사람이 있었음을 짐작할 수 있다. 그가 곧 충담사다. 왕은 이미 충담사가 지은 찬기파랑가의 '뜻이 매우 높다'는 것까지 알고 있었음은 그러한 사실을 더욱 확실케 한다.

나아가 '뜻이 매우 깊다'는 것 또한 일반적인 말이 아니라, 남이 모를 깊은 뜻이 거기에 담겨 있다는 것을 암시한다. 단순히 시적 수준이 높다는 뜻이 아닌, 일반인들이 언뜻 알아차릴 수 없는 그 어떤 비밀스런 내용을 함축하고 있다는 뜻이다.

그렇다면, 그 의미는 무엇일까?

향가의 작자명은 그가 지은 노래의 내용과 밀접한 관계를 가진다. 이로 볼 때 충담사(忠談師)라는 이름은 '충성스러운 말을 하는 분'이란 뜻이다. 그가 지은 안민가는 임금이 백성을 사랑해야 나라가 나라답게 된다는 뜻을 담고 있다. 이와 마찬가지로 그가 지은 찬기파랑가도 임금을 위하는 충성의 마음에서 나온 말을 담고 있음에 틀림없다. 그러면 충담사는 왕에게 어떤 충성스러운 말을 찬기파랑가에 담았을까? 다시 말하면 왕이 처한 어떤 어려움에 대한 충언을 했을까?

그러한 왕의 고민은 배경설화의 후반부에 보이는 왕위를 잇기 위한 아들 낳기다. 그런데 경덕왕은 자식을 낳을 수 없는 것이다. 경덕왕의 고민은 바로 그것이다. 충담사는 그것을 해결하기 위해 찬기파랑가를 지은 것이다. 그것이 바로 일반 사람들이 잘 알 수 없는, '뜻이 매우 높은' 이유다. 그러면 왕은 왜 자식을 낳을 수 없는 것일까?

그것은 바로 왕의 성기 길이가 8치나 되는 기형에 있다. 성기가 너무 커서 그것을 받아 줄 상대가 없는 것이다. 성기가 커서 배필을 구할 수 없는 이야기는

『삼국유사』 지철로왕 조에 일찍이 보인다. 그에 대한 이야기를 잠깐 읽어보자.

왕은 음경의 길이가 한 자 다섯 치나 되어서 배우자를 얻기가 어려웠다. 사자(使者)를 세 방면으로 보내어 배필을 구하였다. 사자가 모량부의 동로수 나무 밑에 이르러 보니 개 두 마리가 북만 한 똥 덩어리 하나를 물었는데 두 끝을 다투어 가며 깨물고 있었다. 동네 사람에게 물으니 한 소녀가 말하였다.

"이 부(部) 상공의 딸이 이곳에서 빨래를 하다가 수풀 속에 숨어서 눈 것입니다."

사자가 그 집을 찾아가 알아보니 그 여자의 키는 일곱 자 다섯 치였다. 사자가 사실을 갖추어 아뢰니 왕은 수레를 보내 궁중으로 맞아들여 왕후로 삼았다. 여러 신하들이 모두 치하하였다.

왕의 성기가 너무 커 거기에 맞는 배필을 구할 수 없어 애를 먹다가, 마침 키가 7척 5촌이나 되고, 평소에 똥덩이가 북만 한 것을 누는 모량부의 거대한 여자를 구해 왕후로 맞이했다는 이야기다.

경덕왕도 성기가 너무 커서 첫 왕비는 폐하고 후비 만월부인을 맞아 들였다. 그래서 왕은 충담사로 하여금 은밀히 자신이 가진 이 병 아닌 병을 치료하기 위하여 찬기파랑가를 지어 주원(呪願 주술적인 기원)했던 것이다. 그러니 찬기파랑가는 아들을 갖기 위한 성기와 관련된 주원을 담은 노래다. 충담은 그것을 비는 의식에서 기파랑을 찬미하고 있는 것이다.

그러면 기파랑은 누구인가?

기파는 불교 경전에 등장하는 유명한 의사다.

그는 왕사성(王舍城) 빈파사라왕의 아들 아사세와 절색의 창녀 바라밧데 사이에서 태어났다. 나자마자 바라밧데는 하녀에게 당부해서 하얀 옷으로 아이를 싸서 길가에다 버렸는데, 마침 왕궁에 참례(參禮)하기 위하여 마차를 타고 가던 무이라는 사람에게 발견되어, 기파라는 이름을 얻고 유모에 의하여 양육된다. 기파라고 하는 것은 목숨, 장명(長命)이란 뜻인데, 버려졌을 때 살아 있었기 때문에 얻어진 이름이다.

자라면서 그는 의술을 배우기로 작정하고, 토쿠사시라국에 성이 아다일러, 이름을 힝카라라고 하는 명의에게 가서 의술을 배우기 시작한다. 7년 만에 모든 의술을 습득하고 후계자로 지명된 그는, 다시 마갈타국 왕사성으로 돌아와서 여러 곳을 돌아다니며 수많은 난치병자를 치료하는 신술을 발휘하였고, 마침내는 왕의 시의가 되어 여러 가지 고민스러운 왕의 병을 치유해 주는 명의가 되었다.

또 기파는 악인 아사세를 회개시킨 불자로도 유명하다. 찬기파랑가의 마지막 구절의 '고깔'은 기파의 그런 신분을 나타내는 비유(환유 換喩)다. 고깔은 승려의 전유물이기 때문이다. 중을 가리켜 납의(納衣), 납자(衲子)라고 하는데, 오늘날은 이 衲 자의 훈을 '장삼(중의 옷)'으로 읽고 있으나, 원래는 중의 고유한 착의(着衣)인 고깔을 가리켰다.

부왕을 죽게 한 왕자 아사세는 자기가 저지른 죄책감에 스스로 괴로워하여 끝내는 온 몸에 종기가 생겨 크게 고생을 하는데, 마음에서 생긴 이 종기는 절대로 낫지 않을 것이라 생각하고 더욱 고민한다. 이때 기파가 나타나 그를 치유하고, 악을 범해도 곧 참회하고 두 번 다시 악을 범하지 않으면 그 죄는 지워진다고 역설하고, 마침내 세존에게 인두하여 그를 불문에 귀의시켰다.

이상에서 본 바와 같이, 기파는 왕을 비롯한 여러 사람의 심신을 치유한 명의로서, 또 충성스러운 신하였으며, 세존까지도 그를 극구 찬양하리만큼 위대한 인물로 불전에 나타나 있다.

나라의 안민을 비는 충성스러운 신하요 불제자였던 충담사는 아사세왕의 고질적인 병 치료와, 정성으로 그를 회개시킨 의사요 불자였던 기파의 덕을 찬미하고, 그 힘을 빌려 경덕왕의 성기 이상을 치유하고 아들을 갖고 싶다는 정신적 고민을 해결하고자 염원했으며, 이의 발원이 찬기파랑가로 나타났던 것이다.

목메어 자리하매
나타난 달이
흰 구름 따라 떠가 숨었구나
모래 깔린 물가에
기파랑의 모습이 있으라
일오나리 조약돌에서
낭(郎)이 지니신
마음을 좇으려 하네
아!
잣나무 가지 드높아
눈도 덮지 못할 고깔이여

거듭 말하거니와 찬기파랑가는 충담사가 왕의 성기 이상을 치료하기 위하여 충성된 마음을 담아 그 해결을 위한 제사의식에서, 불자요 명의인 기파를 찬미하며 부른 주원가다. 충담사는 '일오나리 물가'에 제단을 세우고 목메어 울면서 정성을 다하여 기파를 찬미한다. 달은 이미 지려 하는 밤중인데 일오나리 물가의 조약돌을 밟고서 기파의 위대한 마음 즉 은덕을 기리며 찬탄한다. 기파랑(고깔)의 높은 덕은 너무 높아서 한겨울의 눈도 그것을 덮지는 못할 것이라 찬하는 것이다. 그렇게 하여 명의인 기파의 힘으로 경덕왕의 비정상적인 성기로 빚어진 아들 얻기를 기원한 것이다.

찬기파랑가는 그래서 불린 노래다. 단순히 기파랑이라는 한 사람의 화랑을 찬미하는 노래가 아니다.

잘못 알려진 서산대사의 시

　서산대사(1520~1604)는 속성이 최씨(崔氏)로 본관은 완산(完山)이다. 이름은 여신(汝信)인데, 어릴 때 이름은 운학(雲鶴)이요, 호는 청허(淸虛)다. 그리고 법명은 휴정(休靜)이며, 별호가 서산대사(西山大師)다. 서산은 묘향산의 딴 이름이다. 묘향산이 서북지방의 명산이라 하여 서산으로 불리었는데, 대사가 여기서 오래 기거했기로 서산대사라 일컬어지게 된 것이다.

　우리가 익히 알다시피 그는 조선 중기의 승려로 임진왜란 때 승군을 이끈 이름난 승군장(僧軍將)이다. 그런데 지금 세간에 서산대사의 작으로 전해지고 있는 시 중에는 사실과 다른 작품이 더러 있다. 서산대사의 작품이 아닌데, 그의 작으로 잘못 전해지고 있는 것이다. 이것은 아마도 그가 유명한 승군장으로 임진왜란 때 혁혁한 공을 세운 까닭에, 후세 사람들이 그의 유명세를 빌리고자 하여 생긴 일이 아닌가 한다.

　그러한 예 중에 대표적인 시가 '답설야중거(踏雪野中去)'로 시작되는 시다. 일반 사람들이 거의 서산대사의 작품으로 알고 있다. 특히 대구에는 어느 교육감이 이 시를 애송하며 각종 연수회 때 널리 인용한 까닭으로 많은 사람들이 그렇게 알고 있다. 또 서산대사의 작이라 적힌 족자가 지금도 각급 교육기관에 많이 걸려 있다.

踏雪野中去(답설야중거) 눈 덮인 들길을 걸어갈 때
不須胡亂行(불수호란행) 모름지기 그 발걸음을 아무렇게나 하지 말라
今日我行跡(금일아행적) 오늘 내가 걸어간 발자취가
遂作後人程(수작후인정) 마침내 뒷사람의 걷는 길이 되기 때문이다.

그러나 사실 이 시는 서산 대사의 작이 아니라, 순조 때의 학자 이양연(李亮淵)이 지은 것이다. 그의 문집 『임연당집(臨淵堂集)』에 야설(野雪)이란 제목으로 실려 있다. 그리고 1917년에 장지연이 펴낸 『대동시선(大東詩選)』에도 이양연의 작으로 소개되어 있다. 이양연(1771~1853)은 정조 때 태어나 순조, 헌종, 철종의 세 임금을 거치면서 벼슬한 성리학자다. 서산 대사의 문집인 『청허당집(淸虛堂集)』에는 이 작품이 아예 실려 있지 않다. 그런데 『임연당집』에 실려 있는 시는 지금 서산대사의 작으로 널리 알려져 있는 작품과는 두어 글자가 다르다.

穿雪野中去(천설야중거) 눈을 헤치고 들길을 걸어갈 때
不須胡亂行(불수호란행) 모름지기 그 발걸음을 아무렇게나 하지 말라
今朝我行跡(금조아행적) 오늘 아침 내가 걸어간 발자취가
遂作後人程(수작후인정) 마침내 뒷사람의 걷는 길이 되기 때문이다.

그런데 이 시를 읽으면서 많은 사람들이 둘째 구의 호란(胡亂)이란 말에 대해 의아해 하는 경우가 있어, 이에 대해 사족을 붙인다.
호란(胡亂)의 '호(胡)'는 '오랑캐 호'로 읽는 것이 아니고, '엉터리 호'로 읽어야 하고, '란(亂)'은 '어지러울 란'으로 읽는 것이 아니라 '함부로 란'으로 읽어야 한

다. 그러니 '호란'은 '병자호란'이라 할 때의 그런 뜻이 아니라, '함부로 아무렇게 나'의 뜻이다.

그리고 서산대사의 해탈시라고 알려져 있는 '生也一片浮雲起(생야일편부운기)'로 시작되는 시도 사실은 그의 작이 아니다.

生也一片浮雲起(생야일편부운기)	삶은 한 조각 구름이 생겨나는 것이요
死也一片浮雲滅(사야일편부운멸)	죽음이란 한 조각 구름이 흩어지는 것과 같다
浮雲自體本無實(부운자체본무실)	뜬구름은 본시 실체가 없는 것이니
生死去來亦如然(생사거래역여연)	나고 죽고 오고 감이 역시 이와 같다오

이 시는 세속에서 뿐만 아니라, 유명한 사찰에도 서산대사의 작이라고 적어 게시하고 있는 데가 많다. 대흥사나 실상사에서도 본 적이 있다. 그런데 이 시는 서산대사의 시가 아니라, 중국불교 의례문 가운데 다비작법문이 있는데 여기의 체발(剃髮)편에 있는 것이다. 이 내용이 우리나라 예문(禮文)에도 그대로 유통되고 있는바 그 원문은 다음과 같다.

生從何處來(생종하처래)	삶은 어디에서 오는 것인가
死向何處去(사향하처거)	죽음은 어디로 가는 것인가
生也一片浮雲起(생야일편부운기)	삶은 한 조각 구름이 생겨나는 것이요
死也一片浮雲滅(사야일편부운멸)	죽음이란 한 조각 구름이 흩어지는 것과 같다
浮雲自體本無實(부운자체본무실)	뜬구름은 본시 실체가 없는 것이니
生死去來亦如然(생사거래역여연)	나고 죽고 오고 감이 역시 이와 같더라

獨有一物常獨露(독유일물상독로)　　한 물건이 있어 항상 홀로 드러나 있으니
湛然不隨於生死(담연불수어생사)　　담담하게 생사에 따르지 않는다

　여기서 '한 물건'이란 생사에 얽매이지 않는 깨달음의 세계다. 열반이요, 적멸(寂滅)이요, 공(空)의 경지다.

　예문(禮文)이란 불교의식 때 읽는 글이다. 지금 전하는 우리나라의 예문은 1896년 혜명(慧溟)이 서사한 불교의식문집이 유명하다. 이 책은 그가 경상남도 고성군 안정사(安靜寺) 가섭암(迦葉庵)에서 서사한 2권 1책 필사본으로, 불가에서 사용하는 예참문(禮懺文)을 모은 것이다.

　상권에는 비로자나불, 노사나불, 석가모니불을 비롯하여, 약사유리광여래불, 아미타불 등 여러 여래에 대한 예참문과, 화엄예참문(華嚴禮懺文), 법보예참문(法寶禮懺文)이 실려 있다. 하권에는 관음보살, 대세지보살, 지장보살 등에 대한 예참문(禮懺文)과 조사예참문(祖師禮懺文) 등이 포함되어 있다. 책머리에 나옹화상의 발원문이 실려 있으며, 지금 동국대학교 도서관에 보관되어 있다.

　그리고 서산대사가 입적하기 직전 읊은 해탈시라고 하여 다음과 같은 시가 온라인에 떠돌고 있으나, 이 또한 아무런 근거가 없는 낭설이다. 서산대사와는 아무런 관계도 없는 허무맹랑한 가짜다.

　근심 걱정 없는 사람 누군고
　출세하기 싫은 사람 누군고
　시기 질투 없는 사람 누군고
　흥허물 없는 사람 누구겠소
　가난하다 서러워 말고
　장애를 가졌다 기죽지 말고

못 배웠다 주눅 들지 마소
세상살이 다 거기서 거기외다
가진 것 많다 유세 떨지 말고
건강하다 큰 소리 치지 말고
명예 얻었다 목에 힘주지 마소
세상에 영원한 것은 없더이다

잠시 잠깐 다니러 온 이 세상
있고 없음을 편 가르지 말고
잘나고 못남을 평가하지 말고
얼기설기 어우러져 살다나 가세
다 바람 같은 거라오 뭘 그렇게 고민하오
만남의 기쁨이건 이별의 슬픔이건 다 한 순간이오
사랑이 아무리 깊어도 산들 바람이고
오해가 아무리 커도 비바람이라오
외로움이 아무리 지독해도 눈보라일 뿐이요
폭풍이 아무리세도 지난 뒤엔 고요하듯
아무리 지독한 사연도 지난 뒤엔
쓸쓸한 바람만 맴돈다오 다 바람이라오
(이하 생략)

　서산대사는 묘향산 보현사에 오래 주석하였기로 붙여진 이름이다. 대사는 그 유명한 선가귀감(禪家龜鑑)을 지은바, 그는 이 책에서 '말 없이 말 없는 데 이르는 것이 선(禪)이고, 말로써 말 없는 경지에 이르는 것이 교(敎)'라는 진리의 명언을 남겼다. 또 '선은 부처님의 마음이요, 교는 부처님의 말씀'이라는 구절을 써서 뒷사람들이 이 말을 널리 알게끔 하였다.

대사는 어느 마을을 지나가다가 문득 낮닭 우는 소리를 듣고 깨우쳤는데, 그 때의 처지를 이렇게 읊었다.

백발이 돼도 마음은 희어지지 않는다고
옛사람이 일찍이 말했었지
내 지금 대낮에 닭 우는 소리 한 번 듣고서
장부의 할 일 다 끝내었네
홀연히 나를 발견하니
모든 것이 다 이러하도다
이제 보니 천언만어의 경전들이
원래는 하나의 빈 종이 조각이었네

그는 또 수많은 선시(禪詩)를 남겼는데, 그 중에서 삶과 깨달음에 대한 시 몇 편을 더듬어 본다.

그럼 먼저 세인의 입에 으뜸으로 회자되는 삼몽사(三夢詞)를 보자. 세 가지 꿈 이야기란 뜻인데, 사(詞)는 문체의 한 갈래 이름이다.

主人夢說客　주인은 꿈 이야기를 나그네에게 말하고
客夢說主人　나그네는 꿈 이야기를 주인에게 말하네
今說二夢客　지금 꿈 이야기하는 두 사람도
亦是夢中人　이 역시 꿈속의 사람들이지

삶은 하나의 허황된 꿈이다. 그런데 우리는 지금 꿈을 꾸고 있으면서도 그게

꿈인 줄 모른다. 생사가 무엇인가? 우리는 허덕이는 일상 속에서, 하이데거의 말을 빌리지 않더라도 가끔은 그것을 사유해야 할 것이다.

대사는 85세 되던 해 묘향산 원적암에서 설법을 마치고 70여 명의 제자들 앞에서 문득 거울을 꺼내어 자신의 얼굴을 비추어 보고는 빙긋이 웃으면서,

八十年前渠是我　팔십 년 전에는 네가 나였는데
八十年後我是渠　팔십 년 후에는 내가 너로구나

라는 게(偈)를 남기고는 바로 입적하였다.

지금 거울에 비친 쭈글쭈글하게 늙은 나의 얼굴 그것이 바로 나다. 젊은 모습을 회상하며 후회할 것도, 한탄할 것도 없다. 자연의 이법을 따르면 그만이다. 서산은 열반에 이르러 다음과 같이 설했다.

千計萬思量　천 가지 만 가지 생각 모두가
紅爐一點雪　숯불 위에 내리는 한 점 눈송이네
泥牛水上行　진흙 소가 물 위로 가니
天地皆空裂　천지가 모두 허공에 찢어지네

진흙 소가 물 위로 가니 천지가 허공 속에 찢어지는 경지를 우리 속인은 모른다. 그러나 지금 우리가 천 가지 만 가지 생각으로 벌이고 있는 모든 것이 불꽃 위에 떨어지는 한 점 눈일 뿐이라는 말에는 다소 이해가 간다. 그러나 깨닫지 못한 우리 속인은 오늘도 부질없는 한 바탕 소꿉장난을 벌이고 있다.

향기를 숨긴 한(恨)의 꽃 진달래

한국의 꽃 하면 나는 뭐라 해도 진달래라 생각한다. 진달래는 우리나라 땅이면 어디서나 흔하게 볼 수 있는 봄의 전령사다. 어린 시절 진달래꽃 한 잎 따서 먹어 보지 않은 사람은 없을 것이다. 꽃술로 꽃싸움한 기억도 저마다 가지고 있을 것이다. 그래서 진달래는 우리 가슴 저 깊은 곳에 아스라이 짙은 자줏빛으로 새겨져 있다.

눈을 감고 고향 산천에 핀 진달래를 떠올리면 나도 모르게 눈물이 핑 돈다. '고향의 봄' 노랫말에는 '복숭아꽃 살구꽃 아기 진달래'라 하여 복숭아꽃과 살구꽃을 앞세웠지만, 사실 복숭아꽃과 살구꽃은 동네에 한두 그루가 있을까말까 하여 보기도 어려웠다. 그러나 진달래는 어디서나 볼 수 있는 꽃이면서도 살가움을 자아내는 꽃이어서, 정감으로 따지자면 앞선 두 꽃에 비할 바가 아니다. 소월의 '진달래꽃'이 모든 사람들에게 애송되는 것은 그 작품의 문학적 향기가 높은 탓도 있겠지만, 우리 모두의 가슴 속에 묻혀 있는 진달래에 대한 이런한 정서도 큰 몫을 하기 때문이라 생각한다.

진달래는 우리 민족을 닮았다. 척박한 땅에서 자라며, 화사하거나 진한 향기를 뿜지 않으면서도 자신만의 품위를 지녔다. 진달래는 산야에 피는 꽃 중에서 꽃잎을 먹으며 즐기는 꽃이기도 하다. 그래서 예부터 화전의 주재료로 쓰였다.

진달래에 대한 이러한 민족적 정서 때문에 진달래꽃은 일찍부터 시의 소재가 되어 왔다. 가장 먼저 떠오르는 것이 신라 때의 향가 헌화가다. 아름다운 수로 부인에게 어느 노인이 몰고 가던 암소를 놓고 천 길 바위 위에 피어 있는 진달래를 꺾어 바치며 부른 노래가 헌화가다.

헌화가는 삼국유사 권 2에 '수로 부인(水路夫人)'이란 제목으로 다음과 같이 실려 있다.

성덕왕 때에 순정공이 강릉 태수로 부임하는 도중에 바닷가에서 점심을 먹었다. 곁에는 봉우리가 마치 병풍과 같이 바다를 두르고 있어 그 높이가 천 길이나 되는데, 그 위에 달래꽃이 만발하여 있었다. 공의 부인 수로가 이것을 보더니 좌우 사람들에게 말했다.

"꽃을 꺾어다가 내게 줄 사람은 없는가?"

그러나 시중드는 사람들은

"거기는 사람이 갈 수 없는 곳입니다."

하고 아무도 나서지 못하였다. 이때 암소를 끌고 곁을 지나가던 늙은이 하나가 있었는데 부인의 말을 듣고는 그 꽃을 꺾어 바치었다. 노인의 헌화가는 이러하다.

자줏빛 바윗가에
잡은 암소 놓게 하시고
나를 아니 부끄러워하시면
꽃을 꺾어 바치오리다

그러나 그 노인이 어떤 사람인지는 알 수가 없다.

그런데 이 헌화가를 읽으면서 약간의 아쉬움 같은 것을 지울 수 없다. 무언가 고리가 빠진 것 같은 허전한 감을 떨칠 수가 없다. 왜냐하면, 설화에는 "봉우리의 높이가 천 길이나 되는데, 그 위에 진달래꽃이 만발하여 있었다."는 이야기가 적혀 있는데, 정작 노래에는 달래꽃(진달래)이 빠져 있는 것이다. 용을 그렸으되, 눈동자를 그려 넣지 않은 느낌이다.

그러면 이 시가의 원문을 한 번 찬찬히 들여다보자. 다 알다시피 향가는 한자의 음과 뜻을 빌린 향찰체로 적혀 있다. 헌화가 역시 향찰로 표기되어 있는데, 이 노래의 첫 구절은 다음과 같이 적혀 있다.

紫布岩過希 자포암과희

이를 양주동은 '딛배 바회 ᄀ히'로 해독하고, '자줏빛 바윗가에'의 뜻으로 읽었는데, 그 후 모든 이들이 그런 의견에 따르고 있다. 과연 그럴까?

'자줏빛'을 표기했다는 첫머리 '紫布자포'에 대해 세심히 살펴 볼 필요가 있다. 이 말에 대해 많은 암시를 줄 수 있는 기록이 『계림유사』에 실려 있는데, 『계림유사』는 송나라 사람 손목이 고려 숙종 8년경에 우리나라에 와서, 우리말을 듣고 그것을 한자로 옮겨 적어 놓은 책이다.

거기에 '紫曰質背자왈딜비'란 말이 적혀 있는데, 이는 '자줏빛'을 '딜비'라 한다는 뜻이다. 이로 보아 헌화가의 '紫布자포'는 틀림없이 '딜비'를 표기한 것이라 생각된다. '紫' 자가 '딜비'인데 여기다 '布' 자를 덧붙인 것은 '布' 자가 '비'를 뜻하는 글자이므로, 이 말을 반드시 '딜비'로 읽어야 함을 거듭 표시한 것이다.

그런데 이 '딜비'는 '들비'를 외국인인 손목이 그렇게 듣고 적은 것으로 보인다. '둘빅'는 달래(진달래)의 옛말인데, 진달래가 자줏빛 꽃이므로 손목은 그렇게 관련지어 옮겨 적은 것이다. 『향약집성방』(1431)에는 이것을 '月背둘빅'라 적고 있다. 지금도 대구시의 한 동네 이름인 '月背월배'는 속칭 '달비'라 하고, 부근의 골짜기를 '달비골'이라 부르고 있다. 둘빅는 달빅>달외>달래로 변하였다. 『악학궤범』(1495)에 실려 전하는 고려속요 '동동'에는 '둘외'로 적혀 있다.

오늘날은 이 '달래'를 진달래와 수달래(철쭉)로 갈라 부르고 있으나, 옛적에는 양자를 구분하지 않고 다 '달래'라 불렀다. 최세진의 『훈몽자회』에 躑(철쭉 촉) 자를 풀이하면서 '양철쭉[羊躑躅] 또는 진둘빅'라고 적고 있는 것을 보아도 그 것을 알 수 있다.

이에서 본 바와 같이, '紫布자포'는 '달래'이므로, 헌화가의 첫 구 '紫布岩過希 자포암과희'는 '달래꽃 바윗가에'로 해독하여야 한다. 그래야 '높이가 천 길이나 되는데, 그 위에 달래꽃이 만발하여 있었다.'는 헌화가의 배경설화와도 뜻이 맞아 떨어진다. 그럼 노래 전편을 다시 한 번 보자.

> 달래꽃 핀 바윗가에
> 잡은 암소 놓게 하시고
> 나를 아니 부22러워하시면
> 꽃을 꺾어 바치오리다

이 진달래꽃은 우리 민족의 정서의 하나인 '한(恨)'을 그대로 머금고 있다. 그래서 진달래꽃에 얽힌 전설도 많다. 그 중 우리가 익히 들어 아는 이야기는 촉나라 임금 망제의 축출에 얽힌 이야기다.

촉나라 망제가 억울하게 쫓겨나 죽어서 두견새가 되었는데, 그 울분을 못 이겨 밤새도록 피를 토하며 울었다. 그 피가 떨어져 꽃으로 변한 것이 진달래라는 것이다. 이런 전설을 소재로 하여 당나라 때의 시인 백거이는 '산석류 원구에게 부치다[山石榴寄元九]'란 시에서,

九江三月杜鵑來(구강삼월두견래)   구강의 삼월에 두견이가 날아와
一聲催得一枝開(일성최득일지개)   한 울음 울면 한 가지씩 피어나네

라 읊었다.

그런데 우리는 이와 같은 중국의 슬픈 이야기보다 훨씬 더 가슴이 메어지는 애타는 전설을 가지고 있다. 그 두어 가지를 읽어보자.

하늘에서 죄를 지은 선녀가 땅으로 내려와 나무꾼과 결혼해서 아이를 낳았는데 이름을 달래라고 지었다. 달래를 낳고 선녀는 남편에게 딸을 부탁하고 3년 만에 하늘로 올라갔다. 그 후 달래는 예쁘게 자라 어느덧 처녀가 되었다.

그런데 새로 부임한 사또가 달래에게 반해서 둘째부인으로 삼으려고 하자, 하늘에서 선녀가 내려와 딸을 데려가 버렸다. 딸과 부인을 잃어버린 나무꾼은 쉬엄쉬엄 앓다가 딸의 이름을 부르며 숨을 거두었다.

마을사람들이 뒷동산에 묻어 주었는데, 그 무덤가에 분홍빛의 꽃이 피어났다. 그래서 사람들은 '달래'의 이름을 따서 진달래라 불렀다.

'나무꾼과 선녀' 이야기를 닮은 한국화 된 이야기다. 또 이와 비슷한 다른 전설도 있다.

옛날에 '진'이라는 나무꾼이 우연히 선녀를 도와주게 되었다. 이런 인연으로

그들은 부부가 되었다. 세월이 흘러 이들 둘 사이에 예쁜 딸이 태어났는데 그 이름을 달래라고 지었다. 달래는 뭇 사람들의 사랑을 받고 자랐다. 그녀를 사모하는 총각도 많았다.

어느 날 고을 수령이 진과 달래가 사는 마을로 행차를 했다. 달래를 본 수령은 한눈에 반해 달래를 첩으로 삼으려 했다. 달래가 이를 거절하자 수령은 화가 나서 달래를 때려죽이고 말았다. '진'은 달래를 안고 며칠을 울다가 따라 죽고 말았다. 그런데 진이 묻힌 자리에 꽃이 하나 피어났다. 달래의 미모를 닮은 예쁜 꽃이었다. 사람들은 그것을 보고 이름을 진달래라 부르고 수령을 욕했다.

전설 그대로 진달래는 한을 품은 꽃이다. '진'과 '달래'의 한이 서려 피어난 꽃이다.

그런데 지금 '진달래' 하면, 누구나 가슴 한켠에 소월의 '진달래꽃'이 제일 먼저 떠오를 것이다. 이 역시 이러한 한을 담은 노래다. 전통적인 한국 정서를 날줄로 하고, 아름다운 운율과 향토적 시어를 씨줄로 교직한 명시다.

소월의 '진달래꽃'은 영변 약산 등대에 흐드러지게 핀 진달래다. 그런데 약산 등대는 소월의 고향에서 상당히 멀리 떨어져 있는 곳이다. 그러면 소월은 왜 이렇게 먼 곳에 있는 영변 약산 등대의 꽃을 이끌어 왔을까? 그것은 소월이 이 작품에 담고자 했던 애이불비(哀而不悲)의 시정을 담는 데 적절한 무엇이 있었기 때문일 것이다. 아무런 의미가 없다면, 작자가 굳이 '영변에 약산'이라고 하지 않았을 것이다.

약산에는 슬픈 전설이 배어 있다. 이야기인즉, 옛날 어떤 수령의 외동딸이 약산에 찾아왔다가 그 강의 절벽에서 떨어져 죽고, 그 죽은 넋이 진달래가 되어 약산을 뒤덮고 있다는 것이다. 다시는 올 수 없는 길로 떠난 애절한 한 여인과 진달래와의 슬프디슬픈 사연은, 꽃을 뿌려 가시는 걸음걸음에 밟고 가게하고, 나 보기가 역겨워 가시는 임을 말없이 고이 보내 드리고, 나아가 죽어도 아니 눈물 흘리는 정서에 그대로 이어지고 있다.

소월도 약산 등대에 얽힌 이런 전설과 민요를 잘 알고 있었을 것이다. 그래서, 수령의 죽은 외동딸의 넋이 진달래꽃이 되었다는 전설을 의식하고 이 시를 썼을 것이라는 추정은 얼마든지 가능하다.

나 보기가 역겨워
가실 때에는
말없이 고이 보내 드리오리다.

영변(寧邊)에 약산(藥山)
진달래꽃
아름 따다 가실 길에 뿌리오리다.

가시는 걸음걸음
놓인 그 꽃을
사뿐히 즈려 밟고 가시옵소서.

나 보기가 역겨워
가실 때에는
죽어도 아니 눈물 흘리오리다.

진달래는 이처럼 한이 맺혀 있는 꽃이다. 그래서 그것은 우리의 가슴 속에 피는 꽃이다. 그 속에 이별이 있고 한숨이 있고 애끊는 정한이 서려 있다. 언제부터인가 우리 화단에는 외국에서 들여온 영산홍 갈래의 꽃들이 자리를 차지하고 있다. 진달래는 자취도 없다.

어린 시절, 동산에 올라가 꽃잎을 따 먹으며, 친구와 꽃술 싸움도 벌였던 그 달래꽃을 도심 화단에서도 자주 대할 수 있었으면 좋겠다. 그러면 삶에 지쳐 가슴에 쌓인 때도 조금은 씻어질 것 같다.

큰 수의 단위를 나타내는 우리말은 없었나

수에 각각 알기 쉬운 이름을 붙여 조직적으로 명명(命名)하는 방법을 명수법(命數法 numeration)이라 한다. 명수법은 0, 1(하나), 십(열), 백, 천을 기본으로 하고 만, 억, 조, 경을 보조로 하는 방법을 사용한다. 1에서 만까지는 10곱을 셈하여 올라가고 억부터는 아랫수의 만곱을 셈하여 올라간다. 즉 만은 천의 10곱이요, 억은 만의 만곱이다.

이렇게 셈하여 일, 십, 백, 천, 만, 억, 조, 경(京), 해(垓), 자(秭), 양(穰), 구(溝), 간(澗), 정(正), 재(載), 극(極), 항하사(恒河沙), 아승기(阿僧祇), 나유타(那由陀), 불가사의(不可思議), 무량수(無量壽)로 올라간다. 이것은 우리 동양의 명수법이고 미국과 영국에서는 1에서 10^8(1억)까지는 같으나, 그 이상에서는 달리 호칭한다.

그리고 소수에서는 1의 10분의 1을 푼 또는 분(分)이라 하고, 이하 10분의 1마다 이(厘)·호(毫)·사(絲)를 거쳐 허공(虛空), 청정(淸淨)에 이른다. 허공은 10의 −20승이고 청정은 10의 −21승이다. 그러니까 청정은 0점 이레 0이 21개인 작은 수다. 분수를 부르는 이름에는, 1/2을 반(半), 1/3을 소반(小半), 2/3를 대반(大半)이라 하고, 옛날에는 '셋으로 나눈 하나' '넷으로 나눈 하나'라는 말도 썼다.

그러니 지금 명수법으로서 가장 큰 수는 무량수고 가장 작은 수는 청정이다.

여기서 작은 수를 가리키는 허공과 청정 그리고 큰 수를 가리키는 항하사 이상의 수는 다 불교에서 유래한 말이다. 허공과 청정은 불교에서 모든 것을 놓아 버린 경지를 가리키는 말이다.

항하사는 항하(恒河)의 모래라는 뜻으로, 셀 수 없이 많음을 의미한다. 항하는 인도의 갠지스강을 말한다. 항하사는 항하사수(恒河沙數)라고도 하는데 여러 경전에서 셀 수 없이 많다는 것을 비유할 때 쓰인다. 『지도론(智度論)』에는 '항하사는 부처가 나신 곳이고 유행(遊行)하는 곳이며 제자가 나타난 곳이다.'라고 하였다.

아승기는 산스크리트 asamkhya를 음역한 말로, 수리적으로는 10의 56승을 뜻한다. 경전에는 수없이 나오지만 세종이 읽었다는 『산학(算學)』에도 나오고, 『월인천강지곡』, 『월인석보』, 『석보상절』에도 등장한다.

나유타, 불가사의도 전부 불경에 나오는 한량없는 수를 나타내는 말이다.

무량수는 범어 아미타유스(Amitāyus)를 음역한 말인데, 서방 극락세계에 머물고 게시는 아미티 부처님의 명호이기도 하다. 아미타불의 수명이 한량없고, 또한 중생을 제도하여 수명이 한량없도록 하기 때문에 무량수라고 한다.

그런데 이들 수를 읽을 때 잘못 읽고, 잘못 쓰는 경우가 더러 있다.

이 중 허공을 공허로 쓰는 이가 있는데 이는 일본식이다. 秭(자)를 秄 자로 쓰는 것도 일본식이니 맞지 않다. 또 무량수를 무량대수(無量大數)라 하는 사람이 있는데, 이 역시 일본식을 들여와 쓰는 것으로 바르지 못한 것이다.

무량수(無量壽)를 無量數로 적는 것도 역시 틀리게 쓰는 것이다. 이것은 원래 부처의 한량없는 수명이란 데서 나온 말이기 때문이다. 아미타불을 모신 전각을 무량수전이라고 하는 것도 여기서 유래한 것이다. 또 아승기(阿僧祇)를 '아승지'로 읽는 사람이 있으나 이 역시 잘못된 것이다. 이는 한자 祇 자와 祇 자를 혼동해서 생긴 것으로, 祇 자에 '기'라는 음이 없는 것은 아니나, 그것은 어디까지나 속음이라 취할 바가 못 된다. 아승기는 산스크리트 asamkhya를 음역한 것이므로 반드시 그 소리대로 '아승기'라 읽고 阿僧祇로 써야 한다.

그러면 우리말의 명수법을 알아보자.

우리말 하나의 10곱은 열이다. 열의 10곱은 '온'이다. 용비어천가와 월인석보에 다음과 같은 구절이 있다.

> 온 사람 다리샤 [遂率百人 백 사람을 거느리시어] 용비어천가 56장
> 百寶는 온 가짓 보배라 [백보란 백 가지 보배다] 월인석보 8장

우리는 이 '온'을 완전하고 충족된 것으로 관념하였기 때문에 '온'은 '모든, 온갖, 완전, 전부'의 뜻을 갖게 되었다.

> 온 체ㅣ 오로 업스며 [舉體全無 온 몸이 완전히 없으며] 원각경언해
> 님아 님아 온놈이 온말을 하여도 님이 짐작하소서 [임아 임아 모든 사람이 온갖 말을 하여도 임이 짐작하소서] 고시조 정철

지금 쓰고 있는 '온 동네, 온 천지, 온 세상' 등의 '온'이 모두 그러한 예다. 그런데 이 '온'은 한자어 백(百)에 눌려 원래의 의미는 사라졌다.

1000을 가리키던 우리말 '즈믄'도 한자어 천(千)에 밀려 사라지고 말았다.

> 두리 즈믄 ᄀᆞᄅᆞ매 비취요미 ᄀᆞᆮᄒᆞ니라 [달이 천 강에 비치는 것 같다]
> 월인석보 11장

즈믄 뫼곳 흔갓 제 하도다 [천 산이 허허로이 저마다 많이 솟아 있도다]
두시언해

만의 우리말은 '골'이다. 이 역시 한자의 위력에 제 자리를 잃고 말았다. 다만 '골백 번'이란 말의 한 자락에 겨우 그 흔적을 남기고 있다.

'억'의 우리말은 '잘'이다. 그러나 이 역시 본래의 뜻은 사라지고 부사 '잘'에 그 흔적만 남아 있다. '잘 한다, 잘 달린다, 잘 먹는다' 할 때의 '잘'이다. '잘 하는' 것은 '많은 것'과 관련이 있다. 짧은 시간에 '많이' 하는 것은 '잘' 하는 것이고 '잘' 하면 점수도 '많이' 받는다. 경상도 말에 '억수로 잘 한다'는 말이 있는데, 이는 '잘'이 많은 수를 뜻한다는 의미를 안고 있다.

'조'의 우리말은 '울'이다. 하늘의 이전 말은 '한울'이다. '한'은 크다는 뜻이고 '울'은 영역을 뜻하는 말이다. 크고 넓은 영역, 그것이 하늘이다. 지금도 '하늘만큼 사랑한다'는 말을 쓰고 있다. 이는 '울'이 많다는 뜻을 머금고 있음을 암시한다. '울'은 지금 그 의미가 축소되어 '울장, 울타리, (돼지)우리' 등에 그 자취를 남기고 있다. 'We'의 뜻인 '우리'도 여기서 나온 말이다. '우리'는 나를 포함한 많은 영역이란 뜻이다. 어떻든 이 '울'이 크고 많은 영역을 나타내고 있어서 '조'의 흔적을 찾을 수 있다.

'경' 이상의 수는 어떤 문헌에서도 우리말의 자취를 찾을 수 없다. 아마도 그 이상의 많은 수는 선인들이 실생활에서 필요하지 않았기 때문으로 보인다.

이 명수법과 관련하여 무한을 의미하는 겁(劫)에 대하여 잠깐 생각해 보자.

겁은 산스크리트 Kalpa를 번역한 말인데, 본디말은 겁파(劫簸)다. 이는 무한히 길고 오랜 시간을 뜻하는 말로서 찰나와 상대되는 말이다. 이것을 더 강조하기 위하여 천겁, 만겁, 억겁, 광겁曠劫, 영겁이란 말도 생겨났다.

겁은 인도에서 하늘나라[梵天]의 하루, 즉 인간세계의 4억 3천만 년을 가리킨다고도 하나, 이러한 개념은 사라지고 영원한 세월을 가리키는 말로 쓰인다.

우주가 영원히 되풀이되는 회전 운동임과 같이, 만물은 영원히 회귀하여 멈추는 일이 없다는 니체의 사상을 가리켜, 전에는 영원회귀라는 용어를 쓰더니 요즘은 영겁회귀라는 말을 많이 쓰고 있음을 본다.

그런데 이 겁을 비유하는 이야기에는 여러 가지가 있다.

사방 1 유순(由旬)이나 되는 큰 바위를, 천녀(天女)가 내려와 입고 있는 얇은 옷으로 백년마다 한 번씩 스쳐서, 그 바위가 다 없어져도 끝나지 않는 시간이라는 것이 그 하나이고, 또 사방 1 유순이나 되는 성(城) 중에 겨자씨를 가득 채우고, 그것을 백 년마다 한 알씩 꺼내어도 끝나지 않는 시간이 겁이라는 것이다. 전자의 비유를 반석겁(盤石劫)이라 하고, 후자의 비유를 겨자겁(芥子劫)이라 한다. 또 갠지스 강의 모래알 수만큼이나 한량이 없고 헤아릴 수도 없는 시간이 겁이라고도 하였다.

유순이란 단위는 한없이 긴 길이를 가리키는 말이다. 어떻든 이들 모두가 한량없는 시간을 나타내기 위한 비유담이다. 그러면 인도인이나 불교에서는 왜 그렇게 무한한 수와 한량없는 시간을 나타내는 말을 만들어 냈을까? 그만큼 오랜 세월을 살고 싶은 기원에서 그런 수와 시간을 만들어 냈을까? 아마도 그런 것은 아닐 것이다.

무량수를 만들어 낸 반면에 작은 수인 허공과 청정을 겸하여 만들었고, 아승기겁을 만들어 낸 반면에 짧은 찰나라는 개념을 만들었다. 무량수와 허공, 영겁과 찰나를 함께 만들었다. 그러한 수 개념을 만든 것은, 무량수를 가지려 하고 무한대를 살고자 하는 우리 인간들에게 무언가 깨달음을 주고자 하는 사유에서 나온 결과라 생각된다.

이 무량수와 겁에 비유하면 인간은 어떤 존재인가? 무량수와 겁을 만들어 경전에 그렇게 자주 내세운 것은 바로 이 물음에 답을 주기 위함에 있을 것이다. 억겁에 비하면 인간은 너무나 미세한 존재다. 이러한 사실을 진정 깨닫는다면 탐욕도 성냄도 어리석음도 사라질 것이다. 유한한 존재가 무한을 가질 수는 없다는 것을 깨우쳐야 한다. 그래서 인도인들은 엄청나게 큰 수와 엄청나게 작은 수를 만들어 그것을 통해 인간의 모든 것을 사유하게 한 것이라 생각된다. 불교의 공(空)사상도 이와 궤적을 같이 한다. 그들이 0이란 수를 최초로 발명해 낸 것도 우연한 데서 나온 것이 아님을 알 수 있다.

우리에게도 창세신화가 있다

창세신화 하면 누구나 먼저 성경의 창세기를 떠올릴 것이다. 각 나라나 민족마다 나름대로의 창세 신화를 가지고 있다. 이웃 나라 중국과 일본도 마찬가지다.

그런데 유독 우리에게는 창세신화가 없다고 하였다. 단군신화를 우리의 창세신화로 아는 이가 더러 있다. 그러나 그것은 세상을 창조하는 이야기가 아니라 나라를 세우는 건국신화다. 그래서 여태까지 우리에게는 창세신화가 없다는 것이 통설로 받아들여져 왔다.

그런데 이러한 주장은 문헌에 기록되어 있는 신화만을 보고 한 일면적 주장이었다. 무릇 문학이란 기록문학과 구비문학으로 대별된다. 구비문학이란 문자로 기록되지는 않았지만 뭇 사람들의 입으로 전해오는 문학을 가리킨다. 신화, 전설, 민담, 속담, 민요, 무가(巫歌 무당 노래), 수수께끼 등이 이에 속한다.

우리의 창세신화는 이 중 무가 속에 찬연히 남겨 있다. 곧 우리의 창세신화는 문헌에 기록되어 전해오지는 않았지만 구전으로는 완벽하게 전해온 것이다. 이 중 대표적인 창세신화는 제주도의 '천지왕 본풀이'와 함경도의 '창세가'이다. 그러면 천지왕 본풀이부터 보기로 하자.

천지왕본풀이는 큰굿의 첫머리에 신들을 청해 모시는 제의절차인 초감제에서 불리는 무가다. 초감제란 처음으로 신을 내려오게 하는 강신제라는 뜻이다. 즉 신을 청할 때 부르는 청신의례(請神儀禮)다. 큰굿에서는 옥황상제 이하 모든 신을 청하는데, 천지왕본풀이에 나오는 천지왕은 우주기원과 관련되는 신이기 때문에 초감제에서 가장 먼저 불린다. 그러면 그 내용을 한번 보자.

태초에 천지는 혼돈 상태로 있었다. 하늘과 땅은 떨어지지 않아 서로 맞붙어 있었고, 암흑으로 휩싸여 한 덩어리로 되어 있었다. 이 혼돈천지에 개벽(開闢)의 기운이 돌기 시작했다. 갑자(甲子)년 갑자월 갑자일 갑자시에 하늘의 머리가 자방(子方)으로 열리고, 을축(乙丑)년 을축월 을축일 을축시에 땅의 머리가 축방(丑方)으로 열려 하늘과 땅 사이에 금이 생겼다. 이 금이 점점 벌어지면서 땅덩어리에서 산이 솟아오르고 물이 흘러내려 하늘과 땅의 경계가 점점 분명해졌다.

이때 하늘에서는 청이슬이 내리고 땅에서는 흑이슬이 솟아서 서로 합수되어 음양의 상통으로 만물이 생겨나기 시작했다. 먼저 별이 생겨나고, 아직 태양이 없을 때 천황닭이 목을 들고 지황닭이 날개를 치고 인황닭이 꼬리를 치니 갑을동방에서 동이 트기 시작했다. 이때 하늘의 옥황상제 천지왕이 해와 달을 두 개씩 내보내어 천지가 개벽하게 되었으며, 아직은 질서가 없어 혼란스럽기만 했다.

어느 날 천지왕은 좋은 꿈을 꾼 후 지상으로 내려가 총명부인을 배필로 맞고자 했다. 며칠간의 동침 후에 천지왕이 하늘로 올라가려 하자 총명부인이 자식을 낳으면 어찌할지를 물었다. 이에 천지왕이 아들을 낳거든 이름을 대별왕·소별왕이라 짓고, 딸을 낳거든 대월왕·소월왕이라 지으라고 했다.

그리고 박 씨 세 개를 내주며 자식들이 자신을 찾거든 이를 심어 하늘로 뻗쳐 올라간 줄기를 타고 올라오라 하였다. 천지왕이 하늘로 올라간 후 총명부인이 아들 형제를 낳으니 이름을 대별왕과 소별왕이라 하였다. 형제는 자라나서 아버지를 만나고자 박씨를 심었다. 박씨에서 움이 돋아 덩굴이 하늘로 뻗어 올라갔다. 이에 형제는 그 덩굴을 타고 하늘에 올라가 천지왕을 만났다.

천지왕은 형인 대별왕에게 이승, 아우인 소별왕에게 저승을 각각 차지하도록 했다. 그러나 소별왕은 욕심이 많아 이승을 차지하고 싶었다. 그리하여 형에게 서로 경쟁하여 이기는 자가 이승을 차지하자는 내기를 청했다. 동생은 먼저 수수께끼로 다투었으나 이기지 못하자, 한 번 더 하자고 졸라서 서천꽃밭에 꽃을 심어 더 번성하게 한 이가 이승을 차지하자는 내기를 청하였다.

꽃을 가꾸는 데 있어 대별왕의 꽃은 번성했지만 소별왕의 꽃은 번성하지 못했다. 이에 소별왕이 대별왕에게 잠을 자자고 하고는, 대별왕이 잠든 사이에 몰래 대별왕의 꽃을 자기 앞에 가져다 놓고, 자신의 꽃을 대별왕 앞에 가져다 놓았다. 잠에서 깬 대별왕은 꽃이 바뀐 것을 알았으나 소별왕에게 이승을 차지하도록 하고 자신은 저승으로 갔다.

소별왕이 이승에 와서 보니 해도 두 개가 뜨고 달도 두 개가 뜨고, 초목이나 짐승도 말을 하고, 인간 세상에는 도둑·불화(不和)·간음이 성행하고 있었다. 그리고 사람을 부르면 귀신이 대답하고 귀신을 부르면 사람이 대답하는 실정이었다. 이에 소별왕은 형에게 이 혼란을 바로잡아 주도록 부탁했다. 대별왕은 활과 살을 가지고 해와 달 하나씩을 쏘아 바다에 던져 하나씩만 남기고, 송피가루 닷 말 닷 되를 뿌려서 짐승들과 초목이 말을 못하게 하였다. 또한 귀신과 인간은 저울질을 하여 백 근이 넘는 것은 인간, 못한 것은 귀신으로 각각 보내어 인간과 귀신을 구별하여 주었다.

다음으로 함경도의 창세가를 보자. 이 창세가는 함경도 함흥 지역의 무녀 김쌍돌이[金雙石伊]가 구연한 무속의 창세신화인데, 민속학자 손진태가 1923년에 채록하여 1930년에 『조선신가유편(朝鮮神歌遺篇)』이라는 책에 그 내용을 소개한 것이다. 그 줄거리는 이러하다.

　하늘과 땅이 나뉘지 않은 상태였다가 하늘이 가마솥 뚜껑처럼 볼록하게 도드라지자, 그 틈새에 미륵이 땅의 네 귀에 구리 기둥을 세워 천지가 분리되었다. 이 시절에는 해와 달이 둘씩 있었는데, 미륵이 해와 달을 하나씩 떼어 북두칠성과 남두칠성 그리고 큰 별, 작은 별들을 마련했다.

　미륵은 칡넝쿨을 걷어 베를 짜서 칡 장삼을 해 입었다. 그런 연후에 물과 불의 근본을 알아내기 위하여 쥐의 말을 듣고 금덩산으로 들어가서 차돌과 시우쇠를 톡톡 쳐서 불을 만들어 내고, 소하산에 들어가서 샘을 찾아 물의 근본을 알아내었다.

　미륵이 금쟁반·은쟁반을 양손에 들고 하늘에 축수하여 하늘로부터 금벌레·은벌레를 다섯 마리씩을 받았다. 그 벌레가 각각 남자와 여자로 변하여 다섯 쌍의 부부가 생겨나 인류가 번성하게 되었다.

　미륵이 인간 세상을 다스리고 있을 때에, 석가가 등장하여 미륵에게 인간 세상을 내놓으라 했다. 미륵은 석가의 도전을 받고 인간세상 차지 경쟁을 하게 되었다. 미륵이 계속 승리하자 석가는 잠을 자면서 무릎에 꽃을 피우는 내기를 제안하고, 미륵이 잠든 사이에 미륵이 피운 꽃을 가져다 자기 무릎에 꽂아 부당하게 승리한다.

　미륵은 석가에게 인간 세상을 내어주고 사라진다. 석가의 부당한 승리로 말미암아 인간 세상에는 부정한 것들이 생겨나게 되었다.

　그러면 위에서 본 두 편의 창세신화에 나타난 우리 신화의 근본 사상과 특색은 무엇인가를 더듬어 보기로 하자.

　성서의 창세기에는 "태초에 하느님이 천지를 창조하시니라. …… 하느님이 빛이 있으라 하시매 빛이 있었고"라 하여 창조주가 이 세상 만물을 창조하였다고 되어 있다. 중국 신화에도 "여와가 황토를 빚어 사람을 만들었다."고 하였고, 또 "여와가 정월 초하룻날에 닭을 만들고, 이튿날에는 개를 만들고, 사흗날에는 양을 만들고 …… 이렛날에는 사람을 만들었다."고 하여 여와가 창조의 주체가 되어 있다. 알타이 지방의 달단족과 시베리아의 야쿠트족, 바이칼 호수 주변의 부리아트족 등의 인류시조 신화들도 한결같이 창조주가 먼저 존재한다.

그러나 우리 신화에서는 위에서 보듯이 그러한 창조주가 없다. 모든 사물의 존재에 우선하여 태초부터 존재하는 창조주의 실체가 설정되어 있지 않다.

천지왕본풀이에는, "태초에 천지는 혼돈 상태로 있었다. 하늘과 땅이 떨어지지 않아 서로 맞붙어 있었는데, 하늘의 머리가 자방(子方)으로 열리고, 땅의 머리는 축방(丑方)으로 열려 하늘과 땅 사이에 금이 생기고, 이 금이 점점 벌어지면서 땅덩어리에서 산이 솟아오르고 물이 흘러내려 하늘과 땅의 경계가 점점 분명해졌다."고 하였다. 이어서 "하늘에서는 청이슬이 내리고 땅에서는 흑이슬이 솟아서 서로 합수되어 음양의 상통으로 만물이 생겨나기 시작했다. 이때 하늘의 옥황상제 천지왕이 해와 달을 두 개씩 내보내어 천지가 개벽하게 되었다."고 하였다.

창세가에서도, "하늘과 땅이 나뉘지 않은 상태였다가 하늘이 가마솥 뚜껑처럼 볼록하게 도드라지자, 그 틈새에 미륵이 땅의 네 귀에 구리 기둥을 세워 천지가 분리되었다. 이 시절에는 해와 달이 둘씩 있었는데, 미륵이 해와 달을 하나씩 떼어 북두칠성과 남두칠성 그리고 큰 별, 작은 별들을 마련했다."고 했을 뿐 어느 특정한 창조주는 없다.

여기에 미륵이 등장하지만, 미륵은 하늘과 땅이 붙지 않도록 기둥을 받치는 거인신에 불과할 뿐 창조주는 아니다. 카오스 즉 혼돈의 상태가 음양의 원리에 의하여 하늘과 땅이 분리되고, 하늘의 청이슬과 땅의 흑이슬이 합수되어 만물이 창조된다. 그러므로 우리의 창세신화는 창조신화가 아니라 천지가 개벽하는 신화다. 어느 질내자의 손에 의하여 창조되는 것이 아니라, 음양의 조화에 의하여 전개되는 개벽신화다.

인간 역시 창조주의 손에 의하여 만들어지지 않는다. 천지왕본풀이에서는 하늘의 천지왕이 지상에 내려와 총명부인과 결합하여 인간이 만들어지고, 창세가에서는 미륵이 금쟁반·은쟁반을 양손에 들고 하늘에 축수하여, 하늘로부터 받은 금벌레·은벌레가 각각 남자와 여자로 변하여 인류가 생기게 된다. 벌레가 스스로 자력으로 자라고 변신하여 사람으로 변신하는 것이다. 이처럼 우리 신화에 나타나는 인간관은 조물주에 의하여 처음부터 완벽하게 인간으로 만들어진 것이 아니라, 저절로 개벽된 다음 점차 변화되어 지금의 상태와 같이 조화롭게 되었다는 진화론적 세계관이다. 이와 같은 우리 민족의 진화론적 세계관은 현재의 세상이 완벽하다고 보지 않고, 앞으로 더 바람직한 세상으로 발전될 것이라고 보는 미래지향적 세계관이라 할 수 있다.

이것은 불완전한 현세를 설명고자 하는 것과 합리적으로 연결되어 있다. 천지왕본풀이에서는 대별왕과 소별왕이 세상을 다스리기 위해 다툼을 벌이고, 창세가에서는 미륵과 석가가 서로 경쟁한다. 그런데 두 신화에서 보듯이 시합에서 거짓을 행한 소별왕과 석가가 이겨서 이 세상을 다스린다. 그 결과로 지금 인간 세상에는 도둑, 불화, 간음과 같은 부정한 것들이 성행하고 있다고 설명하고 있다. 이러한 비판적 현실 인식의 한켠에는 미래에 대한 기대와 전망이 내포되어 있다. 비록 지금은 부조리하고 혼탕한 세상이지만, 미륵이 다스리는 미래 세상에는 온전하고 바른 세상이 온다는 진화론적 세계관을 나타내 보이고 있는 것이다.

창조론적 신화는 창조주가 우주와 인간 그리고 삼라만상을 완벽하게 창조해 놓았는데, 인간이 잘못을 저질러 이 세상이 부조리한 세상이 되었으며, 그 원죄에 의하여 고통 받는 삶이 되었다고 말한다. 즉 아담과 이브가 선악과를 따 먹은 결과로 에덴에서 쫓겨난 것이다. 우리의 진화론적 개벽신화에서는 모든 사물이 자력적 생명력을 지니며 생성 발전해 가는데, 세상을 차지하려는 신의 욕심 탓에 세상이 잘못되어 여기에 이르렀다는 것이다.

서양의 창조신화가 현실의 부조리를 인간 탓으로 돌려 인간에게 원죄의식을 심어 주는 신본주의라면, 개벽신화는 사람들은 원래 선한데 부정한 신이 세상을 다스리는 탓이라 하여 인본주의에 바탕을 두고 있다. 그래서 저쪽의 창조신화가 속죄의식으로 신을 섬기도록 하는 종속적 믿음을 요구하는 개별신앙 중심인데 비하여, 우리의 개벽신화는 현세의 신이 아닌 미래의 신이 구원자로 나타나, 세상이 다시 개벽되기를 소망하는 미래세를 꿈꾸고 있는 것이다.

조선 여류 시인들의 사랑

조선은 성리학이 지배하던 나라다. 이러한 시대적인 이념 때문에 남녀 간의 사랑 이야기는 드러내 놓고 할 수가 없었다. 그래서 사랑을 주조로 한 사대부가의 글이나 시를 거의 찾아 볼 수가 없다.

다만, 남편의 사랑을 잃은 허난설헌의, 원망에 찬 시 몇 편이 전할 뿐이다. 그래서 사랑의 시라 하면 기녀의 작품뿐이다. 이들 기녀들의 작품 중에서도 가장 널리 사람들의 입에 오르내리는 것을 들라면 황진이의 시조와 한시가 될 것이다.

어느 기자가 시조 시인이요 학자인 가람 이병기 선생께, '선생님의 스승은 누구시냐?'고 물었다. 그러자 가람은 대뜸 황진이의 시조 한 수를 외웠다.

어쩌 내일이여 그릴 줄을 모르던가
있으라 하드면 가라마는 제구태여
보내고 그리는 정은 나도 몰라 하노라.

황진이가 그의 스승이라는 말이었다.

황진이는 재색을 겸비한, 중종 초엽에 살았던 송도의 명기이다. 그녀는 한시

6수, 시조 6수를 남겼는데 모두가 절창 중의 절창들이다. 그러기에 가람은 그녀를 스승으로 삼으면서, 황진이를 가리켜, 한시는 이백 두보에 비견할 만하고, 시조는 하나하나 신운(神韻)이 생동하는 걸작이라고 평하였다.

'어져 내일이여……'도 그 걸작 중의 하나이다. 헤어질 때는, 훗날 이토록 그리워질 줄을 모르고 보내었는데, 막상 보내고 나니 임이 한없이 사무치도록 그리워진다는 여인의 애달픈 정을 토해 내고 있다. 그 그리워하는 대상이 누구인지를 정확히 알 수는 없지마는, 어떤 이는 그를 소세양(蘇世讓)으로 추측하고 있다.

소세양은 황진이와 동거를 한 사람인데, 그는 친구들과 약속하기를, 아무리 황진이가 재색을 겸비한 명기라 하더라도, 30일 동안만 동숙하고 더 미련을 가진다면 나는 사람이 아니라고 하였다.

드디어 약속 기한이 다 된 날 헤어지려 하자, 황진이는 이별을 슬퍼하는 기색은 조금도 없이, 시 한 수를 지어 전하였다.

흐르는 물소리는 거문고 소리에 차갑고　　　　流水和琴冷(유수화금랭)
매화 향기는 피리 소리에 그윽하여라.　　　　梅花入笛香(매화입적향)
내일 아침 헤어진 후에는　　　　　　　　　明朝相別後(명조상별후)
그리는 마음 푸른 물결 되어 길리라.　　　　情意碧波長(정의벽파장)

이 시를 받아 읽은 소세양은 '나는 사람이 아니다.'고 자조하며, 원래의 약속을 파기하고 황진이 곁에 더 머물고 말았다

그러나 끝내는 헤어지지 않을 수 없었다. 처음 헤어지려 했을 때 '슬퍼하는 기색은 조금도 없었던' 황진이도, 그 후 헤어진 후에는 그리움을 주체할 수 없는

자신을 발견하고 '어져 내일이야' 라는 이 시조로 이별의 한을 달랬던 것이다.

그녀는 한시에도 능해 그러한 심사를 반달이라는 작품에서 이렇게 읊었다.

누가 곤륜산 옥을 잘라	誰斷崑山玉(수단곤산옥)
직녀의 빗을 만들어 주었던고	裁成織女梳(재성직녀소)
직녀는 견우님 떠나신 뒤에	牽牛離別後(견우이별후)
시름하며 허공에 던져 두었네	愁擲壁空虛(수척벽공허)

이와 같은 애절한 이별의 정한을 시로 남긴 조선의 여인은 의외로 많다.

호방한 남아로 알려진 백호 임제와 기생 한우 사이에 오간 사랑의 시도 그러한 예이다. 임제는 서른여덟이라는 짧은 나이에 세상을 하직하면서, 그를 슬퍼하는 주위 사람들에게, '천하의 여러 나라가 황제를 일컫지 않은 나라가 없는데, 오직 우리나라만 끝내 황제라 부르지 못하고 있으니, 이같이 못난 작은 나라에 태어났다 죽는 것이 무어 그리 애석하겠느냐' 라는 말을 남긴, 호탕하기 그지없는 사람이었다.

이 풍류남아는 평안도관찰사로 부임하는 길에, 기생 황진이의 묘소를 찾아 생전에 만나지 못한 것을 한탄하며, '잔 잡아 권할 이 없으니 그를 설워하노라' 라는 시조를 지어 바쳤다가, 당시의 고루한 선비들로부터 많은 비판을 받기도 하였다.

이 임제가 시서에 능하고 명창으로 이름 높았던 기생 한우(寒雨 찬비)에게 한 수 읊었다.

북천(北天)이 맑다커늘 우장(雨裝)없이 길을 나니
산에는 눈이 오고 들에는 찬비로다
오늘은 찬비 맞았으니 얼어 잘까 하노라.

이에 한우는 즉시 이렇게 화답하였다.

어이 얼어 자리 무슨 일로 얼어 자리
원앙침(鴛鴦枕) 비취금(翡翠衾)을 어디 두고 얼어 자리
오늘은 찬비[한우] 맞았으니 녹아 잘까 하노라.

이쯤 되면 한우는 그 호탕하다던 임제를 능가하는 시의 귀재라 할 만하다.

그런데 애끓는 사랑의 깊이를 이야기하자면, 홍랑(洪娘)과 고죽 최경창(崔慶昌)의 사연이 단연히 앞을 설 것이다.

선조 때 삼당시인(三唐詩人), 팔문장(八文章)가로 불리던 최경창이 북도평사(北道評事)로 경성에 갔을 때, 관기 홍랑을 만나 깊은 사랑에 빠졌다.

이듬해 봄에 고죽의 임기가 끝나 서울로 떠나게 되자 홍랑은 함관령(咸關嶺)까지 따라나섰다. 그러나 국법인 '양계지금(兩界之禁)'을 어길 수가 없어 더 이상 따라나올 수가 없었던 것이다. '양계지금'이란 평안·함경도 백성들이 경계를 넘어 남하하지 못하게 한 법으로 어기면 곧 죽음이었다.

함관령에서 두 연인은 이별이란 슬픔을 삼내해야 했다. 거기서 홍랑은 울음을 삼키면서 버들가지를 꺾어 고죽에게 건네며 구슬픈 시조 한 수를 읊었다 .

묏버들 가려 꺾어 보내노라 님의 손데
자시는 창밖에 심어두고 보소서

밤비에 새 잎 곧 나거든 날인가도 여기소서

한양으로 돌아온 그는 이듬해 초부터 시름시름 앓다 병석에 눕게 되었는데, 그는 겨울까지 일어나지 못했다. 이 소식이 멀리 있는 홍랑에까지 전해지게 되었다. 그녀는 짐을 꾸리어 한걸음에 한양으로 달려가 지극정성으로 고죽의 병수발을 들었다. 그에 힘입어 고죽은 건강을 되찾았다.

그런데 일이 벌어지고 말았다. 고죽이 홍랑을 첩으로 삼아 '양계지금'을 어긴 채 동거한다는 상소가 사헌부에 올라왔다. 이에 최경창은 파직을 당하고 홍랑도 함경도 경성으로 돌아갈 수밖에 없었다. 고죽은 침통하고 애절했던 당시 마음을 송별(送別)이란 시를 지어 떠나는 홍랑에게 주었다.

고운 뺨에 눈물지으며 한양을 떠날 때
새벽 꾀꼬리 저렇게 우는 것은 이별의 정 때문이네
비단옷에 명마 타고 관문 밖에서
풀빛 아득한 가운데 홀로 가는 것을 전송하네

그 후 최경창은 가벼운 벼슬자리에 복직은 되었으나 부임 도중 죽고 말았다. 그의 나이 45세 때였다.

이 소식을 접한 홍랑은 곧장 객관을 찾아가, 영구를 따라 임이 묻힐 경기도 파주까지 따라갔다. 장례 후엔 고죽의 무덤 앞에서 시묘에 들어갔다. 시묘살이 중 혹시나 남성들의 관심을 끌까 두려워한 나머지, 스스로 얼굴에 상처를 내어 흉터를 만들었다. 또한 커다란 숯덩이를 통째로 삼켜서 벙어리가 되려고도 했다. 3년이 지났어도 그녀는 묘소를 떠나질 않고 계속 거기에 머물렀다. 임의 영혼

옆에서 죽고자 했던 것이다.

　그 후 그녀는 고죽이 남긴 주옥같은 작품과 글씨들을 잘 보존하여 뒷날『고죽집』을 펴내게 하였다. 지금 고죽의 작품이 많이 전하는 것은 순전히 그녀의 손길 때문이다.

　그녀는 지금 경기도 파주시 교하읍 다율리에 있는 해주 최씨의 문중 산에 묻혀 있다. 지금도 문중의 제사를 받으며 홍랑 할머니로 존경받고 있다. 기적(妓籍)의 여자를 문중에 올린 파격은 홍랑이 유일하다

　애틋한 사랑의 시조를 남긴 매창(梅窓)과 유희경의 이야기 또한 빼놓을 수 없는 이야기다. 허난설헌과 함께 조선 시대 대표적인 여류 시인으로 평가 받는 매창은, 계유년에 태어났기에 계생(癸生), 또는 계랑(癸娘)이라고 하였는데, 매창은 그녀의 호다.

　매창은 1590년 무렵 부안을 찾아 온 유희경과 정이 들었다. 유희경은 매창을 처음 만난 날 그 소회를 이렇게 시로 썼다.

남국의 계랑 이름 일찍이 알려져서　　　曾聞南國癸娘名(증문남국계랑명)
글재주 노래 솜씨 서울까지 울렸어라.　詩韻歌詞動洛城(시운가사동락성)
오늘에사 참모습을 대하고 보니　　　　今日相看眞面目(금일상간진면목)
선녀가 내려와서 내 앞에 섰구나.　　　却疑神女下三淸(각의신녀하삼청)

　그 후 유희경이 서울로 돌아가고, 이어 임진왜란이 일어나 이들의 재회는 기약이 없게 되었다. 유희경은 전쟁을 맞아 의병을 일으키는 등, 바쁜 틈에 매창을 다시 만날 여유가 없었던 것이다. 이때 매창은 그에 대한 절절한 그리움을 한 수의 시조에 담았다.

이화우(梨花雨) 흩날릴 제 울며 잡고 이별한 님
추풍낙엽에 저도 날 생각는가
천리에 외로운 꿈만 오락가락 하노매.

연인을 그리워하는 정이 구구절절이 배어 나온다. 이보다 더 애절한 사랑의
시가 또 어디 있겠는가?

이러한 사랑을 노래함에, 평양 기생 구지가 유일지를 생각하는 시조를 또한
빼놓을 수 없다.

구지는 평양 기생이라고만 알려져 있을 뿐, 다른 기록이 없고, 해동가요에 그
녀의 시조 한 수가 전한다.

장송으로 배를 만들어 대동강에 띄워 두고
유일지(柳一枝) 휘어다가 굴이굴이[구지구지] 매었는데
어디서 망녕엣것은 소(沼)에 들라 하나니.

큰 소나무로 배를 만들어 대동강에 띄워 두고, 강가의 버드나무 가지[柳一
枝]로 굳이굳이[구지구지] 매었기에 꼼떡도 하지 않는데, 어디서 망녕된 것들이
여기를 떠나서 작은 늪에 들라고 하느냐란 뜻이다.

유일지라는 애인에게 굳이[구지]는 변함없이 사랑을 바치겠다는 것을 맹세하
고 있다.

황해도 곡산 기생 매화는 해주 감사 홍시유와의 사랑을 그리워하면서 이렇게
읊었다.

매화 옛 등걸에 봄철이 돌아오니
옛 피던 가지에 피엄직도 하다마는
춘설이 난분분하니 필동말동 하여라.

시인이며 화가였던 배전과 김해 기생 강담운과의 사랑도 빼 놓을 수 없는 이야기다. 강담운 또한 배전에 못지않게 시(詩), 서(書), 화(畵)에 모두 능하여, 두 사람은 서로 잘 통하는 연인이 되었다. 이 두 사람은 당나라 때의 시인 가도(賈島)의 시구에서 각각 하나씩을 따와서 자신들의 호로 삼았는데, 이것은 운치도 있으려니와, 그들의 사랑이 얼마나 격조가 높았던가를 짐작케 한다.

소나무 아래에서 동자에게 물으니   松下問童子(송하문동자)
스승은 약초 캐러 갔다고 하네.   言師採藥去(언사채약거)
다만 이 산 속에 계실 것이나   只在此山中(지재차산중)
구름이 깊어 있는 곳을 모르겠네.   雲深不知處(운심부지처)

배전은 이 시의 세 번째 시구에 있는 '차산(此山)'을 가져와 자신의 호로 하였고, 그의 연인 강담운은 역시 세 번째 시구의 '지재(只在)'를 가져와 호로 삼았는데 이것은 '다만 차산의 품속에만 있겠다'는 뜻을 취한 것이다.

이러한 애틋한 사랑도 인간사에 속하는 일인지라, 헤어지는 날이 왔다. 어느 따뜻한 봄날 강담운은 서울에 가 있는 연인 배전에게 눈물로 쓴 시 한 수를 보냈다.

그리움에 가득한 눈물방울로	適取相思萬眼淚 (적취상사만안루)
붓을 적셔 그립다 글자를 쓰네.	濡毫料理相思字 (유호료리상사자)
뜰 앞 푸른 복사꽃에 바람이 부니	庭前風吹碧挑花 (정전풍취벽도화)
쌍쌍의 나비가 꽃을 안고 떨어지네.	雨雨蝴蝶抱花墜 (양양호접포화추)

이 시를 받은 배전은 연인 강담운의 시들을 모아, 여러 사람들의 서문까지 받아 시집을 간행해 주었다. 신분을 초월한 숭엄한 사랑을 후세 사람들에게 보여 준 것이다.

끝으로 양반집 규수 출신의 허난설헌의 시를 들지 않을 수 없다.

난설헌은 1563년 강원도 강릉(江陵)에서 양반가의 딸로 태어났다. 조선 중기 문신으로 동인의 영수인 허엽의 딸이다. 어렸을 때 이름은 초희(楚姬)이며 난설헌(蘭雪軒)은 그의 호다.

그녀의 오빠 허성과 허봉은 당대의 뛰어난 문인이었고, 『홍길동전』으로 유명한 허균은 난설헌의 동생이다. 허난설헌은 어렸을 때부터 시작의 천재성을 드러내어, 8세 때 광한전 백옥루 상량문(廣寒殿白玉樓上樑文)이라는 한시를 지어 주변의 어른들을 놀라게 하였다.

난설헌은 15세에 김성립과 결혼했는데 그는 남인계에 속한 인물이었다. 당시 남인은 사상적으로 성리학에 매우 고착되어 있었고 보수적이었다. 자유로운 가풍을 가진 친정에서 가부장적인 가문으로 시집 온 허난설헌은 시집살이에 잘 적응하지 못했다. 그때부터 불운이 시작되었다. 첫째, 시어머니와의 사이가 좋지 않았다. 여성에게조차 글을 가르치지 않았던 당시의 고루한 시대에 시를 쓰는 며느리는 시어머니에게 그리 달갑지 않은 존재였다. 시어머니는 지식인 며느리를 이해하지 못했고 갈등의 골은 깊어갔다. 게다가 남편도 그녀를 돌보지 않았다. 남편은 그런 그녀를 보듬어주기는커녕 과거공부를 핑계 삼아 바깥으로 돌며 가정을 등한시하였다.

　이때의 심정을 그녀는 남편이 나가 있는 '강가의 독서당에 붙인다'는 시에서 이렇게 읊었다. 남편에 대한 원사(怨詞)다.

　　　제비는 비스듬한 처마에 쌍쌍이 날아들고　　　燕掠斜簷兩兩飛(연략사첨양양비)
　　　떨어지는 꽃잎은 어지러이 비단옷을 스치네　　　落花撩亂拍羅衣(낙화요란박라의)
　　　깊은 규방에서 멀리 내다보며 봄뜻을 잃었는데　洞房極目傷春意(동방극목상춘의)
　　　강남에 풀 푸르러도 임은 돌아오지 않네　　　草綠江南人未歸(초록강남인미귀)

　그리고 가사 작품인 규원가(閨怨歌)에서도 오지 않는 임을 향하여 자신의 아픔을 이렇게 토로했다.

　차라리 잠이 들어 꿈에나 보려 하니, 바람에 떨어지는 나뭇잎과 풀 속에서 우는 벌레는 무슨 원수가 져서 잠마저 깨우는고. 하늘의 견우성과 직녀성은 은하수가 막혔으나, 칠월 칠석에 일 년에 한 번씩은 때 어기지 않고 만나는데, 우리 임은 가신 뒤에 무슨 건너지 못할 강이 놓여 있어, 오고 가는 소식마저 끊어졌는고. 난간에 기대어 서서 임 가신 곳을 바라보니, 풀에 이슬은 맺혀 있고 저녁 구름이 지나가는데, 대나무 숲 우거진 곳에 새소리만 더욱 서럽게 들리누나. 세상에 서러운 사람이 수없이 많다지만, 기구한 운명을 가진 여자 신세야 나 같은 이가 또 있을까? 아마도 이 임의 탓으로 살듯 말듯 하구나.

　엎친 데 덮친 격으로 자신의 뿌리였던 친정의 가세도 몰락하였다. 아버지 허엽이 객사하고, 그녀를 특히 아꼈던 오빠 허봉은 귀양을 갔다가 불우하게 죽었으며, 동생 허균 역시 정쟁에 휘말려 귀양길에 올랐다. 불운은 잇따라 난설헌은 딸과 아들을 돌림병으로 연달아 잃었고 낙태도 겹쳤다.

　이러한 고난의 삶을 버겁게 짊어진 난설헌은, 마침내 그 질곡의 무게를 견디지 못하고 27세의 꽃 같은 나이로 한 많은 세상을 마감하고 말았다. 허난설헌은 말 그대로 그녀의 시 속에 나오는 난초같이 살다간 여인이었다.

　이외에도 이름 없는 조선 여인들의 수많은 연시가 전해 온다. 그 몇 수를 읽어 보자.

　　　한 자 쓰고 눈물지고 두 자 쓰고 한숨 지니
　　　자자행행이 수묵산수(水墨山水)가 되겠구나
　　　저 님아 울고 쓴 편지니 늘러볼까 하노라.

　　　　　　　　　　　* 늘러볼까 : 용서하여 볼 것이다

　　　새벽 서리 지샌 날에 외기러기 울어 옌다
　　　반가운 님의 소식 행여 올까 여겼더니
　　　다만지 창망한 구름밖에 빈 소리만 들리더라.

　　　세상에 약도 많고 드는 칼이 있다 하되
　　　정 벨 칼이 없고 임 잊을 약이 없네
　　　두어라 잊고 베기는 후천에 가 하리라.

　　　아이야 창 닫아라 뜰 밖이 보기 싫다
　　　저 달이 오니 저리 밝아 남의 심사를 산란케 하나
　　　아니다 님 보신 달이니 나도 볼까 하노라.

자다 깨어보니 님에게서 편지 왔네
보고 또 보고 가슴 우에 얹었더니
하그리 무겁든 아니하되 가슴 답답하여라.

백초를 다 심어도 대는 아니 심으리라
젓대는 울고 살대는 가고 그리나니 붓대로다
구트나 울고 가고 그리는 대를 심어 무엇 하리오.

* 젓대: 피리 / 살대: 화살대 / 구트나: 구태여

그리워하고, 이별을 서러워하고, 애절하게 기다리고, 가버린 님을 원망하는, 이러한 사랑의 시는 수없이 많다. 그런데 특이한 것은 이러한 사랑의 시를 남긴 이들은 대부분이 여성이라는 점이다. 이것은 조선 시대의 사회 문화적 특성상, 남성 사대부들이 드러내 놓고 이러한 연시를 쓸 수 없었던 배경에도 그 연유가 있겠지만, 그 강도 비중이라는 측면에서 본다면, 사랑이라는 것은 역시 남성보다는 여성의 몫이기 때문이라는 생각이 든다.

사랑이 남성에게는 부분이지만, 여성에겐 전부라는 말이 있다. 적어도 사랑에 있어서는 본능적으로 타고 난다는 모성애와 연결돼 있는 여성이, 남성보다 훨씬 더 큰 힘을 소유하며, 또 큰 힘을 발휘한다고 생각한다.

호주 RMIT 대학의 마크 코언 교수는, 사랑하면 더 오래 산다는 사실을 과학적 연구를 통해 밝혀냈다. 또한 여성이 일반적으로 남성보다 더 오래 사는 이유도 여성이 연인, 아이들, 부모들을 더 사랑하는 경향이 있기 때문이라고 그는 지적하였다.

이 땅의 여인들이 그렇게 많은 사랑의 시를 남긴 연유도, 바로 여성이 지닌 그 근원적인 특성에 연유함을 알 수 있겠다. 이제 남성들도 여성만큼 깊이 남을 사랑하고, 저 심장 깊은 곳에서 우러나오는 사랑의 시를 많이 지어야겠다. 그렇게 하면 남성의 수명도 여성만큼 길어질 것이다.

우리의 이솝 우화 설(說) 문학

어린 시절 교과서에서 여우와 두루미를 읽으면서 느낀 감흥은 나이가 든 지금도 누구나 잊지 않고 있을 것이다. 두루미가 여우에게서 당한 푸대접을 뒤에 되갚을 때 우리는 얼마나 고소하고 달콤했던가. 그 뒤 우리는 자라면서 많은 이솝 우화를 배우면서 그 속에서 교훈을 얻었다. 다시 그것을 읽어도 흥미진진하다.

그런데 이러한 서양의 이솝 우화는 알아도, 동양에도 이와 같은 우화가 있는 것은 모르는 경우가 많다. 그 대표적인 것이 동양의 설(說) 문학이다.

설이란 원래 풀어 설명한다는 뜻을 가진 문체의 한 종류다. 어떤 대상에 대한 참된 이치와 의미를 풀어 헤치고 자신의 의견을 술회하는 장르다. 논(論)과 유사하나 논의보다는 약간 옅고 평이하며 상세하게 설명하는 것을 주지로 삼는다. 주로 비유로 설득하는 법을 쓰고 있어서 설화의 흥미를 지닌다. 곧 글의 전반부에 허구적 상황을 설정하고 후반부에 유추된 결론을 바탕으로 새로운 자신의 뜻을 밝히는 글이다. 이 설은 일찍이 한비자나 설림(說林)의 여러 사람들이 지은 바가 있으나, 당나라에 와서 한유가 지은 사설(師說), 잡설(雜說)과 유종원의 포사자설(捕蛇者說) 등이 그 대표적인 작품들이다.

그럼 먼저 한유의 잡설을 읽어 보자.

　세상에 백락(伯樂)이 있은 연후에 천리마가 있으니, 천리마는 늘 있으나 백락은 늘 있지 않다. 그런 까닭에 비록 명마가 있어도 노예의 손에서 욕을 당하며 마구간 사이에서 보통 말과 더불어 죽고 말 뿐, 천리마라 칭해지지 못한다.
　말로서 천리를 달리는 것은 한 끼에 때로 곡식 한 섬을 먹기도 하는 것이거늘, 말을 먹이는 자가 그 능히 천리마인 줄을 알지 못하고 먹인다. 그 말이 비록 천리를 달리는 능력이 있으나 먹는 것이 배부르지 못하니, 힘이 부족하여 아름다운 재주를 밖으로 드러내지 못한다. 또한 보통 말과 더불어 같고자 하여도 그조차 얻지 못하니, 어찌 능히 천리마이기를 구하겠는가?
　채찍질을 그 도리대로 하지 않고, 먹이기를 그 자질을 다할 만큼 하지 않고, 울어도 그 뜻을 헤아리지 못하면서, 채찍을 잡고 다가가 말하기를, 천하에 좋은 말이 없다고 한다. 오호라! 그 진실로 말이 없는 것인가, 말을 알아보는 이가 없는 것인가?

　여기 등장하는 백락은 본명이 손양(孫陽)으로 춘추시대 주나라 사람이다. '백락(伯樂)'은 말을 다스리는 벼슬의 이름으로, 그의 말 감식안이 탁월하여 그렇게 불렸다. 백락의 말 감식안은 매우 뛰어나서, 한 번 돌아본 것에 그 말의 값이 10배로 뛰었다는 백락일고(伯樂一顧)나, 명마가 이름 없이 늙어 소금수레를 끄는 것을 보고 울면서 비단옷으로 덮어 주었다는 기복염거(驥服鹽車)의 고사가 생기기도 하였다.
　한유는 이 짤막한 글에서 아무리 뛰어난 명마가 있어도 그것을 알아보는 백락을 만나지 못하면 그 재주를 드러내지 못한다고 말한다. 이와 마찬가지로 아무리 뛰어난 자질을 가진 사람이라 하더라도 그것을 알아보고 써 주지 않는다면 그 인재는 사장되고 만다는 것을 그 속에 담고 있다.

다음으로 유종원의 포사자설을 보자

옛날 중국 영주(永州)에 대단한 독사가 있었다. 이놈이 풀과 나무를 스치면 풀과 나무가 죽고, 사람을 물면 사람이 그 자리에서 죽고 만다. 그런데 이 독사를 잡아 포를 떠서 약으로 만들면 온갖 난치병을 치료할 수 있다는 것이다. 그래서 왕을 모시는 어의(御醫)가 독사를 1년에 두 마리 잡아오면 한 해 세금을 면제해 주기까지 하였다.

이에 영주 백성들은 독사 잡기에 골몰하기에 이르렀다. 그런데 이 독사를 잡는 것은 너무나도 위험한 일이었다. 영주에서 3대에 걸쳐 독사를 잡고 있는 장씨(蔣氏)는 자신의 조부도, 아버지도 독사를 잡다가 죽었고, 자신 역시 12년 동안 독사를 잡으면서 여러 번 죽을 뻔한 경험을 가지고 있었다.

이런 장씨를 불쌍히 여긴 유종원이 그에게 제안을 했다.

내가 당국자에게 말해서 독사 잡는 일을 그만두고 다시 세금을 내게 한다면 어떻겠느냐? 그런데 죽음을 무릅쓰고 독사 잡기에 나선 장씨의 답은 뜻밖이었다. 자신의 집안이 그 마을에서 산 지 60년 동안 이웃의 농사꾼을 보니, 농사를 지은 것을 세금으로 다 빼앗기고 굶주린 채 이곳저곳 떠돌며, 추위와 더위에 몰려 죽은 사람이 허다하다는 것이었다. 그리하여 마을 사람은 거의 사라지고 말았다는 것이다.

장씨의 조부와 같이 살던 집안은 열에 한 집안도 남지 않았고, 아버지와 같이 살던 집안은 두세 집안도 남지 않았다. 그리고 자신과 12년 동안 살던 집안은 겨우 네댓 집안도 남지 않았다는 것이다. 모두 죽거나 고향을 떠난 것이었다. 그런데 오직 장씨 자신만은 1년에 두 번 죽는 것을 무릅쓰고 뱀을 잡으면, 세리(稅吏)가 들이닥쳐 온 마을 주민을 쥐 잡듯 몰아칠 때에도, 뱀이 들어 있는 단지만 열어 보이고 편안히 쉴 수 있었다고 한다.

포사자설(捕蛇者說)은 뱀 잡는 땅꾼을 통하여 가혹한 세금 이야기를 하고 있다. 목숨을 걸고 위험한 독사를 잡고 있는 덕분에 이제까지 그 지독한 세금의 고통은 면할 수 있었다는 내용이다.

유종원은 장씨의 말을 듣고서야 공자의 '가혹한 정치는 범보다 사납다(苛政猛於虎)'란 말을 비로소 믿게 되었다고 말한다. 혹독한 세금에 시달리는 백성들의 삶을 뱀 잡는 사람의 이야기를 통하여 나타내고 있는 것이다.

이러한 설 문학은 우리나라에도 고려와 조선 시대에 많이 지어졌다. 그 중 고려 때 이규보의 경설(鏡說), 이옥설(理屋說), 슬견설(蝨犬說), 주뢰설(舟賂說), 이곡의 차마설(借馬說) 등이 유명하다. 조선시대에 들어와서는 권근의 주옹설(舟翁說), 강희맹의 도자설(盜子說), 권필의 창맹설(蒼氓說), 남구만의 조설(釣說) 등 수백편이 있다.

그러면 이 중 몇 편을 가려 읽어보기로 하자.

익히 알려져 있지만 우리나라의 대표적인 설 작품이라고 하는 이규보의 슬견설을 먼저 읽어 보기로 하자. 슬견설은 개와 이에 관한 이야기다.

한 손님이 나에게 말하기를,

"어제 저녁에 한 불량한 남자가 큰 몽둥이로 돌아다니는 개를 쳐 죽이는 것을 보았는데, 죽는 모습이 하도 불쌍해서 마음이 아프지 않을 수 없었다. 그래서 이제부터는 개와 돼지고기를 먹지 않겠다고 맹세했다."

라고 했다. 내가 이에 대꾸하여 말하기를,

"어제 어떤 사람이 불이 이글이글하는 화로를 끼고 이를 잡아 태워 죽이는 것을 보았는데, 내가 마음이 아프지 않을 수 없었다. 그래서 이제부터 다시는 이를 잡지 않기로 맹세하였다."

라고 하니, 손이 실심하여 말하기를,

"이는 미물이다. 내가 본 것은 큰 물건의 죽음이어서 가히 슬퍼할 만한 것이기에 말한 것인데, 당신은 이와 같은 작은 미물의 죽음으로 내 대답을 삼으니 어찌 나를 놀리는가?"

라고 하였다. 내가 말하기를,

"무릇 피와 기운이 있는 것은, 사람으로부터 소·말·돼지·양·곤충·개미에 이르기까지 그 살기를 원하고 죽기를 싫어하는 마음은 거의가 같은 마음이니, 어찌 큰 놈만 특별히 죽기를 싫어하고 작다고 해서 그렇지 않겠는가? 그런즉 개와 이의 죽음은 한 가지인 것이네. 그래서 적당한 대조로 삼은 것이지 어찌 당신을 놀릴 리가 있겠는가? 당신이 내 말을 못 믿겠거든 당신의 열 손가락을 깨물어 보라. 엄지손가락만 아프고 그 나머지는 아프지 않는가? 한 몸 가운데 큰 지절과 작은 부분이 골고루 피와 살이 있으므로 그 아픔은 같은 것이다. 하물며 각기 숨과 기운을 받은 것으로서 어찌 저것만이 죽음을 싫어하고 이것은 좋아하겠는가? 당신은 물러가서 눈을 감고 고요히 생각해 보라. 그리하여 달팽이의 뿔(지극히 작은 것)을 쇠뿔(큰 것)과 같이 보고 메추리를 대붕(大鵬)과 같이 보라. 그런 후에야 나는 비로소 당신과 함께 도를 말하겠다."

라고 하였다.

이 작품은 큰 동물인 개와 작은 벌레인 이를 대비시키면서, 손[客]과 주인의 의론적인 대담으로 되어 있다. 손의 그릇된 인식을 설파하면서 모든 생명체의 죽음은 동일하다는 것을 예리하게 설파하고 있다.

다음으로 이곡의 차마설을 보자. 차마설은 말을 빌려 탄 데 대한 글이다.

내가 집이 가난해서 말이 없으므로 혹 빌려서 타는데, 여위고 둔하여 걸음이 느린 말이면 비록 급한 일이 있어도 감히 채찍질을 가하지 못하고 조심조

심하여 곧 넘어질 것같이 여기다가, 개울이나 구렁을 만나면 내려서 걸어가므로 후회하는 일이 적었다. 발이 높고 귀가 날카로운 준마로서 잘 달리는 말에 올라타면 의기양양하게 마음대로 채찍질하여 고삐를 놓으면 언덕과 골짜기가 평지처럼 보이니 심히 장쾌하였다. 그러나 어떤 때에는 위태로워서 떨어지는 근심을 면치 못하였다.

아! 사람의 마음이 옮겨지고 바뀌는 것이 이와 같을까? 남의 물건을 빌려서 하루아침 소용에 대비하는 것도 이와 같거든, 하물며 참으로 자기가 가지고 있는 것이랴.

그러나 사람이 가지고 있는 것이 어느 것이나 빌리지 아니한 것이 없다. 임금은 백성으로부터 힘을 빌려서 높고 부귀한 자리를 가졌고, 신하는 임금으로부터 권세를 빌려 은총과 귀함을 누리며, 아들은 아비로부터, 지어미는 지아비로부터, 비복(婢僕)은 상전으로부터 힘과 권세를 빌려서 가지고 있다.

그 빌린 바가 또한 깊고 많아서 대개는 자기 소유로 알고 끝내 반성할 줄 모르고 있으니, 어찌 미혹(迷惑)한 일이 아니겠는가?

그러다가도 혹 잠깐 사이에 그 빌린 것이 도로 돌아가게 되면, 만방(萬邦)의 임금도 외톨이가 되고, 백승(百乘)을 가졌던 집도 외로운 신하가 되니, 하물며 그보다 더 미약한 자야 말할 것이 있겠는가?

맹자가 일컫기를 "남의 것을 오랫동안 빌려 쓰고 있으면서 돌려주지 아니하면, 어찌 그것이 자기의 소유가 아닌 줄 알겠는가?" 하였다.

내가 여기에 느낀 바가 있어서 차마설을 지어 그 뜻을 넓히노라.

앞부분에서는 물건에 대한 인간의 마음은 상황에 따라 늘 변한다는 것을 말하고, 뒷부분에서는 이 세상의 어떤 물건도 영원한 자기 소유란 없는 것이라는 것을 말하고 있다. 자기가 지니는 모든 물건은 모두 잠시 누구에게선가 빌려 쓴 것일 뿐이고, 물건에 대해서 늘 변치 않는 항상심을 가져야 하니, 군자는 소유의 본질 곧 빌려 쓴다는 것을 알고, 항상심으로 대해야 함을 강조하고 있다.

다음으로 강유선의 주봉설을 보자. 주봉설(酒蜂說)은 술을 먹은 꿀벌 이야기다.

내가 일찍이 달콤한 술을 마시고 높은 곳에 두고 앉아 있었는데, 옆에 벌한 마리가 빠르게 날아오더니, 그릇에 붙어서 빨아먹으며 술에 취한 것을 오랫동안 깨닫지 못하더니 곧 술그릇에 빠졌다. 내가 불쌍히 여겨 손을 휘저어 쫓았더니 날아갔다가 다시 왔다. 이렇게 하기를 여러 차례 하였는데도 마침내 그 날개가 술에 잠기게 되어도 술을 버리고 가지 못하더니 한참 후 빠져 죽었다.

슬프구나. 벌은 미물이다. 어찌 그 욕심에 술을 좋아함이 있어 마침내 그 몸을 빠뜨림이 이와 같은가. 처음에 내가 손을 저었을 때 날아갔더라면 참으로 날개가 술에 젖는 화는 없었을 것이다. 또 날개가 젖었을 때 떠났더라면 또 어찌 술에 빠지는 화에까지 미쳤겠는가. 처음에는 날아가지 않았고 중간에는 깨닫지 못하더니 마침내 빠졌다.

슬프다. 나도 역시 술을 좋아한다. 이 술 먹은 벌로써 요목(要目)하여 자식을 위한 은감(殷鑑)으로 삼고자 한다. 비록 그러하나, 사람이 욕심이 있고 절제할 수 없으면 이로 인하여 그 본연의 마음을 잃고 마침내 그 생명까지 잃는 것은 어찌 술뿐이겠는가. 인하여 글로 써서 보관하고, 반우(盤盂)와 안석과 지팡이에도 새기고자 한다.

술을 탐닉하다가 마침내는 몸을 망치게 된 벌의 이야기다. 이를 통하여 작자는 인간이 탐욕을 절제해야 한다는 우언을 담았다.

다음으로 이규보의 경설을 읽어 보자. 먼지 낀 거울에 대한 이야기다.

어떤 거사가 거울 하나를 갖고 있었는데, 먼지가 끼어서 흐릿한 것이 마치 달빛이 자욱하게 비추는 것과 같았다. 그러나 거사는 아침저녁으로 이 거울을 들여다보며 얼굴을 가다듬곤 하였다. 한 나그네가 거사를 보고 이렇게 물었다.

"거울이란 얼굴을 비추어 보는 물건이니 그렇지 않으면 군자가 거울을 보고 그 맑은 것을 취하는 것으로 알고 있는데, 지금 거사의 거울은 안개가 낀 것처럼 흐리고 때가 묻어 있습니다. 그럼에도 당신은 항상 그 거울에 얼굴을 비춰 보고 있으니 그것은 무슨 뜻입니까?"

거사는 이렇게 대답하였다.

"얼굴이 잘생기고 예쁜 사람은 맑고 아른아른한 거울을 좋아하겠지만, 얼굴이 못생겨서 추한 사람은 오히려 맑은 거울을 싫어할 것입니다. 그러나 잘생긴 사람은 적고 못생긴 사람은 많습니다. 만일 한번 보기만 하면 반드시 깨뜨려 버리고야 말 것이니 먼지에 흐려진 그대로 두는 것이 나을 것입니다. 먼지로 흐리게 된 것은 겉뿐이지 거울이 맑은 바탕은 속에 그냥 남아 있기 때문입니다. 만일 잘생기고 예쁜 사람을 만난 뒤에 닦고 갈아도 늦지 않습니다. 아! 옛날에 거울을 보는 사람들은 그 맑은 것을 취하기 위함이었지만, 내가 거울을 보는 것은 오히려 흐린 것을 취하는 것인데, 그대는 어찌 이를 이상하게 생각합니까?"

나그네는 아무 대답이 없었다.

이 작품에서 거사는 이 세상에는 흠과 티끌이 있는 사람이 많다는 이유를 들어, 지나치게 결백하고 청명한 태도로 일관하는 사람들을 비판하고 있다. 이는 시대 상황에 따른 작자 자신의 처세술을 드러내는 것이라고 할 수 있다. 결백하고 청명한 태도로만 일관하면 현실에 부딪혀 깨지기 쉬우니, 못난 사람도 감싸고 허물도 수용하는 삶의 자세가 필요하다는 생각을 비유적으로 나타낸 것이다. 다시 말하면, 작가는 이 작품을 통해 박절하지 않은 인간관계와 상대방의 허물까지도 수용할 수 있는 처세의 필요성을 말하고 있다.

　다음으로 강희맹의 도자설을 보자. 도자설은 아버지 도둑과 아들 도둑과의 이야기다.

　백성으로 도둑질을 업으로 삼은 사람이 있어, 그 아들에게 도둑의 술법을 다 가르쳐 주었다. 그러자 아들이 또한 그 재주를 자부하여 자신이 아버지보다 훨씬 낫다고 여겼다. 언제나 도둑질을 할 때에는 그 아들이 반드시 먼저 들어갔다가 나중에 나오며, 경한 것은 버리고 중한 것을 취하며, 귀로는 능히 먼데 것을 듣고 눈으로는 능히 어둠 속을 살피니, 뭇사람의 칭찬을 받았다. 제 아버지에게 자랑삼아 말하기를,
　"내가 아버지의 술법과 조금도 다름이 없고, 강한 힘은 오히려 나으니 이것을 가지고 가면 무엇을 못하오리까?"
라고 했다. 그러나 아비 또한 말하기를,
　"아직 멀었다. 지혜란 배워서 되는 것은 아니요, 스스로 터득함이 있어야 되는데, 너는 아직 멀었다."
라고 하였다. 그러자 아들이 말하기를,
　"도적의 도는 재물을 많이 훔치는 것으로 공을 삼는 법인데, 나는 아버지에 비해 훔치는 것이 항상 배나 많고 내 나이가 아직 젊으니, 아버지의 연령에 도달하면 마땅히 보통과는 다른 수단이 생기게 될 것입니다."
라고 하니, 아비 도적이 말하기를,
　"멀었다. 내 술법을 그대로 시행한다면 겹겹의 성도 들어 갈 수 있고, 비장(秘藏)한 것도 찾아 낼 수 있다. 그러나 한 번 차질이 생기면 화가 따르기 마련이다. 이를테면 형적이 드러나지 않고 임기응변에 막힘이 없는 것은 스스로

터득한 묘가 없으면 못하는 것이다. 너는 아직 멀었다."

라고 하였다. 아들은 그 말을 들은 척도 안 했다.

　아비가 그 다음날 밤에 그 아들과 더불어 한 부잣집에 가서 자식을 시켜 보물을 숨겨 놓은 곳에 들어가게 하였다. 아들이 한참 탐을 내어 보물을 챙기고 있는데, 아비 도적이 밖에서 문을 닫고 자물쇠를 걸고 일부러 소리를 내어 주인에게 들리게 하였다. 주인이 집에 도적이 든 줄 알고 쫓아 나와 자물쇠를 보니, 전과 같으므로 주인은 안으로 들어가 버렸다. 아들 도적은 보물창고 속에 갇혀 빠져 나올 계책이 없었다. 그래서 일부러 손톱으로 빡빡 긁어서 쥐가 긁는 소리를 내니, 주인이 하는 말이,

　"쥐가 보물창고 속에 들어서 물건을 절단 내니 쫓아버려야겠다."

　하고는, 등불을 켜고 자물쇠를 끄르니 아들 도적이 그 틈을 이용하여 빠져나와 달아났다. 주인집 식구들이 모두 나와 쫓으니 아들 도적이 사뭇 다급하여 벗어나지 못할 줄을 알고, 못가를 돌아 달아나면서 돌을 집어 물에 던졌다. 쫓던 자들은,

　"도적이 물속으로 뛰어 들어갔다."

　하고, 모두 막아서 찾으니, 아들 도적이 이 틈에 빠져나와 제 아비를 원망하면서 하는 말이,

　"짐승도 오히려 제 새끼를 보호할 줄 아는데, 자식이 무엇을 잘못해서 서로 간에 사이가 이렇게 나쁘단 말입니까?"

라고 하니, 아비 도적이 말하기를,

　"이제는 네가 마땅히 도둑으로서 천하를 독보할 것이다. 무릇 사람의 기술이란 남에게 배운 것에는 한계가 있고, 제 마음으로 터득한 것이라야 그 응하는 바가 무궁하다. 하물며 곤경과 뒤틀린 가운데서 사람의 심지는 견고하게 되고, 사람의 어짊을 익숙하게 만드는 것이 아니겠느냐. 내가 너를 곤경에 빠뜨린 것은 훗날의 너를 편안하게 해주자는 것이요, 훗날의 너를 건져주기 위

한 것이다. 네가 만약 보물창고에 갇히고 사뭇 쫓기던 환란을 당하지 않았다면, 네가 어찌 쥐가 긁는 시늉과 돌을 던지는 희한한 꾀를 낼 수 있었단 말이냐. 너는 곤경에 부딪쳐 지혜를 짜내고 임기응변에 처해 속임수를 냈으니, 지혜는 한 번 열리기 시작하면 다시 현혹되지 않는 법이다. 너는 마땅히 도둑으로서 천하를 독보할 것이다."

라고 하였다. 그 뒤에 과연 아들은 천하에 적수가 없는 도적이 되었다.

　…… 몸을 굽혀 학문에 뜻을 두고, 성리(性理)에 잠심(潛心)하여 습속에 흔들려 빼앗기지 아니하면, 족히 남들과 나란히 할 수 있고, 공명을 취할 수도 있으며, 써주면 행하고 버리면 들어앉아서 어디도 정당하지 않은 것이 없을 것이니, 이는 바로 아들 도적이 곤경에 부딪쳐서 지혜를 짜내서 마침내 천하를 독보하는 것과 같다. 너도 또한 이와 근사하니 도적이 보물창고에 갇히고 사뭇 쫓기는 곤란을 꺼리지 말고, 마음에 스스로 터득함이 있을 것을 생각해야 한다. 소홀히 하지 말라.

아버지 도둑이 아들 도둑에게 기술을 전수하는 과정이 치밀하게 서술되어 있고, 이것에 의해 배움의 한계와 터득에 의한 기술의 무궁한 원용, 그리고 위기에서 나오는 지혜의 절묘한 차이를 이야기 하고 있다. 이에 가탁하여 학문하는 사람들은 사양과 담박, 성리에 잠심하고 습속에 초연할 것을 당부한다.

중국과 우리나라의 설 작품 몇 개를 더듬어 보았다. 우리는 이들 작품을 통하여 서양의 이솝 우화와는 좀 다른 방식으로 교훈을 가르치는 동양의 설이 있음을 이해하게 된다.

전설과 민담은 어떻게 가지를 뻗어가나

인간은 말을 가진 유일한 동물이다. 인간은 이 말을 가지고 의사를 교환하고 문화를 전달함으로써 만물의 영장이 되었다. 그런데 이 말이란, 날카로운 양날을 지닌 칼 같아서, 잘 쓰면 유익하기 짝이 없지만, 잘못 쓰면 큰 화를 불러오게 된다. 잘 쓰면 천 냥 빚도 갚을 수 있지만, 잘못 쓰면 몸을 찍는 도끼가 된다.

그런데 이러한 말의 기능은 따지고 보면, 그것을 쓰는 우리 인간이 가지고 있는 속성에 기인한다. 근본적으로 인간은 가슴속에 지닌 생각을 밖으로 드러내고 싶어 하고, 또 들은 것에 대하여는 자기의 생각을 거기에 덧붙이고 싶어 한다. 그래서 인간을 가리켜 호모 나랜스(homo narrans 이야기하는 인간)라고 한다.

임금님의 귀가 당나귀 귀처럼 길다는 사실을 혼자서만 알고 있던, 관(冠) 만드는 사람이 그것을 발설하지 않고 평생 참으면서 감추어 오다가, 끝내는 참지 못하고 죽을 때에 이르러, 절의 대밭 속으로 들어가 대나무를 향하여 '임금님 귀는 당나귀 귀'라고 소리친 것은, 인간이 가슴속의 생각을 얼마나 밖으로 드러내고 싶어 하는가를 여실히 보여주는 예화다.

또 우리 속담에 '말은 보태고 떡은 뗀다'거나 '말은 할수록 늘고 되질은 할수록 준다'는 것이 있는데, 이것은 모두 말 보태기를 좋아하는 우리 인간들의 속성을 잘 표현하고 있다. 그런데 이러한 말 보태기에도 좋은 것과 나쁜 것이 있다. 남의 흠집을 더 크게 부풀리는 것은 좋지 않지만, 상상력을 발휘하여 좀 더 재미있게 꾸미거나, 보다 유익하게 윤색하는 것은 굳이 나쁘다 할 수는 없다. 전설이나 민담의 파생이 여기에 해당한다. 전설이나 민담은 기존의 이야기에 좀 더 흥미를 불어넣기 위하여, 앞엣것보다 말이 불어나고 줄거리도 길어진다.

그러면 늘어나는 전설의 한 예를 보자.

포항시 운제산에 오어사(吾魚寺)란 절이 있다. 오어사는 원래 이름이 항하사(恒河寺)였는데, 오어사로 바뀌게 된 사연을 삼국유사는 이렇게 적고 있다.

"어느 날, 원효와 혜공 두 스님이 개울가에서 물고기와 새우를 잡아먹은 뒤 바위 위에 똥을 누었다. 혜공이 그것을 가리키며, "그대의 똥은 내[吾] 고기[魚]이다."하고 놀려댔다. 이 일로 인하여 절 이름을 오어사라 부르게 되었다.

그런데 후대로 내려오면서 여기에 덧보태진 새로운 전설이 생겨나게 되었다.

"신라 고승 원효와 혜공이 함께 이곳의 계곡에서 고기를 잡아먹고 똥을 누었더니, 고기 두 마리가 나와서, 한 마리는 물을 거슬러 올라가고 한 마리는 아래로 내려갔는데, 올라가는 고기를 보고 서로 자기 고기라고 하였다는 데서 오어사라는 이름이 생겼다."

이것은 유사에 전하는 이야기보다 좀 더 재미있게 꾸며져 있다. 똥을 눈 뒤의 고기 이야기가 덧보태져 앞의 이야기보다 더 흥미롭다. 그런데 이어서 이보다 좀 더 재미나고 긴, 다음과 같은 전설이 생겨났다.

"수도를 하던 원효와 혜공이 어느 날 절을 끼고 흐르는 계곡의 상류에 있는 반석에서 만나, 그 동안 수도한 법력을 겨루게 됐다. 개천에서 노는 고기를 한 마리씩 잡아먹고 그것을 다시 살려내는 내기였다. 원효와 혜공은 같이 물고기를 한 마리씩 잡아먹고는 개천에다 똑같이 똥을 누었다.

그런데 개천에 떨어진 둘의 대변 중, 물고기로 변한 것은 한 마리뿐이었다. 그 한 마리를 두고 서로 자기가 되살린 것이라고 주장하며, 서로 '내 고기' 곧 오어(吾魚)라 우기었다. 그래서 절 이름이 오어사로 바뀌었고, 그 고기를 놓아 준 곳이 바로 절 아래 있는 오어지(吾魚池)다."

이번에는 전번 것보다 훨씬 길이도 늘어나고 사건도 복잡해졌다. 그만큼 흥미도도 증가되었다.

이들 이야기를 들여다보면, 삼국유사에 실린 처음 이야기보다, 후대로 갈수록 이야기는 더 길어지고 또 재미를 더하게 됨을 알 수 있다. 처음의 기록에는 두 사람이 단순히 고기를 잡아먹고 똥을 누었다고만 했는데, 후대로 내려오면서 똥이 물고기로 살아나고, 또 여기에 두 사람이 서로 내기를 겨루는 구체적인 이야기로 불어나고 있다.

이와 같이 보태어 꾸민 이야기 덕분에 원효와 혜공의 종교적 신비성이 강화되고, 오어사의 이름도 더욱 친근해지게 되었다.

이와는 달리 기존 설화의 뼈대에 내용을 슬쩍 바꾸는 방법이 적용되기도 한다. 그럴 듯하게 짝퉁을 만들어 내는 경우다. 그와 같은 이야기 하나를 예로 보자.

"절에 가서 공부를 하고 있던 어떤 도령이 근처에 있는 계곡에 나와 보니, 한 처녀가 목욕을 하고 있었다. 그래서 도령은 나뭇가지에 걸려 있는 옷을 훔쳐 가지고, 숲속에 숨어 처녀가 나오기를 기다렸다.

얼마 뒤 목욕을 마친 처녀가 나와 보니, 한 도령이 옷을 움켜쥐고 숲속에 있는지라 옷을 달라고 하니, 자기와 인연을 맺으면 옷을 주겠다고 하므로, 어쩔 수가 없어 그 청을 들어 주었다.

옷을 받아 입은 처녀가 말하기를, 자기는 하늘에서 내려온 선녀인데, 옥황상제께 올라가서 고하지 않으면 큰 벌을 받게 되므로, 일단 올라가서 보고하고 다시 내려올 것이라 하므로, 도령도 이를 허락하였다.

이 말을 믿은 도령은, 선녀의 말을 믿고 이튿날부터 그곳에 나가 기다렸으나, 며칠이 가도 선녀는 나타나지 않았다. 이렇게 기다리기를 한 달이 지난 날, 도령은 머리가 하얗게 세어지고 두 눈이 빠져 그 자리에서 죽었다."

누가 봐도 이 이야기는 우리가 잘 아는 나무꾼과 선녀 이야기의 모방작임을 알 수 있다. 나무꾼과 선녀 이야기에다 눈이 빠진 이야기를 덧붙여 꾸며낸 것이다. 누구라도 무엇을 애써 기다려 본 사람이면 눈이 빠질 것 같은 느낌을 받는데, 이 말이 생겨난 연원을 만들기 위해, 그럴 듯하게 선녀 이야기를 끌어다 붙여 만든 것이다

이와 같이 설화는 말하기 좋아하고, 말 보태기 좋아하는 우리 인간들의 속성에서 생겨난 것이다. 그런데 이러한 말 보태기는 듣는 이의 흥미를 더 한층 고조시키는 효과를 발휘한다. 그러니 설화의 말 보태기는 긍정적이라 할 수 있다

그런데 이와는 반대로 해악을 끼치는 말 보태기도 있다. 우리 주위에서는 지금도 수없이 많은, 얼토당토않은 갖다 붙이기식 이야기가 양산되고 있다. 부정을 저질러 놓고도 태연하게 거짓말을 해대는 갖다 붙이기 이야기꾼이 있는가 하면, 눈앞의 이익을 가로채기 위해 얼토당토않은 감언이설로, 국민을 속이려는 갖다 붙이기 이야기꾼이 얼마나 많은가?

설화의 말 바꾸기나 끼워 넣기는, 비록 사실과는 다르다고 하더라도, 그 목적이 순수할 뿐 아니라, 효율을 극대화하고 있으니 그것을 나무랄 사람은 아무도 없을 것이다. 그러나 국민의 공복이 허물을 저질러 놓고, 그 비행을 감추기 위하여 온갖 거짓말로 꾸며대거나, 누가 보아도 뻔한 사실을 요리조리 변명하면서, 국면을 벗어나려고 발버둥치는 낮도깨비들을 마주하는 일은 여간 거북스럽지 않다. 듣는 이의 마음을 어지럽히고, 보는 이의 가슴을 답답하게 한다.

낮도깨비들의 역겨운 가공 이야기는 사라지고, 한 사람을 건너뛸수록 해학이 불어나고 보태져, 듣는 이를 재미나게 하는 원효와 혜공의 이야기 같은 것이 우리 삶을 비추는 본류로 자리 잡아 갔으면 한다.

한글의 자모 이름과 순서는 어떻게 정해졌나

세종대왕이 한글을 창제하지 않았다면 오늘 우리는 어떤 문자생활을 할까? 생각만 해도 아찔하다. 이 한글 때문에 우리나라는 세계에서 가장 문해율이 높고, 또 현대 정보화 시대를 앞서가고 있다. 한글은 가장 과학적인 문자로서 세계에서 가장 우수한 문자임은 누구나 잘 안다.

그런데 우리는 이러한 한글이 가져다주는 커다란 복을 누리고 있으면서도 정작 한글에 대해 모르는 것이 너무 많다.

'낫 놓고 ㄱ 자도 모른다'는 속담이 있다. 이때의 'ㄱ' 자에 대해 '기역'이란 이름을 붙인 사람이 누구인가를 물어 보았더니, 세종대왕이라고 스스럼없이 대답하는 걸 보았다. 또 오늘날 우리가 쓰고 있는 모음의 차례 즉 'ㅏ ㅑ ㅓ ㅕ ㅗ ㅛ ㅜ ㅠ ㅡ ㅣ'는 누가, 왜 그렇게 배열했느냐고 물어 보니 이 또한 세종대왕이 아니냐고 반문하였다. 이와 같이 대부분의 사람들이 틀리는 답을 하고 있다. 한글을 편리하게 쓰고 있는 이 땅의 사람이라면, 그런 문제쯤은 누구나 상식으로 알고 있어야 할 것들이라 생각된다.

이에 한글의 자모(字母)에 대한 이름과 그 순서에 대하여 간략히 적어 본다.

지금 우리는 한글의 자음 이름을 '기역, 니은, 디귿, 리을, 미음 비읍, 시옷…' 등으로 부른다. 이러한 글자 이름은 세종이 훈민정음을 창제한 당시에도 그렇게 불렀을까? 그렇지 않다. 훈민정음의 창제 원리와 사용법을 설명한 훈민정음해례 어디에도 자모의 명칭에 대해 명시하거나 설명한 대목은 없다.

그러면 세종대왕이 훈민정음을 창제하면서 글자의 이름을 짓지 않았을까? 그건 아닐 것이다. 훈민정음해례에는, 자음은 발음기관을 본뜨고 모음은 천지인 삼재(三才)에 바탕하여 창제하였다 하고, 나아가 거기에 대한 철학적 의미까지 덧붙이는 치밀함을 보이고 있는데, 어찌 낱글자의 이름을 짓지 않았겠는가? 글자를 만들면서 그 현명한 세종대왕이 그것을 가리키는 이름을 짓지 않았을 리는 없을 것이다.

그럼 이제 그 수수께끼를 풀어보기로 하자.

훈민정음해례에는 'ㄱ'의 소리값을 설명하면서 'ㄱ如君字初發聲'이라 기록되어 있고, 이를 번역한 언해본에는 'ㄱ는 엄쏘리니 군(君)자 처섬 펴어나는 소리 ㄱᄐ니라'고 적혀 있을 뿐이다. 곧 'ㄱ'은 '군(君)' 자를 발음할 때 나는 첫소리와 같다는 말이다. ㄱ의 음가(소리값)를 알려줄 뿐 ㄱ의 이름 자체는 나타내지 않고 있다.

그러면 당시에는 ㄱ을 무어라고 불렀을까? 정확한 이름은 알 수가 없으나, 훈민정음해례나 언해본에 나타난 창제 당시의 어법규정과 그 뒤에 나온 최세진의 훈몽자회에 의거하여 그 대강을 유추할 수 있다.

창제 당시의 기록에 나타난 국어의 엄격한 법칙의 하나가 모음조화다. 즉 양성모음과 음성모음 그리고 중성모음에 따른 쓰임이 엄격하였는데, 당시 이들의 갈래는 다음과 같다

양성모음 … ㅏ ㅗ ·

음성모음 … ㅓ ㅜ ㅡ

중성모음 … ㅣ

양성은 양성끼리 음성은 음성끼리 결합하고 중성은 양성, 음성 두 가지 소리와 결합할 수가 있었다. 이러한 모음조화 현상은 단어, 조사, 어미에도 적용되었다. 특히 조사는 더욱 엄격하였는데, 예를 들면 오늘날의 조사 '-은'에 해당하는 '-ㄴ, -은'과 '는'에 해당하는 '-ㄴ, -는'의 쓰임은 다음과 같다.

① 사ᄅᆞᄆᆞᆫ(사람+은)… ·[ᄅᆞ] + ·[ᄆᆞᆫ] → 양성+양성

구루믄(구룸+은)… ㅜ[루] + ㅡ[믄] → 음성+음성

② 고기ᄂᆞᆫ(고기+는)… ㅣ[기] + ·[ᄂᆞᆫ] → 중성+양성

집ᄋᆞᆫ(집+은) …… ㅣ[집] + ·[ᄋᆞᆫ] → 중성+양성

그런데 여기서 ②의 예를 자세히 볼 필요가 있다. '고기' 같이 받침 없는 말 밑에는 'ᄂᆞᆫ'이 쓰였고, '집' 같이 받침 있는 말 밑에는 'ᄋᆞᆫ'이 쓰였다. 이 규칙을 훈민정음언해에 씌어 있는 'ㄱᄂᆞᆫ 엄쏘리니 군(君) 자 처섬 펴어나는 소리 ᄀᆞ트니라'에 적용해 보자. 'ㄱᄂᆞᆫ'이라고 했으니 '-ᄂᆞᆫ' 앞에는 받침 업는 말이 와야 함을 알 수 있다. 또 끝 글자가 양성이나 중성의 모음을 가진 글자가 와야 함도 알 수 있다. 이를 바탕으로 다시 정리하면 'ㄱ'의 이름은 다음의 두 가지 조건을 충족시켜야 한다.

첫째는 'ㄱ'의 음가를 나타낼 수 있는 글자가 되어야 하고, 둘째는 끝 글자가 양성이나 중성이고 받침이 없는 모음으로 끝나는 말이어야 한다. 그러면 이 조

건을 충족시킬 수 있는 소리는 무엇일까? 그것은 '가, 고, 기, ㄱ'가 된다. 곧 ㄱ
의 이름은 이들 중의 어느 하나가 될 것임을 추단할 수가 있다.

이 조건에 맞추어 보면, '기역'이라는 이름은 결코 올 수가 없다. 왜냐하면 'ㄴ'
앞에는 '역'과 같이 음성모음인 'ㅕ'가 올 수가 없고, 또 '역'과 같이 종성(받침 ㄱ)
으로 끝나는 말이 올 수 없기 때문이다.

그럼 이들 네 개의 소리 '가, 고, 기, ㄱ' 중에 어느 것이 ㄱ의 이름이 될까? 결
론부터 말하면 답은 '기'다. 이에 대한 자세한 설명은 곧 이어질 것이다.

이에 답을 줄 수 있는 중요한 문헌이 훈몽자회(訓蒙字會)다. 훈몽자회는 1527
년(중종 22)에 최세진이 한자 학습서로 편찬한 책이다. 그는 당시의 한자 학습서
인 천자문이나 유합(類合) 등의 내용이 경험세계와 직결되어 있지 않음을 비판하
고, 새·짐승·풀·나무의 이름을 나타내는 글자를 위주로 4자씩 종류별로 묶
어 편찬하였는데, 상·중·하 3권에 총 3,360자의 한자가 수록되어 있다.

한자(漢字)의 글자마다 한글로 음과 뜻을 달았는데, 책머리에 한글에 대한 해
설을 싣고 있다. 이것은 훈민정음과 그 시대의 국어를 연구하는데 매우 소중한
자료가 되고 있다.

훈몽자회에는 언문자모(諺文字母)라는 제목 아래 '속소위반절이십칠자(俗所謂
反切二十七字)'라는 구절이 있는데, 이는 훈민정음이 27자로 구성되어 있다는 뜻
이다. 반절은 훈민정음의 자모를 가리키는 이름이다. 세종이 만들 때는 28자였
는데 'ㆆ' 한 자가 없어진 것이다. 이어서 그는 훈민정음 자모의 이름을 한자(漢
字)를 이용하여 나타내고 그 쓰임에 대하여 다음과 같이 설명하고 있다.

① 글자의 이름

ㄱ(其役) ㄴ(尼隱) ㄷ(池末) ㄹ(梨乙) ㅁ(眉音) ㅂ(非邑) ㅅ(時衣) ㆁ(異凝)

ㅋ(箕) ㅌ(治) ㅍ(皮) ㅈ(之) ㅊ(齒) ㅿ(而) ㅇ(伊) ㆆ(屎)

ㅏ(阿) ㅑ(也) ㅓ(於) ㅕ(余) ㅗ(吾) ㅛ(要) ㅜ(牛) ㅠ(由) ㅡ(應 不用終聲) ㅣ(伊)

・(思 不用初聲)

*ㄷ(池末)의 末 자와 ㅅ(時衣)의 衣 자는 글자의 뜻 '귿'과 '옷'을 취하여 적은 것이다.

② 글자의 쓰임

초성과 종성에 통용하여 쓰는 여덟 글자[初終聲通用八字]

~ ㄱ ㄴ ㄷ ㄹ ㅁ ㅂ ㅅ ㆁ

초성에만 쓰이는 여덟 글자[初聲獨用八字]

~ ㅋ ㅌ ㅍ ㅈ ㅊ ㅿ ㅇ ㅎ

중성에만 홀로 쓰이는 열한 자[中聲獨用十一字]

~ ㅏ ㅑ ㅓ ㅕ ㅗ ㅛ ㅜ ㅠ ㅡ ㅣ ・

지금은 모든 자음을 초성과 종성에 다 사용하고 있으나, 당시에는 'ㅋ ㅌ ㅍ ㅈ ㅊ ㅇ ㅎ' 등은 초성에서만 쓸 수 있다고 하고 있다.

그런데 ①에서 보면 자음 중 'ㄱ ㄴ ㄷ ㄹ ㅁ ㅂ ㅅ ㆁ'은 其役(기역), 尼隱(니은) 등과 같이 두 개의 한자로 표기하고, 'ㅋ ㅌ ㅍ ㅈ ㅊ ㅿ ㅇ ㅎ'은 箕[키], 治[티] 등과 같이 한 개의 한자로 표기하였다. 그 연유는 ②에서 그 답을 찾을 수 있다. 즉 초성과 종성 두 군데에 통용하는 8자는 두 글자를 사용하여 이름을 표기하고, 초성 한 군데에만 쓰이는 8자의 이름은 하나의 글자로 표기하고 있다.

그것은 초성에서만 쓰는 글자는 하나의 음가만 표시하면 되지만, 초성과 종성에 함께 쓸 수 있는 글자는 초성에서 나는 음가와 종성에서 나는 음가를 아울러 나타내야 했기 때문이다. 예를 들면 'ㄴ'의 글자 이름 尼隱(니은)의 경우, 尼는 ㄴ

의 첫소리값을 나타내고, 隱은 ㄴ의 끝소리값을 나타내기 위한 것이다. 그리고 'ㅍ'의 글자 이름 皮(피)의 경우, 초성에 쓰이는 ㅍ 하나의 음가만 나타내면 되기 때문에 하나의 글자로만 표시한 것이다.

덧붙여 말하면, 초성에만 쓰이는 8개 글자는 하나의 글자로 소리값만 나타내고, 초성과 종성에 함께 쓰이는 8개 글자는 초성과 종성, 두 개의 소리값을 나타내기 위하여 두 개의 글자로 나타낸 것이다.

여기서 우리는 중요한 사실 한 가지를 밝혀 낼 수가 있다. 그것은 최세진이 훈몽자회에서 붙인 '기역(其役)'과 같은 이름은 훈민정음을 만들었던 세종 당시에는 결코 사용하지 않았다는 사실이다. 왜냐하면, 앞에서 말한 바와 같이 'ㄱ는' 자리에 '기역+는'은 결코 대입될 수 없기 때문이다. '-는' 앞에는 종성(받침)이 없는 양성이나 중성모음이 와야 당시의 어법규칙에 맞기 때문이다. 위에서 말했듯이, 훈민정음언해의 'ㄱ는 엄쏘리니 군(君)자 처섬 펴어나는 소리 ㄱᄐᆞ니라'에 적용해 보면, ㄱ의 이름은 모음조화에 바탕하여 '가, 고, 기, ㄱᆞ' 중의 어느 하나가 되어야 한다.

그러면 이 중에서 'ㄱ'의 이름은 어느 것이 될까? '기'가 될 것이다. 왜냐하면 초성에만 쓰이는 여덟 자인 'ㅋ ㅌ ㅍ ㅈ ㅊ ㅿ ㅇ ㅎ'의 명칭이 '키[箕] 티[治] 피(皮) 지(之) 치(齒) 싀(而) 이(伊) 히(屎)'와 같이 'ㅣ'를 붙인 이름으로 되어 있음을 보아 알 수가 있다. 이를 보면 원래 자음의 이름은 모두 '키[箕]'와 같이 한 글자로 된 것인데, 뒷날 최세진이 초성과 종성에 함께 쓰이는 글자는 그 쓰임을 명확히 하기 위하여 '기역(其役)'과 같이 두 글자를 붙인 것이다. 덧붙여 말하면, 'ㄱ ㄴ ㄷ ㄹ ㅁ ㅂ ㅅ ㆁ' 등의 이름도 원래는 하나의 글자로 된 이름이었다.

요약하면 'ㄱ'의 이름은 세종 당시에는 '기'로 이름 하고, 'ㄱ는'은 '기는'으로 읽었다. 세종 당시의 한글 자음의 이름은 ㄱ은 '기' ㄴ은 '니' ㄷ은 '디' ㄹ은 '리'

ㅁ은 '미' ㅂ은 '비' ㅅ은 '시' ㅇ은 '이'로 읽었다. 또한 ㅋ은 '키' ㅌ는 '티' ㅍ은 '피' ㅊ은 '치' 등과 같이 불렀다.

최세진의 훈몽자회는 훈민정음 반포로부터 81년 뒤에 나온 책이다. 훈몽자회에 나와 있는 한글 자모의 이름은 최세진이 독단적으로 어느 날 갑자기 만든 것이 아니라, 훈민정음 창제 이래 죽 내려온 그러한 명칭을 밑바탕으로 하여 자기의 생각을 약간 덧붙인 것이다. 효과적인 한자 학습서를 만드는 데 아무도 모르는 이름을 터무니없이 마구 갖다 붙일 수는 없는 것이기 때문이다.

이와 관련하여 우리가 생각해야 할 사항이 하나 있다. 지금 우리는 최세진이 기록한 이름그대로 자모명을 삼고 있다. 여기에는 아무런 문제점이 없는 것인가를 살펴보지 않을 수 없다.

최세진이 한자로 붙인 이름을 보면 하나의 규칙성이 있다. 즉 'ㄴ(尼隱) ㄹ(梨乙) ㅁ(眉音) ㅂ(非邑) ㅇ(異凝)'과 같이 초성의 소리는 'ㅣ' 앞에 나타내고, 종성의 소리는 'ㅡ' 뒤에 나타냈다. 그런데 ㄱ(其役) ㄷ(池末) ㅅ(時衣)은 이 규칙에 어긋난다. 규칙대로라면 ㄱ은 '기역'이 아니라 '기윽'으로, ㄷ은 '디귿'이 아니라 '디은'으로, ㅅ은 '시옷'이 아니라 '시읏'으로 적어야 옳다. 그런데 최세진은 그렇게 하지 않고 이들 글자 이름을 '기역(其役), 디귿(池末), 시옷(時衣)'으로 적어 놓았다. 무슨 이유일까? 그것은 최세진이 일부러 그런 것이 아니라, '윽, 은, 읏'을 적을 수 있는 한자가 없었기 때문이다. 그래서 부득이 그와 비슷한 글자를 빌려와 적을 수밖에 없었다. '윽'을 '역(役)' 자로 '은'을 '귿(末)' 자로 '읏'을 '옷(衣)' 자로 적을 수밖에 없었다. 최세진도 이들 글자를 '기윽, 디은, 시읏'으로 적고 싶었다. 그러나 그 음을 적을 수 있는 한자가 없었기 때문에 할 수 없이 그 비슷한 글자를 빌려 적었을 뿐이다.

그런데 우리는 지금 ㄱ, ㄷ, ㅅ 을 훈몽자회에 나와 있는 글자 그대로 독음하여 '기역, 디귿, 시옷'으로 읽도록 맞춤법 규정에 정해 놓았다. '기윽, 디읃, 시읏'으로 읽으면 틀린다고 시험 문제까지 내고 있다. 이것은 최세진의 뜻과도 맞지 않을 뿐만 아니라, 가장 과학적 문자라는 한글의 우수성 논리에도 어긋난다. ㄱ, ㄷ, ㅅ 의 글자 이름은 '기윽, 디읃, 시읏'으로 하루빨리 바꾸어야 한다.

야단법석(野壇法席)은 야단(惹端)스럽지 않다

"깨달음을 얻기 위해 공부에 매달리면서도 원효와 같은 스님들은 선방을 나와서 '언어와 생각으로 가 닿기 힘들다'는 선을 대중에게 말의 형태로 전달하려고 애써 왔다. '들에 단을 세우고 설법을 듣는 자리를 만든다'는 뜻의 한자어인 '야단법석(野壇法席)'은 스님의 말씀을 듣기 위해 대중들이 많이 몰려든 상황을 일컫다가, '여러 사람이 한데 모여서 서로 다투고 떠들고 하는 시끄러운 판'을 뜻하는 일반어로 자리잡았다."

이 글은 근자의 어느 일간신문에 게재된 것이다. 불교 법회의 하나인 '야단법석(野壇法席)'이란 말이 '여러 사람이 한데 모여서 서로 다투고 떠들고 하는 시끄러운 판'을 뜻하는 말로 뜻이 확대되었다는 내용이다. 그러나 이러한 견해는 바르지 않다.

많은 사람이 한곳에 모여 서로 다투며 떠드는 시끄러운 판을 야단법석이라 하는 것은 사실이다. 그러나 이때의 야단법석은 불교의 야단법석(野壇法席)과는 다른 야단법석(惹端—)이란 말이다. 그러니 한자어 야단(惹端)과 야단(野壇)을 혼동하고, 고유어 법석과 한자어 법석(法席)을 혼동한 것이다. 사전에도 두 단어는 분명히 구분되어 있다.

'떠들고 시끄럽다'는 뜻의 야단법석은 야단(惹端)이란 말에 그 뿌리를 두고 있는데, 야단은 야기요단(惹起鬧端)의 줄어진 말로서, 떠들썩하거나 큰 소리로 꾸짖는 것을 뜻한다. 시끄럽고 떠들썩한 것을 가리키는 야단법석(惹端-)은, 바로 이 야단에 순수한 우리말 '법석'이 어우러진 말이다. '법석'은 여러 가지 소리를 내어 시끄럽게 떠들거나 그런 모양을 뜻하는 말이다. '법석을 떨다' 할 때의 그 법석이다. 그러니 야단법석(惹端-)은 '떠들썩하다'는 뜻을 지닌 야단과 법석이 합하여 이루어진 말이다. 야단나다, 야단맞다, 야단받이, 야단스럽다, 야단야단, 야단치다 등의 말들도 모두가 이 야단(惹端)을 어근으로 하여 생긴 말이다.

반면에 법석(法席)은 야외의 불교 법회를 뜻하는바, 야단법석(野壇法席)은 야외에서 베푸는 불교 강좌를 이르는 말이다. 그러니 떠들썩하다는 뜻의 야단법석(惹端-)은, 불교의 법회인 야단법석(野壇法席)과는 전혀 관계가 없는 별개의 말이다. 야단법석(惹端-)을 야단법석(野壇法席)과 관련지어 생각하는 것은, 아마도 야외에서 여는 법회가 떠들썩할 것이라는 생각과 결부된 것이라 보인다. 그러니 야단법석(野壇法席)은 반드시 야단(惹端)스러운 것은 아니다.

법회 이야기를 하였으니, 이에 덧붙여 일반 사람들이 헷갈리는 법회 이름에 대하여 살펴본다.

글을 읽다 보면 영산회상(靈山會上)과 영산회상(靈山會相)이란 말이 있어 혼동될 때가 있다. 영산회(靈山會)란 석가가 영취산(靈鷲山)에서 법화경을 설하는 모임을 말한다. 석가가 꽃 한 송이를 들어 보이자, 아무도 그 뜻을 알지 못했는데 가섭만이 그것을 알고 빙긋이 웃었다는 염화미소의 고사도 이 법회에서 나왔다. 이 법회에 관련된 것을 가리킬 때는 영산회상(靈山會上)이라 한다. 영산회상(靈山會上)의 설법, 영산회상도(靈山會上圖)와 같이 쓴다. 이때의 상(上)은 구체적인 또는 추상적인 공간에서의 한 위치를 나타내는 접미사라 할 수 있다. '인터넷상(의 문제), 전설상(의 인물), 통신상(의 비밀), 회의석상(에서 한 말)' 등에 쓰인 '-상'과 같은 뜻으로 보면 된다.

영산회상(靈山會相)은 조선 세종 때 만들어진 궁중음악의 악곡명이다. 몇 개의 악장을 조합하여 하나의 곡으로 구성한 복합형식의 기악곡으로서, 영산회의 불보살을 노래한 것이 주가 된 곡이다.

그러니 영산회상(靈山會上)은 법회의 이름이고, 영산회상(靈山會相)은 악곡의 명칭이라 알면 된다.

다음으로 산림법회(山林法會)에 대해서 알아보자. 어떤 이는 이를 산 속의 절에서 이루어지는 법회로 알고 있기도 하다. 그러나 이 말은 산속과는 직접적 관련이 없다.

산림법회는 수행자가 안거(安居) 기간이나 정한 기간에 일정한 주제로 여는 법회를 말한다. 이 산림이라는 말은 다음과 같은 두어 가지의 뜻을 함축하고 있다.

그 첫째는 산림이 '파인아산(破人我山) 양공덕림(養功德林)'이란 구절의 '산'과 '림'을 따 왔다는 것이다. 풀이하면, 인아(人我)의 산 곧 남[人]과 나[我] 사이에 가로 놓인 산을 무너뜨리고, 베푸는 공덕의 숲을 기른다는 뜻이다. 이때의 숲은 많다는 뜻이다. 곧 많은 공덕을 짓는다는 뜻이다.

남과 나 즉 자아와 세계를 분별하지 않는다면, 행과 불행, 사랑과 미움, 삶과 죽음의 대립이 없어진다. 공덕의 숲은 나를 버리고 남과 함께 하는 것이다. 모든 고통은 나라는 존재가 있기 때문에 생기는 것이니, 나다 남이다 하는 분별의 산(山)만 없애 버리면 일체의 고통은 사라진다는 것이다. 내가 있다는 생각 때문에 욕망이 생기고, 나와 너를 구분 짓기 때문에 시기심과 미움이 생긴다. 이러한 분별심을 없애자는 것이 산림법회의 의미다.

이와는 좀 다른 해석도 있다. 산림[숲]은 나무라는 개별적 자아를 버리고 오직 평등성에 입각하여, 더불어 살고 함께해야 이룰 수 있다는 대승의 진리를 의미한다는 것이다. 즉 세상사는 모두가 서로 얽히어 있는 인연의 숲으로 된 것이지, 하나의 나무만으로 된 것은 아니라는 것이다. 나라고 하는 나무만 보지 말고, 모든 것은 하나라는 숲을 보자는 것이 산림법회의 의미라는 것이다.

이렇게 보나 저렇게 보나, 그 뜻은 마찬가지다. 나를 버리면 깨달음을 얻게 되고 나아가 남을 위한 공덕을 짓게 된다는 뜻이다.

그런데 이 산림에서 살림이란 말이 나왔다고 하는 이가 있는데, 이는 바른 설명이 아니다. 살림은 고유어 '살리다'의 어간 '살리'에 명사를 만드는 접사 'ㅁ'이 붙어서 이루어진 말이다. 살게 만드는 것이 곧 살림이다.

그리고 야단스러움과 관련이 있는 '난장판'이란 말에 대하여 덧붙이려 한다.

난장판이란 말이 시끌벅적한 과거 시험장에서 유래되었다고, 보통 이야기들 한다.

과거 시험을 보는 곳에는 전국에 사는 선비들이 몰려들어 매우 시끌벅적하고 어수선했다. 특히 나라가 어지러웠던 조선 후기에는 과거장 또한 질서가 없고 엉망이었다. 서로 좋은 자리를 차지하려고 다투는 일도 다반사였고 사람이 상하거나 죽기까지 했다. 그래서 여러 사람이 어지럽게 뒤엉켜 떠들어대는 과거판의 모습을 가리켜 난장판이라 하였다.

표준국어대사전에도, 과거를 보는 마당에서 선비들이 질서 없이 들끓어 뒤죽박죽이 된 곳이라 풀이되어 있다.

그러나 이것은 바른 이야기가 아니다. 난장판은 말 그대로 난장(亂場)에서 벌어지는 행태에서 비롯된 말이다.

난장이란 오일장과 같은 정기적 장이 아닌, 특수한 장이라는 뜻이다. 난장은 물자가 다량으로 생산되는 지역이나 인근지방의 생산물이 많이 집산되는 곳에서 열리게 되는 임시로 열리는 장이다. 특수지역 및 특수산물이 한꺼번에 많이 생산되는 지방에서 열리는 부정기적인 장이다. 이때 난장을 여는 것을 '난장을 튼다'라고 한다. 난장은 하루 동안만 열리는 정기적인 장과는 달리 때로는 물자가 생산되는, 또는 집하되는 기간에 따라 짧게는 10일, 길게는 2개월까지 열리기도 하였다

난장은 지방의 경기부양과 번영을 도모하기 위하여 열리는 수도 있고, 지방의 흉액을 예방하기 위하여 열리기도 하였다. 즉 흉년·수해·산사태·화재·지방관의 죽음·호환(虎患)·유행병 등의 사례가 자주 발생하여 폐촌의 위기가 생길 때 여기에 대한 벽사의 행사로 난장을 트는 것이다.

또 별신굿이 벌어지는 곳에도 난장이 섰다. 난장을 여는 것을 '난장튼다'고 했는데 영남의 일부지방에서는 '벨신한다'는 말을 쓰고 있다. 그런데 이 '벨신한다'는 말이 곧 '별신굿을 한다'는 말에서 나온 것이다. 그러니 이것을 보아도 별신굿이 열리면 난장이 따라서 열렸음을 알 수 있다. 지금은 별신굿이 길어야 3,4일 정도밖에 열리지 않지만, 옛날에는 몇 달씩 오랜 기간 행해졌다. 그야말로 그 지역의 축제가 된 것이다. 그래서 이 행사 기간에는 자연 난장이 서서 갖가지 물건들이 늘어서고 온갖 잡패들이 모여들었다.

난장에는 정기적 시장과는 비교도 되지 않을 만큼 물량이 많았고, 종류도 다양하여 고양이 뿔과 중의 상투도 살 수 있다는 속언이 나올 정도였다. 난장에는 장사꾼만 모이는 것이 아니고 인근 지방인은 물론 보부상이나 먼 곳의 사람까지 구경하러 모여들었다.

그뿐 아니라, 연예인·복술쟁이·투기꾼·도박꾼·건달패·싸움패·사기꾼·

요식업자 · 창녀 등과 난장굿을 벌이는 무당도 모여들어 소비를 조장하고 유흥적 낭비를 유발시켰다. 이와 같이 난장에는 각지에서 각계각층의 사람들이 모여들어, 각자 자기의 이익추구에만 전념하였기 때문에 질서 있는 지연적 유대성은 깨지고, 사회규범이 파괴되어 비속하고 파렴치한 언행이 난무했으며, 폭행 · 사기 등이 흔하게 행해지고 노름판 · 싸움판이 벌어졌다. 그야말로 엉망진창이었다. 이리하여 '난장판'이라는 속어가 생겨나 무절제 · 무질서 · 풍기문란 등을 뜻하는 말로 사용되었다.

그러니 난장판이란 말이 과거시험장에서 유래한 것이 결코 아니다. 원래 난장판에서 행해진 무질서와 다툼의 행태가, 후대에 과거장에서도 벌어지는 경우가 생겼으므로, 원래의 것이 그쪽에 비유되어 그런 말이 나오게 된 것이라 볼 수 있다.

짤막한 국민시를 만들자

『삼국유사』의 '사복이 말을 못하다.[蛇福不言]'란 제목에 이런 글이 실려 있다.

    서울의 만선북리(萬善北里)에 사는 한 과부가 남편 없이 잉태하여 아이를 낳았는데, 나이 열두 살이 되도록 말을 하지 못하고 일어서지도 못 하여 사복(蛇福)이라 불렀다.

    어느 날 그의 어머니가 죽었다. 그 때 원효(元曉)가 고선사(高仙寺)에 머물다가 사복을 보고는 맞이하여 예를 올리니, 사복은 답례를 하지 않고 말하기를,

    "그대와 내가 옛날 불경을 싣고 다니던 암소(어머니를 가리킴)가 지금 죽었으니, 우리가 장사를 지내는 것이 어떻겠는가?"

하였다.

    원효가 승낙하자 함께 집에 가서 사복은 원효로 하여금 포살수계(布薩授戒 같은 지역의 승려들이 정기적으로 모여 계율을 범한 자가 다른 승려들에게 고백·참회하는 의식)를 하도록 하였다. 원효가 시체 옆으로 가서 말하기를,

    "태어나지 말지어다. 죽기가 괴롭다. 죽지 말지어다. 태어나기가 괴롭다."하니, 사복이

"말이 번거롭다."

하였다.

그래서 원효가 다시 말하였다.

"죽고 사는 것이 괴롭다."

원효가 사복 어머니의 주검을 보고 "태어나지 말지어다. 죽기가 괴롭다. 죽지 말지어다. 태어나기가 괴롭다."고 말하니, 사복이 이를 듣고 말이 길다고 하므로, 다시 원효가 이를 짧게 고쳐 "죽고 사는 것이 괴롭다."라 했다는 것이다.

말은 반드시 길게 해야 효과를 거두는 것은 아니다. 촌철살인이란 성어가 있듯이 말을 짧게 하면서 최상의 효과를 거둔다면 그게 상책이라 할 수 있다.

짧은 글 속에도 크고 긴 뜻을 담을 수 있다. 기술의 문제다. 그러나 이는 아무나 할 수 있는 일이 아니다. 짧은 글 속에 많은 뜻을 담는다는 것은 여간 어려운 일이 아니기 때문이다. 촌철살인(寸鐵殺人)이란 말은 작고 날카로운 무기로 사람을 죽인다는 뜻이다. 짧은 경구로 사람의 마음을 찔러 감동시킨다는 의미다.

이처럼 짧은 글로, 날카롭게 정곡을 찌른 것으로는 왕안석의 독맹상군전(讀孟嘗君傳)을 들 수 있다. 전체가 90자밖에 되지 않은 매우 짧은 글이지만, 사기(史記)에 실린 맹상군전의 내용을 비판하고, 거기에 나오는 계명구도(鷄鳴狗盜)에 대한 일반인들의 생각과 다른, 자기의 견해를 요령 있게 짜 넣었다.

계명구도란 제(齊)나라의 맹상군이 진(秦)나라에 가서, 잡힌 몸이 되어 곤경에 처했을 때, 그의 식객(食客) 중의 닭 울음소리 잘 내는 사람과 개처럼 몰래 들어가 도둑질 잘 하는 사람의 도움으로, 그곳에서 무사히 빠져나왔다는 고사다.

전국시대 때는 왕과 귀족들이 인재를 모으는 데 갖은 노력을 기울였다. 특히 맹상군은 식객을 환대한 것으로 유명하여, 범죄자라 하더라도 한 가지 재주만 있으면 받아들였기로 그의 문중은 삼천 명이 넘었다. 개 흉내로 도둑질을 잘 하거나 닭 울음소리를 잘 내는 사람조차도 재주로 여겨 맞아들였다. 그러자 그의 명성은 점점 높아졌고, 각국의 제후들도 그를 슬기롭고 재능이 있는 인물로 알게 되었다.

맹상군이 한번은 진의 소왕에게 잡힌 바가 되어 곤경에 처했다. 위기를 느끼게 된 맹상군 일행은, 탈출하기 위해 소왕의 애첩에게 뇌물을 주고 소왕을 설득하고자 했는데, 애첩은 여우 가죽으로 만든 귀한 호백구(狐白裘)란 옷을 요구하였다. 그러나 맹상군이 진나라에 올 때 가지고 온 호백구는, 이미 소왕에게 선물로 바친 후였다. 그러자 개 도둑 출신 식객이 소왕의 침전으로 몰래 들어가 호백구를 훔쳐 와, 애첩에게 바친 후 탈출에 성공할 수 있었다.

그러나 그들이 국경에 도착했을 무렵은 아직 동이 트기 전이어서, 함곡관의 관문이 열리지 않아 맹상군 일행은 조바심을 내며 관문이 열리기를 기다렸다. 그때, 식객 하나가 닭 울음소리를 내자 동네 닭들이 이에 호응이라도 하듯 모두 울어댔고, 이 소리를 들은 경비병들은 날이 샜다고 여겨 관문을 열었다. 드디어 맹상군 일행은 진나라를 벗어나는 데 성공하여 목숨을 구할 수 있었다.

세상 사람들은 이를 보고, 맹상군의 뛰어난 식객 대우 때문에, 그러한 고난을 벗어날 수 있었다며 탄복하였다. 그러나 왕안석(王安石)의 평가는 그들과 달랐다. 그는 겨우 90자밖에 안 되는 짤막한 '독맹상군전'이란 글을 써서 촌철살인의 뜻을 그 속에 담았다.

"세상 사람들은 모두 맹상군은 대해 현명한 선비를 얻는데 성공했다고 한다. 현사(賢士)들이 모두 그에게 몰려들어, 마침내 그들의 힘을 의지하여, 호랑이와 표범 같은 진(秦)나라에서 탈출할 수 있었다고 말한다.

아! 맹상군은 다만 계명구도의 두목일 뿐인데, 어찌 뛰어난 선비를 얻었다고 말할 수 있겠는가?

맹상군은 결코 훌륭한 책사(策士)들을 얻었다고 말할 수 없다. 만약 그가 제나라의 강한 국력을 충분히 이용하여 단 한 사람의 현사라도 얻었다면, 마땅히 제왕의 자리에 올라 진나라를 제압할 수 있었을 것이다. 그랬다면, 어찌 닭 울음소리나 잘 내는 사람이나, 개처럼 교묘히 담을 뚫고 들어가 물건을 훔치는 좀도둑의 힘을 빌렸겠는가?

계명구도의 인물들이 모두 그의 문하에서 나왔으나, 바로 이런 요인 때문에 오히려 참된 현사들이 그에게 다가 가지 않게 된 것이다."

계명구도 같은 잡기(雜技)를 가진 자를 삼천이나 모았으나, 진정 한 사람의 현사를 얻었더라면 그는 왕이 되었을 것이란 주장이다. 일반 사람들이 말하는 봐와 같이, 많은 식객 덕분에 위기를 모면한 것이 결코 최선의 인재를 얻는 방법이 아니었다는 것이다.

말이나 글이 반드시 길어야 좋은 것은 아니다. 오히려 길어서 화를 가져오는 경우마저 있다. 그래서 말에 대한 경구가 수없이 많은 게 아닐까도 생각된다. 말은 될 수 있으면 적게 그리고 작은 소리로 하는 것이 좋다. 특히 나이를 먹으면 말을 아껴야 한다는 것을 나이가 들면서 실감하게 되었다. 젊을 때는 한데 모여 왁자지껄 떠들면서, 누가 무슨 말을 하는지 관심 없이 어울렸지만, 나이가 많아지면서 사람들은 삶의 이모저모를 살필 수 있는 안목을 갖추기 때문에, 말 많은 것이 눈에 그슬리기 마련이다.

그렇기 때문에, 남의 이야기는 듣지 않고 자기 이야기만 장시간 냅다 지르는 것은 좌중을 역겹게 만든다. 젊은이가 그러는 것은 어떤 면에서 예쁘게 봐 줄 수도 있지만, 나이든 사람이 제 자랑이나 하는 듯이 장광설을 내뱉으면서 좌석을 독차지하는 것은 정말이지 꼴사나운 짓이 아닐 수 없다.

짧은 것이 긴 것보다 못한 것이 아님을 그런 데서 실감한다.

촌철살인에 해당하는 것이 경구나 속담이다. 그리고 문학 장르에서는 시가 여기에 속할 것이다.

시란 원래가 긴 말을 짧게 응축시킨 문학양식이다. 짧은 글귀 속에 갈래갈래 굽이굽이 많고 많은 숨결을, 작디작은 그릇에 함축해서 담아 놓은 것이 시다. 그러나 생긴 모양은 종지지만 그 안에 담긴 뜻은 독보다 크다.

세계에서 가장 짧은 시는 쥘 르나르의 '뱀'이란 작품이라 하는데, '너무 길다'가 그 전문이다.

우리나라의 시인 고은도 '별똥'이란 제목의 단 한 줄로 된 시를 썼는데, '옳거니 네가 나를 알아보누나'가 그 전문이다. 짧지만 속에 담긴 내용은 한량없이 크다. 읽는 이에 따라 수없이 많은 정서를 거기서 읽어낼 수 있기 때문이다. 세상일에 지치고 외로움에 빠져 허우적거리는 사람은, 별똥별에서나마 자신을 반겨주는 대상을 보았을 것이고, 또 어떤 이는 허덕거리며 살아온 자신의 삶이 별똥별 같은 것이었음을 새로이 발견했을 것이다.

말로 다 할 수 있다면 꽃이 왜 붉으랴

이정환의 '서시'라는 작품이다. 말로 표현할 수 있었다면, 꽃이 붉은 빛으로 피어나지는 않았다는 의미망은 그 얼마나 넓은가?

내려갈 때 보았네
올라갈 때 못 본

그 꽃

　고은이 쓴 세 줄로 된 '그 꽃'이란 시다. 전문이 15자다. 인생을 좀 살아본 사람이면 누구나 이 시를 읽는 순간, '아, 그랬지!'하고 가슴을 칠 것이다. 아, 그때는 몰랐지. 지나고 보니 알겠는 걸. 만약 그 때 그것을 알았더라면과 같은, 그러한 상념들이 머릿속에 소용돌이 칠 것이다. 짧지만 사람마다 느낀 정서는 그처럼 끝이 없이 길 것이다.

　　너는 저만치 가고 나는 여기 섰는데
　　손 한 번 흔들지 못한 채 돌아선 하늘과 땅
　　애모는 사리로 맺혀 푸른 돌로 굳어라

　이영도가 쓴 '탑'이라는 시조다. 사랑하는 사람을 보냈지만, 떳떳이 남 앞에서 이별의 울음 한 번 제대로 낼 수도 없는 자신의 처지가 회한으로 남아, 사리로 굳어진 아픔이 탑 속에 녹아 있다. 독자의 가슴을 짓누른다.

　　뵈오려 못 뵈는 님 눈감으니 보이시네
　　감아야 보이신다면 소경 되어지이다

　이은상이 쓴 양장시조(兩章時調)다. 돌아가신 어머님은 이 세상 어디에서도 볼 수가 없다. 그러나 눈을 감으면 볼 수 있다. 이 얼마나 크나큰 진리를 외친 것인가?
　이와 같이 짧은 시를 말하려면 일본의 하이쿠(俳句)를 빼놓을 수 없다. 하이쿠는 5 7 5의 17음으로 된 정형시로, 일본인이면 누구나 지으리만큼 일반화되어 있는 장르다. 대표적인 하이쿠 작가로 알려져 있는 바쇼 외 3인의 작품 하나씩을 보자.

한밤중에 잠이 깨니 물 항아리 얼면서 금가는 소리 -바쇼-

나비 한 마리 절의 종에 내려앉아 잠들어 있다 -부손-

우리 개를 물은 뜰 한 구석에서 귀뚜라미가 울고 있네 -시키-

얼마나 이상한 일인가 벚꽃 아래 이렇게 살아 있다는 것은 - 이싸 -

얼마나 놀라운 일인가 번개를 보면서도 삶이 한 순간인 것을 모르다니 - 바쇼 -

열일곱 음절의 시에 긴 말로도 나타낼 수 없는 오묘함을 응축시키고 있다. 우리에게도 이와 같이 짧고 아름다운 시가 찾아보면 많다.

얼굴 하나야
손바닥 둘로
폭 가리지만
보고 싶은 마음
호수만 하니
눈 감을 밖에

정지용의 호수란 작품이다. 긴 설명이 필요 없는 시다. 눈 감으면 호수뿐만 아니라 태평양도 볼 수 있다.

　말을 아끼라는 것은 변함없는 금언이지만, 한 줄의 시처럼 짧은 말 속에 긴 뜻을 담을 일이다.

　　하늘을 나는
　　새를 봐
　　질서 공부
　　끝!

　윤삼현의 겨울새·26이다. 그럼 박두순 작가의 평을 들어보자

　"철새들의 춤, 그 장관의 군무에도 질서가 있다는 걸 어린이들은 본다. 어린이 시선이 어른보다 낫다. 고니, 기러기, 두루미, 백조 등 우리나라에서 보내는 겨울새들의 춤이 없다면 겨울 하늘이 얼마나 쓸쓸할까. 그들은 리더를 따라 약속처럼 줄지어 하늘 길을 난다. 일사불란한 질서. '질서 공부/ 끝!'이다.

　요즘 겨울새들도 우리 땅을 내려다보며 이 나라 질서에 문제가 생긴 것을 알고 '질서 공부 좀 해.'라고 할지 모른다. 우리는 신호등 잘 지켜 길 건너고 운전한 일을 이제 자랑스레 여겨도 좋을 것이다. 딱 넉 줄의 시가 전하는 메시지다."

　　자세히 보아야 예쁘다.
　　오래 보아야 사랑스럽다.
　　너도 그렇다.
　　　　　　　　　　　- 풀꽃 -

기죽지 말고 살아봐
꽃 피워봐
참 좋아
-풀꽃 3 -

나태주의 풀꽃이란 시다. 이 시에 대해 배철호는 이런 말을 덧붙였다.

"이 시는 비록 한 시인이 썼지만, 그것은 영혼의 언어요 황금의 언어다. 오늘부터는 이러한 시를 마음으로 읽고 느끼면서 읽자. 많은 이의 마음이 메마르지 않고 풍요로워지도록, 그리고 지금부터라도 '풀꽃'처럼 소외당하고 외면 받아 마음 아파하는 사람이 없도록 내 주변을 둘러보자."

그리고 짤막한 풀꽃3을 읽고, 내용 그대로 기죽지 않고 다시 용기를 내어 자기의 꽃을 피우는 이도 있을 것이다.

나는 그동안 그대가
여인인줄만 알고 살았는데
꽃이었구나. 눈부신 꽃이었구나

이수동의 '눈부신 날'이다. 그대가 평범한 한 사람의 평범한 여인에 지나지 않은 모습으로만 여기고 대해 왔는데, 어느 날 보니 그녀는 향기를 내뿜는 아름다운 한 송이의 꽃이고, 한량없이 아름다운 빛을 발하여 눈조차 뗄 수 없는 신비한 꽃이었음을 알았다는 것이다. 그런 '그대'를 발견한 작가는 정말 행복하다.

그립다는 것은
가슴에 이미

상처가 깊어졌다는 뜻입니다
나날이 살이 썩어간다는 뜻입니다

안도현의 '그립다는 것'이라는 시다. 이 시를 읽은 사람이라면 '그립다'는 말을 아무렇게나 하지 못할 것이다. 그립다는 말은 그만큼 처절하게 아플 때 써야 할 말이라는 것을 깨우치게 될 것이다. 아픈 것도 보통 아파서는 안 된다. 살이 썩어갈 때만이 써야 되는 것이다. 그런 그리움은 말 그대로 보물의 다른 이름이다.

밤하늘에 별이 있다면
방바닥에 걸레가 있다.

안도현의 '너와 나'다. 밤하늘의 별을 쳐다볼 줄 아는 사람은 별빛을 닮아 행복한 사람이다. 먼먼 하늘의 그 별을 열망하는 사람은 항상 손에 걸레를 드는 사람이다. 그 걸레로 마루도 닦고, 자신의 마음도 닦고, 남의 아픔도 닦는다. 그러고 그는 별이 된다.

별을 쳐다보면
가고 싶다
어두워야 빛나는
그 별에
셋방을 하나 얻고 싶다

역시 안도현의 '별'이다. 별은 밝을 때 나타나지 않는다. 그리고 별은 소유하는 것이 아니다. 별은 그저 달세를 주고 셋방살이 하는 곳이다. 그럴 때 가슴에 있는 참별을 만난다.

단풍잎 한 마리
단풍잎 두 마리
어, 가을이 움직이다.

유강희의 세 줄짜리 동시 '금붕어'다. 색깔 고운 금붕어를 단풍잎으로 바꾸었
다. 한 잎 두 잎 떨어지는 가을을 어항 속에 옮겨 놓았다. 유강희는 세 줄짜리
단시 100편을 모아 손바닥 동시집을 발간했는데, '금붕어'는 거기 실린 한 작품
이다.

사람들 사이에 섬이 있다
그 섬에 가고 싶다

정현종의 '섬'이라는 두 줄로 된 시다. 이 시를 읽은 사람은 제 각기 생각을
정리할 것이다. 어떤 이는 섬처럼 단절된 인간관계의 회복을 꿈꿀 것이고, 또 어
떤 사람은 무리에서 탈출하고 싶은 하나의 고독선언이라 해석할 것이다. 그것은
오직 읽는 이의 자유로운 영역이다. 이른바 시가 갖는 애매성(ambiguity)이다.

위에서 잠깐 본 일본의 하이쿠는 이제 일본만의 것이 아니다. 미국과 유럽에
서 자기들의 언어로 하이쿠를 쓰는 삭가들이 늘어나고 있고 인터넷 서점에 올라
있는 하이쿠 서적만 해도 수천 권이 넘는다고 한다.

하이쿠는 한 줄의 운문으로 계절과 자연을 노래하면서도 인간의 실존에 가장
가까운 문학으로 평가받는다. 대표적인 하이쿠 시인인 바쇼와 이싸의 작품은 미

국 초등학교의 교과서에 실려 있다. 뉴욕 타임스지는 한 해 동안 미국 시민을 대상으로 교동과 계설을 주제로 한 하이쿠를 공모해 신문에 싣기도 한다. 하이쿠는 그토록 세계적인 것이 되었다. 유럽에서도 스스로 하이쿠 시인을 자처하는 이들이 생기고 영문 하이쿠 시집이 계속 출간되고 있다고 한다.

이상에서 보았듯이, 우리도 그간 짤막한 시 작품을 많이 쌓았고 또 날마다 그 높이를 더해가고 있다. 숫자도 숫자려니와 그 내용 또한 점점 알차고 빛을 더해 가고 있다. 이처럼 우리 단시의 재산도 이제 쌓일 만큼 쌓였다. 그만큼 단시에 대한 역량이 커졌다. 작은 그릇에 큰 것을 담을 줄 아는 재주를 쌓았다.

우리는 일찍이 시조라는 정형의 짧은 시를 가지고, 위로는 임금부터 아래로는 기녀에 이르기까지 그 향기를 뽐내었다. 지금 시조는 지난날의 기운을 점차 잃어가고 있지만.

그래서 우리는 과거에 향수했던 그 전통을 바탕 삼아 새로운 단시를 출산시켜야 한다. 우리 시대의 감각에 맞게 짤막한 시를 만들어야 한다. 이웃 나라의 하이쿠보다 더 멋진 단시를 만들지 못할 하등의 이유가 없다. 위대한 국민시를 만들어 누구라도 읊고 즐기는 새 문화 마당을 만들어 가자.

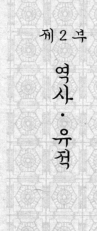

제 2 부

역사 · 유적

단군신화는 일연이 지어낸 것일까

　단군의 조선 건국을 최초로 기록하고 있는 책 이름은 무엇인가?

　이렇게 물으면 많은 사람들이 『삼국유사』라고 답한다. 너무나 쉽고 상식적인 질문들이라는 듯이 그저 웃는 이도 더러 있다. 그러면 이 문제의 답을 찾기 위해 『삼국유사』 고조선 조 첫머리를 다시 한 번 읽어 보자.

　『위서(魏書)』에 이렇게 말하였다.

　금부터 2000년 전에 단군왕검(壇君王儉)이 있어 아사달(阿斯達)에 도읍을 정하고 나라를 열어 조선이라고 불렀으니, 요(堯) 임금과 같은 시기다.

　『고기(古記)』에는 이렇게 말하였다.

　옛날에 환인(桓因)의 서자 환웅(桓雄)이 자주 천하에 뜻을 두고 인간 세상을 탐내어 구하였다. 아버지가 이를 알고 세 봉우리의 태백산[三危太白]을 내려다보니 인간 세계를 널리 이롭게 할만 했다. 이에 천부인 세 개를 주어 내려가 다스리게 했다. 환웅은 무리 3천 명을 거느리고 태백산 꼭대기에 있는 신단수(神壇樹) 아래로 내려와서 ……

　이를 보면 단군의 건국 사실과 그 연대를 기록하고 있는 책이 『위서』와 『고기』라는 것을 알 수 있다. 일연선사는 『삼국유사』를 지으면서 이 두 책에 실린 내용을 옮겨 적었을 뿐이다. 그러니 위의 문제에 대한 답 즉 단군의 조선 건국을 최초로 기록하고 있는 책 이름은 『위서』와 『고기』다. 『위서』는 중국의 역사책이고 『고기』는 우리나라 역사책이다.

『위서』는 위(魏)나라의 역사서다. 중국 역사상 '위'라는 나라는 여러 개 있었다. 전국시대 진(晉)나라의 대부 위사(魏斯)가 진나라를 삼분해 세운 왕조와 삼국시대 조조(曹操)의 아들 조비(曹丕)가 세운 왕조, 그리고 탁발규(拓跋珪)가 세운 왕조[後魏] 등이 있다.

이와 더불어 『위서(魏書)』도 여러 종류가 있다. 어환(魚豢)의 『위략(魏略)』, 왕침(王沈)의 『위서(魏書)』, 진수(陳壽)의 『삼국지(三國志)』 위서 등 10종이 있다. 이 가운데 현재 전하는 것은 왕침의 『위서』와, 진수의 『삼국지』 위서뿐이다. 현전하는 이들 『위서』 가운데 단군의 고조선 건국에 관련된 기록을 전하는 것은 없다.

그러나 『위서』 가운데에는 현재까지 전해지지 않는 것이 더 많다. 위서 중 8종이 전하지 않고 단지 2종만 전할 뿐이다. 그러므로 지금은 비록 전해져 오지 않지만, 단군의 고조선 건국 내용을 기재한 『위서』가 있었을 것이라 생각할 수 있다.

더욱이 『위서』에 이르기를 "지금으로부터 2천 년 전에 단군왕검이 도읍을 아사달에 정하고 나라를 개창하고 조선이라 일컬으니 요(堯)와 동시라 하였다."는 기록에 주목하면, 단군왕검이 고조선을 건국한 서기전 2,333년으로부터 2천년 후인 서기전 300년경에 『위서』가 편찬되었다고 할 수 있고, 문제의 『위서』는 지금 전하지 않는 전국시대의 위나라로 볼 수도 있기 때문이다.

어떻든 단군왕검이 서기전 2,333년에 조선을 건국했다는 것은, 우리가 임의로 쓴 것이 아니고 중국의 역사서에 기록된 것을 일연이 그것을 인용한 것이다. 그러므로 단군의 건국을 신화라는 이름으로 조작 운운 하는 것은 당치도 않다.

일연과 같은 시대를 살았던 이승휴도 『제왕운기』에서 "요 임금과 같은 해 무진년에 단군이 나라를 세웠다."고 기록하고 있는데, 그도 이 책의 첫머리에서 "국사에 의거하고, 한편으로는 각 본기(本紀)와 『수이전(殊異傳)』에 실린 바를 채록하며, 요순 이래의 경전, 제자백가와 사서(史書)들을 참조하여 허튼말을 버리고 이치에 맞는 것을 취하여 적었다."고 하였다. 이승휴 역시 임의로 아무렇게나 단군의 개국연대를 쓴 것이 아님을 밝히고 있다. 중국의 경전과 제자백가 그리고 역사서를 참조하여 적은 것임을 분명히 밝히고 있다.

그리고 『고기(古記)』를 단순한 '옛날의 기록'이란 뜻으로 이해하는 사람들이 있으나, 이는 아주 잘못된 것이다. 『삼국사기』와 『삼국유사』에도 전대의 여러 사서를 인용했는데, 그 중에 『고기』가 등장한다. 즉 『고기』, 『해동고기』, 『삼한고기』, 『본국고기』, 『신라고기』 등의 이름이 등장하는데, 만약 『고기』가 책 이름이 아닌, 단순한 '옛 기록'의 뜻이었다면, 여타 『해동고기』, 『삼한고기』, 『본국고기』, 『신라고기』 등의 사서 이름과 나란히 함께 세워 사용할 수는 없었을 것이다.

그런데 아까운 것은 『고기』를 비롯한 이러한 책들이 지금은 모두 전하지 않고 있다.

위에서 살펴본 바와 같이 단군의 개국을 기록하고 있는 책은 『삼국유사』가 아니라, 『위서』와 『고기』라는 점을 다시 한 번 새길 일이다. 그리고 '단군신화'라는 말에 이끌려 단군의 개국 사실이나 연대가 허황된 것이라는 생각은 그야말로 허황된 생각이다. 단군신화라는 용어는 일본 사람들이 처음 만든 말이다. 일본인들이 그 말을 만들기 전에는 아무도 단군신화라는 말을 우리는 쓴 적이 없다. 여기에는 일본 사람들이 우리의 역사를 깔아뭉개기 위한 의도가 다분히 깔려 있다.

물론 단군신화는 문학 장르로 보면 신화임에는 틀림없다. 그러나 신화라는 이름으로 역사서에 엄연히 올라 있는 역사적 사실까지 허탄한 사실로 덮을 수는 없는 것이다. 단군신화는 일연이 임의로 만들어 기록한 것이 아니라, 중국의『위서』와 우리의『고기』에 엄연히 기록되었던 사실을 인용한 생생한 기록이기 때문이다.

우리 민족 최초의 나라 이름과 건국자

우리 민족이 최초로 세운 나라 이름과 건국자는 누구인가?

이런 질문을 받으면 대부분의 사람들은 단군이 세운 고조선이라고 답할 것이다. 과연 그럴까? 이 문제에 대한 답을 찾기 위해 『삼국유사』 고조선 조를 또 한 번 살펴보자.

『고기(古記)』에는 이렇게 말하였다.

옛날에 환인(桓因)의 서자 환웅(桓雄)이 자주 천하에 뜻을 두고 인간 세상을 탐내어 구하였다. 아버지가 이를 알고 세 봉우리의 태백산[三危太白]을 내려다보니 인간 세계를 널리 이롭게 할 만했다. 이에 천부인 세 개를 주어 내려가 다스리게 했다. 환웅은 무리 3천 명을 거느리고 태백산 꼭대기에 있는 신단수(神壇樹) 아래로 내려와서 이곳을 신시(神市)라 불렀다. 그가 바로 환웅천왕(桓雄天王)이다.

그는 풍백(風伯), 우사(雨師), 운사(雲師)를 거느리고 곡식, 목숨, 질병, 형벌, 선악 등 인간의 360여 가지 일을 주관하여 세상을 다스려 교화시켰다.

다음으로 『제왕운기』도 읽어보자.

본기(本紀)에 다음과 같이 적혀 있다. 상제 환인에게 서자가 있었으니 이름이 웅(雄)이었다. 환인이 환웅에게 말하기를, "내려가 세 봉우리의 태백산에 이르러 인간을 크게 이롭게 할 수 있을까."라고 하였다.

이리하여 환웅이 천부인 세 개를 받고 귀신 3천을 거느리고, 태백산 마루에 있는 신단수(神檀樹) 아래에 내려왔으니 이분을 단웅천왕(檀雄天王)이라 한다.

이들 기록을 보면, 우리 민족을 다스린 최초의 왕은 단군이 아니라 환웅이며, 최초의 나라 이름은 고조선이 아니라 신시(神市)다.

이 땅을 다스린 최초의 임금을 가리켜, 『삼국유사』에는 분명히 환웅천왕이라 하였고, 『제왕운기』에도 분명히 단웅천왕이라 하였다. 한 쪽에는 '환웅천왕'이라 하고 다른 한쪽에는 '단웅천왕'이라 하여 글자가 약간 다르나 그 의미하는 바는 같다. 환웅천왕은 천부인 세 개를 가지고 이 땅에 내려와 홍익인간의 이념으로 인간의 일 360여 가지를 주관하여 세상을 다스리고 교화하였다. 널리 인간을 이롭게 한다는 홍익인간을 건국이념으로 한 나라는 일찍이 어디에도 없었다. 그만큼 환웅천왕은 성스럽고 우리 민족 또한 위대하다.

이런 신성한 환웅천왕을 제쳐두고 단군을 먼저 내세우는 것은 옳지 않다. 앞서 있는 환웅천왕을 놓아두고 뒤에 있는 단군을 국조로 받드는 것은 합당하지 않다. 그렇게 하는 것은 우리의 유구한 역사의 한 자락을 끌어내리는 것이 된다. 이웃 나라 일본은 아득한 옛날부터 없는 것도 만들어서 역사를 끌어올리려고 애쓰고 있는데, 우리는 엄연히 기록으로 남아 있는 것을 스스로 끌어내리고 있으니 이 얼마나 어리석은 일인가?

이어서 환웅(桓雄)과 단웅(檀雄)에 대하여 좀 더 자세히 살펴보자. 『제왕운기』의 단(檀) 자를 『삼국유사』에서는 단(壇)으로 적고 있다. 이러한 차이는, 『제왕운기』에서는 신이 강림한 신성한 우주목(세계수)인 박달나무(檀)에 중점을 두고 표기한 것이고, 삼국유사에서는 신성한 신을 모신 신단(壇)에 중점을 두고 표기한 것에서 생긴 일이다. 그러므로 양자의 의미상 차이는 없다.

단웅(檀雄)의 단(檀)은 뜻 그대로 우리말 '붉달'을 적은 것이다. 곧 '밝은 땅'이란 뜻이다. 우리가 잘 알다시피 이 '붉달'은 후대에 와서 '배달'이란 말이 되었다. 환웅(桓雄)의 환(桓)도 단(檀) 자와 같이 한자말 아닌 우리말을 나타낸 글자다. 곧 '환(桓)'은 말 그대로 '환'한 것을 나타내는 표기다. 밝은 것[檀]이 곧 환한[桓] 것이다. 그러니 단웅과 환웅은 같은 뜻이다.

다음으로 최초의 나라 이름인 신시(神市)에 대하여 살펴보자.

이를 논의하기에 앞서 밝혀 말할 것은 '신시'란 이름은 잘못된 것이라는 점이다. 정확한 이름은 '신불'이다. 『삼국유사』 목판에 새겨진 글자를 보면 분명히 '시' 자가 아닌 '불' 자다. '시' 자와 '불' 자는 현재 컴퓨터 출력자로는 구분이 안 된다. 그 뿐만 아니라 시중에 나와 있는 자전에서도 음과 훈은 구분해서 표제자로 등재하고 있지만 실제 글자 모양에서는 구분이 모호하다. 시(市) 자는 통상 '저자 시'로 읽는데 'ヽ+ー+巾'으로 구성된 글자로, 자전에서 수건 건(巾)변의 2획에서 찾는다. 반면에 불(市) 자는 통상 '슬갑 불'로 읽는데 'ー+巾'으로 구성된 글자로, 자전에서 수건 건(巾)변의 1획에서 찾는다.

이처럼 두 글자는 전혀 다른 글자인데 그 모양이 유사해서 혼동하기 쉽다. 진시황의 명으로 불사약을 구하기 위하여, 동남동녀 각 500명씩을 데리고 삼신산에 불로초를 구하러 간 사람이 '서불(徐市)'인데, 이를 잘못 읽고 '서시(徐市)'라 하는 이가 많다. 어느 책에는 '글자는 서시라고 쓰지만 이 경우에는 서불이라 읽는다'라고 하는 웃지 못할 설명을 붙인 책도 있다.

이때까지 '신불'을 '신시'로 잘못 읽어 온 까닭은, 아마도 초기 학자들이 나라라고 하면 우선 사람들이 많이 모이는 것이 일차적인 요소이므로, 이에 유추되어 이 이 글자를 '저자 시' 자로 읽은 것 같다. 그러나 이것은 목판본의 글자 모양을 보면 '저자 시' 자가 아닌 '슬갑 불' 자다.

그뿐만 아니라, 이 글자는 뜻으로 보아도 그러하다.

슬갑이란 바지 위에 늘어뜨려 무릎을 덮는 옷을 가리키는 말인데, 이것은 고대의 예제(禮制)에서 천자, 제후들이 착용하던 옷이다. '슬갑 불' 자는 그것의 모양을 본뜬 글자다. 허신의 『설문해자(說文解字)』에는 천자는 주색(朱色)의 슬갑을 하고, 제후는 적색(赤色)의 슬갑을 한다고 되어 있다. 슬갑을 옛적에는 '韍·紱 (슬갑 불)' 등의 글자로도 나타내었다. 어떻든 슬갑은 고대에 천자나 제후들이 입던 예복으로 신성한 것임엔 틀림없다. 이로 보아도 환웅천왕이 세운 최초의 우리나라 이름은 신시가 아니라, 신성성을 지닌 '신불(神市)'임에 틀림없다.

요약해서 말하면, 우리 민족 최초의 나라 이름은 '신불'이고, 그것을 다스린 임금은 환웅천왕이시다.

단군이 세운 나라 이름은 고조선인가

　단군이 세운 나라 이름은 무엇인가? 이렇게 물으면 고조선이라고 답하는 사람이 많을 것이다. 이게 과연 정답일까? 이와 관련하여 『삼국유사』 고조선 조를 다시 한 번 보자.

　　『위서(魏書)』에 이렇게 말하였다.
　　지금부터 2000년 전에 단군왕검(壇君王儉)이 있어 아사달(阿斯達)에 도읍을 정하고 나라를 열어 조선이라고 불렀으니, 요(堯) 임금과 같은 시기다.

　이 기록을 보면 단군이 세운 나라 이름은 고조선이 아니라 조선이다. 그런데 『삼국유사』에는 왜 단군 관계 글을 실으면서 글의 제목을 고조선(古朝鮮)이라 했을까?
　이에 대한 연유를 『삼국유사』의 판본 간행에서 찾으려는 주장이 있다. 고려 때 지어진 『삼국유사』는 필사본으로 전해 오다가 조선 초기에 와서 비로소 목판본으로 인쇄되었는데, 이때 목판으로 새기면서 자신들이 속해 있는 이름인 조선과 옛날의 조선을 구분하기 위하여 '고(古)'자를 앞에 새겨 붙였다는 것이다. 그러나 이것은 속단하기 어렵다.

그것은 아마도 일연의 주체사관과 관련이 있는 듯하다. 일연은 단군 신화의 말미에 기자 조선과 위만 조선에 대해 간단히 덧붙이고 있는데, 그는 이들 양 조선과 구분하기 위하여 단군이 세운 조선을 고조선이라 한 것 같다. 즉 중국인들과 관련 있는 기자·위만 조선보다 훨씬 앞선 옛날에[古] 우리가 주체적으로 조선이라는 나라를 세웠음을 강조하여 나타내고자 한 것이다.

거듭 말하자면, 기자와 위만이 세운 조선은 단군이 세운 조선을 계승한 것이라는 생각을 표현한 것이다. 고조선이라 적은 제목 바로 밑에 잇달아서 왕검조선(王儉朝鮮)이라 부기한 것도 그런 이유 때문이라 생각된다. 이것은 마치 이승휴가 『제왕운기』에서 단군 조선과 기자·위만 조선을 구분하여, 전자를 전기 조선이라 하고 후자를 후기 조선이라 한 것과 유사하다.

어떻든 단군이 세운 나라 이름은 고조선이 아니라 조선이다. 우리 선인들도 단군 조선을 조선이라 하였을 뿐, 고조선이라고 부른 적은 한 번도 없다. 『삼국사기』 신라본기 제1 시조 혁거세거서간 조에도 "일찍이 조선의 유민들이 이곳에 와서 산곡간에 헤어져 여섯 촌락을 이루었다."고 하였고, 제왕운기에도 "단군이 조선의 땅을 차지하여 왕이 되었다."고 하였다.

이성계는 1392년 고려 왕조를 무너뜨리고 새 왕조를 세우면서, 새로운 나라 이름을 정하기 위해 예문관 학사 한상질을 명나라로 보내어, 명나라 황제에게 '조선(朝鮮)'과 '화령(和寧)' 가운데 하나를 새로운 국명으로 채택해 줄 것을 요청했다. 이에 주원장은 "동이(東夷)의 이름은 오직 조선(朝鮮)이라고 부르는 것이 아름다우며, 그것이 오래된 이름이니 이 명칭을 근본으로 삼으라."고 하였다.

이 이름을 받고 정도전은, 옛날부터 우리가 써 오던 조선이란 이름을 쓰게 되어 매우 기쁘다고 하였다. 그러나 그것은 단순히 기뻐할 일이 아니었다. 왜냐하면 그 속에는 중국의 음흉한 잔꾀가 숨어 있기 때문이다. 명이 '조선이 오래된 이름'이니 그것을 사용하라고 한 의도는 기자 조선을 의식하고 내린 결정이었다. 논어에 등장하는 은나라의 현인 기자가 조선으로 망명하여 백성을 교화시켰으며, 이에 주나라가 기자를 조선의 제후로 봉했다는 한서의 내용을 염두에 두었던 것이다. 조선이 자기네들의 제후국임을 넌지시 드러낸 것이다.

그러면 조선이란 이름은 무슨 뜻일까? 사마천의 『사기』에는 조선에 대해 이렇게 쓰고 있다.

"장안(張晏)이 말하기를, 조선에는 습수(濕水), 열수(洌水), 산수(汕水)가 있는데, 이 세 강이 합쳐져 열수를 이룬다. 아마도 이에서 낙랑(樂浪)과 조선(朝鮮)이란 이름이 나온 것 같다."

이에 근거하여 양주동은 조선이란 말이, 洌 자의 훈 '볼'과 汕 자의 음 '신'을 합하여 '붉신'의 뜻이라고 하였다. '붉신'은 '밝게 샌'이란 뜻으로 조선은 '(날이) 밝게 샌 나라'라는 것이다.

그런데 이런 해석에는 선뜻 이해가 가지 않는 면이 있다. 洌 자가 '벌이다'의 뜻인 '列' 자와 훈이 통한다는 것에 유추하여 '볼'로 해석했는데, 중국사람 장안(張晏)이 과연 우리가 읽고 있던 한자의 훈(訓)을 그렇게까지 알고 열수(洌水)를 끌어왔을까 하는 점이 의문으로 남는다. 아무래도 그렇게는 생각되지 않는다.

조선이란 말은 그 도읍지 아사달(阿斯達)과 관련지어 살펴볼 필요가 있다. 왜냐하면 나라 이름과 도읍지는, 옛 국가에서는 유관한 경우가 있기 때문이다. 신라의 초기 국호 '서라벌'도 도읍지 경주의 이름이다. 이 서라벌이란 말이 오늘날 '서울'이란 말로 변한 것에서도 그러한 사실을 크게 시사 받을 수 있다.

아사달은 우리말 '아사'와 '달'이 합해진 말이다.

'아사(앗, 앛)'는 원래 '시초, 첫, 작다'의 뜻을 가진 말이다. 아우란 말도 '아시'에서 왔고, 처음 하는 빨래를 '아시' 빨래라 하는 것이나, 설이 시작되는 전날을

'아춘' 설이라 하는 것도 다 여기서 왔다. 처음 시작하는 것은 다 작기 때문에 이런 말들로 분화된 것이다. 하루의 처음인 아침도 이 '아사(앗, 앚)'에서 왔다. 아침을 뜻하는 일본어 '아사(朝)'도 여기서 건너간 것이다. 여기서 우리는 조선이란 말의 '죠(朝)'가 '아사'임을 암시받을 수 있다.

그러면 '달(達)'은 무슨 뜻일까? '달'은 '땅'을 뜻하는 옛말이다. 그러니 아사달은 아침의 땅 곧 '새 땅'이란 뜻이다.

조선 역시 이와 유사하다고 생각된다. 즉 '죠(朝)'는 '아사(앗, 앚)'요, '선(鮮)'은 '신' 즉 날이 '샌' 것을 뜻한다. 그러니 조선은 '날이 샌(아침이 밝은) 땅' 즉 '새 나라'를 가리킨다. 요약하면 나라 이름의 '죠(朝)'는 아침을 한자로 적은 것이고, 도읍지 이름의 '아사(阿斯)'는 한자를 빌려서 우리말을 적은 것이다.

이상에서 말한 바를 요약하면, 단군이 세운 나라는 조선이고 고조선은 시대적 명칭이다.

우리는 모두 단군의 자손인가

우리는 모두 단군의 자손이라고 한다. 또 곰 할머니의 자손이라고도 한다. 과연 이 말은 맞는 말일까? 그러면 단군 신화의 해당 부분을 다시 한 번 보자.

환웅은 풍백(風伯), 우사(雨師), 운사(雲師)를 거느리고 곡식, 목숨, 질병, 형벌, 선악 등 인간의 360여 가지 일을 주관하여 세상을 다스렸다. 이 때 곰 한 마리와 호랑이 한 마리가 같은 동굴에서 살았는데, 둘은 환웅에게 늘 사람 되기를 기원[呪願]하였다. 때마침 환웅이 영험한 쑥 한 묶음과 마늘 스무 개를 주면서 말했다.

"너희들이 이것을 먹고 백일 동안 햇빛을 보지 아니하면 사람의 형상을 얻으리라."

곰과 호랑이는 이것을 받아먹었다. 곰은 금기를 잘 지켜 21일 만에 여자가 되었으나, 범은 지키지 못해 사람이 되지 못했다.

여자가 된 곰은 결혼할 상대가 없었으므로 매일 신단수 아래에서 아이를 가질 수 있도록 해 달라고 빌었다. 환웅이 잠시 사람으로 변하여 그녀와 혼인하여 아들을 낳았으니, 이름을 단군왕검이라 하였다. 단군왕검은 요임금이 왕위에 오른 뒤 50년이 되는 경인년에 평양성에 도읍하고 비로소 조선이라 일컬었다.

이 기록을 보면, 단군이 탄생하기 전에 이미 이 땅에는 많은 사람이 살고 있었음을 알 수 있다. 왜냐 하면, 단군 출생 이전에 이미 환웅이 풍백(風伯), 우사(雨師), 운사(雲師)를 거느리고 곡식, 목숨, 질병, 형벌, 선악 등 인간의 360여 가지 일을 주관하여 세상을 다스리고 있었기 때문이다. 여기서 우리는 단군 신화의 성격을 명확히 할 필요가 있다.

우리 신화를 대별하면, 나라를 세우는 건국신화, 각 성씨의 시조 탄생에 대한 시조 신화, 마을의 수호신에 대하여 설명하는 마을 신화, 그리고 무당사회에 전승된 무속 신화 등을 들 수 있다. 그런데 이들 신화 중에서 창세 신화는 문헌에 기록된 것은 없고, 구전되는 무속 신화에만 남아 있다. 제주도 무속의 천지왕 본풀이와 함경도 함흥 지역의 무녀 김쌍돌이[金雙石伊]가 구연한 창세가 등이 그 대표적인 창세 신화다.

단군신화는 천지가 창조되거나 개벽하는 것을 말한 창세 신화가 아니다. 건국 신화다. 곰 토템을 신봉하는 사람들이 만들어 낸 건국 신화다. 단군은 환웅의 나라를 이어 받아 소선이라는 나라를 세운 임금이지 천지를 창조한 사람이 아니다.

그러므로 우리는 모두가 단군의 자손이라고 하는 것은 이치에 맞지 않다. 그 중에는 단군의 자손도 있을 터이지만, 단군 탄생 이전부터 이미 이 땅에 살고 있으면서 단군을 왕으로 모시고 살았던, 이런저런 많은 사람들의 자손이다.

건국 신화는 건국주(建國主)의 신성함과 위대함을 제고하기 위하여 만들어진 이야기다. 그 속에는 건국이념과 건국주의 신이성이 배어 있다. 이 신화를 통하여 백성들로 하여금 왕을 존엄시하고, 곁들여 왕에 대한 순종을 이끌어내기 위하여 만든 장치다. 그러므로 우리는 그 신화의 내재된 의미를 명확하고 바르게 파악할 필요가 있다. 우리의 소중한 신화라 하여 턱없이 호도하거나 부풀려서는 안 된다. 사실은 사실대로 정확히 이해할 때 비로소 진리가 된다. 단군신화 또한 이러한 영역을 벗어날 수는 없다. 사실은 사실대로 바르게 아는 것이 진정한 앎이다.

다시 말하거니와, 우리 모두가 단군의 자손은 아니다.

단군과 웅녀가 말해 주는 것

　우리의 국조 단군의 탄생과 홍익인간이라는 건국이념을 담고 있는 단군 신화는 『삼국유사』, 『제왕운기』, 『세종실록』 지리지, 『응제시주(應制詩注)』 등에 소상히 기록되어 있다. 이 단군에 대한 이야기는 이미 상식으로 누구나 다 알고 있지만, 『삼국유사』와 『제왕운기』의 기록이 약간 다르다.

　『삼국유사』의 기록에는, 곰이 스스로 원하여 여자가 된 후 환웅과 혼인하고 단군을 낳는다. 그러나 『제왕운기』에는 환웅이 손녀에게 약을 먹여 여자로 만든 후 단수신(檀樹神)과 결혼하여 단군을 낳는 것으로 되어 있다. 『삼국유사』에는 곰이 여자로 변신하고, 『제왕운기』에는 신이 변신하여 여자가 된다. 전자는 하늘과 땅의 결합이고, 후자는 하늘과 하늘의 결합이다. 곧 하나는 신과 사람의 결합이고, 다른 하나는 신과 신의 결합이다.

　이 이야기의 표면을 보면, 하나는 사람이고 하나는 신이라는 엄청난 차이가 있다. 그러나 그 내면적 의미에는 차이가 없다. 왜냐하면 '곰'도 동물의 이름일 뿐 아니라, '신'의 뜻을 지닌 말이기 때문이다. 즉 곰은 신을 뜻하는 고대어 '검'과 동일한 말이다. 금, 감, 곰, 고마, 개마, 금마 등도 다 '검'의 다른 표기일 뿐 '신'이란 의미는 같다. 이승휴가 뒷날 『제왕운기』를 저술할 당시에는, 아마도 '곰'

이란 말이 가진 '신'의 뜻이 약화되었던 것으로 보인다. 그래서 그는 웅녀를 본래의 '검' 즉 신으로 회귀, 상승시키고자 했던 것으로 보인다.

중국은 늘 자기들은 천자의 나라요 황제의 나라인 반면, 우리는 번국(蕃國)이요, 동이(東夷)며 왕(제후)의 나라로 취급했다.

그런데 단군은 우리에게 힘주어 말한다.

"우리는 천신인 환인, 환웅, 웅녀의 자손 곧 천손, 천자다. '널리 인간을 이롭게 한다'는 '홍익인간(弘益人間)'과 '세상으로 나아가 도리로 교화한다'는 '재세이화(在世理化)'라는 인본주의적 윤리의식과 철학사상에 기반한 위대한 민족이다. 그러기에 우리는 천자의 나라요, 황제의 나라다."

흔히들 단군은 실재(實在)한 인물이 아닌, 꾸며진 이야기 속의 가공적 인물이라고 이야기들 한다. 그리하여 한동안 우리의 국사 교과서에서도, 신화 속의 인물을 정사로 취급할 수 없다 하여, 단군신화를 빼어 버리기까지 하였고, 지금도 이에 동조하고 있는 사람이 있다고 알고 있다.

단군은 과연 한낱 가공적 인물에 지나지 않는 것일까?

단군을 허황된 이야기 속의 한 주인공으로만 보아 넘기는 그러한 견해는 결론부터 말하여, 겉만 보고 속을 살피지 못한 그릇된 것이다. 이런 오류를 갖게 된 까닭은 신화의 생성과 그 본질을 바르게 이해하지 못한 데 그 주된 요인이 있으며, 또한 일본 사람들이 연출한 이른바 식민지 사관이라는 독소에 크게 오염되었기 때문이다.

무릇 신화라는 것은, 어떤 위대한 인물이 실제로 존재할 경우에 이 인물을 신성시하고 숭상하기 위하여, 뒤에 덧붙여지는 이야기라는 것을 우리는 먼저 기억할 필요가 있다. 다시 말하면, 실존인물이 없이 황당무계한 신화가 먼저 생긴 뒤에, 부차적으로 어떤 인물이 기존의 이야기와 결부되는 것이 아니라는 것이다. 어떤 훌륭한 인물이 실재했을 때, 이를 신성시하기 위해서 여러 가지 신이한 이야기가 첨가되고, 그의 일생이 윤색되어지는 것이 신화다.

단군이 요(堯)와 같은 시기에 아사달에 도읍하고 국호를 조선이라고 했다는 기록은 우리가 막연히 지어낸 것이 아니라, 중국의 역사서인 『위서(魏書)』에 나타나 있었다. 또 이른바 신화라고 하는 단군의 이야기는 역사서인 『고기(古記)』에 적힌 기록을 일연이 『삼국유사』에 인용한 것이다. 일연은 실증주의자다. 허황되게 임의로 꾸며낸 이야기가 절대 아니다.

그런데 신화에 나타나는 신이성의 요소 중에서 가장 두드러진 특징의 하나는, 주인공들의 출생 과정이 보통 사람과는 다르다는 점이다. 그렇게 꾸며짐으로써 그 신화 속의 주인공은 보통 사람이 아닌, 신성한 인물로 상승되어질 수 있기 때문이다.

신라 시소 박혁거세는, 천마가 내려다 준 알에서 태어났으며, 고구려 시조 동명왕은, 유화 부인의 몸에 햇빛이 비추어져 잉태하였고, 김수로왕, 김알지도 다 알에서 태어났다. 이것은 모두가 이들의 출생이 범상인과는 다른 난생임을 이야기하여, 그 신성성을 높이기 위한 사후의 부회다.

또 후백제의 견훤은 아버지가 지렁이었으며, 백제 무왕의 아버지는 연못의 용이었다는 삼국유사의 기록들도, 모두 이와 궤를 같이하는 것이다. 또 예수가 동정녀 마리아의 몸에 성령으로 잉태한 것이나, 석가모니가 모후 마야 부인의 옆구리를 뚫고 나와 천상천하 유아독존을 외쳤다고 한 것이나, 케사르가 어머니의 배를 가르고 나왔다는 이야기 등은, 정도의 차이는 있으나 모두가 비정상적인 출산이라는 과정을 제시함으로써, 신성성을 부여하려 하고 있다는 점에서는 일치한다.

우리는 흔히 단군 신화가 사실 무근한 이야기라고 웃어넘기면서, 단군이 곰에게서 태어났다는 것을 곧잘 지적한다. 그러나 이것은 신화 생성의 본질적 측면에서 볼 때, 단군이라는 인물을 신성시하기 위하여 덧붙여진 신화의 보편적 공식임을 간과한 것이다. 그러므로 이러한 단군의 비정상적 출생을 들어서, 단군이 실재 인물이 아닌 가공인물이라고 내세우는 주장은, 그 논거를 잃게 되는 것이다.

햇빛에 의하여 잉태된 고주몽이나, 지렁이에서 태어난 견훤이나, 알에서 태어난 혁거세 등은 실재 인물로 인정하면서, 곰에서 태어났다는 단군만을 가공인물로 처리해 버린다면, 이야말로 콩과 보리를 구별하지 못하는 처사가 될 것이다.

성령에 의하여 태어났다고 하여, 예수가 없었다고 말할 수 있는가? 어머니의 옆구리를 차고 나와 천상천하를 외쳐댔다고 하여, 석가가 실재하지 않았다고 이야기할 수 있는가?

단군은 실재했던 인물이다. 곰에서 태어났다는 것은 단군의 신성성을 높이기 위해 배치된 하나의 신이적 출생담일 뿐이다.

단군은 단군(檀君) 또는 단군(壇君)으로 문헌에 따라 그 표기가 약간씩 다르게 기록되어 있는데, 이는 원래 한자어 아닌 순수한 우리말을 한자로 빌어 표기한 것이기 때문이다. 단군의 어의(語義)는 알타이어에 널리 분포되어 있는 Tangry (터키어), Tengri, Tanggur(몽고어)에서 온 것으로, '하늘·태양의 신'을 가리키는 칭호이다. 즉 단군은 고대의 제사의식을 관장하는, 신성한 자에게 붙이는 칭호였던 것이다.

단군은 고대 제정일치 시대에, 정치권과 제사권을 함께 지닌 우리 민족의 신권 계승자였다. 이러한 제사의식을 행하는 우리의 고유 신앙은 무속(巫俗) 즉, 샤머니즘을 배경으로 행하여졌음은 물론이겠는데, 이러한 제사권자로서의 단군의 명칭은, 현재 호남 일원에서 제의를 관장하는 무당을 가리켜, '단골'이라 하는 데서 그 흔적을 찾을 수 있다.

이러한 실재 인물 단군을 가공인물로 처리하게 된 또 하나의 커다란 배후 요인은, 일본인의 역사 왜곡이라는 간악한 계략이 숨어 있음을 간과할 수가 없다. 우리 역사를 거짓으로 조작하기 이전에 저술된, 우리 선인들의 어떤 문헌에도 단군은 신화적 인물로 다루어져 있지 않았으며, 하나같이 실재하는 인물로 취급하여 왔다.

일본은 저들의 신공 황후가 신라를 정벌하였다는 그야말로 허황된 고대 신화를, 자기들 좋은 대로 해석하여 정사로 굳히고 있으면서, 우리의 단군은 단순한 가공인물로 처리하였고, 게다가 단군에 관한 기록 20만여 점을 모아 불태우기까지 하면서, 단군의 실재를 까뭉개려 하였다.

우리는 이제 이 신화를 깊이 있게 연구하여, 우리의 역사를 올바로 정립하여야 하겠다.

독일의 고고학자 슐리만은 호머의 일리아드와 오디세이를 연구하여, 그 신화에 등장하는 고대 도시 미케네, 티린스 등을 발굴해 내는데 성공하였다. 단군 신화의 무대가 고대 문화의 중심 지역과 일치됨은 결코 우연도 조작도 아닌 것이다. 신화의 정당한 해석이 역사를 개찬(改纂)시키는 위력을 가진 확증이라고 말하곤 하는데, 이 말은 바로 오늘을 사는 우리에게 역사가 던지는 하나의 중요한 잠언이다.

그래서 기원전 2333년에 건국된 고조선의 역사와 문화가 좀 더 명확하고 넓게 밝혀졌으면 한다.

여성의 창조에 얽힌 신화는 대체로 여성에 대해 부정적이다.

성경의 창세기에 나오는 최초의 여성 이브는, 남성의 무료함을 달래주기 위해 아담의 갈비뼈 하나를 빼내어 만들었다고 되어 있고, 뱀의 유혹을 받아 따먹지 말라고 했던 선악과를 따먹음으로써, 에덴동산에서 추방되는 원죄를 저지른 죄인으로 나와 있다.

열대지방의 신화에도 최초의 여성은 더위의 괴로움을 안겨 주는 태양신으로 묘사되어 있고, 불교의 극락세계에는 아예 여자가 없다.

그리스 신화에 나오는 최초의 여성 판도라도, 열지 말라고 했던 약속을 참지 못하고 '판도라의 상자'를 열어봄으로써, 인류의 갖가지 불행과 질병을 가져다 준 장본인으로 되어 있다. 그리고 그리스 신화에 나오는 괴물은 거의가 스핑크스, 메두사 등과 같은 여성성이다. 최고의 신 제우스의 아내인 헤라는 악녀다.

그런데 단군 신화에 나오는 최초의 여성 웅녀는 어떠한가?

맛이 쓰디쓴 쑥과 매운 마늘을 먹어 가며, 어두운 동굴 속에서 21일 동안 엄청난 고통과 시련을 겪어 내고, 사람으로 화하여 단군이란 아들을 잉태하고 출산한다. 우리의 웅녀는 이브나 판도라처럼 인내력이 약한 연약한 여성이 아니다. 고난을 이겨 내고 신의를 끝까지 지키는 굳건함을 보여 주는 여인이다.

이와 같은 전통을 이은 여인이 바로 소서노(召西奴)다. 소서노는 고주몽을 도와 고구려를 건국하였고, 뒤이어 비류와 온조로 하여금 미추홀과 위례에서 각각 나라를 일으키게 한 위대한 인물이다. 그런데 여러 가지 요인에 의하여 그 기록이 상세하지 못한 게 아쉽다.

우리의 낭자군이 세계를 제패하는 연유도 따지고 보면 바로 여기에 뿌리를 두고 있다. 외국의 한 유명한 스포츠 트레이너는 한국 여자 선수의 우수성에 대해 말하기를, '한국 여성은 여느 외국의 여성들과는 달리 감독의 하드 트레이닝을 인내하며 잘 받아들이는 미덕이 있다'고 평하였다. 이러한 것 역시 웅녀의 유전자가 심어져 있기 때문일 것이다.

대왕암은 살아 있다

사적 제158호인 대왕암은 문무왕의 무덤으로 알려져 있다.

삼국통일을 완수한 문무왕은 통일 후 불안정한 국가의 안위를 위해 죽어서도 국가를 지킬 뜻을 가졌다. 그리하여 지의법사에게 유언으로, 자신의 시신을 화장하여 유골을 동해에 묻으면, 용이 되어 국가를 평안하게 지키도록 하겠다고 하였다. 이에 따라 유해를 육지에서 화장하여 동해의 대왕암 일대에 뿌리고 받침돌[臺石대석]에 장례를 치렀다. 사람들은 왕의 유언을 믿어 그 돌을 대왕암이라고 불렀다.

대왕암은 육지에서 불과 200여 미터 떨어진 가까운 바다에 있다. 큰 바위가 주변을 둘러싸고 있고, 중앙에 약간의 넓은 공간이 있는데, 이 공간에 대석을 배치한 것으로 보인다. 중앙의 대왕암은 그 주변을 큰 바위가 둘러싸고 있는데, 네 방향으로 물길이 나 있어 주변 바위는 네 부분으로 구분되어 있다. 자연적으로 물길이 나 있는 상태나 약간의 인공을 가하여 튀어나온 부분을 떼어내어, 물길이 난 가운데 공간을 약간 가다듬은 흔적이 발견되었다.

문무왕은 또 그 아들 신문왕에게 만파식적(萬波息笛)이라는 피리를 주어, 그가 죽은 후 바다의 용이 되었다가, 만파식적을 불면 용으로 나타나 국가의 평안을 지키도록 하겠다고 하였다. 아들 신문왕은 바다에서 떨어진 동해변에 부왕을 기리는 감은사를 지어, 절의 금당 밑까지 바닷물이 들어오도록 설계하였다. 이는 용이 된 부왕이 쉽게 접근하도록 하기 위함이었다.

감은사의 동쪽에 약간 높은 언덕이 있다. 이곳은 대왕암을 정면으로 바라다 볼 수 있는 곳인데, 여기에 이견대를 짓고 신문왕은 이곳에 수시로 와서 대왕암을 바라보며 절하였다.

신문왕 2년에 바다를 관리하는 관원이 동해안에 작은 산이 감은사로 향하여 온다고 하여 일관으로 하여금 점을 쳐 보니, 바다용이 된 문무왕과 천신이 된 김유신이 성을 지킬 보배를 주려고 하니 나가서 받으라 하였다.

이견대에 가서 보니, 떠 있는 산의 모양은 거북 머리 같고 그 위에 대나무가 있었는데, 낮에는 둘로 나뉘고 밤에는 하나로 합쳐졌다. 풍우가 일어난 지 9일이 지나 왕이 그 산에 들어가니, 용이 그 대나무로 피리를 만들면 천하가 태평해질 것이라 하여, 그것을 가지고 나와 피리를 만들어 보관하였다. 나라에 근심이 생길 때 이 피리를 불면 평온해져서, 만파식적이라 이름을 붙였다. 그 뒤 효소왕 때 이적이 거듭 일어나, 만만파파식적(萬萬波波息笛)이라 하였다.

문무왕은 살아서 삼국통일을 이루고, 죽어서도 나라를 지키기 위해 자신을 화장한 유골을 동해 바다에 장사지내라 한 것이다. 그는 유언대로 죽어서 용이 되어 왜구를 물리쳤을 뿐만 아니라, 소리를 내면 나라가 편안해진다는 만파식적이란 피리를 만들어 주기까지 하였다. 세계 역사 어디에 이런 왕이 있었는가? 동서고금에 이런 왕은 없었다.

문무왕이 죽어서 된 용은 지금도 살아서 꿈틀거리고 있다. 우리의 두 눈으로 그것을 똑똑히 볼 수 있다. 동햇가의 조선소에서 만든 군함이 지금 바다 위에 둥둥 떠다니면서 영해를 지키고 있지 않은가! 그 군함 중엔 문무대왕함도 있다.

문무대왕함은 현대중공업이 자체 설계해 건조한 한국 최초의 스텔스 구축함으로, 삼국통일을 이루고 동해의 용이 되어 죽어서까지 나라를 지키겠다며 해중릉에 묻힌 문무왕의 호국의지를 계승한다는 뜻에서 이런 이름을 붙였다. 한국 최초로 전자파·적외선 및 소음이 거의 노출되지 않는 스텔스 기술을 적용해 생화학 방사선 공격에 효과적으로 대처할 수 있어 한국 해군이 보유한 기존의 함정에 비해 성능이 뛰어나다고 한다.

그것이 바로 바다를 지키는 용이 아니고 무엇인가? 그뿐만 아니다. 조선 1위 국이 되어 우리가 만든 배가 전 세계를 누비고 있으니, 이것이 그냥 이루어진 것이 아니다. 위대한 조상의 영혼이 돕지 않고는 있을 수 없는 일이다.

우리의 조상 중에 문무왕과 같은 훌륭한 지도자가 있었다는 것은 정말로 자랑스러운 일이다. 지금 우리나라는 분단이라는 거대한 파도 속에서 일렁이고 있다. 훌륭한 지도자가 진실로 필요한 시대다. 온전히 자기 자신을 던져 나라를 구하는 데 한 몸을 던지는 지도자가 필요하다.

지금은 장묘제도도 화장으로 가야 한다는 목소리가 커지고 있다. 많은 국민들이 이를 따르고 있다. 그러나 우리나라 지도자 중 이와 같은 작은 것을 앞장서서 실천해 보이는 지도자는 없다. 일반 국민에게는 사치라 하여 화환 사용을 규제하면서 자기가 죽으면 영구차 전체를 꽃으로 장식한다. 묘는 보통 사람의 묘보다 훨씬 크고 영역도 넓다. 또 명정에는 누구누구의 자궁(梓宮)이라 쓴다. 자궁은 재궁의 변한 말로서 왕이나 왕비, 왕세자 등의 시체를 넣던 관을 가리키는 말이다. 지금은 민주의 시대로 지도자는 백성의 공복이지 군림하는 자가 아니므로 그런 용어는 합당하지 않다.

살아서는 이 나라를 통일하고, 죽어서는 자신의 몸을 불살라 호국의 영이 되고, 새로운 만파식적을 만들어 조국의 번영을 이루게 할 지도자가 하루 빨리 나왔으면 한다.

백제는 왜 건국 신화가 없을까

국가를 창건한 군주에 대한 신성함과 위대함을 부여하기 위하여 만든 이야기를 건국신화라고 한다. 건국신화는 왕가의 시조에 관한 것이므로 시조신화(始祖神話)를 겸하고 있기도 하다. 건국 신화는 건국주(建國主)의 신성성과 위대성을 높여 일반 백성들로 하여금 그를 높이 받들고 잘 따르도록 하기 위하여 만들어낸 이야기다. 신성성을 높이기 위해서는 건국주가 보통 사람과는 다른 신이한 출생의 과정을 거치는 것이 일차적 요소다.

그래서 우리나라의 건국신화 즉 고조선의 단군 신화, 부여의 해모수 신화, 고구려의 주몽 신화, 신라의 박혁거세 신화, 석탈해 신화, 김알지 신화, 가락국의 김수로왕 신화가 모두 그런 범주 속에 있다.

고려왕조는 신화시대를 벗어나는 시대였으므로, 왕건 자신은 역사적 인물로 기록되고 그의 조상들만 신이한 인물로 짜여 있다. 그리고 조선은 용비어천가에서 보듯이, 신성성은 제거되고 육조의 위대성만 부각되어 있다. 이미 신화시대를 훨씬 벗어났기 때문에 전설의 성격이 강하다.

우리가 잘 아는 옛 조선의 단군은 하늘에서 내려온 환웅과 곰에서 변신한 여인 사이에서 태어났고, 부여는 천제인 해모수가 하늘에서 내려와 세운 나라이며,

고구려의 동명왕은 하백의 딸 유화가 햇빛을 받아 잉태한 알에서 태어났다. 신라의 혁거세는 백마가 낳은 알에서 태어났고, 가락국의 수로왕 역시 하늘에서 내려온 알에서 태어났다. 석탈해나 김알지도 신이하긴 마찬가지다. 이들은 모두가 보통 사람들과는 다른 신이한 출생 과정을 지니고 있다.

그런데 같은 신화시대인 백제는 이러한 건국 신화가 없다. 시조 온조왕은 신이성을 갖지 않은 역사적 인물로만 나와 있다. 무슨 이유일까?

『삼국사기』 백제본기 온조왕 조는 그 첫머리를 이렇게 적고 있다.

"백제의 시조 온조왕은 그 아버지가 추모(鄒牟)인데 혹은 주몽(朱蒙)이라고도 한다."

이에서 보듯이 백제는 부여족의 정통성을 계승하고 있다는 것을 강조하고 있다. 온조는 주몽이 북부여에서 도망하여 졸본부여로 와서, 졸본부여의 둘째 공주와 혼인하여 낳은 아들이다. 주몽은 이미 북부여에 있을 때 예(禮)씨와 결혼하여 유리를 낳았다. 이 사람이 바로 주몽의 뒤를 이은 고구려 2대 유리왕이다. 이처럼 왕위 계승에서 패한 온조는 위례성에 내려와 백제를 건국하였다.

그래서 그는 비록 주몽의 뒤를 잇지는 못했지만, 부여의 정통성을 계승하였음을 내외에 표명하여 유리왕과의 차별성을 드러내려 하였다. 그런 정통성을 확보하기 위하여 온조는 동명왕을 모시는 시조묘(始祖廟)를 세웠다. 시조묘는 통상 2대나 3대 왕이 시조의 신주를 모시기 위하여 세우는 것이다. 고구려의 3대 대무신왕이 재위 3년에 동명왕묘를 세웠고, 신라 또한 2대 남해왕이 재위 3년에 시조묘를 세웠다.

그런데 온조왕은 자신이 동명왕을 모시는 시조묘를 세웠다. 이는 온조왕 자신이 동명왕의 정통성을 이어받고 있음을 강조·천명하기 위한 조치로 보인다. 이러한 정통성 계승 의식은 후대로 이어졌다. 개로왕이 북위에 보낸 국서에서 '백제의 근원이 고구려와 더불어 부여에서 나왔다'는 것을 강조하였고, 성왕이 사비로 천도하면서 일시적으로 국호를 남부여로 개칭한 것들이 그러한 예다. 지금도 부여라는 이름이 옛 백제 땅에 그대로 남아 있다.

여기서 우리는 중요한 사실 하나를 읽을 수 있다. 백제는 이미 부여의 정통성을 이어받았다고 자부하며, 동명왕을 시조묘에 모셨다. 이로써 백제는 그 시조의 신성성을 이미 확보했다고 믿고 있는 것이다. 그러므로 백제는 별도로 신화를 만들어 자신들의 신성성과 위대성을 따로 나타낼 필요가 없었던 것이다. 새로운 신화를 만드는 것은 오히려 자신들의 정통성을 잃게 만드는 것이 된다. 이것이 바로 백제가 신이한 건국 신화를 별도로 갖지 않은 이유다.

선덕여왕은 선하고 덕이 많은 왕이었나

선덕여왕(善德女王)은 신라 제27대 임금으로 어릴 때 이름은 덕만(德曼)이다. 성은 김씨이며 아버지는 진평왕이다. 632년에 왕위에 올라 16년간 나라를 다스렸다. 신라는 법흥왕 무렵부터 성골만이 왕위에 오르는, 성골 계승의 틀이 강력히 잡혀 있었다. 그런데 진평에게는 왕위를 이을 아들이 없었다. 덕만은 비록 아들은 아니었지만, 성골이었고 또 천성이 맑고 지혜로워 왕위에 올랐다.

선덕여왕의 지혜는 『삼국유사』 권1 선덕여왕 지기삼사(善德女王 知幾三事) 조에 잘 나와 있다. 여왕이 앞일을 예지하는 신통력을 발휘한 세 가지 이야기다.

첫 번째 이야기는 향기 없는 모란에 관한 일화다. 어느 날 여왕에게 당나라 태종이 진홍·자색·백색의 모란이 그려진 그림과 그 씨앗 석 되를 보내왔다. 여왕은 그림을 보고 "이 꽃에는 반드시 향기가 없을 것이다."라고 말하며 씨앗을 뜰에 심게 했다. 과연 꽃이 피어서 질 때까지 향기가 나지 않아 여왕의 예언이 들어맞았다는 것이다.

두 번째 이야기는 개구리 울음소리를 듣고 전쟁의 조짐을 미리 알아차렸다는 일화다. 선덕여왕 5년 겨울, 궁성 서쪽 영묘사(靈廟寺) 옥문지(玉門池)에 많은 개구리가 모여들어 삼사일을 계속 울어대어, 사람들이 그것을 이상히 여겨 왕에게 물었다. 그러자 여왕은 급히 각간 알천(閼川)과 필탄(弼吞) 등에게, 정병 2,000명을 데리고 서쪽 교외로 나가 여근곡(女根谷)을 찾아가면 반드시 적병이 매복해 있을 것이라며 쳐부술 것을 명했다. 각간 등이 군사를 이끌고 그곳에 가보니 부산(富山) 밑에 여근곡이란 골짜기가 있고, 그곳에 500명의 백제군이 숨어 있었다. 이에 이들을 모두 죽이고 남산에 숨어 있던 백제 장군 우소와 백제의 후원군까지도 모조리 쏘아 죽였다는 것이다.

세 번째 이야기는 여왕이 자신의 죽을 날을 예언한 일화다. 어느 날 여왕은 신하들에게 "내가 아무 해 아무 달 아무 날에 죽을 것이니 도리천에 장사하라."고 일렀다. 신하들이 도리천이 어딘지 몰라 물으니 낭산(狼山)의 남쪽이라고 했다. 여왕의 말처럼 그달 그날에 세상을 떠나자 신하들은 낭산의 남쪽 양지쪽에 장례했다. 그 후 10여 년 뒤에 문무왕(文武王)이 선덕여왕의 무덤 아래에 사천왕사(四天王寺)를 세웠다. 불경에 사천왕천(四天王天) 위에 도리천이 있다고 했으니, 선덕여왕은 자신의 무덤 아래에 사천왕사라는 절이 창건될 것을 미리 알고 있었다는 것이다.

당시 여러 신하들이 어떻게 모란꽃과 개구리의 일을 알았는지 묻자, 여왕은 꽃을 그렸는데 나비가 없으므로 향기가 없다는 것을 알았으니, 이는 당나라 임금이 나에게 짝이 없는 것을 희롱한 것이라고 하였다.

또 여근곡에 관련된 일은, 개구리가 성난 모양을 하는 것은 군사의 형상이요, 옥문이란 여자의 음경인데, 여자는 음(陰)이며 그 빛이 희니 흰색은 서쪽을 상징한다. 그래서 적군이 서쪽에 있음을 알았고, 남근(男根)이 여근 속에 들어가면 반드시 죽으므로 쉽게 잡을 수 있다는 것을 알았다고 말했다.

위의 세 가지 일화 중 향기 없는 모란꽃과 개구리 이야기는 『삼국사기』에도 비슷한 내용이 전한다. 다만, 모란꽃 이야기는 선덕여왕이 공주이던 시절에 아버지인 진평왕에게 말했던 것으로 소개되어 있으며, 개구리 이야기는 선덕왕 5년에 여근곡이 아닌 옥문곡(玉門谷)에서 백제군사 500명을 섬멸한 것으로 적혀 있다.

이렇듯 여왕은 지혜가 깊고 총명하였다. 그 총명으로 첨성대도 조성하고, 종교의 힘으로 외세를 막기 위하여 황룡사 구층탑도 쌓았다.

이와 같은 여왕의 총명에 관한 이야기가 또 하나 전한다. 지귀(志鬼) 설화가 바로 그것이다.

연대 미상의 신이담에 속하는 이 지귀설화는 문헌설화의 하나다. 이것은 선덕여왕을 사모하다가 죽어서 화귀(火鬼)가 된 지귀(志鬼)라는 사람의 사랑을 그린 설화다. 처음에는 <심화요탑(心火繞塔)>이라는 제목으로 『수이전(殊異傳)』에 수록되었으나, 이 책은 없어져 전하지 않고, 뒷날 권문해(權文海)의 『대동운부군옥』에 옮겨져 전해지고 있다. 『삼국유사』 권4에도 일부 관련 설화가 보이지만 단순한 영묘사 화재사건에 관련된 기사에만 그치고 있어 설화의 전모는 알 수 없다.

그 이야기는 이러하다.

신라 때 활리역에 지귀라는 사람이 살고 있었다. 그는 선덕여왕의 아름다움을 사모하여 너무나 고민한 나머지 몸이 점점 여위어 갔다. 어느 날 여왕이 절에 불공을 드리러 갔다가 지귀가 자신을 사모한다는 이야기를 듣고 지귀를 불러,

"짐이 내일 영묘사에 가서 향을 피울 것이다. 그 절에서 짐을 기다리도록 하라."

고 일렀다.

지귀는 다음날 영묘사 탑 아래에 가서 왕의 행차를 기다리다가 홀연 깊은 잠에 빠져들었다. 여왕이 절에서 기도를 올리고 있는 동안 지귀는 탑 아래에서 지쳐 잠이 들었던 것이다.

기도를 마치고 나오던 여왕은 지귀의 잠자는 모습을 보고 자신의 금팔찌를 뽑아서 지귀의 가슴에 놓고 갔다. 잠에서 깬 지귀는 여왕의 금팔찌를 발견하고 더욱 더 사모의 정이 불타올라 화귀(火鬼)로 변하였다. 지귀가 화귀가 되어 온 세상을 떠돌아다니자 사람들은 그것을 두려워하게 되었다. 이에 선덕여왕이 백성들에게 주문(呪文)을 지어 주어 대문에 붙이게 하니, 그 뒤 백성들은 화재를 당하지 않게 되었다. 이때 여왕이 지어준 주문의 내용은 이러하다.

지귀가 마음에 불이 나 몸을 태워 화귀가 되었네.
마땅히 창해 밖에 내쫓아 다시는 돌보지 않겠노라.

이와 비슷한 이야기가 불전설화에도 나온다. 즉 용수(龍樹)의 『대지도론(大智度論)』 권14와 중국의 불교설화집인 석도세(釋道世)의 『법원주림(法苑珠林)』 권21에 실려 있는 「술파가설화(術波伽說話)」가 그것이다.

그 내용은, 어부 술파가가 왕녀의 미모에 반해 식음을 전폐하자 왕녀가 만나자고 한다. 천사(天祠)에서 왕녀를 기다리던 술파가가 잠이 들었는데 왕녀는 그에게 목걸이를 빼어 놓고 간다. 잠이 깨어 그 사실을 안 술파가는 몸에서 불이 나 타 죽고 말았다는 것이다.

어떻든 지귀설화를 읽는 이면, 누구나 선덕여왕의 자애로움과 명민함에 놀랄 것이다. 잠들어 있는 비천한 지귀의 가슴 위에 자신의 팔찌를 올려놓는 선덕여왕의 모습에서, 우리는 한없는 감동과 일종의 전율감 같은 것을 아울러 느낀다. 신분을 뛰어넘은 따스한 인간애에 가슴이 쿵덕쿵덕 뛴다. 여왕이 아닌, 따뜻한 가슴을 지닌 한 사람의 고결한 여인을 대하면서 우리는 다시 한 번 놀란다. 이러한 성황을 맞으면 지귀가 아니라도 누군들 불덩어리가 되지 않을 수 있겠는가?

그런데 다음 순간 우리는 가슴 한 구석을 텅 비게 하는 아쉬움과 의아함에 부딪힌다. 그것은 여왕의 체온이 밴 팔찌를 안고 그 환희에 어쩔 줄 몰라 불덩어리가 되어 설치는 지귀를, 여왕이 주문(呪文)으로써 멀리 추방해 버리는 장면을 만나기 때문이다. '다시는 내 곁에 나타나지 말라'는 매몰찬 말에서 너무나 매정한 비인간성을 본다. 비천한 지귀의 가슴에 팔찌를 얹어주던 이전의 그 자애로운 모습과는 너무나 대조적인 모습에 일말의 당혹감을 금할 수가 없다. 그녀가 과연 지기삼사(知幾三事)에서 보았던 바와 같은 명석함을 지녔던 인물인가 싶을 정도로 가슴이 허전해진다. 심하게 표현하면, 그녀는 표리가 다른 이중인격자 같기도 하다. 사랑하는 여인에게서, 여태까지 몰랐던 과거의 오점을 발견했을 때와 같은 실망감이 우리를 휩싸기도 한다. 인간적 향기와 체온을 지닌 여인이 아니라, 신라의 계급제도에 얽매인 도도한 치자(治者)의 모습만을 거기서 볼 뿐이다. 선하고 덕이 많다는 선덕이란 왕호도 어쩐지 어울리지 않은 것 같다.

갑자기 나락으로 떨어지는 지귀가 한없이 불쌍해진다.

그래서 나는 지귀에 대한 연민의 정을 상상으로 뒤집어 펼쳐본다. 내가 선덕여왕의 신하가 되는 꿈을 한번 꾸어 보는 것이다. 신하가 된 나는 선덕여왕에게 이렇게 아뢰고 싶다.

"전하, 전하께서 펴시고자 하는 주사(呪辭) 중 '지귀가 마음에 불이 나 몸을 태워 화귀가 되었네. 마땅히 창해 밖에 내쫓아 다시는 돌보지 않겠노라.'고 한 뒷구절을 '마땅히 동굴 속에 들어가 100일 동안 햇빛을 보지 말라.'고 고쳐 펴

시옵소서."

그렇다. '마땅히 창해 밖에 내쫓아 다시는 돌보지 않겠노라.'고 한 말은 너무 잔인하다. 동굴 속에 유폐하였으면 어땠을까? 단군신화에서 호랑이는 사람이 되지 못하고 곰은 사람이 된 주된 연유도 동굴과 관련이 있다. 호랑이는 대지 위에서 주로 생활하는 반면 곰은 주된 거처가 동굴이다. 동굴 속에서 오랜 기간 겨울잠도 잔다. 호랑이가 땅 위의 동물이라면 곰은 땅 속의 동물이다. 모든 생명은 밖에서 생성되는 것이 아니라 속에서 잉태된다. 동굴은 재생의 원형(原型 archetype)이며 자궁의 상징이다. 예수도 야고보 복음서 등에 의하면 동굴에서 탄생했고, 또 죽은 뒤에도 동굴에 묻혔다가 삼일 뒤에 부활하였다. 부활절에 나누는 달걀은 예수가 부활한 동굴을 상징한다. 중국 창세신화의 주인공인 반고(盤古)도 커다란 동굴 속에서 나와 천지를 창조한다.

지귀도 동굴 속에 처해졌으면 신화 속의 곰처럼 삼칠일 뒤에는 아마도 다른 인간으로 변해 나왔으리라. 지귀는 하층민이 아닌 성골이나 진골의 신분으로 다시 태어났을지도 모른다. 동굴로 추방되었다면, 뒷날 신라의 엄격한 골품제도와 같은 족쇄가 없는 땅에 재생하여, 여왕과의 사랑이 이루어졌을지도 모른다는 생각도 든다. 아무래도 지귀설화의 결말은 너무나 아쉽다.

우리 옛 나라 이름과 왕명에 담긴 뜻

우리는 수천 년 동안 고유문자를 갖지 못했기 때문에 부득이 중국의 한자를 빌려 언어·문자 생활을 해 왔다. 그러나 그것은 너무나 어려운 일이었다. 우리말은 교착어이고 중국어는 굴절어이기 때문에 그로 인해 빚어지는 언어 구조상의 차이 및 음운상의 차이 때문에, 우리말 소리를 있는 그대로 적기에는 너무나 맞지 않았다.

이 같은 어려움을 조금이나마 극복하기 위하여 고안한 장치로 나온 것이 이두요, 향찰이요, 구결이다. 한자의 음과 뜻을 차용하여 우리말을 표기하려는 시도로 고안된 것이다. 그러나 이것 또한 껄끄럽기는 마찬가지였다.

향찰로 기록된 신라의 향가를 정확히 해독하기란 실로 어렵다. 이를테면, 찬기파랑가에 나오는 '雪是'를 '눈이'로 읽어야 할지 '서리'로 읽어야 할지 얼른 분간이 되지 않는다. 이와 같은 어려움을 세종 때의 학자 정인지는 일찍이 '네모난 자루를 둥근 구멍에 끼우는 것 같이 어긋난다'란 말로 표현하였다.

그런데 우리말로 된 이름 즉 나라이름, 땅이름, 왕명이나 인명 등은 비록 한자의 음과 뜻을 빌려 적더라도 고유어 그대로 적지 않을 수 없다. '길동이'를 '바위'라 부를 수는 없기 때문이다. 음을 빌려서 길동이를 '吉童'이라 적고, 뜻을 빌려서 바위를 '볾'이라 적을 수밖에 없다.

그러면 우리의 대표적 역사책인 『삼국사기』와 『삼국유사』에 적힌 옛 나라이름과 왕 이름, 그리고 땅 이름에 담긴 우리말 뜻을 한번 새겨보기로 하자. 그런 이름들을 살피기 위해서는 우선 한자와 우리말 그리고 음차(音借 음 빌리기), 훈차(訓借 뜻 빌리기) 등에 대하여, 약간의 사전 지식이 필요하다. 그에 대한 몇 가지 사항을 적어보면 다음과 같다.

1. 한자의 고음은 현재와는 다른 것이 있다.

麗는 지금은 '려'로 읽히지만 고음에서는 '리'다. 그러니 高麗(고려)의 원래 이름은 '고리'다. 또 壤은 지금은 음이 '양'이지만 고음은 '니'다. 평양의 옛 이름은 '불니'로 '넓은 벌의 땅'이란 뜻이다.

2. 낱말의 자음과 모음은 시공간적 차이에 따라 바뀐다.

신의 뜻인 검[儉]은 '감, 곰, 김, 금, 즘' 등으로 변함에 따라, 그것을 적는 한자도 다르게 된다.

3. 한 글자를 그와 통용되는 다른 글자로도 적었다.

耶는 음이 '야'지만 '라'를 적기도 하였다. 그래서 伽耶, 迦耶, 加耶는 모두 '가라(加羅)'를 표기한 것이다. 良도 현재의 음은 '량'이지만 '라'를 적는 데 썼다.

4. 글자 전체의 음뿐 아니라 음의 일부분만 빌릴 수도 있다.

次(차)는 '차' 뿐만 아니라 'ㅊ, ㅈ'을 적는데도 사용되었다. 餘(남을 여)는 '남'이나 'ㄹ'을 적는 데 함께 쓰였다. 樂浪(낙랑)이 '나라'를 나타내는 것도 이와 같다. 駕洛(가락)을 '가라(加羅)'와 같은 뜻으로 적은 것도 또한 같다.

5. 한 음을 적는 데 여러 가지의 글자가 사용되었다.

들 즉 '벌'을 나타내는 데, 伐(칠 벌), 原(벌 원), 火(블 화), 夫里(부리), 夫婁(부루), 羅(벌일 라), 列(벌일 렬) 등 그와 유사한 음이나 뜻을 가진 여러 글자로 표기되었다.

6. 한 낱말의 뜻을 적는 데, 그와 비슷한 음이나 뜻을 지닌 여러 글자가 쓰였다.

밝음을 뜻하는 '붉'을 나타내는 데, 白, 百, 明, 渤, 夫里 등이 쓰였다. 또 동쪽을 나타내는 '식'를 나타내는 데, 東, 新, 徐, 鐵(쇠 철), 金(쇠 금) 등이 쓰였고, 신라를 나타내는 '식벌'을 표기하는 데, 斯羅(사라), 徐羅(서라), 斯盧(사로), 尸羅(시라), 徐那(서나), 徐耶(서야), 鷄林(계림), 始林(시림) 등이 쓰인 것도 그러한 예다.

7. 땅, 지방, 부락을 뜻하는 옛말 '닉/나/뤼/리'를 나타내는 데는, 內(내), 耐(내), 那(나), 壤(양), 禮(례), 麗(려), 羅(라) 등의 글자가 쓰였고, 땅을 뜻하는 고구려 말 '달'은 達(달) 자를 썼다. '달'이 땅의 뜻임은 현대어 양달, 음달에 그 흔적이 남아 있다.

그러면 이러한 예비지식을 갖추고 옛 나라 이름부터 새겨보기로 하자.

조선(朝鮮)

조선은 단군왕검이 평양에 세운, 우리나라 최초의 나라다. 양주동은 이를 '붉신' 곧 '밝게 샌'이라는 뜻이라 하였다. 그러나 朝를 '밝음'으로 풀이한 것은 거리가 먼 것 같다.

朝는 아침 즉 처음의 뜻인 '앗'이다. 단군이 도읍을 평양에서 옮겼던 아사달(阿斯達)도 '앗달' 즉 '아침 땅'이란 의미다. 이 '앗'이 일본으로 건너가 아침을 뜻하는 '아사'가 되었다. '앗'은 처음을 뜻하는 말로 현대어 '아시 빨래'란 말에 아직 남아 있다.

처음은 작은 데서 시작하기 때문에 '앗'은 아우를 뜻하게도 되었다. 경상도 방언에는 아우를 뜻하는 '아시'가 지금도 쓰이고 있다. '아시 탄다'는 말이 있는데, 어머니가 동생을 배었기 때문에 젖이 일찍 떨어져, 먼저 난 아이가 영양 부족인 상태가 되어 몸이 여위었을 경우에 쓰는 말이다. '아우를 탄다'는 뜻이다. 중세어에서도 '앗'은 아우의 뜻으로 그대로 쓰였다. 앗>앛>아ᅀ>아우로 변한 말이다.

조선의 鮮은 '신/샌'을 표기한 것이라 생각된다. 날이 샌다는 의미다. 새 날이 왔다는 뜻이다. 그러므로 조선은 '앗신' 곧 '첫샌'의 의미다. '처음 샌', 즉 '새 아침'의 뜻이다. 새 날이 열리는 희망에 찬 나라, 그것이 바로 조선이라는 것이다. 이성계가 세운 나라 조선도 역시 그러한 의미를 이어받아 국호로 삼았다.

신라(新羅)

신라를 나타낸 표기는 매우 다양하다. 이를 다음과 같은 두 가지 부류로 나누어 생각해 볼 수 있다.

斯羅(사라), 徐羅(서라), 尸羅(시라), 서벌(徐伐), 鷄林(계림), 始林(시림)
斯盧(사로), 徐邢(서나), 徐耶(서라)

이와 같이 여러 가지 이름으로 불리다가 22대 지증왕 때 新羅(신라)로 확정되었다. 『삼국사기』 지증마립간 조에는 덕업일신(德業日新 덕업이 날로 새로워지다)의 신(新) 자와 망라사방(網羅四方 사방을 망라하다)의 라(羅) 자를 각각 따서 新羅

로 지은 것이라 하였다. 그러나 이는 김부식의 유교중심주의적 사관에서 지어
낸 견강부회로 보인다.

그러면 이들 표기는 무슨 뜻일까?

결론부터 말하면, 위의 이름들은 모두 '식벌'을 표기한 것이다.

斯(사), 徐(서), 尸(시) 자는 모두 '식'를 표기한 것이다. 그리고 羅(벌일 라), 伐
(칠 벌) 자는 들, 벌(坪)을 뜻하는 '벌'을 적은 글자다. 그래서 이들은 합하여 新羅
곧 '식벌'을 나타내었다. 식벌의 '식'는 동쪽이라는 뜻이다. 지금도 동쪽에서 부는
바람을 '샛바람'이라고 하는 것은 그 흔적이다. '높새바람', '새벽'이란 말의 '새'도
그러한 뜻이다. 그러니 '식벌'은 동쪽 벌이란 뜻이다.

계림의 계는 '닭 계' 자다. 닭은 곧 새(식)다. 始林(시림)의 '시'도 '식'를 나타낸
글자다. 그러니 이들 글자는 모두 '식벌'의 '식'를 표기한 글자다. 그리고 林(림)의
뜻 수풀이란 말은 원래 '숲벌'이었기로 여기서의 '벌'을 차용한 것이다. 그러니
계림, 시림도 다 '식벌'을 표기한 것이다.

여기서 한 가시 유의할 것이 있다. 땅을 뜻하는 '벌, 늬, 릭, 재(城)' 등은 '나라'
와 동의어라는 사실이다. 땅(영토)이 곧 나라이기 때문이다. 그러므로 신라 곧 식
벌은 '새 나라'라는 의미를 아울러 갖고 있다.

고구려(高句麗)/고려(高麗)

고구려의 국명을 중국문헌에서는 高麗, 句麗, 句驪로 적었다. 『삼국사기』 본
기에서는 고구려라 하고 지리지에는 구려라 적고 있다. 이것으로 보아 고구려의
본래 이름은 고려, 구려였음을 알 수 있다. 이것이 후대로 내려오면서 고려와 구
려를 합쳐 고구려라 적은 것으로 보인다. 고구려를 계승한다는 이념을 나타낸

왕건이 세운 나라 이름이 고려라는 것을 보아도 이를 짐작할 수 있다.

『삼국사기』 고구려본기 신대왕조(新大王條)에 왕의 휘를 伯固(백고) 또는 伯句 (백구)로 적고 있는데, 이는 '고'와 '구'가 서로 통하고 있음을 나타내는 증좌다. 그러므로 고려나 구려는 서로 전용되는 이름이라 할 수 있다.

麗는 본래 고음이 '리'다.

그러면 구려 곧 구리는 무슨 의미일까? '리'는 위에서 말한 바와 같이 '늬, 나, 라' 등과 같이 땅(국토, 나라)을 가리키는 말이다. 그럼 高/句는 무슨 뜻일까? 이에 대해서는 그 밑에 깔려 있는 배경적 설명이 좀 필요하다.

고대 국어에서 신을 나타내는 어휘는 두 계열이 있다. 그것은 '검'과 '굿'이다. 검은 알타이어의 Kam에서 온 것이고, 굿은 스키타이 족을 통하여 들어온 인도 유럽어 Guth(Goth)에서 유래한 것이다. 영어의 God도 여기서 분화된 것이다. 우리나라에서 무당이 벌이는 의례를 '굿'이라 하는 것도 여기에 연원한다.

이 검과 굿은 시공간의 흐름과 확대에 의하여 그와 비슷한 소리의 말로 갈라지게 된바. 그것을 표로 보이면 다음과 같다.

　　알타이어　　Kam → 검 … 감, 깁, 곰, 금, 거미, 즘, 일본어 가미
　　인도유럽어　Guth → 굿 … 구, 가, 갓, 가시, 구시

구려의 '구'는 Guth에서 온 신이란 뜻이다. 그러므로 '고구려' 곧 '고리/구리'는 '신의 나라'란 뜻이다. 일본이 백제를 구다라(くだら)라고 하는데 이는 '구달(神達)' 즉 신의 땅(나라)이란 뜻이다. 일본이 백제를 '신의 나라'라고 지칭한 데는 그럴 만한 연유가 있다. 백제가 자기들의 고향이었기 때문이다.

『일본서기』에는 백제를 본국(本國)이라는 뜻으로 쓴 대목도 있고, 백제는 조

상의 무덤이 있는 곳이란 내용도 적혀 있다. 660년 백제가 패망하자 그 후예들이 일본에 망명했는데, 이를 『일본서기』는 이렇게 적고 있다.

"백제가 곤궁하여 우리에게 돌아왔네. 본국[本邦]이 망하여 없어지게 되었으니 이제 더 이상 어디에 의지하고 어디에 호소한단 말인가."

그리고 3년 후, 백제 부흥운동까지 실패로 끝나고 주류성이 함락되자,

"주류성이 함락되고 말았구나, 어찌할꼬 어찌할꼬, 백제의 이름이 오늘로 끊겨졌으니, 조상의 무덤을 모신 곳 이제 어찌 다시 돌아갈 수 있으리."

라고 슬퍼하는 기사가 나온다. 백제는 자신들 조상의 무덤을 모신 곳이고 본국으로 섬기는 나라였다. 그래서 그들은 백제를 극존칭하여 '구다라' 즉 '신의 나라'라고 부른 것이다.

백제(百濟)

百은 밝다의 어근 '붉'을 표기한 것이고, 濟는 재[城]의 뜻인 '잣'을 표기한 것이다. 그러니 백제는 '붉잣'을 적은 것이다. '붉'은 밝다의 어근으로 광명을 뜻한다. 고대부터 우리 민족은 광명(붉)을 지향하였다. 태백산은 한붉산이요, 박달은 밝은 땅이며, 혁거세는 붉뉘(밝은 누리), 동명왕은 새붉임금, 원효는 새붉(새벽)이다.

그리고 '잣'은 '재' 곧 성(城)이다. 성은 도성으로 나라를 의미한다. 지금도 '성내에 갔다 왔다'나 '성내 사람'이라 하는 말을 쓰곤 하는데, 이때의 '성'은 도시(도성 도읍)를 뜻한다. 그래서 백제는 밝은 성 곧 '밝은 나라'라는 뜻이다.

광개토대왕비에 나오는 백제의 딴 이름 백잔(百殘)은 '붉잣 나라'를 발음할 때

자음동화를 일으켜 '붉잣'이 '북잔'으로 소리 나므로 그렇게 기록한 것이다. 또 백제의 초기 국호인 십제(十濟)는 '열[開]잣'을 기록한 것인바, '열린 나라'라는 의미다.

가야(加耶)

가야는 伽耶, 伽倻, 加羅, 駕洛, 伽落, 加良 등으로 표기하였는데 이들은 모두 '가라'를 표기한 것이다. 또 구야(狗邪)로 표기한 것도 있는데 이 또한 같다. 邪 자는 耶 자와 같이 쓰는 글자이기 때문이다. 여기서의 '가'나 '구'는 앞에서 말한 바와 같이 신의 뜻이다. 그리고 뒷 글자 '라(耶)'는 '나(那), 라(羅), 닉(壤)' 계열의 땅(국토)을 뜻하는 말이다. 그러므로 가야는 '신의 땅(나라)'이란 뜻이다.

부여(夫餘 扶餘)

부여의 夫/扶는 음 그대로 '부'를 나타내고, 餘는 'ㄹ'을 나타낸다. 여의 훈인 '남을'의 끝소리 'ㄹ'을 취한 것이다. 그러니 부여는 '불'을 표기한 것이다. 붉다, 밝다 등의 말은 모두 '불'에서 나온 것이다. 불이 곧 밝음이고 붉은 것이 불이다. 그러므로 부여 역시 '불 나라'요 '붉은 나라'다.

부여를 세운 사람은 해부루(解夫婁)다. 解는 해(태양)를 나타낸 글자이고, 夫婁 는 '부'와 '루' 의 'ㄹ'을 합친 '불'이다. 그러니 해부루는 '해불' 곧 '해붉'이다. 밝은 해라는 의미다. 이처럼 해부루는 부여와 관계있는 이름이다.

진한(辰韓) 마한(馬韓) 변한(弁韓)

삼한의 이름에 담긴 뜻을 알려면 먼저 '한(韓)'에 대한 의미를 먼저 알아야 한다. 이 '한'은 Khan에서 유래한 말이다. Khan은 원래 페르시아, 아프가니스탄, 터키 지방의 원수(元帥)나 고관을 일컫는 칭호인데, 이것이 몽고, 달단(韃靼)을 거쳐 우리에게 들어왔다. 우리가 잘 아는 징기스칸의 '칸'도 바로 이것이다.

이 Khan을 한자로는 干[간 Kan], 汗[Han], 韓(한) 등으로 적었다. 이렇게 '간/한'으로 적은 것은 [Kh]의 음가가 ㄱ과 ㅎ의 중간음으로 ㅋ이 섞인 소리였기 때문이다. 오늘날의 발음기호로는 [X]로 나타내는 소리다. 이것을 훈민정음에서는 [ㆅ]으로 썼다. 사실 우리말의 크다[大]나 많다[多]의 뜻인 '하다'도 여기서 갈라져 나온 말이다.

ㆅ … ① 하다[h] (많다의 뜻)
  ② 그다[k]

그러므로 干[간 Kan], 汗[Han], 韓(한)은 다 크다, 높다, 우두머리(왕)의 뜻을 머금고 있는 말이다. 삼한(三韓)의 '한(韓)'도 바로 이런 뜻이다.

馬韓(마한)의 '마'는 남쪽이라는 뜻이다. 마파람은 남쪽에서 부는 바람이다. 그러니 마한은 '남쪽의 한'이다. 辰韓(진한)의 '진'은 음이 '신, 진'이지만 여기서는 '신'과 통하는 '신' 곧 동쪽을 나타낸다. 동쪽의 옛말은 '식'다. 날이 '새다'나 '새벽', 동풍을 '샛바람'이라 하는 말들의 '새'는 동쪽을 뜻하는 '식'에 뿌리를 둔 말임은 위에서 말했다. 그러니 진한은 곧 '동쪽의 한'이다.

弁韓(변한)은 '가른 한' 곧 '갈한'이다. 弁(변)은 지금의 뜻은 고깔이지만 옛말은

'갈, 곳갈'인바, 이때의 '갈'을 취한 것이다. '가ᄅ'는 '가ᄅ다' 곧 '가르다[分]'의 고어다. 변한은 진한과 마한을 '가르는' 지역에 위치하므로 이런 뜻을 품은 것이다.

임나(任那)

임나라는 말은 광개토왕릉비(廣開土王陵碑)에 보이는 임나가라(任那加羅)가 가장 최초로 보이는 기록이다. 『삼국사기』 강수전(强首傳)에는 "신은 본래 임나가라 사람입니다."라는 기록이 있다. 그리고 924년(경명왕 8)에 신라 경명왕의 명으로 세워진 「진경대사탑비(眞鏡大師塔碑)」에 '임나'라는 말이 쓰여 있다.

우리나라에서는 특정한 하나의 가야(금관가야)를 임나라고 부른데 대해서, 『일본서기』에서는 여러 가야를 총칭해 임나라고 하였다. 임나를 『일본서기』에서는 彌麻奈(mima-na)라 적고 있다. 이는 고대의 우리말에 있어 n과 m음이 서로 넘나드는 음운법칙에 따른 것이다.

'님나(임나)'의 '님'은 주(主), 왕(王)의 뜻이고, 나(那)는 위에서 누차 말한 바와 같이 '니, 나, 라'의 한자표기로서 펑야, 나라 등의 뜻을 지닌다. '님'은 원래 '앞머리'를 뜻하는 말이다. 사람의 이마(니마)나 배의 앞머리를 가리키는 '이물', 앞쪽을 가리키는 '임배(곰배)'라는 말에 그 흔적이 남아 있다.

그러므로 임나는 '님의 나라'라는 뜻으로 해석된다. 즉, 여러 가야의 맹주국인 대가야를 '님나라'라고 부른 것이다.

그런데 일본에서는 『일본서기』에 있는 '임나일본부(任那日本府)'라는 말로, 일본인들에 의해 임나에 일본의 통치기관이 있었던 것처럼 역사를 왜곡하고 있다.

발해(渤海)

발해는 한자 뜻 그대로 풀이하면, '물 솟는 바다', '안개 자욱한 바다'라는 말이 된다. 그러나 이런 해석은 말이 안 된다. 발해가 섬나라도 아닌데, 누가 나라 이름을 그렇게 지었겠는가.

발해의 '발'은 '붉, 블(불)'을 음을 빌려 표기한 것이고, 해는 '해(태양)'를 음차 표기한 것이다. 그러니 발해는 '밝은 해'의 나라라는 뜻이다.

그러면 다음으로 우리나라 고대 왕명에 담긴 뜻을 새겨보기로 하자.

단군왕검(檀君王儉)

단군은 단군(檀君) 또는 단군(壇君)으로 문헌에 따라 그 표기가 약간 다르게 기록되어 있는데, 이는 원래 한자어 아닌 순수한 우리말을 한자로 빌어 표기한 것이기 때문이다. 단군이란 말의 어의(語義)는 몽고어 Tengri에서 온 것으로, 천(天)을 대표하는 군사(軍師)의 칭호이다. 즉, 단군(Tengri)은 고대의 제사 의식을 관장하는, 제사장 곧 무당을 이르는 말이다.

단군은 고대 제정일치 시대에, 정치권과 제사권을 함께 지닌 우리 민족의 신권 계승자였던 것이다. 이러한 제의를 행하는 우리의 고유 신앙은 무속(巫俗) 즉, 샤머니즘을 배경으로 행하여졌음은 물론이겠는데, 이러한 제사권자로서의 단군의 명칭은, 현재 호남 일원에서 제의를 관장하는 무당을 가리켜, '단골, 당골, 당갈'이라 하는 데서 그 흔적을 찾을 수 있다.

단군이 제사권을 행사하는 자의 이름이라면, 왕검은 정치권을 행사하는 자의 이름이다. 그런데 임금을 왕이라 하면 될 것을 왜 '왕' 뒤에 '검'을 붙여 왕검이라 했을까? 이 '검'은 앞에서도 이야기했다시피 신을 뜻하는 고대어다. 그러니 단군 왕검은 단군왕이 신이란 것이다. 극도의 존칭이다. 사실 제정일치 시대에는 왕이 제사장을 겸하였기 때문에 신과 동일시되는 것은 당연하다.

이 '검'은 뒷날 '굼, 김, 감, 금, 즘' 등으로 분화하였다. 임금이란 말의 '금'도 바로 그런 뜻이다. '감'이 일본으로 건너가서 '가미(神)'가 되었음은 앞에서 말한 바다.

동명왕(東明王) 주몽(朱蒙)

고구려의 시조 동명왕(東明王)의 東(동)은 '식'요 明(명)은 '붉'을 표기한 것이다. 동명은 '식붉'임금이란 뜻이다. '식'는 동쪽이란 뜻이고 '붉'은 밝다는 뜻이다. 이 말이 변하여 '새벽'이 되었으니 동명왕에 함축된 의미를 대강 짐작할 수 있겠다.

또 삼국사기에는 동명왕의 이름은 주몽(朱蒙) 또는 추모(鄒牟)라고 한다고 기록되어 있다. 이것은 주(朱), 추(鄒)의 고음 '즈'에 몽(蒙), 모(牟)의 첫소리 'ㅁ'을 합하여 '즘'을 표기한 것인데, '즘'은 신의 뜻인 '금'의 변한 말이다. 지금도 ㄱ과 ㅈ은 서로 바뀌는 현상을 띤다. 그러니 주몽은 신 곧 임금의 뜻이다.

또 주몽은 활을 잘 쏘는 사람을 가리킨다는 기록이 보이는데, 이는 당시에 활을 잘 쏘는 사람을 '신'과 같다고 생각했기 때문이다. 지금도 무엇을 잘 맞히는 사람을 보고 '귀신' 같다고 하는 것과 상통한다.

박혁거세(朴赫居世)

신라 시조 혁거세(赫居世)는 삼국유사에 "혁거세는 방언으로서 불구내(弗矩內)

라고도 하는데, 이는 세상을 밝게 다스린다는 말이다."라고 적혀 있다. 혁거세와 불구내는 같은 말인데, 앞엣것은 주로 한자의 뜻을 따서 적었고, 뒤엣것은 한자의 음을 빌려 적은 것이다.

밝음 ······················ 의 ··········· 세상(누리)

혁거세 ··· 赫('붉을 혁'의 '붉')　　　居(거)　　　世(세상)

불구내 ··· 弗(붉)　　　　　　　　矩(구)　　　內(누리의 준말 닉(뉘)

'居(거)/矩(구)'는 경상도 방언의 관형격 조사 '우'에 '붉'의 끝소리 'ㄱ'이 결합된 것이다. '우'는 표준어 '-의'에 해당한다. 이를테면 '닭의 똥'을 경상도에서는 '닭우 똥[달구 똥]'으로 '남의 집'을 '남우 집'이라 한다.

그러므로 혁거세나 불구내는 다 같이 '밝은 세상'을 나타낸 것이다. 그러니 혁거세(불구내)는 고유어 '불ㄱ뉘' 곧 '밝은 누리'란 뜻이다. 이로써 우리 민족은 '붉[光明]'을 추구하는 겨레임을 알 수 있다. 박혁거세의 성인 '박(朴)'도 '붉'을 표기한 것이다. 김대문이 박처럼 둥근 알에서 나왔다고 해서 박(朴)을 성으로 삼았다고 했는데, 이는 갖다 붙인 이야기다. 이로 보면 동명왕, 혁거세는 모두 '싀붉(새벽)을 연다'는 뜻인 광명이세(光明理世)의 의미다.

차차웅(次次雄) 자충(慈充)/거서간(居西干) 거슬한(居瑟邯)

2대 남해(南解)는 차차웅(次次雄)이라 불렸는데, 『삼국사기』에는 자충(慈忠)이라 적혀 있다. 『삼국사기』에는 김대문의 말을 인용하여 "차차웅은 제사를 주관하는 무당을 가리키는 우리말인데 점차 존장(尊長)을 가리키는 칭호가 되었다."

라는 설명이 적혀 있다. 제정일치 시대에는 왕이 곧 제사장이었다. 그러니 남해
는 왕이자 제사장인 무(巫)였다.

차(次) 자는 고음(古音)이 '즈, 저'로, 'ㅈ' 등을 표기하는 데 쓰인 글자다. 차차
웅(次次雄)은 '즈중'을 표기한 것이고, 자충(慈充)은 '중'을 표기한 것이다. 자충은
자(慈) 자의 'ㅈ'과 '충(忠)' 자의 'ㅇ'을 합쳐 '중'을 적은 것이다. 그러니 '즈중'이란
말이 후대에 '중'으로 변했음을 알 수 있다.

이와 같이 '중[僧]'은 원래 종교적 행사를 주관하던 임금이나 무당 같은 존장
자를 가리키는 말이었다. 이러한 뜻을 지닌 '중'이란 말이 뒷날 불교가 들어오자
의미가 확대되어 그 사제자를 '중'이라 일컫게 된 것이다. 이 말이 시간의 흐름
에 따라 의미론적인 축소를 일으켜, 지금은 승려를 가리키는 말로만 쓰이고 있
다.

『삼국유사』에는 차차웅을 거서간(居西干) 또는 거슬한(居瑟邯)으로도 적고 있
다. 이는 모두 'ㄱ한'을 표기한 것으로 'ㄱ'은 신의 뜻인 '굿'의 또 다른 표기다.
'한'은 큰 우두머리란 뜻임을 앞에서 말했다. 현대어 '한길, 한물, 한사리, 한숨'
등에 그 흔적이 남아 있다. 그러니 거서간·거슬한은 'ㄱ한'을 표기한 것으로 '우
두머리 신'이란 의미다. '서(西), 슬(瑟)' 자는 우리말 '사이 ㅅ'을 표기하는 데 쓰
인 글자다.

니사금(尼師今) 니질금(尼叱今) 이질금(爾叱今) 치질금(齒叱今)

신라 3대 임금 노례(弩禮)부터 16대 걸해(乞解)까지 쓰인 니사금(尼師今)은 니
질금(尼叱今), 이질금(爾叱今), 치질금(齒叱今)으로도 적었는데, 모두 '닛금'을 표기
한 것이다. 여기서의 사(師), 질(叱) 자는 모두 우리말의 '사이 ㅅ'을 적는 데 쓰인

글자다. 여기서 우리는 '닛금'이라는 말이 '니'와 '금'이란 말의 합성어임을 알 수 있다.

닛금은 임금의 옛말이다. 닛금이 잇금으로 변하고, 잇금이 또 임금으로 변한 것이다. 그러면 이 말의 뿌리가 되는 '니(이)'는 무슨 뜻일까? 결론부터 말하면, 이것은 '앞'이나 '위'를 뜻하는 말이었다. '앞'을 뜻하는 말로는 현대어 '이마(니마)'와 '이물(니물)'에 남아 있다. 이마는 사람의 '앞쪽에 있는 마루'요, 이물은 '배의 앞머리'를 뜻하는 말이다.

그리고 '이(니)'가 '위'를 뜻하는 말로는 현대어 '(머리에) 이다'에 남아 있다. 건물 위의 지붕을 덮는 것을 '지붕을 이다'라 하는 것도 같다. '이다'란 말에는 이와 같이 '위'의 뜻을 그 속에 함축하고 있는 것이다.

'닛금(잇금)'의 '금'은 앞에서 말한 바와 같이 신을 뜻하는 '금'의 한 갈래말이니, '닛금'은 '앞에 있는 신', '위에 있는 신'이란 뜻이 된다. 이로써 보면, '닛금'이란 말은 왕을 아주 높여 부르는 순 우리말 경칭어임을 알 수 있다.

'닛금'은 노래와 탈해 중에서 이[齒理]가 많은 사람을 가려 임금을 삼은 데서 유래했다는, 『삼국유사』 남해왕조에 실려 있는 기록은 어디까지나 민간에서 전해오던 허탄한 이야기(민간 어원설)에 지나지 않는 것이다.

마립간(麻立干)

17대 나물(奈勿)왕부터 22대 지증(智證)왕까지는 마립간(麻立干)이 쓰였는데, 마립은 'ᄆᆞᄅᆞ'를 표기한 것이고 '간(干)'은 '한'을 표기한 것이다. 'ᄆᆞᄅᆞ'는 꼭대기란 뜻인데 뒷날 '마루'로 변하였다. 지금의 '산마루, 고갯마루' 등에 그 흔적이 남아 있다. '한'은 앞에서 말한 몽골어 Khan과 같은 말인데, 우두머리란 뜻이다.

징기스칸의 '칸' 즉 성길사한(成吉思汗)의 그 '한'이다. 그러니 'ᄆᆞ른한'은 꼭대기 혹은 우두머리라는 뜻이다.

위에서 우리나라 고대 국가명과 왕명에 대해 일별해 보았다. 그것들의 이름은 대체로 한자의 음과 뜻을 빌려 우리말을 표기한 것이었다. 국명에 나타난 가장 두드러진 점은 '밝음'을 지향하고 '신국'임을 선포한 것이라고 할 수 있다. 이것은 나라의 신성함과 광명이세(光明理世)의 국시를 보인 것이라 할 수 있다.

왕명 또한 대체로 '붉'과 '우두머리[君長]'를 표방하는 내용으로 짜여 있다. 백성들의 삶을 밝게 살피고 아울러 자신의 권위를 최대로 높이 내걸려는 의도가 그 밑에 깔려 있다.

광해군은 폭군인가

조선왕조에서 폭군이라 하여 쫓겨난 왕은 연산군과 광해군이다. 그래서 그들은 죽은 후에도 '실록'이란 이름을 얻지 못하고, '일기'라는 이름으로 조선왕조실록의 한 모퉁이를 차지하고 있다.

역사란 원래 산 자와 이긴 자의 기록이기 때문에, 거짓인 글이 많아 그 기록을 곧이곧대로 다 믿을 수는 없다. 특히 광해군에게는 이 점이 더욱 두드러져 있는 것 같다. 인조 1년(1623)에 이수광 등이 광해군 당시의 시정기(時政記)에 이런 점이 많다는 것을 지적하고 수정할 것을 제의하였으나, 재정이 부족하여 시행되지 못했다는 것을 보면 더욱 그러하다.

이런 면에서 볼 때, 반정으로 쫓겨났다고 하여, 연산군과 광해군을 똑같이 생각하여 폭군이란 이름으로 한데 묶는 것은, 다시 한 번 되돌아 봐야 할 문제라 생각된다. 기록의 이면은 그만두더라도 '일기'에 나타난 사실의 표면만이라도 바르게 보고 형평성에 맞게 평가해야 하기 때문이다.

그런 입장에서 보면 연산군과 광해군은 여러 가지 면에서 다르다.

연산군은 천성부터가 포악하였다. 성종에게는 뒷날 중종이 된 정실 소생의 아들이 있었으나, 태어나기 전이라 연산군의 무도함을 알고도 어쩔 수 없이 그냥 세자로 삼았다. 연산군일기에는 '그는 시기심이 많고 모진 성품을 가지고 있었으며, 자질이 총명하지 못한 위인이라, 문리(文理)에 어둡고 사무능력도 없다.'고 기록되어 있다.

또 그의 됨됨이를 총체적으로 알 수 있는 기록이 연산군일기의 첫머리에 이렇게 나온다.

"만년에는 더욱 황음하고 패악한 나머지 학살을 마음대로 하고, 대신들도 많이 죽여서 대간과 시종 가운데 살아난 사람이 없었다. 심지어는 포락(炮烙 불에 찌짐), 착흉(斲胸 가슴 빠개기), 촌참(寸斬 시체를 토막냄), 쇄골표풍(碎骨飄風 뼈를 가루 내어 바람에 날림) 등의 형벌까지 벌였다."

그러나 광해군은 맏이인 임해군의 성질이 패악하였기 때문에, 둘째 아들이었지만 세자로 책봉되었고, 세자 시절부터 성실하고 과단성 있게 맡은 일을 처리했던 인물이다. 그의 성품이 광폭하다는 기록은 어디에도 없다.

또 연산군은 모후인 윤씨 폐비 사건을 빌미로 삼아, 오직 사감으로 무자비한 살육행위를 저질렀고, 이를 충고하는 할머니인 인수대비까지도 구타해서 죽게 한 패륜아였다. 그가 일으킨 두 번의 큰 사화도, 사실은 그의 모진 성품과 관련이 있다. 무오사화는 훈구파들이 선비를 싫어하는 연산군의 성품을 교묘히 이용한 데서 발생한 것이고, 갑자사화도 그의 사치와 향락을 위한 재정적 확보를 위함이 그 뿌리가 된 것이다. 그러니 그가 저지른 모든 사건 뒤에는 항상 패악한 그의 성질이 밑바닥에 숨어 있다.

광해군도 사람을 죽이긴 하였으나, 대부분 소북과 대북, 대북과 서인 간의 정치적 세력 다툼이 그 배경에 크게 깔려 있다. 지나친 바가 있긴 하나, 그 안을 들여다보면 한 가닥 수긍이 가는 점도 없지 않다.

선조가 병이 위독하자 그에게 선위하는 교서를 내렸다. 그러나 소북파인 유영경이 이를 공표하지 않고 몰래 감추었다. 정비 소생인 어린 영창대군을 옹립하려는 술책이었다. 뒤에 이 음모가 밝혀져 유영경은 사사하고 임해군은 유배하였다. 영창대군이 태어나기 오래 전에, 그것도 임진왜란이라는 초미의 혼란 속에 있는 국정의 긴박성 때문에 세자로 책봉되었고, 게다가 선조의 선위 교서까지 받은 정통성을 갖고 있는 사람을 제치고, 대군이라는 명분 하나로 영창대군을 옹립하려고 교서를 감춘 것은 일종의 역모 행위라 할 수 있다. 광해군의 그러한 행위를 폭군의 행패로 치부할 수는 없다.

대비인 인목왕후의 아버지 김제남을 죽이고 영창대군을 유배시킨 것도 대북파의 꾐에 빠져 일어난 사건이다. 서출이라 하여 벼슬길이 막힌 데 불만을 품고 있던 명문가의 서자들이 강변칠우라는 단체를 만들고, 이들이 조령(鳥嶺)에서 은상인(銀商人)을 습격, 살해하고 은 수백 냥을 약탈한 사건이 있었다. 일당과 함께 잡힌 박응서가 대북파의 이이첨, 정인홍 등에게 속아, 영창대군의 장인인 김제남과 함께 역모를 하기 위한 자금을 마련하기 위하여 한 것이라고 거짓으로 고변하였다. 이러한 거짓 진술에 따라, 김제남을 사사하고 영창대군을 서인으로 강등하여 강화도에 위리안치한 것이다.

또 인목대비를 폐비시킨 것도 이이첨 등의 폐모론에 따른 조치였다. 이와 같이 광해군의 실정은 모두가 대북파의 책동에 의한 것이었다.

광해군의 실정을 전부 당쟁의 탓으로 돌릴 수는 물론 없다. 명민함을 잃고 대북파의 책동에 빠져든 것은 분명히 그의 잘못이다. 그러나 그것은 연산군의 광패한 짓거리와는 분명히 거리가 있다. 어쩌면 그가 처한 시대상황을 감안한다면 수긍이 가는 바가 없지도 않다.

정치적인 업적에서도 두 사람은 엄청난 차이가 있다.

결론부터 말하면, 광해군은 내치나 외교정책에 있어서 긍정적인 면이 많지만, 연산군은 이러한 요소가 거의 없다. 연산군은 비융사(備戎司)를 두어 병기를 정비하고, 국조보감(國朝寶鑑)과 여지승람(輿地勝覽) 등의 수정을 치적으로 든다면 들 수가 있겠으나 보잘 것이 없다.

그는 직간을 귀찮게 여겨 사간원, 홍문관 등을 없애버리고, 성균관, 원각사 등을 주색장으로 만들고, 선종의 본산인 흥천사를 마구간으로 만들었다. 또 한글 투서사건을 기화로 한글 사용도 금지시켰다.

그런 반면, 광해군의 치적은 특기할 만한 것이 많다.

임진왜란이 일어나자 광해군은 분조[分朝 선조가 요동으로 망명할 것에 대비하여 임금을 대신하여 나라를 다스리라는 왕명에서 나온 소조정(小朝廷)]로 조정의 일부 권한을 위임받아 의병 모집에 힘을 쏟았고, 임란 후 전화 복구에도 적극 힘을 기울였다. 선혜청을 두어 대동법을 시행한 것도 그 일환이다.

후금이 명을 침범하자, 명이 후금을 치기 위해 원병을 요구하므로, 임란 때의 원군에 보답한다는 뜻으로 그에 응하면서도, 강홍립에게 군사 1만을 내주면서 형세를 보아 향배를 결정하도록 조치하였다. 그 결과, 명군이 패하자 강홍립은 후금에 항복하여 명분상의 출병임을 후금에 알려 후금의 침략을 모면하였다. 명나라에게는 명분을 살리고 금에게는 항복함으로써, 양쪽에 다 미움을 사지 않은 현명한 외교를 구사하였던 것이다.

일본과도 조약을 맺어 임란 후 중단되었던 외교를 회복하고, 소실된 서적의 간행에도 많은 노력을 기울였다. 허균의 홍길동전과 허준의 동의보감도 이때 나온 저술이다.

또 당쟁을 없애려고 노력도 했으나, 오히려 대북파의 꾐에 빠져 편중된 인사를 단행함으로써, 반대파들의 시기를 사서 김류, 김자점 등의 인조반정으로 폐위되었다.

역사에 '만약'이라는 말은 통하지 않는다고 하지만, 만약 인조반정이 없었다면, 그처럼 가혹한 병자호란의 환란을 우리는 겪지 않았을 것이다. 우리 역사에서 가장 치욕적이라는, 임금의 삼배구고두례(三拜九叩頭禮 청나라 왕에게 세 번 절하고 아홉 번 고개를 숙이는 예)를 행하는 이른바 삼전도의 수치도 당하지 않았을 것이다. 반정으로 뒤를 이은 인조는 솟아오르는 금나라를 제대로 보지 못하고, 지려는 명나라에 대해 사대라는 철 지난 골동품을 한쪽으로 안으면서, 한쪽으로는 정통성이 없는 정권의 입지 때문에 항상 역모를 겁내어, 변방의 장수들에 대한 기찰을 강화한 나머지 수비력을 스스로 약화시켜, 마침내 병자호란을 가져오게 하였다. 아마도 광해가 그 자리를 지켰다면 그런 일은 일어나지 않았을 것이다.

광해군은 인조반정을 정당화하기 위하여 폭군으로 규정되었지만, 연산군과 광해군은 엄연히 다르다. 연산군은 포악한 성품에서 나온 고의적인 학정을 휘둘렀지만, 광해군은 왕권을 위해 어쩔 수 없이 그런 정황을 빚었다고 볼 수 있다. 정치적인 목적에서 행해진 처형이라면, 광해군은 태종이나 세조, 영조, 그리고 반정으로 그의 뒤를 이은 인조에 비하여 그 정황이 너무나 미약하다.

인륜이라는 면에서 볼 때, 자신의 피붙이를 죽이는 것보다 더 참혹한 일은 없을 것이다. 태종은 친형제와 장인 및 처남들을 죽였고, 세조는 친형제와 어린 조카를 죽였다. 인조는 아들과 며느리와 손자까지 죽였으며, 영조는 아들을 직접 참살하였다. 이것은 다 그들의 왕권 확보와 유지를 위해 취한 조치들이었다. 광해에게 영창대군과 김제남을 죽인 사건에 갈음하여 폭군이란 이름을 씌운다면, 저들부터 먼저 그런 이름을 붙여야 할 것이다.

요약컨대, 연산군은 살육과 패륜을 함께 저지르고, 황음과 향락에 빠져 국고를 텅 비게 한 장본인이지만, 광해군은 세자 시절부터 성실하고 과단성 있게 맡은 일을 잘 처리하려고 노력했던 사람이고, 백성들의 삶을 걱정했던 인물이다.

그러므로 광해군을 연산군과 같은 반열에 놓고 혼음한 폭군으로 치부하는 것은, 모름지기 재고해야 할 하나의 역사적 범주에 속한다.

육주비전 육의전 육모전의 말 뿌리

오래 전에 KBS에서 '육모전'이라는 드라마를 방영한 적이 있었다. 우리가 잘 아는 육주비전(六注比廛)에 대한 연속극이었다. 그런데 이를 시청한 많은 사람들이 육모전이라는 제목에 대해 의아해 하는 이가 많았다. 육의전이라는 말은 들어 봤으나 육모전이라는 것은 생전 처음 듣는다고 하는 사람도 있고, 심지어는 그 말이 육의전을 잘못 쓴, 틀린 말이라 주장하는 사람도 있었다.

그러면 왜 이런 논란이 빚어진 것일까?

육모전이란 말은 국립국어원의 표준국어대사전에도 실려 있지 않다. 우리가 잘 알다시피 육주비전은 조선 시대에, 전매 특권과 국역(國役) 부담의 의무를 진 서울의 여섯 시전(市廛) 즉 선전(縇廛), 면포전(綿布廛), 면주전(綿紬廛), 지전(紙廛), 저포전(紵布廛), 내외어물전(內外魚物廛)을 이른다. 다른 말로 육부전(六部廛)·육분전(六分廛)·육의전(六矣廛)·육장전(六長廛)·육조비전(六調備廛)·육주부전(六主夫廛)이라고도 한다.

조선시대 시전은 태종 때 고려 개경에 있던 시전을 그대로 본떠, 한성 종로를 중심으로 중앙 간선도로 좌우에 공랑점포(公廊店鋪)를 지어 관설상점가를 만들어 상인들에게 점포를 대여, 상업에 종사하게 하고 그들로부터 점포세, 상세(商

稅)를 받은 데서 비롯하였다.

이들 중 경제적, 사회적으로 확고한 위치를 차지한 6종류의 전을 추려서 육주비전이라 하였다. 이들에게 사상인(私商人), 즉 난전(亂廛)을 단속하는 금난전권(禁亂廛權)이라는 독점적 상업권을 부여하고, 그 대신 궁중이나 관청의 수요품, 특히 중국으로 보내는 진헌품(進獻品) 조달도 부담시켰다.

그럼 먼저 육주비전(六注比廛)의 주비(注比)란 말부터 보기로 하자. 결론부터 말하면, '주비'는 '떼, 무리, 부류'[部]를 뜻하는 순수한 우리 옛말이다. 그러니 注比는 고유어 '주비'를 소리대로 한자로 옮겨 적은 것이다.

균여가 지은 향가 보현십원가 중 칭찬여래가의 첫머리에 '오늘 주비들의'와 참회업장가의 '오늘 주비 頓部 懺悔'에 보인다. 이들은 다 '부(部)'를 우리말로 나타낸 것이다. 후대의 월인천강지곡에도 다음과 같은 예가 보인다.

八部는 여듦주비니
道士이 주비를 道家ㅣ 라ᄒᆞᄂᆞ니라
須陀洹은 聖人주비예 드다혼 ᄠᅳ디라

이와 같이 '주비'란 우리말을 한자로 바꾸어 나타낸 것이 注比다. 그러니 육주비전은 여섯 부 곧 여섯 종류의 전(점포)이라는 뜻이다.

그러면 육주비전을 왜 육의전(六矢廛)이라 했을까? 이는 육의전(六矢廛)의 矢자가 이두(吏讀)에서 '주비'라고 읽혔기 때문이다. '주비'는 원래 세금을 징수하는 '세리(稅吏)'를 가리키는 말이었다. 그런데 이 '주비'란 말이 뒷날 관물을 거두어 들이고 배포하는 우두머리를 지칭하는 데도 쓰였다. 이는 세리와 관물 취급자의 임무가 유사했기 때문으로 보인다. 이 관물 취급자 역시 이두문에서 矢자를 써 나타냈다. 이두편람(吏讀便覽)이란 책에 그렇게 씌어 있다.

　矣 주비 ○官物斂散時統首 謂之矣 [矣는 주비란 뜻인데 관물을 수렴하고 배
포할 때 총괄하는 우두머리를 가리켜 矣[주비]라 한다.]

　그러니 注比는 곧 矣로 둘 다 [주비]다. 그러므로 六注比廛이라 적든 六矣廛
이라 적든 똑같이 '육주비전'이란 말이 된다.

　그러면 '주비' 즉 세리와 관물 취급을 총괄하던 우두머리를 가리키는 데 왜 하
필이면 딴 글자 다 제쳐두고 '矣' 자를 썼을까? 이것은 이들 주비가 품목을 기재
하면서 그 앞에 'ㅿ' 자로 표시한 데서 기인한다. 이것은 오늘날 무엇을 표시할
때 그 앞에 체크표[✔]를 하는 것과 비슷하다. 이 'ㅿ' 자가 '矣' 자의 머리에 들
어가 있기 때문에, 그런 표시를 하는 일에 종사하는 사람을 가리키면서 '矣' 자
를 끌어 와 '주비'라 읽은 것이다. 즉 품목을 'ㅿ' 자로 표시하는 사람을 '矣' 자로
나타낸 것이다.

　그런데 육의전은 또 어떻게 육모전이 되었을까?

　그것은 'ㅿ' 자의 속음(俗音)에 기인한다. 이 'ㅿ' 자를 세간에서 흔히 '마늘 모'
라 한다. 한자 자전의 부수를 찾을 때도 이 'ㅿ' 자 부수를 가리킬 때 '마늘 모'라
고 지칭한다. '去' 자나 '參' 자를 자전에서 찾을 때, 이 '마늘 모(ㅿ)' 부수에서 찾
는다고 말한다. 이 글자의 부수 이름을 '마늘 모'로 부르게 된 것은 그 모양이 마
늘쪽을 닮았고, 또 'ㅿ' 자가 '某(모)'와 같은 글자이기 때문이다.

　그래서 '六矣廛'의 '矣' 자를 '모(ㅿ)'로 바꾸어 읽어 육의전을 '육모전(六ㅿ廛)'이
라 하게 된 것이다.

역사에서 가르치고 배워야 할 것

　수년 전에 어느 대통령이 '역사 바로 세우기'를 제창한 일이 있었다. 이에 대해서 어떤 이가 비판하기를, 역사란 과거에 이미 이루어진 사실들을 말하는데 그것을 어떻게 다르게 세울 수 있는가라고 하는 것을 들은 일이 있다. 그러나 그것은 바른 견해가 아니다. 역사란 단순한 과거의 사실이나 그것을 기록, 나열한 것을 가리키는 것이 아니기 때문이다.

　영국의 역사학자 E. H. 카는 그의 역저 『역사란 무엇인가』에서, 역사는 역사가에 의해 항상 다시 쓰여진다는 점을 밝히고, 역사는 역사가와 사실 사이의 상호작용의 계속적인 과정이며, 현재와 과거 사이의 끊임없는 대화라고 하였다. 즉 역사란 과거의 여러 가지 사실들을 나열하는 것이 아니라, 그 사실에 바탕하여 새로운 해석과 가치를 부여하는 작업이라는 것이다. 그러므로 역사는 과거의 사실에 현재의 생각을 접목시킨 것이라 정의할 수 있다.

　그래서 역사를 기록하는 목적은 사실에 대한 직서(直書)와 포폄(褒貶)이다. 즉 사실을 있는 그대로 서술하고 그에 대해 역사가가 옳고 그름이나 선하고 악함을 평가하는 것이다. 춘추필법(春秋筆法)이나 동호직필(董狐直筆)이란 말도 바로 그런 것을 가리키는 말이다. 공자는 과거를 거울삼아 기강이 무너진 천하를 바로 잡아야겠다는 취지로 『춘추』를 집필하였다. 칭찬과 비난을 엄격히 하는 포폄(褒貶)의 원칙을 세워, 여기에 어긋나는 것은 철저히 배격했으며, 오직 객관적인 사실에 입각하여 자신의 판단에 따라 집필하였던 것이다.

사마천이 사기를 기록하면서, 중간 중간에 '태사공왈(太史公曰)'이란 말을 앞세우고 자신의 생각으로 인물을 포폄한 것도 그러한 연유에서다. 태사공(太史公)은 사마천이 태사 벼슬을 한 데서 유래하는데 사마천을 자칭한 말이다. 그러니 '태사공왈(太史公曰)' 이하의 부분은 역사적 사실에 대한 사마천 자신의 의견을 개진한 내용이다. 사족을 덧붙이면, 본래 『사기』는 '태사공서' 또는 '태사공기(太史公記)'라고 일컬어졌다. 이 '태사공기'의 약칭이 바로 『사기(史記)』다. '사기'라는 말은 사마천이 세상을 떠난 지 약 300년 뒤의 일이다.

어떻든 사마천은 여기서 포폄의 사관을 피력하였다. 그 일예를 항우의 사적에서 읽어 보자.

사마천은 제왕이 되지 못하고 고조 유방에게 패한 항우의 이야기를 열전이 아닌 본기에 실어 '고조 본기' 앞에 배치하였다. 이는 항우가 진(秦)나라를 멸망시킨 공적이 있고 또 실질적인 통치 지위를 확보하고 있음에 유의한 것이다. 즉 진나라를 멸망시킨 항우가 초패왕이 되어 왕이라 지칭되는 제후를 임명하는 등 사실상의 권력을 확보한 것에 주목한 것이다. 우리는 여기서 일반 세인들과는 다른 사가의 안목을 읽을 수가 있다.

이러한 포폄의 정신은 우리의 『삼국사기』도 마찬가지다. 이는 김부식이 올린 진삼국사(進三國史表)에 잘 나타나 있다. 그는 포폄의 정신을 다음과 같이 적었다.

"고기(古記)라는 것은 글이 거칠고 졸렬하며 사적이 누락되어 있어서, 임금

된 이의 선함과 악함, 신하된 이의 충성과 사특함, 나라의 평안과 위기, 백성들의 다스려짐과 혼란스러움 등을 모두 드러내어 경계로 삼도록 하지 못하였습니다."

우리는 여기서 역사서가 지녀야 할 중요한 근간이 포폄에 있음을 다시 한 번 되새긴다. 즉 역사서는 좋은 포(褒)만 기록하여 후세에 가르칠 것이 아니라, 좋지 못한 폄(貶)도 반드시 기록하여 그것을 가르쳐야 한다는 것이다. 포(褒)와 폄(貶) 어느 것도 소홀히 할 수는 없는 것이다. 포(褒)도 중요하지만 폄(貶)도 그에 못지않게 중요한 것이다. 진(晉)나라의 역사서 이름이 『승(乘)』이고, 초(楚)나라의 역사서 이름이 『도올(檮杌)』임에서 우리는 그것을 또 한 번 확인한다. '승(乘)'이란 좋은 것 나쁜 것을 함께 싣는다는 뜻이고, '도올(檮杌)'은 중국 신화에 등장하는 전설상의 동물로 네 가지 흉물 중의 하나이다. 호랑이를 닮은 몸에 사람의 머리를 가지고 있고 멧돼지의 송곳니와 긴 꼬리를 달고 있다. 거만하고 완고한 성격으로 매우 난폭하고 마구 설치며 싸울 때는 죽을 때까지 물러나지 않으며, 평화를 어지럽히는 간악한 동물이다. 또 도올은 좋지 않은 악목(惡木)을 가리키는 이름이기도 하다. 거기에다 악한 일을 한 사람들의 행적을 적어서 후세에 경계로 삼았다는 것이다.

공자가 『춘추』를 편찬하여 그 속에 난신적자(亂臣賊子)를 수없이 기록하였고, 춘추를 해설한 좌구명의 『춘추좌전』에도 멋지고 본받을 만한 인물이 아닌 추악함과 삿된 인간상들을 한정 없이 기록한 것도 다 그러한 연유다. 그로써 후세의 경계로 삼고자 한 것이다. 그래서 맹자는 공자가 『춘추』를 편찬하니 난신적자들이 두려움에 벌벌 떨었다고 하였다.

그러므로 역사서에는 좋은 나무와 악목을 함께 실어 후세에 경계를 삼도록 해야 한다. 그러면 여기서 우리 역사에 나타난 좋은 나무와 악목 몇 가지를 살펴보자. 먼저 좋은 나무인 민영환과 나쁜 나무인 송병준을 보기로 하자.

민영환은 '을사늑약'이 강제 체결되자 비분강개하여 자결한 분임은 우리 모두가 잘 알고 있다. 선생은 을사늑약이 이루어지자 의정대신 조병세와 함께 조약 체결에 찬성한 매국 대신들을 성토하고 조약을 파기하도록 상소하였다. 어전에 나아가 늑약에 서명한 이완용 등 5적을 처형하고 조약을 파기할 것을 통렬히 읍소하였다.

그러자 일제는 헌병을 출동시켜 백관들을 해산시키고, 선생과 조병세를 잡아 가두고 말았다. 대세가 이미 기울어진 것을 안 선생은, 통곡한 끝에 45세의 한창 나이로 2천만 동포와 각국 공사에게 보내는 유서 2통을 남기고 자결, 순국하였다. 선생이 동포에게 남긴 유서의 내용은 이러하다.

"오호! 나라의 치욕과 백성의 욕됨이 이에 이르렀으니, 우리 인민은 장차 생존 경쟁 가운데서 진멸하리라. 대개 살기를 바라는 사람은 반드시 죽고, 죽기를 기약하는 사람은 도리어 삶을 얻나니 제공(諸公)은 어찌 이것을 알지 못하는가. 단지 영환은 한번 죽음으로 황은(皇恩)에 보답하고, 우리 2천만 동포 형제에게 사죄하려 하노라. 그러나 영환은 죽어도 죽지 않고 저승에서라도 제공을 기어이 도우리니, 다행히 동포형제들은 천만 배 더욱 분려(奮勵)하여 지기(志氣)를 굳게 하고 학문에 힘쓰며, 한 마음으로 힘을 다하여 우리의 자유 독립을 회복하면, 죽어서라도 마땅히 저 세상에서 기뻐 웃으리라. 오호! 조금도 실망하지 말지어다. 대한제국 2천만 동포에게 죽음을 고하노라."

이 같은 선생의 죽음과 유서는 온 국민에게 큰 충격을 주어, 전 좌의정 조병세, 전 대사헌 송병선, 전 참판 홍만식, 학부 주사 이상철 등도 자결, 순국함으로

써 일제 침략에 대한 강력한 의열투쟁이 자리 잡게 되었다.

1907년 헤이그 밀사 사건이 일어나자 송병준은 이완용과 함께 고종을 퇴위시켰다. 을사오적의 한 사람인 송병준은 이완용과 같은 급의 반민족매국노이지만 이완용과는 또 다른 궤적을 걸으며 살아온 인물이다. 고종을 퇴위시킬 당시도 이완용은 교언영색으로 고종을 설득하려하지만, 송병준은 어전에 무엄하게 칼까지 차고 들어가 고종을 이렇게 협박하였다.

"일본에 들어가 메이지 천황에게 사죄하든가 통감 이토에게 무릎을 꿇고 사죄해야 하는데, 이토에게 사죄하는 것은 있을 수 없는 일로 만일 그렇게 할 경우에는 폐하를 죽이고 자살하겠습니다. 이 두 가지 다 불가할 경우에는 황태자에게 양위하십시오."

민영환의 유서를 읽는 이라면 누구든지 가슴 한 구석이 뭉클해질 것이며 치오르는 한 가닥 분노를 금치 못할 것이다. 또 지금 송병준의 말을 글로나마 읽는 이라면, 누구라도 땅을 치고 통탄할 것이며 그 간악함에 치를 떨지 않을 수 없을 것이다. 그러므로 역사 교과서에는 좋은 나무 이야기를 실어 후세인에게 본받게 하고, 악한 나무 이야기도 함께 실어 후세인들로 하여금 경계를 삼도로 해야 한다. 어쩌면 나쁜 나무 이야기는 좋은 나무 이야기보다 더 중요하다고 생각한다. 이에 우리 역사에 나타나는 나쁜 나무 몇 가지를 떠올려 볼까 한다.

병자호란 때 오랑캐보다 더 나쁜 짓을 한 놈이 정명수(鄭命壽)라는 조선 사람이다. 명나라가 요동을 침범한 후금[淸]을 토벌할 때 조선에 원병을 요청하자, 조선에서는 강홍립으로 하여금 1만 3000명의 군사를 거느리고 출정하게 했는데, 이때 정명수도 강홍립을 따라 출정하였다. 강홍립의 군대는 부차전투(富車戰

鬪)에서 거짓으로 패배해 후금에 항복했는데 이때 정명수도 함께 포로가 되었다.

이듬 해 조선 포로들은 석방되었으나, 그는 청나라에 살면서 청국어를 배우고 청나라에 우리 나라 사정을 자세히 밀고해 청나라 황제의 신임을 얻었다. 그 후 병자호란 때는 청나라 장수 용골대의 통역으로 일하면서, 청나라의 조선 침략에 길을 안내하면서 청군의 앞잡이 노릇을 하였다. 그 뒤 청나라의 세력을 믿고 조정에 압력을 가해 영중추부사까지 올랐다. 그는 걸핏하면 조선 사정을 청나라에 밀고해 충신을 죽였고 간신과 결탁해 국정을 농락했다. 조정이 국방에 힘쓰려 하면 달려가 일러바치는 통에 다들 벌벌 떨었다. 조선에도 충신이 없지 않았지만, 여우 같이 간악한 그를 당해낼 수가 없었다. 이웃 강대국을 등에 업었기 때문이다.

이에 조정에서는 그를 두려워해 뇌물을 주고, 친척들에게도 벼슬을 주어 비위를 맞추었다. 그는 인척을 벼슬에 오르도록 강제로 요구하고, 관리들을 구타하는 등 갖은 행패를 부리며 조정을 좌우하다가 청나라로 건너가 살았다. 그 곳에서도 왕을 모독하고 갖은 행패를 부렸으며 청나라로 보내는 세폐(歲幣)까지 노략질하는 몹쓸 짓을 저질렀다. 결국 심양에서 이사용에게 죽임을 당하였다.

조선 시대에서 이완용이 나오기 전까지 간신의 대명사로 일컬어져 온 사람이 인조 때의 김자점이다.

김자점은 성삼문과 함께 단종복위를 도모하다 동지를 배반하고 세조에게 고해바친 김질의 후손이다. 음서(蔭敍)로 벼슬길에 나아가 광해군 때에 병조좌랑에 이르렀다. 인목대비 폐모론이 발생한 이후로 벼슬길을 단념하고, 이귀, 최명길 등과 함께 반정을 기도하였다. 1623년 인조반정이 성공하자 1등 공신으로 책록되었는데, 사실 그는 공적보다 실세였던 김상궁에게 뇌물을 안긴 때문이었다. 1636년 병자호란이 일어나자 도원수로서 임진강 이북에서 청군을 저지해야 할

총책임을 맡고도 전투를 회피하여 적군의 급속한 남하를 방관하였다.

병자호란이 끝난 뒤 군율로 처형해야 한다는 간관들의 비난 속에 강화도에 위리안치 유배에 처해졌으나, 운 좋게 1년 만에 풀려났다. 그 후 인조의 신임 아래 정권을 담당하면서 청나라의 위세에 빌붙어 정치적 입지를 굳혀갔다. 인조가 죽고 효종이 즉위하자 사림(士林)의 세력이었던 송시열, 송준길 등이 대거 조정에 등용되어, 이들을 중심으로 북벌론이 대두되자 친청파인 그는 위협을 느끼고, 청나라의 앞잡이인 역관 정명수, 이형장을 통해 효종과 송시열이 북벌을 추진한다고 청에 밀고했다. 더러운 매국적 행위를 저지른 것이다.

북벌론은 실제 북벌을 위한 것이라기보다는 국내적으로 청에 대한 복수 의식을 고취하면서 자강을 모색하는 슬로건이라 할 수 있다. 북벌론을 둘러싼 싸움은 조선 땅에서 조선인끼리 해야 할 것이었다. 북벌론이 또 다른 호란을 불러오지 않을까 진심으로 걱정했다면 최소한 청에 고자질 따위는 하지 않았을 것이다. 조선에서 권세를 누릴 대로 누린 김자점 부자가 자기 살겠다고 한 짓밖에 되지 않는다.

그 후 김자점은 당시 대간들의 극렬한 탄핵을 받아 인조가 죽은 지 6일 만에 광양으로 유배되었고, 뒤에 아들 김익(金釴)의 역모사건이 발생하자 처형되었다.

일제 강점기에 일본이 저지른 만행은 수없이 많지만 그 중에서도 가장 치가 떨리는 사건이라면 명성왕후 참살 사건이 아닌가 싶다. 한 나라의 궁궐을 마구 짓밟으며 국모인 왕후를 무참히 살해한 것은 고금의 역사에 볼 수 없는 사건이기 때문이다. 우리는 흔히 명성왕후 참살 하면 일본의 무도한 낭인 무리를 이야기 한다. 그러나 이보다 더 나쁜 놈이 있는바, 그가 곧 조선인 우범선이다.

그는 1876년 무과에 급제하여 1881년 고종의 별기군에 자원하여 참령이 되고 김옥균이 주도하는 개화파에 가담하였다. 그 후 군국기무처 의원이 되고 갑

오개혁에 가담했는데, 일본이 주도한 훈련대가 창설되자 제2대대장으로 임명되었나.

1895년 10월 8일 훈련대가 해산되자, 다음날 우범선은 이두황과 함께 휘하장병을 이끌고 일본군 수비대와 함께 궁궐에 침입, 명성황후를 참살하는 을미사변에 가담하였다. 우범선은 왕실을 지키는 훈련대 대대장임에도 불구하고 일본군에게 궁궐 문을 열어주고 살육 현장을 호위했다. 전날 일본 공사에게 만행을 재촉한 것도, 칼을 맞고 헐떡거리는 왕후를 불태우는데 앞장선 것도 우범선이다. 그는 명성황후의 시신에 석유를 부어 태우는 마지막 처리 과정까지 가담한 것이다. 고종황제의 아관파천 뒤 일본으로 망명, 도쿄에 거주하였는데, 일본정부의 보호와 후원을 받았고, 일본 여성 사카이와 결혼하여 2명의 아들을 두었는데, 그 중 장남이 농학자 우장춘이다.

결국은 명성황후의 총애를 받았던 고영근, 노원명에게 암살당하였다

이상에서 우리 역사에 나타났던 나쁜 나무 몇 그루를 살펴보았다.

우리는 우리 역사의 고금에서 수많은 '좋은 나무'의 인물을 갖고 있다. 광개토대왕, 양만춘, 을지문덕, 문무왕, 김유신, 원효, 의상, 설총, 강감찬, 윤관, 이규보, 안향, 세종대왕, 사육신, 이순신, 이황, 이이, 안창호, 김구, 안중근, 윤봉길, 유관순, 이봉창 ……. 이루 한량없이 많다. 우리 후손들은 이와 같은 빼어난 조상들의 지혜와 업적을 이어받고 그분들의 공로를 한시라도 잊어서는 안 될 것이다.

이에 버금하여 몇 안 되는 '나쁜 나무'의 잘못된 행동거지도 하나의 거울로 삼아 깊이 경계로 삼아야 할 것이다. 유럽의 여러 나라들이 2차 대전 후, 나치스가 저지른 갖가지 흔적들을 보존하여 뒷날의 교훈으로 삼고자 보존하는 것도 그러한 이유에서다. 유대인 학살이 벌어진 독일의 아우슈비츠 수용소가 유네스코 세계문화유산으로 등재된 것은 그 대표적이라 할 수 있다. 우리도 일제가 저지른

악행의 자국들을 보존하여 후세의 거울로 삼아야 할 것이 적지 않다. 부끄러운 과거라고 숨기고 없애기보다는 부정적 유산 즉 네그티브 헤리티지(negtive heritage)도 보존해 다시는 오욕을 되풀이하지 말자는 교훈으로 삼는 것이 올바른 자세이기 때문이다.

근자에 역사 교과서의 국정화 시비로 큰 물의를 일으킨 일이 있었다. 역사를 배우는 목적은 뒤를 보고 깨우쳐, 앞의 길을 현명하게 가자는 것에 있다. 지나온 길의 '좋은 나무'만 보고 즐기는 것도 좋지만, 길가의 '나쁜 나무'를 보고 무엇이 잘못된 것인가를 깨우치는 것도 그에 못지않게 중요한 일이다. 나는 역사 교과서에 그러한 관점이 반영되기를 진심으로 바란다. 그러한 눈으로 지금의 현실을 바라보면서 살아가는 것은 더없이 중요한 자세라 할 수 있기 때문이다.

오늘 우리의 눈앞에 제2의 정명수, 제2의 김자점, 제2의 우범선 그리고 제2의 송병준은 없는가를 꼼꼼히 살펴보는 것은 역사가 우리에게 내리는 준엄한 명령이다. 실수는 누구에게나 있다. 그러나 중요한 것은 그러한 실수를 다시 반복하지 않는 것도 우리가 배워야 할 귀감이기 때문이다.

한때 고고도미사일방어(사드) 문제로 세상이 시끄러웠다. 이에 어떤 당은 당론을 정하지 않고 어정쩡한 태도를 유지하였고, 어떤 당은 정면으로 반대하였다. 또 외교 문제를 들어 그 득실을 내세우기도 했다. 민주 국가에서 각기 다른 의견을 표방하는 것은 있을 수 있는 일이며 바람직한 일이다. 그런데 그 주장의 밑동이 되는 것은 역사 속의 '나쁜 나무'가 되지 않도록, 역사의 가르침에서 보고 배워야 함이 바른 길이라 생각한다.

제 3 부

예절 · 풍습

범보다 더 사나운 것에 시달린 사람들

예기(禮記) 단궁(檀弓)편에 이런 이야기가 나온다.

공자가 태산의 곁을 지나가는데, 한 부인이 무덤 앞에서 슬피 울고 있었다. 공자가 수레 앞의 손잡이를 잡고 머리를 숙여 경의를 표하고 듣더니, 제자 자로를 시켜서 그 연유를 물어 보게 하였다.

"부인의 곡하는 모습을 보니 무슨 큰 근심이 있는 듯합니다."

이에 부인이 대답하였다.

"그렇습니다. 오래 전에 저의 시아버님이 범에 물려 죽었습니다. 그 후에 남편도 또 범에게 물려 죽었습니다. 그런데 이번에는 아들까지 범에게 물려 죽었습니다."

이 말을 들은 공자가 물었다.

"그러면 이렇게 무서운 곳을 왜 떠나지 않습니까?"

"모르시는 말씀입니다. 이곳에 살고 있으면 가혹한 세금과 징벌에 시달릴 걱정은 안 해도 되기 때문입니다."

공자는 이 말을 듣고 뼈저리게 느끼는 바가 있어, 함께 따라온 문인(門人)들에게 말을 건넸다.

"제자들아 잘 명심해 두어라. 가혹한 정치는 범보다도 더 사납다는 것을."

가혹한 정치가 끼치는 해독을 호환(虎患)에 비유한 이야기로, 이른바 '가정맹어호(苛政猛於虎)'라는 고사성어(故事成語)가 생기게 된 연유담이다. 가렴주구(苛斂誅求)에 시달리기보다는 차라리 죽는 것이 더 낫다는 것이다.

정치란 두말할 것도 없이, 백성들의 삶을 풍요롭게 하고 그 마음을 편안하게 하는 것이어야 한다. 그런데 백성을 다스린다는 위정자가 백성을 편안하게 하기는커녕, 오히려 그들을 수탈하고 괴롭히어 자신들의 사욕을 채우고, 자신들의 향락을 위한 도구쯤으로 여기는 슬픈 역사는 고래로 끊임없이 이어져 왔다.

관리가 되는 것이 부를 축적하는 수단이 되고, 또 그것을 유지하고 더욱 그것을 공고히 하기 위하여 윗사람에게 아첨하며 상납하는 폐습이 자연히 생기게 되었으며, 마침내는 돈으로 벼슬을 사게 되는 일까지 벌어지게 되었다.

없었으면 좋았을 이러한 일들이 우리의 지난날에도 버젓이 존재하였으니, 부끄러운 일이지만 현재를 바르게 다지고 미래를 경계하는 뜻으로, 이와 관련된 이야기 몇 가지를 더듬어 본다.

먼저 부패한 당대 현실을 풍자한 이규보(李奎報)의 주뢰설(舟賂說)을 보자.

내가 남쪽으로 어떤 강을 건너가는데, 배를 나란히 하고 건너는 사람이 있었다. 두 배의 크기도 같고, 사공의 수도 같으며, 타고 있는 사람과 말의 수도 거의 비슷하였다. 그런데 조금 가다가 보니, 저쪽 배는 떠나가기를 나르는 듯이 달아나서 벌써 서쪽에 닿았는데, 내가 탄 배는 오히려 머뭇머뭇하며 나아가지 않았다. 그 까닭을 물으니 배 안에 있는 사람이 말하기를, '저 배에는 사공에게 술을 대접하여 사공이 힘을 다하여 노를 젓고 있기 때문이다.'라고 하였다. 나는 퍽이나 부끄러운 일이라 생각되었다. 이에 탄식하기를, '이 조그마한 갈대 잎과 같은 배가 가는 데에도 오히려 뇌물이 있고 없는 데에 따라, 빠르고 느리며 앞서고 뒤서는 것이거늘, 하물며 벼슬길에서 경쟁하는 마당에 있어서 내 손에 돈이 없으니, 오늘까지 하급 관리 자리 하나도 얻지 못한 것이 당연하구나.' 하였다.

뇌물을 얻어먹은 뱃사공은 배를 잘 저어 빨리 가는데, 그렇지 못한 사공은 게으름을 피워 배에 탄 사람들을 돌보지 않는 사실에 빗대어, 뇌물을 바치지 않으면 아무리 능력이 있어도 작은 벼슬 하나 얻지 못하는 썩어빠진 세태를 풍자하고 있다.

뇌물을 갖다 바치고 벼슬을 산 사람은, 시쳇말로 본전을 뽑기 위해 탐관오리가 되는 것은 당연한 것이었다.

이렇게 타락한 현실을 서거정은 '돼지가 삼킨 폭포[猪喫瀑布]'란 글에서 여실히 비꼬고 있다.

한 조관(朝官)이 일찍이 진양(晉陽) 고을의 수령이 되었다. 그는 가렴주구가 심하여 비록 산골의 과일과 채소까지도 그대로 남겨 두지를 않았다. 그리하여 절간의 중들도 그의 폐해를 입었다. 하루는 중 하나가 수령을 찾아뵈었더니, 수령이 말하기를, '너의 절에 있는 폭포가 좋다더구나.' 하였다. 폭포가 무엇인지 몰랐던 그 중은 그것이 무슨 물건인 줄로 알고, 그것을 세금으로 거두어 가려고 하는가 싶어, 두려워하여 대답하기를, '저의 절의 폭포는 금년 여름에 돼지가 다 먹어 버렸습니다.'라고 하였다.

강원도 한송정(寒松亭)의 경치가 관동지방에서 으뜸이었으므로, 양반들의 발길이 끊이지 않고, 말과 수레가 사방에서 모여들었다. 고을 사람들은 그들을 접대하는 데 드는 비용이 적지 않았다. 그래서 항상 푸념하기를, '저 한송정은 어느 때나 호랑이가 물어갈까.' 하였다. 어떤 시인이 이를 두고 두어 구의 시를 지었다.

　　폭포는 옛날에 돼지가 먹어버렸네만
　　한송정은 어느 때에 호랑이가 물어갈꼬.

　　돼지처럼 달려들어 빼앗아 먹어 치우고 호랑이처럼 맹렬하게 물어가는 벼슬
아치들의 시달림에 신음하는 백성들의 한숨소리가 들리는 듯하다.
　　이러한 수탈로 인한 피폐한 삶은 정래교(鄭來僑)의 '농가의 탄식[農家歎]'에
더욱 진하게 나타나 있다.

　　뜨거운 햇볕 아래 김을 매어 서리 내릴 때 거두건만
　　홍수 가뭄 거친 뒤라 얼마나 거들는지
　　등불 아래 실을 켜고 닭 울 때까지 베를 짜며
　　온종일 애를 쓰도 겨우 두어 자
　　세금으로 바치고 나면 몸에 걸칠 옷이 없고
　　빌린 곡식 갚고 나면 입에 넣을 낟알 없네
　　거센 바람에 지붕 다 벗겨지고 산에는 눈 쌓였네
　　지게미와 겨죽마저 배불리 못 먹고 소삼장 덮고 자네
　　백골징포(白骨徵布)는 어찌 이리도 혹독한지
　　이웃의 일족 모두 화를 당했다네
　　아침저녁 채찍질로 세금 독촉 당해
　　앞마을 사람 달아나 숨고 뒷마을엔 통곡소리
　　개와 닭 다 팔아도 빚 갚기엔 부족한데
　　사나운 관리 토색질하니 그 돈 어찌 구할꼬
　　아비 아들 형제도 모두 구하지 못하고

피골이 상접하여 차가운 감옥으로 간다네

18세기의 충청도의 한 농촌을 직접 보고 쓴 것이다. 수확하거나 생산한 것도 없는데, 깡그리 빼앗아 가 버려 마냥 굶주림에 떠는 농민의 참상이 눈에 선하다. 특히 죽은 사람에게까지 구실을 붙여 군포(軍布)를 부과하는, 이른바 백골징포라는 희대의 학정에 시달리는 농민의 삶이 비참하기 이를 데 없다.

이러한 처절한 모습은 19세기 관북지방의 실상을 직접 그린 조수삼(趙秀三)의 북행백절(北行百絶)이란 글에도 여실히 나타나 있다.

가을에 열 말 알곡을 바치고는
봄에 다섯 말 죽정이 가져온다네
힘들여 생산한 것 모두 어디로 갔나
날마다 관리들 창자 채우는 데 들어갔네

백성들의 알곡을 받아가서 죽정이로 그 반만 주는 수탈로 인하여 굶주림에 시달리는데, 반대로 벼슬아치들은 고기 국 먹으며 배에 기름기를 채우고 있다는 것이다.

이러한 백성들의 참상은 19세기 초반을 살았던 다산 정약용의 애절양(哀絶陽)이란 시에서 그 극치를 본다. 애절양이란 말은, 자신의 성기를 칼로 자르는 애절함을 가리키는 것이다. 다산이 강진에서 유배생활을 할 때, 노전(蘆田)이란 곳의 한 백성이, 낳은 지 사흘밖에 안 된 아이가 군적에 등록되고, 이를 빌미한 군포의 대가로 소를 빼앗아 가자, 아이를 낳은 것이 죄라고 자탄하고는, 스스로 칼을 뽑아 자신의 생식기를 자르는 현장을 목격하고, 이를 시로 쓴 것이다.

갈밭 마을 젊은 아낙 오래오래 슬피 우네

관문 향해 울부짖다 하늘 보고 통곡하네

전쟁 나간 남편 돌아오지 못한 일이야 있을 법도 하지만

스스로 남근 절단했다는 소리 예부터 들은 적 없네

시아버지 삼년상 이미 지났고

갓난아이 배냇물도 안 말랐는데

삼대(三代)의 이름이 군적에 실리다니

달려가서 하소연하려 해도

범 같은 문지기 버티어 섰고

관리는 호통 치며 하나 남은 소마저 끌고 갔네

남편 문득 식칼 갈아 방안으로 뛰어들어

선혈이 자리에 낭자하네

스스로 한탄하기를 아이 낳은 죄로구나

여기서도 죽은 사람에게까지 세금을 부과하는 백골징포의 악습이 나타나 있다. 오죽 답답했으면 자신의 성기까지 자르는 자해를 행했겠는가?

이러한 관리들의 수탈과 그로 인한 백성들의 참담한 모습은, 구한말 우리나라를 여행했던 외국인의 눈에도 비쳐져 있다. 영국의 지리학자인 이사벨라 버드 비숍 여사가 1894년 2월에 처음으로 입국하여, 그 후 4년 동안 네 차례에 걸쳐 한국을 드나들며 견문을 기록한, '한국과 그 이웃 나라들(KOREA AND HER NEIGHBOURS)'이란 책에 그러한 면면이 잘 나타나 있다.

그들은 게을러 보인다. 나는 정말로 그렇다고 생각했었다. 그러나 그것은 한국인들이 자기 노동으로 획득한 재산이 전혀 보호되지 못하는 체제 아래 살고 있기 때문이다. 이를테면, 만일 어떤 사람이 돈을 번 것으로 알려지거나,

심지어 사치품인 놋쇠 식기를 샀다고 알려지기만 해도, 근처의 탐욕스러운 관리나 그의 앞잡이로부터 주의를 받게 되거나, 부근의 양반으로부터 대부를 갚도록 독촉당하는 식이었다.

만일 한 사람이 얼마의 돈을 모은 것으로 알려지면 관리는 그것을 빌려달라고 요구한다. 그것을 들어주면 빌려준 사람은 원금 또는 이자를 결코 받지 못한다. 만일 상환을 요구하면 그는 체포되어 조작된 죄목에 의해, 부과된 벌금 때문에 투옥되고 자신이나 친척이 관리들이 요구하는 금액을 낼 때까지 매를 맞는다.

기가 찰 노릇이다. 돈을 벌어 보았자 다 빼앗기고 오히려 고초만 당한다는 것이다.

비숍 여사의 한국에 대한 첫인상은 혐오스럽고 실망스러움으로 가득 차 있다. '게으르다'라는 말이 나오고, 심지어 '야만스럽다(barbaric)', '인간 쓰레기(the dregs of humanity)' 라는 극언까지 쓰고 있다. 그러나 한국의 실정을 알게 되면서, 그녀는 이 땅의 백성들이 결코 게으른 민족이 아니라는 사실을 알게 된다. 무엇을 생산해 봐야 관리나 양반들에게 그것을 빼앗기기 때문에, 아예 게으를 수밖에 없었던 실상을 간파한 것이다.

더욱이 이 땅에서 살 수가 없어 간도 지방으로 쫓겨 간 사람들이, 그곳에서 땅을 억척같이 개간하는 근면성을 보고는, 그것을 확신하면서 다음과 같이 쓰고 있다.

여행자들은 한국인의 게으름에 많은 느낌을 가진다. 그러나 러시아령 만주에서의 한국인들의 에너지와 근면함, 그리고 그들의 검소하고 유족하고 안락한 집의 가구들을 보고 난 후에, 나는 그것이 기질의 문제로 오해되고 있는 것이 아닌가 하는 생각이 들었다. 모든 한국 사람들은 가난이 그들의 최고의 방어막이며, 그와 그의 가족에게 음식과 옷을 주는 것 이외에 그가 소유한 모든 것은, 탐욕스럽고 부정한 관리들에 의해 빼앗길 것이라는 사실을 안다.

한국인이 게으른 것은 자의에서 나온 것이 아니라, 노략질을 일삼는 관리들 때문에 빚어진 방어수단이라는 것이다. 탐관오리가 없는 간도에서, 황무지를 개간하면서 부지런히 살아가는 그들의 모습에서, 우리 민족의 참모습을 발견하고 있다. 글을 읽으면서, 그의 예리한 관찰력에 새삼 놀라움을 금치 못하면서, 다른 한편으로는 가슴에 치미는 한숨을 몰아쉬지 않을 수가 없었다.

백성을 다스리는 사람을 목민관 즉 백성을 기르는 관리라 우리는 부른다. 이 땅의 벼슬아치들은 '백성 기르기'는 그만 두고라도, 차라리 순박한 그들을 건드리지나 말고 가만히 있게만이라도 했었더라면, 그들은 스스로 타고난 근면성을 발휘하여 서로 아끼고 도우며 잘 살았을 것이다.

오늘날의 지도자가 갖추어야 할 덕목도 바로 여기에 바탕을 두어야 한다고 생각한다.

우리 민족은 똑똑할 뿐만 아니라 열정을 지니고 있는 우수한 민족이다. 우리 말에 '신난다, 신명 난다'라는 말이 있다. 우리 민족은 마음만 맞으면 신나게, 신명 나게 열을 내어 뛰고 일하는 민족이다. 쓸데없이 이래라 저래라 간섭하지 말고, 하고 싶은 일에 매진할 수 있도록 기분만 맞추어 주면, 말 그대로 신이 나서 주어진 목표를 향해 뛰어가는 민족이다. 전후의 폐허에서 일어나, IT 강국으로 대변되는 경제 대국을 만들어 낸 것도 모두가 그러한 열정 때문이다.

지도자가 된 사람은 그러한 우리 민족의 우수성을 잊지 말고, 그들을 아끼고 늘 감사히 여기는 마음만 잃지 않는다면, 그는 틀림없이 훌륭한 치자(治者)가 될 것이라 생각한다.

이규보는 '잃었던 산길을 찾다[尋山迷路]'라는 시에서 이렇게 읊었다.

　　날이 저물어 산골 오두막집 찾다가 방향을 잃고
　　걷는 발길이 거칠고 우거진 숲속에 떨어졌다
　　길을 잃고 헤매다가 문득 나무꾼이 낸 오솔길 만나니
　　재삼 나무하는 늙은이에게 감사한 마음 가눌 길 없네

　산 속에서 길을 잃고 헤매다가, 문득 나무꾼이 내 놓은 오솔길을 만난 덕분에 그 길을 따라 미로를 벗어나니, 그 나무꾼에게 너무나 감사한 마음이 든다는 내용이다. 여기서 나무하는 늙은이는 백성을 상징한다. 나무꾼이 낸 길 즉 백성의 마음을 따라 길을 가며, 길을 내준 백성의 뜻을 존중하고 감사히 여기는 항심(恒心)을 지도자는 잃지 않아야 한다. 바라건대, 우리에게도 이렇게 유덕한 지도자들만 줄줄이 이어져 나와 날로 번영하는 나라가 되고, 다시는 이 땅에 국민의 마음을 아프게 하는 못된 관리는 한 사람도 나오지 말았으면 한다.

쥐뿔도 모른다

쥐뿔도 모른다는 속담이 있다.

아무것도 모르는 사람이 아는 체하는 것을 빗대어 말할 때 쓴다. 쥐에는 뿔이 없으니 아무 것도 모른다는 의미로 사용한다. 이 속담이 생긴 유래는 몇 가지가 전해 온다.

옛날 한 고을에 부잣집 마님이 살고 있었다. 마님은 불도(佛道)를 무시하고, 부모를 학대하며, 재물에도 인색하여 남의 미움을 많이 샀다. 그 집에 오래 살던 쥐도 이를 알고 마님을 골탕 먹이려 하였다.

어느 날 쥐는 남편과 똑같은 모습으로 변장하고 안방으로 들어갔다. 쥐가 변장한 것을 알 리가 없는 마님은 자기 남편인 줄 알고 함께 잠자리에 들었다. 이 사실이 알려지자 이웃 사람들은, "겉모양이 비슷한들 어찌 남편 좆과 쥐 좆을 구별 못하는가? 천치 같은 마님이여!"하며 놀려댔다. 이런 창피스러운 일을 겪은 후 마님은 개과천선하였다고 한다.

이와는 좀 다른 이야기도 전한다.

어느 집에 몇 백 년 묵은 쥐 한 마리가 살고 있었다. 하루는 주인이 밖에 나가다가 잠깐 변소에 가느라고 갓을 벗어 문간에 놓아두었는데, 그 사이에 쥐가 그 갓을 쓰고 주인으로 변장을 하였다. 변소에 다녀온 주인은 갓이 없자 이를 찾으러 방으로 들어갔다. 그런데 방에서는 자기와 똑같이 생긴 사람이 부인과 이야기를 하고 있는 것이었다.

주인이 깜짝 놀라 호통을 치자, 변장한 쥐도 맞받아서 호통을 쳤다. 두 사람은 할 수 없이 관가에 고소를 하였다. 사또는 부인을 가운데 세워 놓고, "남편의 몸에 어떤 표적이 없는가?"하고 물었다. 부인은 남편의 좆에 사마귀가 있다고 하였다. 그런데 검사해 보니 두 사람 모두 좆에 사마귀가 있는 것이었다.

사또는 다시 세간살이에 대해 물었는데 진짜 남편이 대답을 못해 쫓겨나게 되었다. 쥐는 이 집 곳곳을 매일 샅샅이 뒤지고 다니므로, 세간살이를 훤히 꿰차고 있었기 때문에 진짜 주인을 이길 수 있었던 것이다. 주인은 산 속에 들어가 불도를 닦다가 부처님의 도움으로 고양이 한 마리를 가져와 변장한 쥐를 물리치게 되었다. 그러자 사람들이 "쥐 좆도 몰랐소?"하며 비웃었다.

이러한 이야기들은 쥐가 변신하여 진짜와 가짜를 구별하지 못했던 이야기들이다. 이러한 사건을 계기로 하여, 뭐가 뭔지 식별을 잘 못하는 사람이나 아무것도 모르면서 아는 체하는 사람을 보고 '쥐 좆도 모른다'고 했다는 것이다. 그런데 이 '쥐 좆도 모른다'는 표현이 일반적으로 사용하기에 어감상 좋지 않아서 '쥐뿔도 모른다'라는 말로 바꾸어 썼다고 한다.

그러나 이와 같이 '쥐뿔도 모른다'는 속담이 '쥐 좆도 모른다'라는 말에서 왔다는 설명은 옳지 않다. 또 '쥐뿔'도 일반 사람들이 알고 있는 것처럼 '쥐의 뿔[角]'을 이르는 말도 아니다. '쥐뿔'은 '쥐의 불' 즉 '쥣불'이 발음상 굳어져 생긴 말이다. 곧 '쥣불'이 '쥐뿔'로 변형된 것이다. 이때의 '불'은 고환을 가리키는 순 우리 말이다. 겁결에 소리소리 지르며 뛰어가는 모양을 가리키는 속담에 '불 차인 중놈 달아나듯'이란 것이 있는데, 이 속담 속의 '불'이 곧 그런 뜻을 지닌 말이다. 이 '불'에 '알'이 합해져 '불알'이란 말이 생겨났다.

1938년에 나온 『조선어사전』에 '쥐뿔같다'는 말이 실려 있는데, 이는 '변변치 못한 사물을 가리키는 말'이란 뜻풀이와 함께 '쥐 불알 같다'와 같은 말이라 적혀 있다. 이를 봐도 '쥐뿔'이 '쥣불'의 굳어진 말임을 알 수 있다. 그러니 '쥐뿔도 모른다'는 속담은 '쥐 좆도 모른다'는 말의 변형이 아니라, '쥐의 불(알)' 즉 '쥣불[쥐뿔]도 모른다'는 말에서 온 말이다. 쥐의 좆이나 쥐의 뿔과는 전혀 관계없는 말이다. '쥐 불알 같다'는 속담은 보잘 것 없는 것을 이를 데 쓰는 것이다. 쥐의 불알은 매우 작아서 잘 보이지도 않기 때문에 생긴 속담이다. 그처럼 잘 보이지도 않는 하찮은 지식을 가지고 아는 체하며 뽐내는 사람을 가리켜 '쥐뿔도 모른다'는 속담을 썼던 것이다. 이 말이 후대로 내려오면서 점차 그러한 말의 뜻이 정확히 전승되지 못하고 잊히거나 왜곡되어, 사람들이 서두에서 보는 바와 같은, 그럴듯한 이야기를 덧붙여 만들어 내게 된 것이다. 쥐뿔도 모른다는 속담이, 쥐는 원래 뿔이 없기 때문에 거기에 연유해서 생긴 것도 아니다.

그런데 이 '불'에 대해서 몇 마디 첨가하고자 한다. '불'의 원말은 '붇'이다. 지금 방언에 '붇두덩'이란 말이 쓰이고 있는데, 이 말의 '붇'이 바로 그것이다. 우리말에는 'ㄷ'과 'ㄹ'이 서로 넘나드는 현상이 있는데 이를 일러 음운의 호전(互轉)현상이라 한다. 이러한 호전현상에 의하여 '붇'이 '불'로 변한 것이다.

이 말과 관련하여 '불씹장이'란 말에 대하여 약간의 설명을 덧붙인다. 불씹장이는 남자와 여자의 생식기를 둘 다 가지고 있는 사람을 가리키는 말이다. 남녀추니, 어지자지, 고녀(睾女)라고도 한다. 그러니까 불씹장이는 성관계를 할 수 없는 사람이다. 그래서 사람들은 불썹장이란 말의 '불'이 '불(不)'의 뜻인 줄 대부분 알고 있다. 그러나 그 '불'은 '불(不)'이 아니라, '불(알)'의 뜻이다. 그러므로 '불썹장이'는 '썹 불(不)능자'가 아니라, '불(알)과 썹을 가진 장이'란 뜻이다.

한국 고추와 미국 고추

어느 여류 명사가 양성 불평등을 이야기하면서, 휴게소의 화장실을 예로 들었다. 그분의 애기인즉, 화장실 면적은 그 특성상 여성용 화장실이 남성 쪽보다 훨씬 넓어야 하는데, 그렇지 않고 양쪽 똑같이 시설을 했을 뿐만 아니라, 게다가 청소 용구함은 으레 여성용 화장실 한 칸을 차지하고 있다는 것이었다.

이러한 차별은 남아 선호 사상에 그 뿌리를 두고 있는데, 여아가 소변을 가릴 때는 그렇지 않은데 비하여, 사내아이가 소변을 가릴 때쯤 되어 오줌이 마렵다고 하면, 소변 받는 그릇을 들고 온 식구들이 달려와서 고추 주위에 몰려들어 그 광경을 웃으면서 지켜본다는 것이었다.

그녀의 말에 일리가 있다고 생각되었다. 사실 우리 집만 해도 그렇다. 오줌을 가리기 전부터 그렇다. 젖먹이 손자 놈이 있는데 기저귀를 갈 때면 제 할아버지, 할머니, 고모들까지 모두 고추를 보면서, 고추가 참하다느니, 아직 오줌이 들었다느니 하면서 희색이 만면하고, 제 할머니는 바람을 쏘인다면서 고추 아래 망태기를 위로 치켜 올리기도 한다.

내가 서너 살쯤 되었을 적이라고 생각된다. 내 걸음으로 걸어 나가 마당에 앉아 꼬챙이로 바닥에 무엇을 그리기도 하고, 돌멩이를 주워 나름대로의 놀이를 할 때였으니 그 정도의 나이를 먹었을 것이다.

그때 우리 집 사랑방에는 할아버지 친구들이 매일 방에 꽉 차게 모여서 노시었는데, 대개가 갓을 쓰고 두루마기를 입고 계신 것으로 보아, 지금 생각하니 멀리서 할아버지를 뵈러 많은 분들이 오신 것 같다. 이 손님들을 대접하기 위해서 할머니와 어머니께서는 술을 연일 담그시었다. 손님이 몇 분씩 올 때마다 술상을 드려야 하고, 식사 때가 되면 밥상을 들여 놓아야 했으니, 두 분은 매우 힘드시었을 것이란 생각이 든다. 그 후에 들은 얘기지만 할머니께서는 밥그릇 수는 손님의 신발을 보고 알아서 들인다고 하시었다.

그런데 괴로운 것은 두 분뿐이 아니었다. 그것은 다름 아니라, 손님이 오시면 할아버지께서는 그때마다 나를 불러들여 손님에게 절을 시키시었기 때문에, 어린 나로서는 여간 괴로운 일이 아니었다.

특히 친구들과 놀이에 한창 빠져 있을 때, 할아버지께서 부르시면 정말 싫었다. 그것이 예절 교육이요 인성 지도라는 것을 안 것은 먼 뒷날의 일이었고, 철모르는 그 당시로서는 큰 곤욕이었다.

불려서 사랑방에 들어가면, 할아버지께서는 '이 어른은 아무데 사는 누구신데 인사를 드려라.'는 식으로 절을 하게 하였는데, 나는 그것이 귀에 들어올 턱이 없었고, 시키시는 대로 얼른 하고 빨리 나갔으면 하는 생각뿐이었다.

그런데 다음 순서가 기다리고 있었다. 소개하신 어른께 술을 따라 올리는 일이었다. 꿇어앉아 두 손으로 술을 부어 올리면, 노인들은 입가의 수염에 묻은 막걸리를 두 손으로 쓰러 내리고는, "아이 술맛이 좋다. 그런데 안주는 고추를 따 먹어야지." 하시면서, 한 손으로 나의 고추를 따는 시늉을 하시고는, 또 입에 갖다 대고 먹는 시늉을 하시는 것이었다. 그리고는 더러 끈 달린 주머니를 펴서 돈도 주시었다. 내가 귀여워서 고추 따는 흉내를 하셨을 것이다. 우리 할아버지께서도 손자의 고추가 자랑스러워 그렇게 하셨을 것이란 생각도 든다. 생각하면 아득하기만 한네, 정말 행복한 시절이었다.

일전에 들은 이야기다.

미국에 유학을 보낸 어떤 이의 아들이 현지의 미국 여자와 결혼을 하였는데, 그의 아버지는 크게 상심하여, 아들더러 '너는 이제 내 아들이 아니다.'고 하면서 귀국한 아들을 거들떠보려 하지 않았다.

그 후 몇 년이 흘렀다. 손자를 낳았으니 꼭 아버지가 미국에 와서 한 번이라도 안아 주시면 좋겠다고 아들이 간곡히 청하였다. 처음에는 거들떠보지도 않았지만 하도 계속해서 조르다시피 하니, 아버지도 그간 시간도 좀 흘러 처음에 가졌던 허탈한 마음도 풀리고 해서, 크게 내키지는 않았지만 미국에 가게 되었다.

이왕 일이 이렇게 되었는데, 그래도 손자는 손자 아닌가 싶어 내심 귀여운 손자를 보기 위하여 간 것이다. 가서 보니 미국 아이 같기는 하지마는, 어느 구석 아들을 닮은 듯도 하여, 영감님은 손자를 안았다. 막상 만나 보니 생각과는 달리 자기 새끼라는 생각이 들어 귀한 마음에 고추를 한 번 쓰다듬었다.

그런데 이게 무슨 청천벽력이란 말인가!

이것을 본 미국인 며느리가 성희롱이라며 경찰에 신고를 해 버렸다. 출동한 경찰에게 한국인의 정서를 이야기하고, 그런 의도가 아니었음을 구구히 설명했지만 아무 소용이 없었다. 손자를 만나러 갔다가 유치장 신세를 진 것이었다. 그 안에서 빵 몇 조각을 얻어먹으면서 상당 기간 영어(囹圄)의 몸이 되었다.

그 아들은 괴롭기 한이 없었다. 불효를 저질렀다는 자책감에 몸을 떨었지만 어쩔 도리가 없었다. 형기를 마치고 나온 영감님은 귀국하여 얼마 되지 않아 시름시름 앓다가 죽었다는 것이었다. 정말 거짓말 같은 이야기였다. 세상에 이런 일도 있나 싶었다. 다 같이 사람 사는 곳인데 한국과 미국이 이렇게 다른가 싶어 입을 다물 수가 없었다.

　노인들이 모여 앉아, '자기가 낳은 새끼보다 두 벌 새끼가 더 귀하데.'라고 하는 말을 젊었을 때 듣고 의아해 한 적이 있다. 내 경험상 내가 낳은 아들, 딸도 한없이 귀여운데, 뭐 손자라고 더 귀여울까 하는 생각이 들었기 때문이다.

　그런데 세상사 모든 것이 다 그러하듯이, 내가 그 나이를 먹어 보니, 젊은 시절 그 어른들이 하던 말을 실감하게 되었다. 자기 자녀도 귀엽지만 손자 녀석은 또 다르게 귀엽다. 이른바 차원이 다르다고나 할까? 봐도봐도 또 보고 싶고, 흔히 하는 말로 물고 빨고 싶다. 그만큼 귀한 것이 손자다.

　그런데 반(半)미국인 손자를 보다가 감옥살이까지 한 그분의 심정이 어떠했겠는가? 상심의 정도가 이만저만이 아니었을 것이다. 나이를 먹으면 마음도 약해지는 법인데, 그 영감님은 아마도 헛살았다는 생각마저 들었을지 모른다.

　우리나라도 점차 성 관계 법령이 강화되고 있다. 시대가 변하면 법도 바뀌는 것이 합당한 이치다. 그러나 늙은 할아버지가 귀여운 어린 손자의 고추 한번 건드렸다 하여 심한 처벌을 받는 것은, 아직까지는 약간 생각할 문제라 생각한다.

　나는 어릴 때 사랑방에서 할아버지들께 고추를 따먹히는 사랑을 받았다. 참으로 행복했던 유년의 기억으로 남아 있다. 그리고 늙은이가 된 지금, 손자의 고추를 보고 행복감에 가득 젖을 수 있는 대한민국의 할아버지로 살았으면 싶다. 손자의 고추 문제로 할아버지가 감옥에 가는 그런 나라에는 살고 싶지 않다.

송도(松島)는 소나무가 많은 섬인가

지금 마을 이름이나 산 이름, 고개 이름, 골짜기 이름, 들(野) 이름 등에 속칭으로 불리는 우리말 이름들이 많다. 그런데 지금 이러한 속칭들이, 한자로 된 행정명에 눌려 하나 둘 사라져 가고 있다. 참으로 아까운 일이다.

게다가 이런 속칭들이 원래 무엇을 뜻하는 말인지를 모르는 경우가 많다. 속칭의 뜻이나 그 유래를 알고 있는 연로한 세대들이 떠나고 나면 점점 더 그 말뜻을 잃어버릴 것이다.

일예로, 경북 경산시 남산면의 동네 이름을 언뜻 보아도, 쪽골, 갈말, 들기, 무너미, 이르실, 솔안, 서리골 등 10여 곳이 있는데, 이 속칭 마을의 행정명에서 그 뜻을 어렴풋이 짐작은 하나, 그것이 원래 의미에 맞는지 그른지는 정확히 알 수가 없다.

쪽골은 '쪽 람(藍)' 자와 '골 곡(谷)' 자로 된 남곡(藍谷)이란 행정명을 쓰고 있는데, 그것이 '쪽풀이 많은 골'이란 데서 지어진 이름인지, '쪽 즉 작은 골이라서 그렇게 지어진 이름인지는 알 수가 없다. 갈말의 행정명인 갈지(葛旨) 또한 '칡이 많아서 지어진 이름'인지, 아니면 '갈풀을 많이 재배해서 생긴 이름'인지를 알지 못한다.

솔안의 행정명은 송내(松內)다. 글자대로 하면 '소나무 안'이란 뜻이다. 그러나 그 마을에 가 보면 소나무가 없다. 서리골의 행정명은 반곡(盤谷)이다. '반(盤)' 자는 '서릴 반' 자다. 어떤 기운이 '서린 골'이라는 뜻이다. '서리가 많이 내리는 골짜기'라는 것인지? 명확하지 않다. 또 서리는 '사이'라는 뜻을 지니고 있는 말이니, '산의 사이에 있는 고을'을 말하는지도 모른다.

이처럼 우리말 땅이름을 한자로 바꾸어 놓았는데, 그것이 담고 있는 한자가 원래 속칭이 의미하는 것과 맞는지 안 맞는지 알 수가 없다. 우리말 뜻에 꼭 맞게 바꾼 게 아니라 아무렇게나 적당히 옮긴 것이 많기 때문이다.

우리나라의 지명이 한자로 바뀐 것은 크게 두 차례다.

그 첫 번째는 신라 경덕왕이 쇠약해진 왕권을 강화하기 위하여 한화정책(漢化政策)을 쓰면서 땅이름도 중국식 지명으로 바꾼 것이다. 그때 지금 우리가 쓰는 큰 고을들의 이름이 대부분 한자로 바뀌었다. 『삼국사기(三國史記)』 권34에 "영동군(永同郡)은 본래 길동군(吉同郡)인데 경덕왕이 이름을 고쳤으며, 지금 이를 그대로 쓰고 있다."고 적혀 있는데, 이는 바로 그러한 예이다.

이를 좀 더 자세하게 설명하면, '길다'의 뜻인 '길(吉 long)'을 그런 뜻을 지닌 한자 '영(永)' 자로 바꾸었음을 알 수 있다. 즉 우리말 '길동군'이 한자어 '영동군(永同郡)'으로 바뀐 것이다.

그리고 그 후의 지명들은 그런 추세에 맞추어 중국을 모델로 하여 점차 이름을 확대해 나갔다. 그리고 조선에 이르면, 그러한 한자 이름들이 점차 각 지역에서 힘을 더해 갔다. 'ᄀᆞ름'이 '江'으로, '뫼'가 '山'으로 바뀌어졌음은 모두가 잘 아는 바다.

두 번째 크게 바뀐 것은 일제강점기 때다.

일본은 우리의 혼을 빼버리기 위하여, 원래의 지명을 마음 내키는 대로 아무렇게나 바꾸어 버렸다.

인왕산의 한자 표기는 원래 인왕산(仁王山)이었다. 그런데 일제는 이를 '인왕산(仁旺山)'으로 바꾸었다. 왕(旺) 자는 일본을 뜻하는 日과 王을 합친 것으로, 일본이 조선의 왕을 누른다는 뜻이다. 종로도 마찬가지다. 조선 시대 종로의 한자는 '鐘路(종로)'로 썼다. 보신각종이 있었기 때문이다. 그런데 일본인들이 민족정기를 말살하고자 '종' 자를, 쇠북을 의미하는 '鐘(종)' 자에서 술잔 즉 작은 종지를 뜻하는 '鍾(종)' 자로 바꾸어 鍾路(종로)로 고쳐버렸다. 큰 북이 아니라 작은 술잔으로 깎아내린 것이다.

인천의 송도(松島)는 일본의 군함 이름인 마츠시마(松島)호를 그대로 따와서 붙인 이름이다. 송도호는 러일전쟁을 일본의 승리로 이끄는 데 주역을 담당했던 전함이다. 당시 인천은 일본의 해군 기지로 쓰였다. 그래서 인천의 곳곳을 일본의 장군이나 제독, 그리고 군함 이름을 따와서 지명으로 삼았다. 이처럼 송도(松島)는 소나무와는 아무런 관련이 없는 엉뚱한 이름이 되었다.

그리고 우리말 지명을 아무런 원칙도 없이, 상부의 명에 의하여 면서기 마음대로 바꾸었다. 시쳇말로 엿장수 맘대로 바꾼 것이다. 그래서 우리는 고유한 우리말 땅이름을 많이 잃어버렸고, 그나마 그럴 듯하게 한자로 바꾼 이름도 원래와는 전혀 다른 뜻을 가진 한자어로 우리 앞에 남아 있게 되었다.

일제강점기에 잘못 붙여진 이름이 지금껏 사용되는 지역도 부지기수다. 동학농민혁명의 주역 전봉준 장군의 옛 집이 있는 정읍시 이평면(梨坪面)은, 동진강 배가 드나든 들판이라 해서 '배들'이라 불렸는데, 일본인들이 먹는 배로 착각해 이평(梨坪)이라 이름 붙였다. 바다를 오가는 배가 터무니없는 먹는 과일 이름인 배로 바뀐 것이다.

인천 남구의 수봉공원은 일본인들이 수봉(壽鳳)이라고 고쳤으나, 원래는 서해

쪽으로 하천이 자리잡아 눈이 쌓이면 물이 불어나, 봉우리가 그 물에 비친다는 의미인 수봉(水峯)공원이었다.

또 여수시 돌산읍 두문리(杜門里)의 본래 이름은 두문리(頭門里)다. 두문리는 '바다로 가는 첫머리 마을'이라는 의미다. 그러나 일제는 문을 꽉 닫는다는 뜻인 두문리(杜門里)로 바꾸었다. 숨 막히는 마을로 만들어 버린 것이다.

이처럼 일본은 이 땅을 강점하여 땅이름을 멋대로 바꾸어 본래의 의미를 훼손하였다.

그런데 우리 손으로 지은 땅이름도 긴 세월이 흘러오면서 본뜻과는 전혀 다른 의미로 바뀐 것이 매우 많다. 그러므로 우리는 지금 쓰고 있는 한자 이름을 보고 섣불리 그 뜻을 추정해서는 안 된다.

그러한 예는 우리말을 적을 수 있는 문자가 없어서, 고유지명을 한자로 표기하는 과정에서도 발생했다. 우리 역사의 기록에 나타나는 최초의 우리말 땅이름인 '아사달(阿斯達)'도 그런 범주에 속한다.

『삼국유사』의 고조선조에,

"지금부터 2000년 전에 단군왕검이 있어 아사달(阿斯達)에 도읍을 정하고 나라를 열어 조선이라 불렀으니, 바로 요임금과 같은 시기이다. …… 다시 도읍을 옮기니, 그곳을 궁홀산(弓忽山) 또는 금미달(今彌達)이라 부르기도 한다."
란 구절이 있다.

또 단군에 대한 이야기를 적은 이승휴의 제왕운기에도,

"은나라 무정 팔년 을미년에 / 아사달(阿斯達)에 입산하여 산신이 되었으니"
란 구절이 있다.

단군 이야기를 기록한 권람(權攬)의 응제시주(應制詩註)에도 "상나라 무정(武丁) 8년 을미(乙未)에 아사달산(阿斯達山)에 들어가 신이 되었는데, 지금의 황해도 문화현(文化縣) 구월산(九月山)이 그곳이다. 그 사당이 지금도 있다."고 하였다.

또 세종실록지리지 황해도 문화조에는,

"이곳의 진산(鎭山) 구월(九月)은 세상에 전해오기를 아사달산(阿斯達山)이라 한다."고 되어 있다.

황해도 문화현(文化縣)은 본래 고구려 때는 궐구현(闕口縣)이었다. '궐구'란 이름은 단군신앙과 관련하여, 천제(天帝)가 하늘로 올라갔던 관문이 있었다는 전설에서 유래했다. 문화현의 구월산(九月山) 지맥인 남쪽의 아사달봉(阿斯達峰)에는 단군이 신으로 승천했다는 단군대(檀君臺)가 있으며, 신라 때에는 궐산(闕山)이라 불려졌다. 궐산이란 이름은 단군의 궁궐터가 있었기 때문에 그렇게 불렸다고 전해온다.

이상의 여러 문헌 기록과 전설을 참조하면, 아사달(山)은 궁홀산, 금미달, 구월산, 궐산 등으로 불리어 왔음을 알 수 있다. 그러면 이들 이름들 간에는 어떤 관계가 있을까? 그 수수께끼를 풀려면 먼저 아사달의 본뜻부터 알아야 한다.

아사달(阿斯達)은 우리말을 한자의 음과 뜻을 빌려서 표기한 것인데, 이 중 '斯(사)' 자는 그 첫소리 'ㅅ'이나 그 계열 즉 'ㅈ, ㅊ' 등을 나타내는 데 쓰인 글자다. 그러니 '아사(阿斯)'는 우리말 '앗, 앚, 앛'을 표기한 것이다. 이 '앗, 앚, 앛'은 '작다, 아우, 첫, 다음(次)'의 뜻을 가진 말이다. 이런 뜻은 다 '작다[小]'라는 의미와 관련이 있다. 그래서 '앗이(아시), 앚이(아지)'는 아우란 뜻이며, 처음 하는 빨래를 앗이(아시)빨래라 한다, 또 '소+아지'가 송아지가 되고, '말+아지'가 망아지, '돝+아지'가 '도야지(돼지)'가 된 것도 그런 연유며, '앚+어머니'는 작은어머니 곧 아주머니고, 앚은설(아츤설)이 작은설(까치설)을 의미하는 것도 그러한 이유다.

손자나 조카, 생질을 '아츤아들'이라 한 것도 또한 같다. 벼슬 이름 아찬(阿湌)은 대상(大相 큰 재상)에 대하여 소상(小相) 또는 차상(次相 次는 長보다 작다)이란

뜻이다. '앗음(아침)'은 그날의 처음(처음은 무엇이든 크지 않고 많지 않다)이란 뜻이다. 이 '앗'이 일본으로 건너가 아사(朝 あさ)가 되었다.

그러면 아사달(阿斯達)의 '달(達)'은 무슨 뜻일까? 이는 고구려어로 '산' 혹은 '땅'이란 뜻이다. '달(達)'이 땅임은 현재의 '양달, 응달' 등에 그 흔적이 남아 있다. 그러니 아사달(阿斯達)은 '작은 산' 또는 '첫 땅'이란 뜻이다.

서울특별시 광진구와 경기도 구리시에 걸쳐 있는 아차산도 이런 뜻에서 유래한 이름이다. 높이가 287m로 그리 높지 않은 산으로, 현재 아차산의 한자 표기는 '阿嵯山', '峨嵯山', '阿且山' 등으로 혼용되어 쓰인다.

그러면 아사달(阿斯達)에 대한 본 이야기로 돌아가자.

아사달(阿斯達)이 궐산(闕山)으로 불린 것은 위에서 이미 살펴보았다.

즉 아사달산(阿斯達山)이 있는 황해도 문화현(文化縣)은 본래 고구려 때는 궐구현(闕口縣)이었는데, 궐구란 이름은 단군신앙과 관련하여, 천제(天帝)가 하늘로 올라갔던 대궐의 입구가 있었다는 전설에서 유래했다. 또 문화현의 구월산(九月山) 지맥인 남쪽의 아사달봉(阿斯達峰)에는 단군이 신으로 승천했다는 단군대(檀君臺)가 있어서, 신라 때에는 궐산(闕山)이라 불려졌다.

한말로 말하면 궐산(闕山)이란 단군이 거주하던 대궐(大闕)이 있다 하여 생긴 이름이라는 것이다. 곧 '대궐 산'이란 뜻이다. 이렇게 하여 생긴 이름인 '궐산'이 오랜 세월 사람들의 입에 오르내리면서, 대궐의 '궐(闕)'이란 의미를 잃어버리고, '궐'을 그 비슷한 소리인 '구월'로 발음한 것이다. 즉 '(대)궐' 대신에 그 음이 유사한 '구월(九月)'이란 새로운 의미를 만들어 낸 것이다. 구월산이라는 이름은 이렇게 해서 생긴 것이다.

궁홀산(弓忽山)도 마찬가지다. '궁홀산'을 빨리 발음하면 '구올산'이 되고, 여기에 좀 더 명확한 의미를 붙이기 위하여 '구월산(九月山)'이란 한자 이름을 지어내

붙였다.

그러면 금미달(今彌達)은 어디서 연유한 이름일까?

금미달(今彌達) 역시 순수한 우리말을 한자를 빌려 표기한 것이다. 금미달(今彌達)의 '미(彌)' 자는 바로 앞의 글자 '금(今)' 자의 끝소리가 'ㅁ'으로 끝난다는 것을 '미(彌)'의 첫소리인 'ㅁ'을 취해 쓴 글자다. 이와 같은 향찰 표기를 말음첨기(末音添記)라 한다. 신라 향가 모죽지랑가에 보이는 '去隱春'이 '간봄'을 나타낸 것도 그러한 예다. '은(隱)' 자는 '간[去]'의 끝소리가 'ㄴ'으로 끝난다는 것을 명확히 하기 위하여 '은(隱)' 자의 끝소리 'ㄴ'을 취해 쓴 글자다.

그러면 금미(今彌) 즉 '금'은 무슨 뜻인가? '금'은 단군왕검(檀君王儉)의 '검'과 같은 것으로 '신'이란 뜻이다. 신의 뜻인 '금'을 한자로 표기한 것이다. '금'은 '검, 금, 곰, 고마, 즘' 등으로 분화되었다. '달'은 산의 뜻이다.

그러므로 금미달(今彌達)은 '금산' 즉 '신의 산'이란 뜻이다. 곧 환웅천왕, 단군 같은 신적인 존재가 사는 산이라는 의미다. 즉 아사달(阿斯達)은 신이 사는 산이라는 뜻이다.

아사달산은 원래 '작은 산', '첫째가는 산'이었는데, 시대를 내려오면서 그러한 원래의 뜻은 잃어버리고, '구월(九月)'의 산이 되어버렸다. 우리말로 된 앚달산이란 이름 또한 잃어버리고, 엉뚱하게도 한자로 된 구월산으로 변신한 것이다.

공동경비구역이 있는 판문점(板門店)의 원래 이름은 널문리였다. 원래 이곳에 '널빤지[板]로 된 문(門)을 단 점방[店]'이 있던 곳이라 하여 판문점이란 이름이 생겼다고 한다. 그러나 이것은 우리말 널문리를 한자로 바꾼 후에 갖다 붙인 이야기다. 우리 땅이름 연구자인 배우리는 '널문'이 원래 '널물'인데 이는 '너른 물'의 뜻이라고 하였다.

이곳에 회담장을 만들면서 우리는 우리 고유 지명인 '널문리'로 하자고 하였으나, 회담에 참여한 중국 때문에 이를 한자어로 바꿔 판문점(板門店)으로 적었다 한다. 민족의 비운 때문에 우리말 지명 하나를 잃게 되었다.

이처럼 우리는 우리 고유어 지명을 한자로 바꾸면서, 우리말이 지닌 귀중한 참의미를 잃어버렸다. 알맹이는 빠뜨리고 엉뚱한 껍데기만 갖게 된 것이다.

이런 현상은 지금도 벌어지고 있다.

독도는 동해 바다 멀리 떨어진 외딴곳에 홀로[獨] 있는 섬[島]이라 하여 붙여진 이름이라고 생각하는 사람들이 많다. 그러나 실상은 그렇지 않다. 독도는 성종 때는 삼봉도(三峰島), 정조 때는 가지도(可支島)로 불리다가, 19세기 말 이후 돌섬, 독섬, 석도(石島), 독도(獨島)로 불려졌다. 독도의 '독'은 '돌[石]'이란 뜻이다.

다시 말하면 '독'은 '돌'의 옛말이다. 전라도와 경상도에서는 지금도 돌을 독이라고 쓰는 이가 많다. 제주도에서는 지금도 돌을 '독'으로 쓰고 있다. '독'이 '돌'의 뜻으로 붙은 지명은 전국적으로 분포하고 있다.

독도(獨島)는 우리말 독섬(돌섬)을 한자로 음을 따서 표기한 것이다. 독도는 외로이 홀로 있는 섬이 아니라, '돌로 된 섬'이란 뜻이다. 지금도 울릉도 사람들은 독섬으로 부르고 있는 이가 많다. 그런데 우리는 지금, 한자말인 독도(獨島)로 적고 있어서 본래의 바른 의미를 잃어 가고 있다.

그러므로 독도가 우리 땅임은 그 이름에서도 확연히 증명된다. 실제 독도는 말 그대로 돌로 된 섬이기 때문이다. 일본은 이 섬을 다께시마(竹島)라 한다. 대나무 섬이란 뜻이다. 그런데 독도에서 대나무는 눈을 씻고 찾아 봐도 없다. 이것만 봐도 그들이 얼마나 허황되게 가짜이름을 붙이고, 음흉한 거짓 주장을 늘어놓고 있는지를 알고도 남는다.

달구벌은 대구의 옛 이름임은 모두가 아는 바다. 달구벌은 문헌에 달벌(達伐), 말불성(達弗城), 달구벌(達句伐), 달구화(達句火) 등으로 적혀 있다. 그러나 달구벌의 말뜻을 바르게 아는 사람은 좀 드물다.

말 뿌리인 '달(達)'을 들, 원(圓), 주(周) 등 곧 넓은 공간의 뜻으로 풀이하는 이가 많아서 대개 그렇게 알고 있다. 그러나 이것은 잘못된 것이다.

달구벌은 '달'과 '벌'이 말 뿌리가 되어 이루어진 것이다. 그러면 '벌'의 뜻부터 살펴보자. '伐, 火'는 다 같이 '벌'을 표기한 것이다. '伐(벌)'은 음을 빌린 것이고 '火(화)'는 뜻을 빌려 적은 것이다. '불'의 옛말이 '블'이었기 때문이다. 이 '벌'은 지금 우리가 쓰고 있는 벌판의 '벌[原]'이다. '벌이 넓다' 할 때의 그 벌이다. 신라 서울 '서라벌'이나 '서벌'의 '벌'도 같은 뜻이다.

그럼 '달'은 무슨 뜻일까? 종래의 주장처럼 원(圓), 주(周) 등 곧 넓은 공간의 뜻일까? 이는 설득력이 없다. 왜냐하면 '달' 뒤에 이어지는 '구'를 설명할 수 없기 때문이다. 결론부터 말하면 '달'은 '닭[鷄]'의 뜻이다. 닭을 경상도에서는 아직도 '달'이라고 한다. 닭을 단독으로 발음할 때는 그 끝소리 'ㄱ'을 묵음화하는 것이다. 닭을 뜻하는 일본어 '도리(とり)'도 신라 말 '달'이 건너가 이루어진 것이다.

다음으로 '구(句)'에 대해 살펴본다. '구'는 닭의 끝소리 'ㄱ'에 관형격 조사 '우'가 결합된 말이다. '우'는 표준어의 관형격 조사 '-의'에 해당하는 경상도 말의 조사다. 경상도 말에서 '닭'이란 말이 단독으로 쓰일 때는 '달'이라 하지만, 뒤에 명사가 이어질 때는 관형격 조사 '우'를 붙여 표현하는데, 이때 묵음화되었던 'ㄱ'이 나타난다. 즉 '닭의 똥', '닭의 통', '닭의 대가리'를 가리킬 때는 '달구똥', '달구통', '달구 대가리'와 같이 표현하는 것이다. 'ㄱ'과 '우'가 합쳐져 '구'가 되는 것이다. 경상도 말에서 '남의 집'을 '남우집'이라 하는 것도 그와 같다. 또 대구 지방에서는 맨드라미를 '달구비실'이라 하는데 그 꽃 모양이 '닭의 볏'과 비슷한 데서 온 이름이다. 그러니 '달구'는 '닭의'란 뜻이다.

달구벌의 '구'도 바로 이러한 '구'다. 그리고 조사 '우'를 생략하고 그냥 말할 때는 '달벌'이라 하는 것이다. 줄여서 달벌(達伐), 달불(達弗)이라 기록한 것은 그것을 반영한 것이다. 그러니 달구벌은 '닭의 벌'이란 뜻이다. 대구가 위치한 벌[原]에 '닭[鷄]'을 붙여 이름 지은 것이다.

그러니 달구벌의 달(達)은 들, 원(圓), 주(周) 등 곧 넓은 공간의 뜻이라고 하는 주장은 달구벌의 참뜻과는 어긋난 것이다.

지금 속칭이라 불리는 우리말 고유 지명은 한자 이름으로 된 행정명에 의해 점점 그 참모습을 잃고 있다. 또 오랜 역사 속에서 아무렇게나 한자화한 까닭으로, 본래 가졌던 땅이름의 뜻이 왜곡된 것이 수없이 많다. 우리말 땅이름의 뿌리를 잃어가고 있다.

실로 안타까운 일이 아닐 수 없다. 우리말 땅이름은 국어학의 소중한 대상을 넘어 귀중한 우리 문화자산이다. 그 동안 이에 대하여 많은 관심을 갖고 조사, 수집한 학자나 기관이 있긴 하나, 그 넓이나 깊이에서 제한적일 수밖에 없었다. 방방곡곡에 묻혀 잠자는 우리말 땅이름의 수는 헤아릴 수 없이 많다. 하루라도 빨리 국가가 나서서 거국적인 조사와 연구를 벌여 그것을 기록하고, 그에 곁들인 뜻을 바로잡았으면 한다.

그리고 우리말로 된 이 속칭을 앞으로 되살려 썼으면 좋겠다. 읍과 면을 통합하여 시로 통합한 어느 곳에 가보니, 마을 이름이 한자어로 아무데1리, 아무데2리, 아무데3리 식으로 같은 이름을 번호 매기듯이 단순 나열한 곳이 있었다. 너무 메마른 이름이다. 아무 의미가 없을 뿐만 아니라, 안이한 생각으로 붙인 이름이란 생각마저 들었다. 이곳에도 각 마을마다 전해오는 속칭이 있었다. 우리말 이름으로 된 그 속칭을 살려서 마을 이름으로 삼았으면 얼마나 좋을까.

양을 훔친 아버지를 고발해야 할까

논어 자로편(子路篇)에 이런 구절이 적혀 있다.

섭공(葉公)이 공자에게 말했다.

"우리 마을에 바른 사람이 있는데, 그의 아버지가 양을 훔치자 아들인 그는 이것을 관가에 고발하였습니다."

공자께서 말했다.

"우리 마을의 바른 사람은 그와 다릅니다. 아버지는 아들을 위해 숨기고, 아들은 아버지를 위해 숨기는데, 진실로 바른 것이 그 가운데 있습니다."

양을 훔친 것은 분명히 잘못된 것이다. 그런데 공자는, 아버지가 양을 훔쳤을 때 아들이 그것을 관가에 고발하는 것은 바른 짓이 아니라는 것이다. 아들이 훔쳤을 때 아버지는 그것을 숨겨야 하고, 아버지가 훔쳤을 때는 아들이 그것을 숨기는 것이 '바른 것'이라는 것이다.

도둑질이 바른 것이 아님을 어찌 공자가 몰랐겠는가? 도둑을 신고하는 것이 바른 도리라는 평범한 이치를 성인인 그가 어찌 몰랐겠는가? 아들이 아버지의 잘못을 고하고, 아버지가 아들의 비행을 증언한다면, 법을 따르려다가 인륜이 무너지게 되는 큰 불행이 온다는 것을 공자는 염려한 것이다. 법률 이전에 존재하는 도덕이 파멸되어서는 안 된다는 것이다. 참으로 성인다운 말씀이요, 높은 가르침이다.

그런데 어찌된 일인지 이러한 성인의 가르침과는 너무나 거리가 먼, 한심스러운 일들이 요즈음 우리 신문의 사회면을 어지럽히고 있다.

수업 중에 태도가 불성실한 학생에게 교사가 벌을 주었더니, 그 학생이 휴대전화로 폭행을 당했다고 그 선생님을 경찰에 신고한 사건이 있었다. 또 어떤 학생은 교사에게 대들고 폭행까지 저질렀다. 이쯤 되면 교육은 이제 끝난 것이나 다름이 없다.

가르친다는 뜻을 가진 한자의 교(敎) 자는 윗사람이 회초리[攵]로 때리며 제자[子]에게 새끼매듭[爻] 즉 결승문자(結繩文字)를 깨치게 한다는 뜻을 함축하고 있다. 교사가 '도둑질'을 한 것도 아니요, 올바르게 지도하기 위하여 벌을 내린 것을 행동 반성의 계기로 삼기는커녕 오히려 폭력 교사로 고발을 하거나 도리어 폭행하는 세상이 되었다.

이러한 마당에 어느 교사가 열의를 가지고 학생을 지도하려 하겠는가? 학생의 잘못을 고치려다가 자칫하다가는 교사 자신이 다칠 판인데, 무슨 의욕이 나서 학생을 적극적으로 가르치려 할 것인가? 법 때문에 교육이 무너지게 되었다.

얼마 전에는 스물일곱 살이나 먹은, 다 큰 처녀가 자기 아버지에게 뺨을 맞았디고 경찰에 신고한 사건이 일어났다. 그런데 더욱 기가 막힐 일은 그 다음에 생긴 일이다. 신고를 받고 조사하던 형사가 그 딸에게, '법의 잣대'를 들이대기 전에, '아버지에게 한 대 맞은 것을 가지고 딸이 경찰에 신고하면, 세상 모든 딸들이 경찰서에서 살아야 할 것이다.'는 훈계성 발언을 했다.

이 말을 듣고 귀가한 딸이, '가정 폭력 사건을 조사한 형사가 피해자에게 반말을 하고, 폭력을 휘두른 아버지를 두둔했다는 내용의 글을 인터넷에 띄웠다. 그녀의 이러한 주장에 네티즌들이 발끈하고 가세하였는데, '신고자에게 반말을 하며 아버지를 두둔한 것은 경찰의 또 다른 폭력'이라고 주장하며, '폭력 경찰을 즉각 처벌하라'는 등의 내용을 올렸다. 결국 담당 형사는 청문조사관실의 조사를 받은 후 인사상 불이익이 뒤따르는 '계고' 조치를 당했으며, 또 해당 경찰서장으로부터 수차례에 걸쳐 인권 교육을 받게 되었다.

이쯤 되면 무엇이 바른 것이며, 무엇이 틀린 것인지, 분간이 잘 안 되어 그저 어리벙벙할 뿐이다. 딸이 아버지를 고소하고, 이를 훈계한 경찰이 폭력범으로 몰리는 세상이 되었다.

물론 가정 폭력은 없어야 한다. 그리고 그 형사의 말처럼 부모와 자식 간의 우발적인 폭력은, 가급적 경찰서에 신고하는 것보다 가정에서 대화로 해결하는 것이 바람직하다고 생각한다. 아버지를 고소하여 유치장에 가두어 둔다면, 그 다음은 무엇이 되겠는가? '딸'이라는 이름도 '아버지'라는 이름도 함께 파멸되고, 그 자리엔 인륜도 인간도 사라진 황량한 무덤만 남을 것이다.

얼마 전에는 수백억 원대의 재산 문제로 아버지가 아들을 고소한 사건이 일어나 세인의 화젯거리가 된 적이 있다. 아들 이름으로 명의 신탁을 해 놓았다가 자신에게 병이 생기자, 병원비를 대기 위해 아버지가 땅의 일부를 팔기로 하면서 부자간에 갈등이 생겼다고 한다. 이러한 집안에 돈이 아무리 많은들 무슨 소용이 있겠는가? 돈 때문에 '아버지'도 '아들'도 다 사라져 버렸는데 말이다.

연전에 교육부가 학교 폭력을 없애기 위한 방안의 하나로, 학교 폭력 신고 실적이 우수한 학교장과 교사에게 인센티브를 주겠다고 발표한 적이 있다. 교육부의 이러한 발표에 대해 어떤 단체는, 학교 폭력을 치유하기 위한 유인책이라며 환영의 뜻을 밝힌 반면, 제자의 비행을 신고한 실적을 포상하는 건 교육적이지 못하다며, 다급해진 교육 당국이 무리한 대책을 내놓았다는 반론도 많았다.

학교 폭력을 없애기 위해서, 오죽하면 그런 정책까지 짜내었을까 하는 생각을 하면, 당국의 고충도 이해가 되지 않는 바는 아니지만, 제자를 고발한 실적으로 점수를 따 보려고 하는 선생님이 과연 있을까 하는 생각이 들었다.

교육은 감동이라는 말이 있다. 비행을 저지른 학생의 차가워진 가슴을 감동이라는 온기로 감싸, 따스한 가슴으로 바꾸어 주는 것이 선생님이 할 일이다. 학생을 고발하는 선생을 보고, 다른 학생들이 과연 그를 바른 교사로 믿으며 따를 수 있겠는가? 결코 그를 옳은 선생으로 바라보지 않을 것이며 존경의 염도 사라질 것이다.

선생이 제자를 고발하면 결국 교육은 깨어지고 말 것이다. '법은 가정의 담장을 넘을 수 없다'는 법언(法諺)이 있다. 또 엘리네크는 '법은 도덕의 최소한'이라고 하였다. 도덕과 법이 다른 내용을 가질 수도 있으나, 가정은 가족들의 굳건한 성벽 안이므로, 법이라는 강제 규범이 가정의 내부 사항을 규율하는 것은 최소한에 그쳐야 한다는 뜻이다.

그러나 오늘날 우리 사회의 실정은 어떠한가?

자식이 아버지를 고소하고, 아버지가 자식을 고소한다. 제자가 스승을 고소하고, 교사로 하여금 제자를 고발하게 하는 세태가 되었다.

'아버지는 아들을 위해 숨기고, 아들은 아버지를 위해 숨겨야 진실로 바른 것'이라고 했던, 공자가 다시 살아나 지금의 우리 사회를 본다면 얼마나 놀라겠는가?

만사법통(萬事法通)이란 말이 요즘 언론이나 세인들의 입에 자주 오르내린다. 만사법통이란 모든 일은 법으로 통한다는 뜻으로, 법으로만 해결된다는 의미다. 세상의 모든 일이 법으로만 해결된다면 인간세상은 삭막해지기 그지없을 것이다.

지금 시행되고 있는 김영란법은 우리 사회를 맑게 하는 데 지대한 역할을 하고 있다. 그러나 이 법을 너무 엄격한 잣대로 모든 것을 겨눈 나머지 인간의 성(城)을 무너뜨리는 경우가 생길 수 있다. 배우자가 금품을 받았을 경우 신고를 의무화한 것도 법 감정에 맞지 않다. 형사법에서도 가족의 도피를 도왔다 해서 처벌하지는 않는다. 그 행위가 정당하지 않다 하더라도 신고를 할 경우 가정은 파탄에 이를 수 있다.

또 제자가 스승의 날에 카네이션 한 송이도 건네지 못하게 하는 것도 한번 생각해 볼 일이다. 꽃 한 송이가 그렇게 큰돈의 값어치를 가지며, 또 과연 그것이 교사와 제자 사이의 부정한 이권과 청탁의 기능을 하는 뇌물이 되는지는 다시 한 번 생각해 볼 일이다.

논어 술이편(述而篇)에 이런 말도 나온다.

"공자께서 말하길, 속수(束脩) 이상의 예물을 행하는 사람에게는 나는 일찍이 가르치지 않은 적이 없었다."[子曰 自行束脩以上, 吾未嘗無誨焉]

여기서 '속수'란 열 가닥의 육포를 말하는데, 당시 상견례의 예물로는 가장 가벼운 예물이라고 한다. 이것을 속수지례(束脩之禮)라고 한다. 그러니까 공자는 최소한의 예를 받으면 제자로 받아서 가르쳤다는 것이다. 공자는 속수라는 최소한의 예물을 받고 나서 제자로 받아들여 교육했다는 것이다.

그러면 공자와 같은 성인이 왜 그런 선물을 받고 가르침을 행했을까?

공자는 돈을 바라고 제자들을 가르친 것이 아니었다. 그는 사회활동이든 배움이든 모두 예(禮)에서 시작해서 예로 끝난다고 봤다. 처음 제자가 가르침을 청할 때 지켜야 할 최소한의 예를 말한 것이 열 조각의 마른 고기 속수(束脩)다. 속수는 고대 중국에서 처음 사람을 예방할 때 사용하는 아주 약소한 예물을 뜻했다고 한다. 지위의 고하, 빈부, 능력에 차이를 두지 않고 스승에 대한 최소한의 예의를 갖춘 뒤에야 가르침을 주었다는 것이다.

공자는 춘추시대의 난세가 닥친 것도 궁극적으로 예가 사라진 것에서 왔다고 진단했다. 그래서 사람을 사람다운 사람으로 만들고, 사회를 인간사회로 만들기 위해서는 구체적으로 예를 실현하는 것이라 보았다.

카네이션 한 송이는 제자가 선생에게 보이는 현대판 육포에 비유할 수도 있다. 교육은 인간과 인간 간에 오가는 존경과 사랑이라는 매개에 의하여 이루어지는 감동 행위다. 이러한 관계의 끈으로 이어지지 않는다면 그것은 불가능하다. 진정한 예의 바탕이 없다면, 진정한 교육은 이루어지기 어렵다.

조선 선비들은 왜 우스갯말 책을 엮었나

　욕이나 비속어는 나쁜 말이므로, 사전에 없는 말이고 없어져야 할 말이라 생각하는 사람들이 많다. 과연 그럴까? 결코 그렇지 않다. 우리가 쓰는 욕인 '개새끼, 개지랄, 좆같다, 씹할 놈'은 다 표준어고 사전에도 실려 있다. 또 비속어인 '대가리, 대갈빼기, 대갈통, 주둥이, 아가리, 눈깔, 귀때기, 짓고땡'도 다 사전에 실려 있다. 이 또한 물론 표준어다.

　그것은 욕과 비속어가 없어져야 할 말이 아니고, 일상생활에서 필요한 말이기 때문이다. 만약 욕과 비속어가 없다면, 말하는 이가 자신의 감정을 적절히 나타낼 수 없어 많은 불편을 느낄 것이다. 자기의 생각과 감정을 적절한 소리로 표현하는 것이 언어다. 그러므로 욕이 없는 언어는 생각할 수가 없다. 다시 말하면, 제대로의 언어 기능을 해 낼 수가 없다. 좋은 것이 있으면 나쁜 것이 있는 것이 세상 이치다. 이와 마찬가지로 좋은 말이 있으면 욕이나 비속어 같은 나쁜 말이 있는 것 또한 세상의 바른 이치다.

　그런데 이 욕과 비속어는 지위가 낮은 사람들보다 높은 위치에 있는 사람들이 더 많이 사용한다는 보고가 있다. 상관이 말직들보다 욕을 더 많이 한다는 것이다. 부하를 다스리고, 많은 업무를 기획·관장하다 보니, 뜻대로 되지 않는 일이 많아져 아랫사람보다 더 많은 불평불만이 욕으로 표출되기 때문이라 한다.

이 욕과 사촌쯤 되는 말에 우스갯말이 있다. 보통 육담(肉談)이라고도 하고 골계(滑稽)라고도 한다. 사람이 늘 긴장하고만 살 수 없다. 가끔은 그것을 풀고 배꼽을 쥐고 웃을 때도 있어야 한다. 그래서 골계는 욕과 마찬가지로 인간생활에 꼭 필요한 요소다.

이 우스갯말 역시 욕과 마찬가지로 주로 즐기는 이들이 상층계급이었다. 노비나 농사꾼들은 일에 바빠 그것을 즐길 겨를이 없었기로, 그 향수층(享受層)은 으레 선비들일 수밖에 없었다. 이것은 지금도 마찬가지다. 그날 벌어 그날 먹고 사는 일일 노동자들은 골계를 즐길 겨를이 없다.

그래서 조선 시대에도, 우스갯말을 듣고 기록하거나 직접 지어낸 사람도 주로 선비들이었다. 앞에서 말한 바와 같이 하층민들은 그럴 시간도 없었거니와 그것을 읽거나 기록할 지적 수준도 되지 못했기 때문이다.

우리나라의 골계담 하면 누구나 『고금소총(古今笑叢)』을 떠올릴 것이다. 직접 그 책을 다 읽어 보지는 않았다 할지라도, 누구나 한 번쯤 그 이름을 들어본 적은 있을 것이다. 『고금소총』은 민간에 전래하는 여러 종류의 문헌소화(文獻笑話)를 한데 모은 설화집으로, 편찬자 및 편찬 연대는 미상이다. 대략 19세기쯤 편찬된 것으로 추정하고 있다.

그런데 『고금소총』은 어느 한 사람이 지은 책명이 아니다. 우스갯말을 모아 지어 놓은 여러 사람의 책을 한데 모아 엮은 책이다. 여기에 수록된 각 소화집의 편찬자는 대개 알려져 있는데 찾아보면 이러하다.

1947년 송신용(宋申用)이 『조선고금소총(朝鮮古今笑叢)』이라는 제목으로, 제1회 배본에 『어수록 禦睡錄』, 제2회에 『촌담해이 村談解頤』, 『어면순 禦眠楯』을 한 권으로 묶어 정음사(正音社)에서 출간하였다.

그 뒤 1959년 민속자료간행회에서 『고금소총』 제1집이 유인본으로 간행하였는데, 이 속에는 서거정(徐居正) 편찬의 『태평한화골계전(太平閑話滑稽傳)』, 홍만종(洪萬宗)의 『명엽지해(蓂葉志諧)』, 송세림(宋世琳)의 『어면순(禦眠楯)』, 성여학(成汝學)의 『속어면순(續禦眠楯)』, 강희맹(姜希孟)의 『촌담해이(村談解頤)』, 부묵자(副墨子)의 『파수록(破睡錄)』, 장한종(張寒宗)의 『어수신화(禦睡新話)』, 그밖에 편찬자미상의 『기문(奇聞)』, 『성수패설(醒睡稗說)』, 『진담록(陳談錄)』, 『교수잡사(攪睡襍史)』 등 모두 789편의 소화가 수록되어 있다.

여기서 보듯이 이들 우스갯소리를 편찬한 사람들은 거의가 선비들이다. 특히 서거정, 강희맹 같은 이는 당대 최고의 문신이었다.

그리고 이 책들이 소화집(笑話集)이란 것은, 그 이름에서도 단번에 알 수 있다. 『태평한화골계전』이란 태평한 시대의 한가한 때에 주고받은 우스갯소리란 뜻이며, 어면순(禦眠楯)은 잠을 막는 방패란 뜻이다. 명엽지해(蓂葉)의 명엽은 원래 중국 요(堯) 임금 때의 상서로운 풀이름으로, 초하룻날부터 보름까지 날마다 한 잎씩 났다가, 열엿샛날부터 그믐까지는 매일 한 잎씩 떨어지므로, 이것으로 달력을 삼았다고 하는 풀이다. 그래서 명엽은 후대에 달력이란 의미로 쓰이게 되었다. 홍만종은 이 책의 서문에서, 자신이 병으로 서호(西湖)에 누워 있을 때, 촌로들이 찾아와 우스운 이야기를 들려주었는데, 이를 달력 풀 뒤에 기록하고 날짜대로 맞추어 놓으니, 한편의 책이 되었다고 해서, 그것으로 책의 제목으로 삼았다고 하였다. 지해(志諧)는 우스운 이야기를 기록한다는 뜻이다.

『촌담해이(村談解頤)』의 촌담은 시골 사람들의 이야기란 뜻이고, 해이는 턱이 빠진다는 뜻이니 곧 웃다가 턱이 빠진 촌스런 이야기란 뜻이다. 『파수록(破睡錄)』은 잠을 깨뜨리는 기록이란 뜻이고, 또 『어수신화(禦睡新話)』는 잠을 막는 새로운 이야기, 『기문(奇聞)』은 기이한 소문이란 뜻이다. 그리고 『성수패설(醒睡稗說)』

은 거리에 떠도는 잠을 깨우는 잡스런 이야기, 『진담록(陳談錄)』은 묵은 이야기를 펼친 기록, 『교수잡사(攪睡襍史)』는 잠을 흔들어 깨운 잡다한 역사란 뜻이다.

그러면 선비들은 왜 그런 골계전을 썼을까?

그 까닭은 그들이 지은 책의 서문에 잘 나타나 있다. 그러면 그 책들 중 대표적인 골계전인 『태평한화골계전』에 쓰인 서거정의 서문을 먼저 살펴보자. 이 서문은 서거정 자신과 어떤 손님과의 대화체로 되어 있다.

거정이 일찍이 관직을 떠나 한가롭게 지낼 때에, 글로 놀이를 삼으면서, 친구들과 전에 장난을 주고받은 이야기들을 글로 써서 제목을 골계전이라 하였다. 어떤 손님 가운데 책망하는 사람이 있어 말하기를,

"그대가 읽은 것이 어떤 책이며 그대가 공부한 것이 어떤 것인가? 그대가 조정에서 벼슬한 지가 40년이 되어 간다. 여러 관청의 자리를 역임하고 육부(六部)의 장관을 지내고 의정부의 좌찬성(左贊成)까지 되었으니, 벼슬이 높지 않은 바가 아니다. 그런데도 좋은 계책을 내어 주상을 잘 보필하고 좋은 정책을 건의하여 시행하도록 했다는 말을 아직 들어보지 못했다.

또한 사마천, 반고(班固), 유향(劉向), 양웅(揚雄) 같은 이들이 했던 것처럼, 좋은 책을 쓰고 훌륭한 이론을 세웠다는 말도 듣지 못했다. 한갓 자질구레하고 맹랑한 것들을 주워 모아 호사가들의 즐거움거리나 만들었으니, 이것은 광대의 우두머리나 하는 짓이다. 세상을 교화하는 데에 그것이 무슨 보탬이 되겠는가?

옛날에 열어구(列禦寇 열자)와 장주(莊周 장자의 본래 이름)는 도(道)를 봄이 정미하고 세상일에 대한 격분이 깊어서, 기괴하고 과격한 학설과 기이하고 괴상한 문장을 지어 고무시키고 변화시키며 격동시키고 발양시켰는데, 간혹 근거가 없고 경전의 뜻에 맞지 않는 학설이 있었다. 그것으로도 오히려 성인의 문하에서 죄를 얻었다. (공자와 같은 성인의 가르침에 어긋난다는 뜻)

대개 장주와 열어구는 성인의 죄인이지만 그대는 장주와 열어구의 죄인이니, 그대를 위해 이런 일을 하지 않아야 한다고 나는 생각한다."

거정이 깜짝 놀라 용모를 가다듬고 재배하고 사례했다.

"그대의 말이 옳다. 그러나 그대는 시경에 나오는 '우스갯소리를 잘함이여.'라는 구절과 문왕과 무왕이 '한 번 당겼다 한 번 늦추었다'(긴장할 때가 있으면 풀 때도 있어야 한다.)는 도를 듣지 못했는가? 제해(齊諧 우스갯소리를 잘했다는 사람 이름)가 남화경(南華經 책 이름 장자의 딴 이름)에 기록되었고, 골계(滑稽)가 반고의 『한서(漢書)』와 사마천의 『사기』에 하나의 전(傳)으로 들어 있다. 거정이 이『골계전』을 지은 것은, 애당초 후세에 전할 생각을 한 것이 아니라, 단지 세속의 잡념들을 없애고자 그냥 그렇게 한 것일 뿐이다.

더구나 공자께서도 '장기바둑이라도 두는 것이 아무것에도 마음 쓰는 바가 없는 것보다는 낫다.'라고 하셨다. 이『골계전』 또한 거정이 아무것에도 마음을 쓰지 않는 것을 염려하여, 그것을 스스로 경계한 것일 따름이다."

이에 그 손님은 웃으면서 가버렸다.

이 서거정의 서문에서 우선 눈에 띄는 것은, 첫머리에서 그가 '일'과 '놀이'를 나누어서 언급하고 있다는 사실이다. 여기서의 '일'은 일차적으로는 '벼슬살이 하는 일'이라고 할 수 있겠지만, 서거정이 관료적 문인이었다는 사실과 연결시켜 생각한다면 이 '일'은 '국가적 목적을 앞세운 문학을 하는 일'이라고도 해석할 수 있다. 그러나 그는 그 문학만으로는 만족할 수 없었기 때문에 '일'에서 물러나 한가할 때에 '놀이' 삼아 할 수 있는 문학, 곧 개인적 즐거움을 추구하는 문학이 필요했다는 것을 피력한 것이다. 그래서 그가 놀이삼아 한 구체적 문학 활동이 '친구들과 우스갯소리 했던 것을 기록하는 것'이었고, 그래서 탄생한 것이 바로『태평한화골계전』이었음을 알 수 있다.

그리고 그는 손님의 입을 빌려서 이렇게 얘기한다.

손님이 거정더러 말하기를, 높은 벼슬에 있는 사람이 국정에 도움이 되는 일은 하지 않으면서, 자질구레한 일을 잊어버리지 않고 기록하는 버릇만 생겨, 많은 사람들의 비방이 무더기로 일어나고 있다고 비난한다. 또 골계전을 지은 것을 가리켜, 세상에 아무런 쓸데가 없는 광대의 우두머리나 하는 짓이며, 그러한 태도는 성인(聖人)의 도에 크게 어긋나는 짓이라고 비판한다.

이에 대해 거정은 일단 그것을 맞다고 인정한 다음에, 골계전을 지은 연유를 변명하고 있다. 지난날의 『시경』과 『장자』에도 우스갯말에 대한 기록이 있고, 반고의 『한서』나 사마천의 『사기』에도 골계전이 별도로 편성되고 있다는 전거를 들고 있다. 이어서 골계전을 지은 것은 애당초 후세에 전할 것을 생각한 것이 아니었다고 하면서, 공자의 말씀을 끌어와 마무리를 짓는다. 아무것에도 마음을 쓰지 않는 것보다는 그래도 골계전을 쓰는 것이 낫다고.

그렇다. 거정의 말대로 골계는 아득한 옛날부터 있었다. 그것이 비록 먼 후세에까지 전할 수 있는 것은 아니더라도 생활에 필요한 요소임에는 틀림없다. 성인의 말씀이 가치로운 것은 틀림없으나, 그렇다고 하여 성인의 말씀만이 가득하고 하나의 곁말도 없는 세상이라면 정말 숨이 막히는, 살맛 없는 세상이 될 것이다.

웃음, 특히 말을 통해서 웃음을 추구하는 것은 시대와 공간을 뛰어넘는 인간의 보편적 삶의 한 양상이다. 인간의 삶이 언제나 심각하고 고뇌에 차 있기만 한다면, 아마 우리는 그 중압감을 견뎌낼 수 없을 것이다. 삶이 심각하고 견디기 힘든 무게로 다가올수록, 오히려 따사로운 햇살 같은 웃음이 절실해지는 것이 우리의 삶이다. 생활 속에서 자연스럽게 피어나는 건강한 웃음은 우리의 삶에 없어서는 안 될 활력소다.

『고금소총』에 실려 있는 이야기 중 약 3분의 1이 육담에 해당한다. 『어면순』, 『속어면순』, 『촌담해이』, 『기문』 등은 거의 육담으로 채워져 있고, 『어수신화』, 『진담록』, 『성수패설』, 『교구잡사』에는 육담이 전체의 3분의 1 내지 2 정도를 차지한다. 반면 『태평한화골계전』, 『파수록』, 『명엽지해』는 육담이 거의 실려 있지 않다.

고금소총은 흔히 음담패설집으로만 채워져 있는 것이라 생각하는 사람들이 많다. 그러나 고금소총에는 외설담만 실려 있는 것은 아니다. 여기에는 고품격의 해학과 교훈적 풍자도 많다. 그리고 외설담이 외설로서만 끝나는 것이 아니라, 그 속에 반드시 웃음을 동반하여, 우스개 이야기로서의 본질을 망각하지 않는다. 비록 골계가 유희적인 이야기를 본령으로 하더라도, 반드시 경계(警戒)를 목적으로 하기 때문에, 은연중 교훈의 냄새를 풍기며 심지어 그 소화(笑話)의 끝에 건전환 평가까지 부연하여 도덕성을 강조하기도 한다.

사실 골계란 말이 단순한 익살만을 가리키는 것이 아니라, 원래 지식이 많고 말을 잘 하여 님의 시비 편단을 바꾼다는 뜻이다. 또 말이 매끄럽고 재치가 끊임없음을 이르는 뜻도 함께 갖고 있다. 그래서 『파수록』의 집필자인 부묵자도 "이 책을 보고 좋으면 법도로 삼고, 나쁘면 경계로 삼아서, 이에 따르고 스스로 경계하면 음담과 야한 말들이 나에게 어찌 소용이 없겠는가?"라고 하였다. 골계전의 효용가치를 적절히 표현한 말이라고 생각된다.

그러면 이러한 가치를 담고 있는 골계담 몇 가지를 읽어보기로 하자.

어떤 대장(大將)이 아내를 몹시 두려워했다. 어느 날 교외(郊外)에다 붉은 깃발과 푸른 깃발을 세우고 명령하여 말하기를,

"아내를 두려워하는 자들은 붉은 깃발 쪽으로, 아내를 두려워하지 않는 자

들은 푸른 깃발 쪽으로 모여라."

고 했다.

뭇 사람들이 모두 붉은 깃발 쪽이었는데, 오직 한 사람만이 푸른 깃발 쪽이었다. 대장(大將)은 그를 장하게 여겨 말하기를,

"자네 같은 사람이 진짜 대장부(大丈夫)일세. 온 세상 사람들이 온통 아내를 두려워하네. 내가 대장이 되어, 백만 명의 무리를 거느리고 적을 맞아 죽기 살기로 싸울 때에, 화살과 돌이 비 오듯이 와도 담력과 용기가 백배하여 일찍이 조금도 꺾인 적이 없네. 그러나 안방에 이르러 이부자리 위에서는 은애(恩愛)가 의(義)를 가리지 못해서, 부인에게 제압을 당한다네. 자네는 어떻게 닦았길래 이런 경지에 이르게 되었는가?"

그 사람이 말하기를,

"아내가 항상 경계해서 이르기를, '사내들이란 세 사람만 모이면 반드시 여색(女色)을 이야기 하니, 세 사람 이상이 모인 데는 당신은 삼가서 가지 마세요.'고 했는데, 이제 붉은 깃발 아래를 보니 모인 사람들이 매우 많았습니다. 그래서 가지 않았습니다."

라고 했다.

대장(大將)이 기뻐하며 말하기를,

"아내를 두려워하는 것이 이 늙은이뿐만은 아니로구나."

라고 했다.

아내의 명령 때문에 남자들이 많이 모인 데는 갈 수가 없어서, 홀로 푸른색 깃발 밑에 가서 서야만 했던 그 병사의 처지를 생각하면, 누구나 웃지 않을 수 없다. 그리고 겉으로 보기에는 근엄하기 이를 데 없었을 것 같은 당대의 사대부들도, 실상은 오늘날의 평범한 남편들이나 별반 다름없는 삶을 살았다는 것을 우리는 이 이야기를 통해서 확인할 수도 있다.

다음으로 '닭을 빌려 타고 가다[借鷄騎還]'란 제목의 이야기를 들어보자.

김 선생은 우스갯소리를 잘했다. 어느 날, 친구 집을 방문했더니, 주인이 술상을 마련했는데,

단지 나물로만 안주를 내놓으며 먼저 사과하여 말하기를,

"집이 가난하고 시장이 멀어서 전혀 맛있는 음식이 없고, 오직 담박한 것을 부끄러워할 뿐일세."

하더라.

마침 닭들이 뜰에서 어지러이 쪼고 있었다. 김 선생이 말하기를,

"대장부는 천금을 아끼지 않으니, 마땅히 내 말을 잡아 술안주로 삼게나."

주인이 말하기를,

"말을 잡으면 무엇을 타고 돌아갈 텐가?"

김 선생이 다시 말하기를,

"닭을 빌려 타고 돌아가리라."

하니, 주인이 크게 웃고 닭을 잡아 대접하였다.

친구가 보고 싶어 큰맘 먹고 그의 집을 방문했더니, 그 친구는 모처럼 온 김 선생을 채소 반찬만으로 성의 없이 대접한다. 이에 김 선생은 서운한 나머지, 자기가 타고 온 말을 잡아 안주로 삼고자 한다. 그러자 그 친구는 그러면 갈 때는 무엇을 타고 가려느냐며 넌지시 자기 속을 드러낸다. 이에 김 선생은 닭을 빌려 타고 돌아가겠다고 한다. 이 대목에서 우리는 자기도 모르게 튀어나오는 웃음을 참을 수 없다. 또 그 웃음 속에서 함께 스며나오는, 손님 박대에 대한 교훈을 엿듣게 된다.

이어서 '세 사람의 세 가지 즐거움[三人三樂]'이란 우스갯말을 들어본다.

　삼봉(三峯) 정도전과 도은(陶隱) 이숭인 그리고 양촌(陽村) 권근이 모여서 평생의 즐거움에 대하여 이야기를 나누었다.
　삼봉이 먼저 말하기를,
　"첫눈이 내리는 겨울에 담비의 모피로 된 옷을 입고, 좋은 말을 타고 사냥개를 끌고 푸른 매와 함께 평원을 달리며 사냥을 하면 이것이 즐거움이 아니겠소?"
　하니, 도은이 말하기를'
　"산촌의 조용한 방에 창문이 있고, 깨끗한 책상에 향을 피우고 스님과 마주 앉아 차를 달이며, 좋은 시구(詩句)를 찾는 것이 즐거움이 아니겠는지요?"
　하였다.
　양촌이 말하기를,
　"흰 눈이 정원에 소복이 쌓이고, 붉은 태양은 창문을 비추는데, 따뜻한 온돌방에서 병풍을 두르고 화로를 껴안고, 손에는 한 권의 책을 잡고 길게 누워 있을 때, 아름다운 여인이 섬섬옥수로 수를 놓다가 때때로 바늘을 멈추고, 밤을 구워서 그것을 입 안에 속속 넣어주는 것, 이것이 즐거움이랄 수 있지요!"
　이에 삼봉과 도은 두 선생이 크게 웃으며 말하기를,
　"그대의 즐거움이 역시 우리들의 즐거움을 압도하는구려!"
　하더라.

　옛 선비들의 소곤거리는 재치담이 잔잔히 귓전을 울린다. 그리고 여인의 섬섬옥수로 알밤을 입에 넣어 주는 장면에서 우리는 슬그머니 터져 나오는 웃음을 참을 수 없다. 그런데 여러 가지 즐거움 중에서도, 사내에게는 무어니 무어니 해도 역시 여인과 관련된 즐거움이 최고라는 것이다. 예나 지금이나 그것은 변하지 않는 것 같다.

나음으로 '숫돌을 위하여 칼을 갈다[爲礪磨刀]'란 골계담을 읽어보자.

한 나그네가 주막에서 묵고 있는데, 주막 주인 부부가 곁방에서 어울려 즐기면서, 남편이 아내에게 희롱하여 말하기를,

"내가 온종일 힘 드는 일을 한 나머지, 허리가 매우 아프지만 이를 돌아보지 않고, 당신과 이 일을 함은 나 자신이 좋고자 함이 아니라, 그대를 위해 하는 것이오."

하니, 아내가 대답하여 가로되.

"숫돌에 칼을 가는 자가 칼을 위하여 가는 것이 아니라, 도리어 숫돌을 위하여 간다고 말한다면 그게 옳소?"

하였다.

이에 남편이 다시 말하기를,

"귀이개를 사용하여 가려운 귓속을 긁는 것은, 귓속의 가려움을 구하려는 것이오, 어찌 귀이개를 위하여 그것을 긁는다고 할 수 있겠소?"

하니, 가히 더불어 적합한 대꾸가 되었더라.

도둑이 주인에게 들키자 도리어 지팡이를 휘두른다면 참으로 어처구니가 없다. 이럴 경우를 일러, 흔히 '적반하장(賊反荷杖)도 유분수지'라며 혀를 찬다. 이와 비슷한 뜻을 담은 속담도 많다. '방귀 뀐 놈이 성낸다', '소경 개천 나무란다', '물에 빠진 놈 건져 놓으니까 망건값 달라 한다' 등 숱하다.

이 우스갯말은 이런 경우를 이르는 가르침을 그 웃음 속에 담고 있다.

이어서 '쌀 서 말 닷 되의 밥을 짓다.[作食白米三斗五升]'라는 외설담을 들어보자.

부부가 봄날 대낮에 안방에서 방사(房事)를 질탕하게 치르고 있었는데 운우(雲雨)가 바야흐로 무르익을 즈음 계집종이 창 앞에 이르러 물었다.

"마님 저녁밥에 쌀을 몇 되나 쓸까요?"

안방마님이 창졸간에 답하기를,

"닷되 닷되 다닷되……."

하였다.

마님의 대답을 들은 계집종은 서 말 닷 되의 밥을 지었다. 나중에 이를 본 마님이 밥을 너무 많이 했다고 책망하자 계집종이 대꾸하였다.

"닷되 닷되는 한 말이 아닙니까? 그리고 다닷(5 × 5)되는 스물다섯 되이니 두말 닷 되가 아닙니까?"

이에 마님이 웃으면서 말하였다.

"너는 어찌 말귀를 잘 짐작하여 듣지 못하는 것이냐? 내가 그 때는 인사불성이었느니라."

부묵자(副墨子) 가라사대,

"남녀의 정욕이란 누구에겐들 없을까만, 정욕만을 쫓아다니고 예도(禮道)로써 절제하지 않으면, 금수와 다르지 않을 것이니라."

하였다.

부부가 대낮에 정사를 벌이면서 내지르는 괴성을 계집종이 엿듣고, 서 말 닷 되의 밥을 짓는다는 이야기다. 부인이 토해 내는 신음 소리를 묘하게 계산한 계집종의 재치에 우리는 웃지 않을 수 없다.

이 이야기 끝부분에 편찬자인 부묵자가 소화에 담긴 교훈을 직접 덧붙이고 있다. 성의 절제성을 강조한 것이다.

이상에서 우리는 조상들이 남긴 우스개 이야기를 몇 편 읽어 보았다. 그 골계담이 주는 웃음 뒤에 간직된 선인들의 지혜와 재치도 찾아보았다. 그리고 그 소화가 주는 활력소도 함께 맛보았다.

이들 골계전에 실린 이야기들을 오늘날 되살려서 활용해 보면 어떨까 싶다.

요즘 우리 사회는 너무나 각박하고, 모든 계층 간에 갈등을 빚고 있다. 먹고 살기에 급급하고 양보가 실종된 대결 속에서 하루하루를 살아가고 있다.

항상 무언가 쫓기면서 허덕이는 그런 삶에서 가끔씩이나마 조금은 벗어나, 천천히 심호흡을 하면서 걸어보는 자세도 필요할 것 같다. 가끔은 태평스럽게 앉아서 옛 우스개 이야기를 읽어 보는 것도 하나의 힐링이 될 수 있을 것 같다. 그리하여 가슴에 쌓인 찌꺼기들을 걷어내고 한번 활짝 웃어 보면 어떨까?

고전은 단순히 옛 것이 아니라, 거기에는 시간과 공간을 뛰어넘는 삶의 진실과 지혜를 담고 있다. 옛것을 되살려서 오늘 우리의 삶에 대한 거울로 삼을 수 있을 때 고전은 진정한 고전일 수 있을 것이다. 『고금소총』이 주는 하나의 의미망도 바로 여기에 닿아 있으리라 믿는다.

선조들은 왜 바보 이야기를 만들어 냈을까

우리가 보통 '옛날이야기'라고 하는 민담(民譚)은 입으로 전해져 내려오는 이른바 구비문학(口碑文學)의 한 갈래다. 이 구비문학은 어느 개인의 창작이라기보다는 공동작의 성격을 띠며, 지배층이나 지식층의 것이 아니라 민중이 향유한 문학이다. 그러기에 여기에는 민중의 삶과 한(恨)과 소망이 담겨 있으며, 상류층에 대한 풍자와 세상살이에 대한 나름대로의 가르침이 그 속에 배어 있다.

옛날이야기는 동물을 주인공으로 하는 동물담과 인물이 등장하는 본격담, 그리고 듣는 이를 웃기게 하는 소화(笑話)로 크게 나누어진다.

우스개 이야기인 소화는 엉터리없이 과장하는 이야기, 딴 사람을 흉내 내다가 실패하는 이야기, 바보들의 이야기, 거짓말이나 지혜로 상대방을 속이는 이야기 등이 그 주조를 이룬다.

소화 중에서도 바보 이야기를 나는 가장 재미있게 듣고 읽는다. 어리석거나 게으르기도 하고, 때로는 성신이 없거나 섭반 내는 사람들이 펼치는, 단순한 사건들이 너무나 흥미로우면서도 그 속에 순수함이 있기 때문이다.

또한 그들의 바보스런 행동이, 정상적인 사람들을 향해 외치는 깨우침의 발언도 그 안에 들어 있는 경우가 있으며, 듣는 이에게 동정심을 유발하게 하는 교육적인 효과를 기대할 수도 있다.

　옛날 어느 두메에 바보가 살고 있었는데, 이웃 마을로 장가를 갔다.

　어느 해 가을 처가엘 갔는데 콩을 깍지 채로 쪄서 내어 왔다. 주는 대로 콩 깍지도 까지 않고 씹어 먹었다. 목이 따가웠지만 안 먹을 수가 없어서 억지로 다 먹었다. 집에 돌아오니까, 어머니가 처가에서 무엇을 해 주더냐고 물어서 그대로 이야기를 했다. 그랬더니 어머니는 질색을 하며, '이 바보야, 콩을 깍지 채로 먹는 놈이 어디 있느냐?'며 나무라고, 다음엔 또 그런 것을 주거든 껍질은 다 벗겨 버리고 알맹이만 먹으라고 가르쳐 주었다.

　다음 해 가을, 팔월 추석에 처가엘 또 갔다. 그랬더니 이번엔 송편을 내왔다. 이 바보는, '옳지, 껍데기는 벗겨 버리고 알맹이만 먹으라고 그랬지. 어디 잘 먹어 보자.' 그러고는 송편 살을 모두 벗겨 내고 송편 속만 먹었다.

　눈치코치를 보면서 약빠르게 행동하는 약은 놈이 판치는 세상에 차라리 이렇게 바보스런 사람들의 순수성이 살아났으면 한다. 부모의 말은 아예 잔소리쯤으로 여기고 제멋대로 행동하면서 속을 태우는, 그런 못난 아들은 어머니가 시켜 준 대로 콩을 깍지 채 먹는 주인공의 바보스런 행동에 그 무엇인가 배워야 하지 않을까?

　송편의 살을 버리고 속만 먹는 사람이 지금 우리 주위에는 과연 없을까? 바보는 차라리 몰라서 그렇게 하였지만, 빤히 알면서도 겉으로는 양보하는 척하면서 속을 빼 가는 얌체는 이 이야기 속의 바보보다 더 큰 바보가 아닐까?

　겉으로는 헤헤 헛웃음을 치면서 속으로 배신하는 신종 바보들은 또 얼마나 많은가?

　여기서 바보들의 이야기를 좀 더 읽어보자.

옛날에 바보 삼형제가 살고 있었다.

첫째는 먹는 것이라면 배가 터져도 동여매고 나와 먹고, 둘째는 기운이 황소 같아서 큰 나무도 당기면 쑥쑥 빠졌다, 셋째는 무엇이든 잘 잊어버려서, 언제 무슨 말을 하고 언제 무슨 일이 있었는지를 기억하지 못하는 녀석이었다.

하루는 삼형제가 손을 잡고 밥을 싸가지고 노래를 부르며 장 구경을 갔다. 첫째는 밥이 먹고 싶어도 힘이 센 둘째가 좀 더 먹고 힘을 쓰라고 참으며 갔다. 한참 가다 보니 첫째는 조금 뒤에 쳐지게 되었다. 첫째가 떨어져 가다 보니 벌집이 있었다. 가만히 들여다보니 벌집에서 꿀이 뚝뚝 떨어지고 있었다. 먹고 싶은 마음에 벌집 속에 머리를 쑤셔 박고는 정신없이 꿀을 먹었다. 벌들이 들입다 얼굴을 쏴도 아랑곳이 없었다. 대가리가 깨져도 먹는 놈이었다. 너희들은 쏴라, 나는 먹겠다 하면서 배가 불룩하도록 먹고 나니, 머리통이 부어서 빠지지 않았다.

그런 차에 동생들이 뒤를 돌아보니, 형이 안 와서 걱정이 되어 형을 부르며 되돌아왔다. 형이 벌집에서 머리를 빼내느라고 낑낑대고 있었다. 그때 힘이 장사인 둘째가 형을 얼른 구하기 위하여 힘껏 어깨를 잡아 당겼다. 그러자 머리는 바위 속에 박힌 채 몸둥이만 빠져 나왔다.

이걸 보고 있던 셋째 녀석이, "형님이 오늘 아침에 집을 나오며 머리를 안 달고 나왔구먼."

하였다.

먹보, 힘보, 건망보 삼형제의 이야기다. 이들 삼형제는 바보이긴 하지만 의좋은 형제다. 세 사람이 손을 잡고 노래를 부르며 장 구경을 가는 모습은 정말 귀엽다. 사건의 발단은, 맏형이 바위틈에 들어 있는 꿀을 먹기 시작하면서 시작된다. 바보들이긴 하지만 한참 내려가다가 보니 따라오지 않는 맏형이 걱정이 되어 두 동생은 가던 길을 되돌아온다. 벌집에 머리를 처박고 있는 형을 빼내기 위해 동생들은 걱정을 하며 나름대로의 지혜를 모은다. 그래서 둘째 힘보는 자기의 특기인 힘을 발휘해 형을 당겨낸다. 복이 떨어진 형을 보고 막내인 건망보는 형이 집을 나올 때 목을 달지 않고 나왔다고 푸념을 한다. 목이 떨어지지 않아서 다행이라는 투다. 이들 형제는 비록 바보이긴 해도 서로 티 없이 맑은 우애를 발휘한다.

이들을 바라보면서 우리는 거저 웃기만 할 것인가. 오늘날의 형제들은 왜 그리 싸움이 많을까? 세칭 왕자의 난이라고 하는 재벌가 형제들의 재산 싸움은 그만두더라도, 주변에서 형제간의 우애가 돈독한 집을 별로 볼 수가 없다. 바보 삼형제가 보고 싶은 세상이다.

옛날에 아랫목에서 밥 먹고 윗목에서 똥을 싸는 바보 천치가 있었다.

하루는 그의 어머니가 보다 못해, '남들은 화전(火田)도 하고 모두 밭에 나가 곡식의 씨를 뿌리는데, 왜 그렇게 빈들거리고 놀기만 하느냐?'고 야단치며 조 한 되를 얻어다 주었다.

그랬더니 이 바보는 구덩이를 깊숙이 파고 거름을 한 바가지 퍼다 붓더니, 조 한 되를 모두 구덩이에다 부어 버렸다.

싹이 난 후 그의 어머니가 보니, 콩나물시루처럼 소복이 순들이 돋아나 있어, 모두 뽑아 버리고 한 이삭만 남겨 두었다. 그런데 이상하게도 가을이 되니, 그 대궁이는 팔뚝만큼 굵게 자라고 이삭은 기둥만 하였다. 이삭을 지고 온 아들을 보고 어머니는, '차라리 나가서 빌어먹어라.'고 야단을 쳤더니, 이 바보는 그것을 나라님께 진상하겠다고 한양을 향해 떠났다.

가다가 날이 저물어 어느 주막에서 자게 되어 그것을 주인에게 맡겼다. 아침에 일어나 맡긴 것을 달라고 하니까 쥐가 모두 먹어 버렸다고 했다. 그래 그럼 쥐라도 내놓으라고 떼를 쓰니 주인은 쥐 한 마리를 내어 주었다.

조 씨앗을 이랑에 골고루 뿌려야 하는데, 그것을 모르는 이 이야기 속의 바보는 한 되를 몽땅 구덩이에다 부어 버리는 짓을 하고 있다. 안타깝기 짝이 없다. 그런데 이 바보는 엄마에게 쫓겨난 뒤 임금에게 거대한 그 조를 바치려고 하는 충성스러운 마음을 나타낸다. 이러한 순수한 마음을 가진 바보에게 주막집 주인은 바보에게 사기를 친다. 이쯤 되면 누구를 진짜 바보라 해야 할까?

바보이기에 벌이는 어처구니없는 행동에 일말의 동정심마저 불러일으킨다. 그런데 바보 아닌 보통 사람이 이런 행동을 한다면 우리는 그를 보고 무어라 해야 할까? 과연 그러한 일은 우리 주변에 없는 것일까?

수년 전에, 식목일 날 어느 지역 공무원들이 나무를 심다가 중간에 싫증이 나서 묘목을 심지 않고, 큰 구덩이를 파고 모두 묻어 버렸다가, 이것이 탄로가 나서 신문에 보도된 적이 있었다. 기가 찰 노릇이다.

이야기 속의 바보는 안타까워 동정이나 살 수 있지만, 묘목을 구덩이에 파묻은 그들은 무슨 말을 들어야 할까?

유해 폐기물을 몇 트럭씩 싣고 와서, 남 몰래 아무데나 묻어 버리는 일들이 종종 텔레비전에 비치고 있다. 땅이 오염되어 주변 사람들이 죽든 말든, 침출수가 흘러나와 식수를 오염시키든 말든, 내 알 바 아니라는 심보는 어떤 종류의 바보라 해야 할까?

또 불법 쓰레기를 으쓱한 골목에 밤중에 내다 버리는 얌체족은 무슨 돌연변이로 생긴 신종 바보들인가?

이야기 속의 바보는 모르고 조 한 되를 한 구덩이에 묻었기 때문에, 하늘도 그를 불쌍히 여겨 기둥만한 이삭을 주어 그를 보상하였다.

그러나 어머니는 더 많이 거두지 못한 것을 아까워하는 욕심에서 '나가서 빌어먹어라.'며 내쫓는다.

장애자들이 자신의 아픔을 딛고 일어서기 위해 힘들게 만든 생산품이 잘 팔리지 않는다고 한다. 물건을 품질로 평가하지 않고, 또 남의 처지를 헤아려 주지 않는 알팍한 세태 때문이다.

이야기 속의 어머니가 아들을 대하는 자세는 이러한 세상인심과 다를 바가 뭐 있겠는가? 그러한 어머니의 구박에도 바보 아들은 독특한 것이라 하여, 임금님께 진상하려고 하니 그 마음 착하기가 이를 데 없다.

겉만 치장하고 속은 그렇지 못한 사람들이 늘어가고 있지나 않나 하는 생각이 들 때가 많다. 실력보다 외모가 나은 사람을 선호하는 세상이 되어 가는 것이 안타깝다. 얼굴만 반듯하면 회사에 이익을 갖다 주리라고 확신할 수 있겠는가?

얼마 전에 정신 지체자 보호 시설을 운영하는 사람이 보조금을 가로챈 사건이 있었다. 수용하고 있는 장애자를 폭행했다는 충격적인 보도도 있었다. 개탄스럽기 짝이 없다. 이런 사람들이야말로 이야기 속의 바보가 임금님께 진상하려 한 조 이삭을 쥐가 먹어 버렸다며 가로채는 수막 주인과 같은 사람들이다.

우리 선조들은 왜 바보 이야기를 만들어 냈을까? 바보들을 업신여기기 위함이었을까? 그건 결코 아닐 것이다. 남에게 속기만 하는 순진한 바보들을 통해 바보보다 못한 흐트러진 인간들을 깨우쳐 주기 위함일 것이다.

바보는 순진한 사람들이다. 바보는 착한 사람들이다. 현명함은 빨리 배울 수 있으나 어리석음은 배우기 어렵다는 격언도 있다.

이야기 속의 바보들을 보면서 웃을 일이 아니라, 순진하고 착한 사람들을 속이고 등을 떠미는 오늘날의 신판 주막 집 주인을 보면서 울어야 할 일이다.

그 많던 도깨비는 다 어디로 갔을까

1950년대 중반이라고 기억된다. 만우절 날 대구방송국의 어느 아나운서가, '지금 방송국에 오면 선착순으로 라디오 한 대씩을 준다'고 거짓 방송을 하여, 큰 물의를 일으킨 일이 있었다.

이 방송을 듣고 사람들이 떼로 몰려 와 큰 소동이 벌어졌다. 그때의 라디오는 지금의 텔레비전보다 훨씬 귀한 물건이었기 때문에, 그 소문은 입으로 입으로 전해져, 라디오를 타기 위해 수십명씩 떼를 지어 삽시간에 사람들이 몰려들었던 것이다. 멀리 지방에서 달려온 사람들은, 만우절에 맞추어 벌인 아나운서의 거짓 장남임을 뒤늦게 알고는, '그러면 차비라도 좀 주어야 하지 않느냐?'라며 투덜댔다. 그러나 그때는 세상인심이 좋을 때라서, 그것이 크게 사회 문제로 떠오르지는 않았다. 실수는 했지만, 악의적인 실수는 아니라고 생각하고 적당히 받아들이고 넘어갔다.

당시에는 학생들 사이에서도 만우절이 되면 재치 있는 거짓말을 하여 서로 웃고 하는 일이 크게 성행하였고, 다들 그것을 함께 즐겼다.

그런데 언제부터인가 이 만우절의 거짓말 행사가 거의 없어졌다. 한번쯤 웃고 즐길 수 있는 거짓말을 할 수 있는 여유가 없어진 것 같다. 그만큼 세상이 각박해지고 멋을 잃어버린 때문이 아닌가 싶다. 지난 만우절 날 이런 이야기를 했더니 옆에 있는 어떤 이가 하는 말이, 지금은 거짓말이 매일 넘쳐나니 별도로 만우절이 필요 없어져 그렇다는 것이었다.

듣고 보니 그럴싸하다고 생각되었다. 확실히 그때보다 거짓말이 많아진 것 같고, 그 질도 훨씬 도가 높아진 것 같다. 만우절이 별도로 필요 없는, 매일이 만우절인 거짓말 시대가 된 것이다.

현대는 기인(奇人)이 없는 시대라는 구절을 어느 책에서 본 일이 있다. 읽고 보니 정말 그렇구나 싶었다.

조선 시대의 김시습이나 이지함 같은 사람이 펼친 바와 같은, 기이한 행적을 오늘날에는 볼 수가 없다. 뿐만 아니라, 지난 세기 초엽에 태어나 기인으로 살고 간 김동인이나 이상 같은 사람의 행적도 지금은 보기 어렵다.

기인이 없는 시대라, 기인이 없는 시대라…… 어느 날 나는 속으로 몇 번이나 이 말을 혼자서 되뇌다가, 기인이 없는 까닭을 나름대로 생각해 보았다. 오늘날은 우리 모두가 기인이 되어 버렸기 때문에, 별도로 기인이 필요 없게 된 때문이 아닐까 하는 생각이 들었다. 정도의 차이는 있지만, 모두가 정도에서 벗어나 기이한 행동에 물들어져 있는 오늘날의 세태 속에서, 따로 무슨 기인이 존재하겠는가? 점점 여유를 잃어버리고, 눈앞의 작은 이익에 집착하여 허덕거리는 기인들로 모두가 변해 버렸는데 말이다.

때로는 신비롭고, 때로는 현실에서 일탈한 객기를 부리는 그런 멋도 섞여 있어야 하는데, 세상은 점점 단조로워져 간다.

도깨비 이야기도 그런 예 중의 하나이다.

우리가 어릴 때만 해도 도깨비 이야기는 흔하게 들을 수 있었다. 뉘 집 방앗공이에 피가 묻어, 그것이 도깨비로 화하여 며칠 전에 나타났다는 이야기며, 지난밤 공동묘지에는 유난히도 번쩍이는 도깨비불이 많이 나타났다는 등의 이야기는 일상사처럼 자주 들을 수 있었다.

이웃집 아무개 청년이 안개가 자욱이 끼고 이슬비가 부슬부슬 내리는 날, 등 너머 마을에 볼일을 보러 가다가 허연 수염이 달린 노인을 만났는데, 이내 감쪽같이 없어지더라는 이야기도 종종 들었다.

날이 어두워질 무렵에 산비탈 밭에서 일을 하고 있는데, 갑자기 할머니 한 분이 흰옷을 입고 산에서 내려 오길래, 예사로 여기고는 엎드려 풀 한 포기를 뽑고 다시 쳐다보니, 온데간데없더라는 이야기는 이웃 아주머니에게서 직접 들었다.

어린 시절에 들었던 도깨비 이야기는 지금 나이 먹은 사람들이라면 누구나 가슴 한 구석에 아스라이 자리잡고 있는 하나의 그리운 향수다. 일전에 어느 명사들이 쓴 신문 칼럼에도 이런 향수담이 실려 있었다.

한밤중에 나그네가 숲길을 걸어갔다. 달빛 닮은 여인이 나타나 그를 유혹했다. 그녀의 오두막에서 기분 좋은 하룻밤을 보낸 나그네, 아침에 일어나니 부지깽이 한 자루를 안고 있었다. 지난밤 그를 유혹한 아름다운 여인은 백 년 묵은 여우 도깨비였다. '옛날 옛날에'로 시작되는 이 땅의 이야기에는 이런 이야기들이 많았다.

할머니가 살던 마을에는 밤만 되면 도깨비가 나타난다고 했다. 밤새 도깨비랑 싸우다 간신히 도깨비를 넘어뜨리고 상처투성이가 돼 돌아왔다는 아저씨도 있었고, 도깨비가 등에 올라타고 놔주질 않아 논바닥을 구르다 간신히 떼어놓고 달아났는데, 날이 밝아 찾아보니 싸리 빗자루였더란 이야기를 하는 사람도 있었다.

또 할머니는 또깨비 퇴치법도 함께 일러주셨다. 도깨비를 만나면 눈을 아래로 내리깔고 상대를 깔보는 눈빛을 해야 한다며 직접 시범까지 보여 주었다. 그놈 머리 쪽을 쳐다보면 몸뚱이가 집채만 해져서 절대로 이길 수가 없단다. 무조건 발쪽을 봐야 해. 그러면 도깨비가 순식간에 개미처럼 쪼그라들어서 네가 가만히 서 있기만 해도 녀석이 알아서 줄행랑을 치게 될 거야. (이하 생략)

얼마나 향기롭고 할머니 냄새가 나는 이야기인가!

그런데 우리는 우리 도깨비의 참모습을 잘 모르는 이가 많다. 우리가 흔히 떠올리게 되는 도깨비의 모습은 머리에 뿔이 있고 원시인 복장을 한 채, 손에는 못 박힌 몽둥이를 들고 있다. 그런데 이러한 도깨비는 우리의 도깨비가 아니고 일본의 요괴인 '오니(おに)'다. 일제 강점기 교과서에 일본 전래동화 '혹부리영감' 이야기가 실리고, 오니가 등장하는 삽화까지 그대로 쓰이는 바람에 오니가 우리의 도깨비 모습으로 둔갑한 것이다.

1910년 한일병탄 뒤 조선총독부에서 교과서를 만들 때, 일본의 것을 가져와 그대로 베끼면서 일본의 요괴가 우리의 도깨비로 변신한 것이다. 이처럼 일본 교과서를 바탕으로 하면서, '혹부리영감' 이야기를 싣고 일본의 삽화까지 그대로 가져다 썼다. 일본이 '내선일체(內鮮一體 일제의 조선 통치정책으로 '조선과 일본은 한몸이라는 뜻)'라는 식민정책의 일환으로 그렇게 끼워 붙인 것이다. 그 뿔 달린 오니 삽화는 일제 침략기 내내 교과서에 수록되었고, 광복 이후에도 당시 문교부는 비판적 검토 없이 혹부리영감 이야기와 삽화를 그대로 교과서에 수록했다. 이런 영향으로 '혹부리영감'이 한국 전래 민담으로 둔갑해 동화책으로까지 나왔다.

일본에서는 지금도 대보름 비슷한 시기인 양력 2월 3일에 집집마다 세쓰분이라는 행사를 한다. 얼굴에 빨간 도깨비 가면을 쓰고 현관에서 들어오려고 할 때

콩을 도깨비를 향해 한 주머니 뿌린다. 그때 "오니와 소토(악귀, 액운은 밖으로 나가라)"라고 하고, 반대로 현관에서 집 안을 향해 "후크와 우치(복은 집 안으로 들어와라)"라고 외친다.

그러면 우리의 도깨비는 어떤 모습일까 ?

우리 문헌에 나타나는 최초의 도깨비는 삼국유사에 등장하는 '비형(鼻荊)'이다. 삼국유사 '도화녀와 비형랑[桃花女鼻荊郎]'조에 나오는 이야기다.

신라 제25대 진지왕이 생전에 사량부에 사는 아름다운 도화녀를 보고 그 모습에 반하여 잠자리를 같이하고자 하였는데, 도화녀가 남편이 있는 몸이라고 하며 거절하여 뜻을 이루지 못했다. 2년 뒤 도화랑의 남편이 죽자, 진지왕의 혼이 도화녀의 허락을 받고 관계하여 한 사내아이를 낳았는데 그 이름을 비형이라 하였다. 그 후 진평왕은 비형의 나이 15세가 되자 집사라는 벼슬을 주었는데, 저녁마다 궁궐 밖으로 나가 도깨비들을 모아 놓고 놀았다.

비형은 도깨비들을 부려 하룻밤 새 다리를 놓기도 했다. 비형은 그가 부리는 무리 가운데 길달을 조정에 천거하고, 왕은 아들이 없는 신하로 하여금 그를 양자로 삼게 하였다. 어느 날 길달이 여우로 변해 도망가자 비형은 도깨비들을 시켜 그를 죽이게 하였다. 그 뒤 도깨비들은 비형의 이름만 들어도 무서워 달아나게 되었다. 그리고 당시 사람들이 비형을 두고 지은 노랫말을 써 붙여 잡귀를 물리치게 되었다.

이렇듯 비형은 인간을 해코지하는 것이 아니라, 다리를 놓기도 하고 도 요술을 부리는 나쁜 길달을 죽이기도 하여 인간을 이롭게 한다. 그래서 사람들은 그의 이름이 담긴 노래를 써 붙여 잡귀를 막았다는 것이다.

우리 도깨비의 신분은 남자다. 도깨비가 남성임은 도깨비의 어원에서도 알 수 있다. 도깨비의 고어는 '돗가비'인데 『석보상절』에 처음 나타난다. '돗가비'란 말은 '돗+ㄱ+아비' 의 합성어인데, 돗은 '불(火)'이나 '씨앗(種子)' 등의 의미를 내포하는 것으로 추정되는바, 풍요를 상징하는 의미를 나타내고, '아비'는 '장물아비'나 '처용아비' 등의 용례에서 보듯 아버지 곧 성인의 남성격이다. 'ㄱ'은 두 말을 이어주는 사잇소리다. 그러므로 도깨비는 풍요를 관장하는 남성신이다. 『석보상절』에도 풍요를 관장하는 도깨비에게 복과 장수를 달라고 빌고 있음을 볼 수 있다. 남성이기 때문에 예쁜 각시도 좋아해서 물레방앗간을 잘 드나든다.

또 도깨비에게 음식을 대접했더니 금은보화 등으로 보답을 했다는 이야기도 전한다. 도깨비는 메밀묵과 시루떡을 좋아하며 막걸리도 좋아한다. 메밀묵 한 사발을 쑤어 주었더니 대신 게를 많이 잡아주었다는 전래담도 있다. 씨름도 좋아하고 장난도 잘치고, 노래랑 춤추기도 좋아한다.

그런데 팥죽을 싫어하고, 수탉이 우는 소리를 싫어한다. 팥죽을 싫어하는 것은, 붉은 빛깔은 귀신을 내쫓는다는 관념 때문에 생긴 것이며, 닭 우는 소리를 싫어하는 것은, 날이 새면 귀신은 힘을 잃는다는 속설에 기인한 것으로 생각된다. 이와 같이 우리의 도깨비는 악행을 저지르는 일본의 오니와는 달리 사람냄새를 가득 풍기는 신이다.

이러한 우리의 도깨비 이야기도 현대화, 도시화라는 이른바 문명의 물결에 밀리어 그 자취를 감추고 말았다. 그만큼 우리는 신비로움과 경이감을 주는 또 하나의 멋을 잃게 되었다. 이렇게 된 연유를 가만히 생각해 보니, 그것 역시 달라진 세상인심 때문이 아닌가 생각된다.

도깨비처럼 얼렁뚱땅 사람을 속이고, 세워 놓고 코를 베어 가는 사람 도깨비가 많아져서, 원래의 실제 도깨비 이야기가 필요 없어졌기 때문이란 생각이 들기 때문이다. 실제 도깨비의 신비성보다 더 기상천외한 사기가 판치는 세상이 되어, 이제 그 옛날의 도깨비 이야기는 시시해졌는지도 모른다. 으슥할 때 나타났던 순진한 예전의 도깨비보다, 현대판 낮도깨비는 몇 배의 강력한 힘을 지니고 있다. 지금의 낮도깨비 보이스피싱은 말 그대로 세워 놓고 기가 막히게 사람의 코를 베어간다. 수년 전에는 김 아무개라는 낮도깨비가 대통령 선거전에 나타나, 어느 후보의 아들이 병역기피를 했다는 속임수로 대낮에 유권자를 홀려 그를 낙선시켰다. 요즈음 각종 선거판에도 책임을 지지 못할 희한한 술수로 순진한 백성들을 꾀어내고 속이는 꾀조리 도깨비가 얼마나 많은가.

이렇게 가당찮은 현대판 낮도깨비가 더욱 설쳐대니, 옛날의 순진한 도깨비 이야기가 없어지지 않고 어찌 배기겠는가?

인간미와 신비감이 교차하는 옛날의 도깨비 이야기가 새삼 그립다.

아무렴, 거짓말을 만우절에나 들을 수 있고, 기인이 드문드문 나타나 세인들의 사랑을 받는 세상, 그리고 하루 속히 낮도깨비가 없어지고, 복 방망이를 든 도깨비가 지난밤에 나타나, 복 덩어리를 집집이 나누어 주고 갔다는, 신비로운 이야기가 모락모락 피어나는 그런 세상이 다시 왔으면 싶다.

제사의 강신 참신과 불천위

제사를 책임지고 맡아서 주관하는 사람을 제주(祭主)라 한다. 제수를 진설한 후 제주 이하 모든 참사자가 차례대로 선 뒤, 제주가 신위 앞에 나아가 분향한 다음 재배하고, 술을 조금 잔에 붓는데[뇌주(酹酒)라 함] 이것을 강신(降神)이라 한다. 신위를 모신다는 뜻이다. 뇌주는 술 한 잔을 모사(茅沙 띠풀과 모래)그릇에 세 번 나누어 붓는 것을 말한다.

분향과 뇌주는 죽은 이의 혼백(魂魄)을 모셔 오는 것과 관련이 있다. 혼은 정신의 영을 가리키고, 백은 육체의 영을 가리킨다. 사람이 죽으면 정신의 영인 혼은 하늘로 올라가고, 육체의 영인 백은 땅으로 내려간다. 그래서 향을 피울 때 올라가는 향의 연기는 하늘의 혼을 모셔 오고, 모사에 붓는 술은 땅의 백을 모셔오는 의미를 가진다.

강신의 절차가 끝나면, 제주 이하 모든 참례자들이 재배하는데, 이것을 참신(參神)이라 한다. 그런데 신주(神主)를 모시면 참신을 먼저 하고, 지방(紙榜)을 써서 모시면 강신을 먼저 한다.

집안에 따라 다르긴 하지만, 어떤 집에서는 술을 따른 잔을 향불 주위를 세 번 돌려서 드리는데 이를 거한(去寒)이라 한다. 거한이란 찬 기운을 제거한다는 뜻인데, 향불에 술을 따뜻하게 데운다는 의미다.

　그런데 술잔을 세 번 돌리는 연유는 무엇일까? 이에 대해서는 두어 가지 속설이 있다.

　첫째는, 불교 의식에서 유래했다는 설이다. 부처님이 두 그루의 사라나무[斯羅雙樹] 아래에서 열반에 들자, 제자들이 부처님을 관(棺) 속에 모시고 슬퍼하고 있었다. 그런데 제일 제자인 가섭이 마침 출타중이어서, 다비를 거행하지 못하고 그가 올 때까지 기다리고 있었다.

　7일이 지난 후에야 가섭이 도착하여, 곽 주위를 세 번 돌면서 예를 표하자, 부처님의 두 발이 곽을 뚫고 밖으로 나왔다. 이를 곽시쌍부(槨示雙趺)라 하는데, 제사 때 술잔을 세 번 돌리는 거한의 풍습도 이에서 유래했다는 것이다.

　둘째는, 우리 전래의 삼(三) 중시 사상에서 유래했다는 설이다. 제사의 거한도 세 가지 즉 하늘, 땅, 세상만물에 고한다는 의미를 띠고 있다는 것이다. 삼(三)을 중시한 것이나, 천지자연을 숭배한 것은 아득한 옛날부터 있어 온 우리 민족의 습속이었다. 삼세번, 삼짇날, 삼칠일 금기(三七日禁忌), 삼재(三才), 삼신산(三神山), 삼족오(三足烏) 등이 다 그러한 데서 나온 것이다.

　이로 보아 거한의 의례는 아마도 후자의 설이 더 설득력을 지닌 것 같다.

　하늘과 땅, 종묘에 제사 지낼 때는 소, 양, 돼지 등을 제물로 바쳤는데, 이를 희생(犧牲)이라 한다. 남을 위하여 자기 목숨을 바치거나, 자기의 손해를 무릅쓰고 남을 위하여 일하는 것을 희생이라 하는 것은 여기서 유래한다.

　종묘의 정전 옆에 성생단(省牲壇)이라는 단이 조성되어 있다. 이곳은 제사에 올릴 희생이 적절한지를 미리 점검하던 곳이다. 제사에 쓸 소나 돼지 등이 병이 들었거나 생김새가 바르지 못하면 쓸 수가 없기 때문이다.

종묘의 성생단

필암서원 계생비

전라남도 장성군 필암리에 김인후를 추모하기 위해서 세운 필암서원이 있는데, 경내에 필암서원 계생비(筆巖書院繫生碑)라는 비가 있다. 여기에 씌어 있는 계생(繫牲)은 제사에 쓸 희생을 매어 둔다는 뜻이다. 그러니까 이 비는 서원에서 향사를 지낼 때 제물로 쓸 가축을 매어 두고, 제관들이 미리 그 주위를 돌면서 제물로 쓸 것인가의 여부를 결정하였던 곳이다.

특히 나라의 제사에 쓰던 살지고 투박한 산 짐승을 충둔(充腯)이라 하는데, 제사 전날에 헌관(獻官)이나 감찰(監察)이 소, 돼지, 양 따위의 충실한 짐승을 희생으로 선택하여 썼다.

제사와 관련된 말에 추원보본(追遠報本)이란 말

이 있다. 이 말의 '원(遠)'과 '본(本)' 자는 단순히 '멀다'나 '근본'이란 뜻이 아니고, '조상'이란 뜻으로 쓰인 글자다. 그러므로 추원보본은 조상을 추모하고 조상께 보답한다는 뜻이다.

우리의 전래 제의는 매우 복잡하지만, 상(喪)을 치르는 과정과 관련한 제사를 제외한 중요한 제사는, 시제(時祭), 차례(茶禮), 기제(忌祭), 묘제(墓祭) 등이다.

시제는 계절에 따라 1년에 4번 지내던 제사인데, 사대부가에서는 2월, 5월, 8월, 11월에 지냈다. 그러나 지금은 거의 없어지고 있다.

차례는 원래 매월 초하루와 보름 또는 명절이나 조상의 생일 등에, 간단히 낮에 지내던 제사를 지칭했다. 지금은 설날 아침에 지내는 연시제(年始祭)와 추석날 아침에 지내는 절사(節祀)가 있다. 차례에는 축은 읽지 않는다.

기제는 돌아가신 날 이른 시각에 지내는 제사로, 부모, 조부모, 증조부모, 고조부모의 4대를 모셨다. 그러나 지금은 점차 줄어지고 있다.

묘제는 기제를 지내지 않는 5대 이상의 조상들께 묘소에 가서 지내는 제사로, 주로 음력 10월에 날짜를 정하여 지낸다.

앞에서 본 바와 같이 보통 기제사(忌祭祀)는 고조 즉 4대까지만 모시고, 5대부터는 혼백을 무덤에 묻어 버리고 묘사만 지낸다. 그런데 불천위(不遷位)로 정해진 분은 영구히 제사를 모신다. 불천위란 큰 공훈이나 학문이 높은 분에 대해, 신주를 영구히 사당에 두면서 제사를 지내는 것이 허락된 신위를 가리키는데, 불천지위(不遷之位)의 줄임말이다. 불천위는 신주를 묻지 않고 계속 봉사(奉祀)한다고 하여 부조위(不祧位)라고도 하며, 불천위를 모신 사당을 부조묘(不祧廟)라고 한다.

종묘에는 조선의 27왕 중 연산군과 광해군을 제외한 25왕과 그 비(妃)가 모셔져 있다. 그 중 정전에는 19왕(영친왕 포함)의 불천위가 모셔져 있고, 별전(영녕전)

에는 불천위에서 빠진 7왕(정종, 문종, 단종, 예종, 인종, 명종, 경종)과 추존된 왕들이 모셔져 있다. 이들은 조천위(祧遷位)라 불린다.

불천위는 일반 사가의 가불천위와 나라에서 정한 국불천위(國不遷位), 유림에서 정한 유림불천위(儒林不遷位), 문중에서 정한 문중불천위(門中不遷位)가 있다. 이 중 국불천위가 가장 권위가 있음은 물론이다. 국불천위의 대상은 원칙적으로 문묘(文廟)에 배향(配享)되어 있는 사람들이다. 불천위를 모신 가문은 이를 큰 영광으로 생각하며, 보통 기제사보다 훨씬 많은 음식을 차리고, 지방의 유림이나 유지들이 참여하기도 한다.

누이를 잃은 어느 독립투사의 눈물로 쓴 제문

제문(祭文)은 죽은 사람에 대하여 애도의 뜻을 나타낸 글로, 제물을 올리고 축문처럼 읽는다. 주로 탈상 때 읽는데 지금은 거의 사라져 가고 있다.

여기 심산(心山) 김창숙(金昌淑) 선생의 둘째 누이에 대한 제문을 소개한다. 이 제문의 내용이 너무나 가슴을 찢고 구구절절 간장을 녹이는 것이어서, 한 사람이라도 더 이 글을 읽고 심산 선생의 강직한 성품과 거룩한 애국정신, 그리고 그 누이의 매운 인품을 접했으면 좋겠다 싶어서다.

원문은 한문으로 되어 있다. 필자의 비천한 재주로 명문을 심히 훼손하는 것 같아 저어되는 바가 크지만, 독자들을 위하여 졸역을 덧붙였다. 그리고 중간 중간에 간단한 주(註)를 넣어 독자들이 읽는 데 편의를 주고자 하였다. 원문을 함께 싣는 것이 이치에 맞는 일이라 생각되지만, 일면 번거롭다는 생각도 들어 그것을 피하였다.

어려운 말은 쉽게 고치고 때로 설명이 더 필요한 것은 괄호 안에 그것을 덧붙였으며, 좀 더 긴 해설이 필요한 부분은 중간에 협주(夾註)를 넣었다. 이는 다소 껄끄러운 면이 있긴 하지만, 원문을 살펴 함께 읽으려는 독자가 있다면, 그의 이해에 도움을 줄 수 있다는 점을 고려하여 그렇게 한 것이다.

지금 돌아보니 호랑이를 그리려다 고양이를 그린 것 같아서 그저 부끄러울 뿐이다. 누구든지 쉽게 읽을 수 있도록 하자는 처음의 취지를 살리려고 내 딴에는 애를 썼으나 어떨지 모르겠다. 그건 모두 독자의 몫이다. 아무럼 읽는 이의 가르침과 해량을 아울러 바랄 따름이다.

예로부터 제갈량(諸葛亮)의 출사표(出師表)와 이밀(李密)의 진정표(陳情表) 그리고 한유(韓愈)의 제십이랑문(祭十二郎文)을 삼대 명문장이라 한다. 출사표는 나라를 위해 출정하겠다는 제갈량의 절절한 우국충정을 임금에게 아뢰는 글이고, 진정표는 이밀이 할머니의 병을 구완하기 위해 벼슬길에 나갈 수 없음을 임금에게 간청하는 글이며, 제십이랑문은 한유가 조카의 죽음을 애도한 글이다.(12랑은 형제의 서열이 12번째라는 뜻)

그래서 예부터 출사표를 읽고 울지 않는 사람은 충신이 아니고, 진정표를 읽고 울지 않는 사람은 효자가 아니며, 제십이랑문을 읽고 울지 않는 사람은 우애를 알지 못하는 사람이라 하였다. 옛 사람들은 출사표를 읽고 나라를 위해 울고, 진정표를 읽고 부모를 생각하며 울고, 제십이랑문을 읽고 형제를 생각하면서 울었다.

아래의 제문은 심산 선생의 바로 아래 여동생인 성산 이 씨 아내의 탈상 때 지은 것이다. 이 제문은 전편이 오누이 간의 애틋한 정으로 점철되어 있고, 그 바닥에 심산의 강직한 성품과 우국의 정 그리고 누이인 성산 이 씨의 아내가 지닌 곧은 절개가 옥돌처럼 가득 깔려 있다.

그래서 이 제문에 대해 많은 학자들이 평하기를, 당송 팔대가의 문장 중에 한유의 조카에 대한 제문인 제십이랑문이 천하의 명문으로 회자되고 있으나, 심산의 제문은 그것을 능가하는 명문으로, 이 제문을 읽고 울지 않는 이가 없다고 하였다.

심산 김창숙 선생은 우리가 잘 알다시피 경북 성주 출신의 혁혁한 독립운동 가이시다. 을사늑약이 이루어지자, 그 오적의 목을 베라는 상소를 시작으로 하여 일제강점기 내내 줄기 찬 독립운동을 전개하였고, 광복 후에는 독재화되어 가는 이승만 정부를 비판하는 데 앞장섰다. 선생은 한평생 자기 일신의 일은 돌아보지 않고, 오직 국가와 민족을 위하는 일에 몸을 던진 애국지사이시다.

지금 우리는 역사의 중대한 변곡점에 서 있다. 남북 분단도 모자라 남남 갈등에 시달리고 있다. 국가와 민족이 다시 한 번 융성하느냐, 그렇지 못 하느냐 하는 기로에 서 있다. 이렇게 중요하고도 어려운 시점에서, 자신의 영달을 버리고 오직 나라를 위해 일평생 고난의 길을 걸었던 심산을 다시 한 번 되새기고 우러르게 됨은 자못 그 의미가 깊다.

요즘 눈만 뜨면 '애국 애국', '민족 민족' 하면서 떠드는 사람을 수없이 본다. 그런 사람들 중에 세금 탈루, 학력과 논문의 위조자는 왜 그리도 많은가? 국정을 수임하겠다고 나서서 청문회 자리에 앉은 사람들 중에 병역 미필자는 또 왜 그리 많은가? 입만 벌리면 '여론 여론'을 외치는 정치인들은 왜 그리도 편향된 말만 뱉어 내며 입이 걸까?

국민의 뜻이라고 외치면서 주먹을 불끈 쥐고 휘두르는 사람들은 왜 그리도 국민을 깔보며 엇박자를 내지르는가? 오직 서민을 위해 일한다며 학교 평준화를 외치면서, 정작 자신의 자녀는 특목고에 보내고 외국에 보내 호강스럽게 공부시키는 사람은 또 왜 그리 많은가?

심산이 저승에서 이들을 본다면 무어라 할 것인가. 얼마나 실망하고 한숨을 내쉴지 모를 일이다. 이제 그가 지은 제문 일편을 읽으면서, 그분의 높고 높은 마음의 산 속[心山]으로 들어가 보자.

<둘째 누이 성산 이 씨의 아내 영전에>

정유년(1957) 11월 14일 경진(庚辰) 날은 우리 둘째 누이 유인(孺人) 이 씨의 아내가 세상을 떠난 지 두 돌이다. [유인의 '孺'는 원래 '屬(속)'의 뜻으로 남편에게 종속(從屬)되어 있다는 뜻인데, 제후의 아내를 夫人이라 하고 대부의 아내를 孺人이라 하였음. 뒤에 9품의 문무관 아내의 품계를 이르다가, 그후 벼슬이 없는 사람의 아내를 가리키는 통칭이 되었음.]

전날 저녁 기묘(己卯)에 친오빠인 절름발이 늙은이 창숙이 손자 위(暐)를 데리고, 병든 몸으로 슬슬 기어서 관 앞에 와 곡하고 한 잔을 부어서 고한다. [왜경의 고문으로 절름발이가 됨. 그래서 김창숙은 스스로 躄翁(벽옹) 즉 '앉은뱅이 늙은이'라 호를 스스로 붙였음]

아! 슬프다. 그대가 죽고 나는 살았으니. 죽고 사는 것이 인간사의 큰일이라, 사는 것을 좋아하고 죽는 것을 싫어하는 것은 사람의 상정인데, 나는 지금 죽기를 빌어도 죽지 않으니, 그대의 죽은 것을 슬퍼할 겨를보다는 나의 죽지 않는 것을 슬퍼한다.

나는 인지상정에 반대되는 사람인 듯하다. 내 동기가 다섯인데 위로 한 누님이 있고, 아래로 세 누이가 있는데, 불행히도 두 누이가 일찍 죽고 오직 누님과 그대와 내가 70을 넘겼으니 말이다.

누님은 78세로 공산도배에게 해를 당하여 돌아가신 지 이미 팔년이 되었고, 그대는 75세로 독기가 센 악성의 부스럼에 걸리어 일어나지 못한 지가 또한 삼년이 되었다. 나는 지금 79세로 폐질로 헐떡거리고, 기거와 변 수발을 일체 딴 사람에 의지하며, 곧 죽을 것 같은데 아직도 죽지 않으니, 심하다 내 생의 지루함이여. 이래서 내가 조석으로 빨리 죽기를 비는 것이다.

죽어서 저승에 계신 부모와 누님과 세 누이가 함께, 그 슬하에서 기쁨을 드리면 얼마나 행복스럽겠는가. 저 조물주가 일부러 장난을 하여 아직도 나에게 행복을 허락해 주지 않으니 이것이 다만 원망스럽다.

슬프다. 그대는 타고난 바탕이 온순하고 정숙하며 영리하고 민첩하여 항상 지킬 윤리에 어긋남이 없었다. 가정에 있어서는 효도와 우애를 지극히 하고, 일을 처리함에는 널리 어질고 사랑하는 마음으로 임하였으며, 몸가짐은 한결같이 규범에 맞게 하고, 일에 대하면 반드시 법도에 맞게 하였다.

그러므로 부모가 깊이 사랑하여 일찍이 말하기를,

"네가 남자가 되었더라면 나라라도 평안하게 할 수 있을 것이다."

라고 하였다.

그대가 이 군(李君)에게 출가한 뒤에 이군이 어질기는 하여도 타고난 명이 짧았다. 그대가 손가락의 피를 내어 입에 드리우며 구완하였으나 끝내 구하지 못하였다. 그때 그대 나이 스물넷인데 일점의 혈육도 없었다. 맹세코 따라 죽으려 하였으나 집안사람들이 엄하게 지키어 뜻을 이루지 못하매, 복제[服制 상복을 입는 제도] 지키기를 법대로 따르며, 언제나 남을 놀라게 하는 곡을 하지 않고 항상 간장(肝腸)을 태우며 속으로 울고, 헝클어진 머리와 때 낀 얼굴로[상중에 화려하게 몸단장을 하지 않았다는 뜻] 문밖으로 한 걸음도 나오지 않고 3년을 하루같이 하였다.

상이 끝난 뒤에도 오히려 문을 닫고 깊이 처하며, 바깥사람을 한 번도 접하지 않아서 시집가지 않은 처녀와 같았다. 내가 때로 그대의 집에 이르러, 어머니께서 보고 싶어 하신다는 뜻을 전하고, 한번 친정에 와서 가슴에 답답하고 꽉 막힌 회포를 풀라고 권하면 그대는 말하기를,

"어머니께서 내 얼굴을 보시면 반드시 더욱 마음 아파하실 것이니 근친하지 않는 것이 낫다."

하며 완곡하면서도 굳게 사양하였다. 권 한 지 몇 해 만에 비로소 한 번 와서 근친하였는데, 어머니를 모시고 한 방에 거처하였다.[근친(覲親)은 시집간 딸이 친정에 와서 어버이를 뵘. 귀녕(歸寧)과 같음]

내가 손님이 가고 난 뒤 밤이 고요한 때에 그대의 처소에 들어가서, 매양 소학, 내칙[內則 이너자기 지켜야 할 규칙] 등 아름다운 말과 착한 행실을 고하면, 그대는 항상 즐겨 듣고 찬탄하였다.

　어느 날 밤은 어머니께서 그대와 함께 예전 열녀가 코를 벤 일을 이야기하시기에, 내가 양파(陽坡) 정 상공[鄭 相公 鄭太和란 사람을 가리킴]이 과부 딸을 시집보낸 일을 들어서 그 앞뒤 사정을 말하였더니, 얘기가 끝나기 전에 그대가 홀연히 크게 노하여 말하기를,

　"오빠가 내 뜻을 빼앗으려고 시험하는 것인가요? 비록 죽더라도 맹세코 오빠의 말에 움직이지 않을 것이오. 곧 죽은 남편의 집에 돌아가서 스스로 죽겠으니, 반드시 이 밤에 가마를 차리어 나를 보내 주시오. 그리하지 않으면 내가 걸어서 달아나 오빠의 집에 일각도 지체하지 않겠소."

　하며 밤새 노하여 부르짖었다.

　날이 밝자 부득이 그 집으로 돌려보냈는데, 나도 또한 뒤를 따라가서 그 집에 이르러 하루를 지내고 돌아간다고 말하니, 그대 오히려 분연히 말하기를,

　"빨리 가고 다시 오지 마시오." 하였다.

　그 뒤에 내가 그대의 집에 이르니 그대가 문득 말하기를,

　"오빠가 무얼 하려고 왔소. 지체하지 마오."

　하였다.

　나는 머리를 숙여 절하며 위로하고 비유하여 사과하였으나, 그대는 귀를 가리고 듣지 않는 것 같았다. 어머니께서 여러 번 편지를 하여 풀라고 일렀으나 그대는 선뜻 받아들이지 않았다. 칠팔 년 뒤에 어머니의 병환이 위독하다고 전하였더니, 그대는 비로소 양아들 태환(泰桓)을 데리고 왔다.

　어머니께서 그대에게 이르기를,

　"내가 너를 부르는데 병으로 핑계한 것은 너를 반드시 오게 하여, 네 오빠와 화해시키려고 한 것이다."

하니, 그대가 드디어 기쁘게 내 손을 잡고 말하기를,

"어머니의 명령이시니 감히 어찌 순종하지 않겠소? 내가 단순히 오빠를 원망하는 것이 아니라, 내 뜻이 단연코 그렇지 않음을 보인 것이오."

하였다.

내가 이때에 눈물을 거두고 말하기를,

"옛날 내가 정 상공의 일을 끌어 말한 것은 실로 그대를 잘못 안 것이며, 그대의 맵고 곧은 절조는 비록 예전의 코를 자른 이도 그대를 뛰어넘지 못할 것이다. 내가 어찌 윗도리를 벗고 가시로 매를 맞는 벌과 사죄로[원문의 肉袒負荊(육단부형)은 어깨를 드러내고 가시를 짊어진다는 뜻] 그대에게 절하지 않을 수 있겠는가?"

하니 어머니께서도 나더러 절하라고 하시었다. 그대가 감히 못한다고 굳이 사양하여, 하지 않고 드디어 즐거움을 펴고 마치었다. 이 일을 돌이켜 생각하면 이미 40년 전 꿈속의 일이다. 내가 말하지 않으면 이를 누가 다시 알아 전하랴. 슬프디 슬플 뿐이다.

지난날 기미 광복의 큰 일로, 나는 만국공회로 보내는 유림의 장서[巴里長書(파리장서)를 가리킴. 김창숙의 주도로 약 137명의 유림들이 연명한 독립탄원서를 평화회의가 열리던 파리로 보낸 일]를 받들고 해외로 달아났는데, 그때 어머니의 연세는 이미 70을 넘었고 세 아이는 포대기에 싸인 다박머리 소년이었다. 70이 넘은 어머니를 봉양할 다른 형제도 없었는데, 그대가 돌아와 우리 집에 있으면서 힘을 다하여 봉양하니 어머니께서는 매우 편하게 여기셨다.[심산이 우리가 흔히 쓰는 '기미 독립'이라 하지 않고 '기미 광복'이라 한 점에 유의해야 한다. 독립과 광복은 그 의미가 다르기 때문이다. 우리나라는 원래 독립국인데, 일본이 일시적으로 우리나라의 독립을 빼앗아 갔으므로, 그 본래의 국권을 다시 찾는 것이기 때문에, '독립'이 아닌 '광복'이란 말을 쓴 것이다. 독립기념관이란 이름도 다시 생각해야 할 일이다.]

이듬해에 어머니께서 세상을 떠나시고 나는 해외에 있어 돌아오지 못했는네, 그대가 태환을 데리고 엄습, 관곽[棺槨 시체를 넣는 속 널과 겉 널]의 제구를 몸소 준비하고 처리하여, 형식보다는 슬픔의 예를 다하여 상을 치름에, 지나침이 있을지언정 부적함이 없었다.

그때 원근의 친척과 상례를 돕는 사람들이 그대를 보고 모두 탄식하며 어질게 여기지 않는 이가 없었다. 달려가 상을 치르지 못한 큰 불효자인 나로서는, 비록 백 번 죽어서 뼈가 가루가 된들 어찌 누이의 이 은혜를 갚겠는가.

내가 대구의 왜놈 감옥으로 잡혀오자 그대가 손수 나의 먹을 것을 조리하여, 하루에 반드시 세 번씩 옥문을 두드리기를 1년 9개월이 넘었으나 조금도 게을리 하지 않았으니, 비록 원수 왜놈 앞잡이들의 교활, 무례한 자들도 그대의 지극한 정성을 장하게 여기어 예로서 공경하지 않는 자가 없었다.

그 후 내가 대구에서 대전으로 이감되어 병이 위독할 때에, 그대가 미리 내 죽은 뒤의 수의를 갖추어, 날마다 옥문을 지키며 울부짖고 달이 넘도록 가지 않으니, 옥리(獄吏)도 또한 감동하여 눈물을 흘렸다.

뒤에 나의 병이 위급하므로 형 집행이 정지되어 감옥에서 나왔는데, 얼마 안 되어 왜경의 추적과 압박이 다시 조여 오므로 학성 바다 위의 절에 숨어 있었다.[백양사를 가리킴. 7년 간의 감옥살이 후 병보석으로 풀려나 5년 간 울산 학성의 백양사에서 조섭하였는데, 여기서 회갑을 맞음] 그대가 때때로 와서 보고 의복과 음식을 보내는 것이 항상 끊이지 않았다.

내가 어머니의 묘 옆에서 시묘를 할 때에, 그대도 와서 내 여막 옆에서 항상 함께 호흡을 맞추며 오래도록 가지 않으니, 평소 그것을 본 산 아래 사람들은 지금까지도 그 일을 말하며 슬프게 여긴다. 이 두어 가지가 모두 효성과 우애가 천성에서 나온 것이요, 털끝만큼도 억지로 지어 한 것이 아니다.

8·15 해방 이후에 내가 공산도배와 그 무리들에게 미움을 사서 때때로 화를 면하기 어려울 때가 있었고, 6.25 뒤에 이르러서는 천하가 더욱 크게 어지

러워져서, 저 무리들이 항상 나를 죽이려고 늘 마음속으로 벼르고 있으매, 그대가 그것을 깊이 걱정하여 매양 편지로 나에게 말하기를, 큰 산의 숲 같이 넓고 큰 도량으로 저들을 포용하라 하였다.

내가 처음부터 그대의 말이 크게 이치가 있다고 생각하지 않은 것은 아니나, 나의 곧고 굳은 외곬 성품이 마침내 세상사에 잘 맞추지 못하고, 또 백성의 뜻을 그르친 거짓 유교의 화가 지금까지 그치지 않았으니, 이것은 내가 늙을수록 더욱 어리석어, 그대의 말을 받아들이지 않았던 허물이다.[선비의 강성만 내세우다 세상일에 잘 부응하지 못했다는 뜻. 참고로 심산은 유교에 대해 이렇게 비판했다. "우리나라는 유교의 나라였다. 실로 나라가 망한 원인을 따져보면 이 유교가 먼저 망하자 나라도 따라서 망한 것이다. 지금 광복운동을 선도하는 데 3교(천도교, 불교, 기독교)의 대표가 주동을 하는데 유교는 한 사람도 참여하지 않았다."]

내가 을미년(1955) 겨울 초에 영주 큰딸[인동 장씨 집안] 집에서 병을 조리하고 있는데, 홀연 그대가 태환을 데리고 의원을 찾아 서울에 왔다는 소문을 듣고, 드디어 허둥지둥 서울로 가, 그대를 병상에서 만나니 그대가 급히 내손을 잡고 말하기를,

"내 병은 이미 어쩔 수 없게 되었소. 내가 여기 머물러 있는 것은 다만 오빠를 한번 만나보고 영결하기 위함이오"

하고는 한숨을 쉬며 차마 놓지 못하였다.

목구멍 사이에서 나오는 가느다란 말이 호흡을 겨우 잇게 하는데, 그래도 죽는 것을 슬퍼하는 말은 하지 않았다. 한 이틀이 지나서 태환에게 명하여 돌아갈 행장을 차리게 해서, 나도 부득이 문에서 헤어지게 되었는데, 그대가 한참을 목메었다가 천천히 말하기를,

"사람은 필경 나면 한번 죽는 것이니 오빠는 슬퍼하지 마오."

하였다.

그로부터 한 달이 넘어서 부고가 왔다.

아! 슬프도다. 내가 그때 급히 상가로 달려가서 휘장을 헤치고 통곡하니, 그대의 얼굴이 마치 산 사람 같고 자는 듯이 눈을 감고 있었다. 내가 불러도 그대가 대답하지 않고 내가 통곡하여도 그대가 말리지 않으니, 죽은 자의 알아보지 못함이 정녕 이와 같은가 싶었다. 내가 서로 의지하며 목숨을 기댄 소중한 동기인데, 어찌 그대의 떠남을 슬퍼하고 크게 울지 않을 수 있겠는가!

또 어떻게 내가 아직도 구차히 살아 있는 것을 슬퍼하며 더욱 크게 울지 않을 수 있겠는가. 그대가 땅에 들어갈 때에 남편을 따라 함께 합장하였는데, 평소 그대가 바라던 지극한 소원이 이제 이루어졌으니, 그대는 반드시 편안히 여길 것이다. 이것이 내가 그대의 죽음을 슬퍼하지 않고, 나의 죽지 않은 것을 슬퍼하는 까닭이다.

내 병이 이미 불치의 병이 들어, 수년 이래로 비위가 음식을 받지 않아서, 천하의 진미라도 전혀 입에 맞는 것이 없고, 혹 하루 이틀을 먹지 않아도 배가 고프지 않으며, 매양 옆 사람이 억지로 권함에 못 이겨 겨우 한 술을 뜨나, 또한 목구멍에 내려가지 않아서 때로 찬 술 반잔쯤 마시고 그치니, 이것이 내가 빨리 죽을 징후이다. 나와 그대가 함께 구천(九泉)에 모이어 즐겁게 지낼 것이, 아침이 아니면 저녁인 것을. 아니 내가 이것으로 스스로 위로하여 저승 사자가 이르기를 서서 기다리고, 스스로 슬퍼하지 않는 연유다.

그대의 빈소가 곧 걷히리니, 내가 그대를 곡하는 것이 오늘 저녁이 지나면 이제 어디에도 할 곳이 없다. 끝이로구나, 끝이로구나!

영혼은 어리석지 않으니, 혹시 나의 곡하는 것에 곡하고 나의 슬퍼함에 함께 슬퍼하려는지? 내가 무익한 슬픔으로, 길을 가는 그대의 영혼을 슬프게 하지 않으려 하여 나도 이제 곡을 여기서 그치려 한다. 그대는 내 술잔을 잘 받아서 한번 흠향하겠는가?

아! 슬프다. 흠향하기를 바라노라.

은장도 있던 자리에 다이아몬드 액세서리

은장도와 액세서리

> 신이나 삼아 줄 걸 슬픈 사연의
> 올올이 아로새긴 육날 메투리
> 은장도 푸른 날로 이냥 베어서
> 부질없는 이 머리털 엮어 드릴 걸.

미당 서정주의 시 귀촉도의 일절이다. 먼 길 떠나는 임을 위하여 가슴에 차고 있는 은장도(銀粧刀)로 자기의 머리를 잘라 신을 삼아 엮어 드리겠다는 것이다. 이 시의 내면에 흐르는 시 정신이야 어떻든 간에 우선 여기에 등장하는 소재의 하나인 은장도의 새파란 칼날이 우리를 압도한다.

은장도는 우리 선대 여인들의 가슴에 차고 있던 칼이다. 세침(細針)으로 공그린 미려한 섶 앞에 찼던 노리개이자, 그것은 말 그대로 칼날 같은 정절의 상징이었다. 정절을 생명보다 더 귀중히 여기던 이 땅의 여인들은, 자기의 신변에 위험을 느꼈을 땐 그것으로써 자신을 방어하는 무기로 삼았으며, 가신 임을 못 잊어 임의 뒤를 따르고자 한 여인에겐 마지막 한을 씻는 정화기(淨化器)로 삼았다.

이 땅의 여인들은 남존여비와 칠거지악과 삼종지의, 불경이부 등의 엄청난 계율에도, 하찮은 불평 없이 인고의 세월을 오직 미덕으로 가늠하면서, 이 은장도와 더불어 무던히도 자기를 다져 왔던 게 아니었던가?

세상이 변함에 따라 노리개는 액세서리라는 외래어로 바뀐 지 오래 되었다. 은장도가 차여졌던 가슴에는 금이다, 옥이다, 혹은 이름도 외우기 힘든 각종 서양식 이름의 보석 목걸이들이 대신 드리워졌다.

은장도보다 몇 배나 값진 패물들이다. 그러나 왠지 나름대로의 허전한 생각이 든다. 선인들이 지녔던, 매서우리만큼 앙칼진 정절의 표상, 은장도를 잃어버리는 것 같은 생각이 드는 것은 부질없는 한 사람만의 생각이런가?

금 목걸이도 좋고, 은 목걸이도 좋고, 다이아몬드 목걸이도 좋다. 그러나 아무리 시대가 변한다 하더라도, 깊은 가슴 속 심장에 지닌 마음의 은장도만은 잃어서야 되겠는가?

초가삼간과 아파트

달아달아 밝은달아
이태백이 놀던달아
저기저기 저달속에
계수나무 박혔으니
금도끼로 찍어내어
은도끼로 다듬어서
초가삼간 집을지어
양친부모 모셔다가
천년만년 살고지고

천년만년 살고지고

우리나라 전래 동요의 하나로, 아이나 어른이나 할 것 없이 누구나 잘 아는, 입에 익은 노래이다. 무릇 동요나 설화는 그 시대의 민심과 세태와 생활상을 가장 잘 반영하는 것으로, 이른바 현실의 반영이요 시대의 소산이다.

그래서 옛날부터 여론을 파악하기 위하여 조정에서는 동요와 여항(閭巷)에 떠돌아다니는 일화, 기담 등을 수집 채록하였던 것이다. 중국 고대의 패관이나 채시관(採詩官)은 모두가 이런 직무를 수행하던 관직의 하나였다.

이 짤막한 '달아달아'의 노래에도 조상들의 그러한 생활관과 가치관이 담뿍스며 있다. 소박한 흥겨움과 서정성이 내포된 가운데, 가멸찬 효심이 그대로 담겨 있다.

그런데, 세태는 많이 달라졌다. 요즈음 유행하는 어느 대중가요의 가사와는 너무나 대조적이다. 우리 조상들이 지었던 초라한 초가삼간 대신에 '저 푸른 초원 위에 그림 같은 집'을 짓지만 양친 부모를 모시는 것이 아니라, '임과 함께' 살기만을 바라며 '천년만년 살고지고'가 아니라, '한 백년'쯤 현실적으로 살고 말겠다고 하니, 엄청난 거리를 느끼지 않을 수 없다.

모르긴 하지만, 아마도 우리 조상들은 초가삼간 중에서도 가장 좋은 방을 '양친 부모'께 드렸을 것이다. 그러나 지금은 삼간이 아니라, 수십 평의 넓은 맨션 아파트가 임립(林立)하는 세태가 되었지만, 거기에 '양친 부모'는 고사하고 '늙으신 할머니' 한 분도 들어갈 곳이 없어 자살했다는 소식마저 들리는 오늘이 되었다.

'천년만년'이 아니라도 좋다. 어버이날 하루만이라도 고향의 어버이를 찾는 아들딸이 되었으면 한다.

두레상과 테이블

식사는 방바닥에서 수 인치의 높은 밥상 위에 올려놓고 먹는다. 식단에는 쌀, 콩 또는 국수 이외에도 국물, 생선, 고기 그리고 조미료가 있다. 그러나 야채 중에서 가장 중요한 것은 소금에 절인 배추와 둥근 무이다.

이 글은 1884년에 우리나라에 입국해서, 주한 미국 공사, 총영사, 전권공사를 역임한 미국의 알렌(Horace N. Allen)이 쓴 조선기행(Things Korea)의 일부분이다. 여기에 기록된 '소금에 절인 배추와 둥근 무'는 김치를 가리켜 기록한 것이겠는데, '둥근 무'는 통무 김치를 가리킴도 쉬 알 수 있겠다.

수 인치의 높은 밥상은, 머슴들이 먹던 '낮은 판'이었던지 '책상반'이었던지 '모판'이었던지는 정확히 알 길이 없다. 그러나 근래에까지도 일반 서민 가정에 가장 많이 쓰이던 '두레상'이 아니었던가 생각해 본다. 여러 사람이 둘러앉아서 먹을 수 있는 크고 둥근 상이다. 두레상의 '두레'는 우리 조상들이 모내기, 김매기를 공동으로 협력하기 위하여 이룬 모임인 '두레'와 어원을 같이 하며, '두레 먹다'라는 말도 이와 같다.

그런데, 근자에 이르러 이 두레판이 점차 자취를 감추고 직사각형에 다리 달린 판들이 우리의 식탁이 되고 있다. 두레판은 모양이 둥글다. 둥근 것은 원만함을 나타내며, 중심에서 원주까지는 어느 곳이나 등거리에 있다는, 초보적인 산수 이론을 꺼내지 않더라도 모두가 평등하다. 원탁회의란 말도 여기에서 연유함은 모두가 잘 아는 바다.

이에 비하면 직사각형은 너무나 불평등하다. 직사각형의 모서리에 앉아 본 사람은 다 알 것이다. 사전에 찾아보니 두레판을 'a round dining table'이라 번역하여 놓았다. 두레판이 어찌 서양식 테이블과 같으랴?

몇 가지 안 되는 반찬으로 끼니를 이어 왔던 우리들의 식생활이었기에, 함께 먹을 수 있는 등거리 두레상을 고안해 낸 것이리라. 어쩌다 된장찌개에 고깃점이라도 들어갈라치면, 며느리는 그것을 연만하신 노모에게 권하고, 할머니는 이가 빠져 입 기운이 없는 입김으로 호호 불어서, 그걸 다시 손자에게 떠먹이는 인정도 이 두레상 가에서 펼쳐졌다. 평등한 두레판 속에서의 '장유유서'랄까, '부자유친'이랄까, 그런 따뜻함이 있었다.

사각판의 등장과 함께 이런 온기도 점차 식어 가는 것 같은 요즘이다. 세상인심도 점차 각이 져 가는 것 같다. 현대적 두레판을 개발하자. 그리하여 할머니와 며느리와 손자를 한 두레판에 앉게 하자. 늙은 할머니를 외롭게 하지 말자. 모가 나지 않고 둥글둥글한 두레판 같은 사회가 되어 따뜻한 된장찌개 같은 온기가 넘치는 세상이 되었으면 한다.

가위 소리와 스피커

찰가닥 찰가닥 엿장수 가위 소리
우는 아이 달래고 노는 아이 울리네.

나는 두메산골에서 태어나 어린 시절을 그 곳에서 보냈다. 새 소리에 날이 새고, 갖가지 짐승 소리와 더불어 해가 지는, 그런 산골에서 자랐다. 어쩌다 드나드는 나무꾼이 아니면, 외부의 사람이 드나들지 않는, 그런 깊디깊은 외딴 산골이었다. 이곳에 어쩌다 한 번씩 오는 엿장수는 이 마을 꼬마들의 반가운 외래객이었다. 동구 밖 못 둑 아래에서 울려오던 '찰가닥 찰가닥' 가위 소리는, 이 산골 아이에게는 단순한 파블로브의 조건반사 이상의 많은 꿈과 기대를 불러 일으켰었다.

그런데 문명 발달의 덕분으로 엿장수의 가위 소리는 사라지고, 대신 엿판 위에 조그만 스피커가 그 임무를 대신하더니, 이제 그것마저 듣기 어려워졌다.

참 편리한 세상이 되었다. 그러나 뭔가 꿈을 잃어버리는 것 같은 아쉬움이 들고, 엿 대신 맛 좋은 고급 과자를 먹는 요새 아이들이 행복하긴 하지만, '소리'를 잃고 '맛'만 가지는 단편적 시대에 살고 있다 싶어 일면 씁쓸한 맛을 금할 수 없다.

어찌 잃어버린 소리가 이뿐이랴!

불빛 빠한 봉창 사이로 흘러나와 무한한 밤의 정취를 돋우어 주던 다듬이 소리, 작은설날 담 밖으로 새어 나오던 떡치는 떡메 소리, 가족들의 옷을 짜는 경쾌한 베틀 소리…….

그러나, 나는 그 중에서도 가장 잊지 못하는 소리가 있다.

밤중에, 방 윗목에 놓인 요강 난시를 두드리는 할머니의 사랑의 소리가 그것이다.

어린 손자가 밤중에 오줌이 마려워 요강을 찾으려면, 할머니는 어둠 속에서 요강의 위치를 알려 주기 위하여 손으로 동동 두드려 주셨다. '요기 요기…'하시는 음성과 함께 세지도 약하지도 않던 그 소리는 이제 다시 들을 수 없게 되었다.

가옥 구조의 변화로 요새는 실내 변소가 생기게 되고, 또 손자도 할머니와 떨어져 각기 제 방을 갖는 세상이 되어, 요즘엔 이와 같은 요강단지 소리는 없어진 지 오래다.

손자를 잃어버리고 외로이 독방 생활을 하게 된 할머니는 할 일도 함께 잃게 된 것이다. 손자를 다독여 주며 사랑할 수 있는 일을 빼앗긴 할머니의 가슴에는, 요강 단지보다 더 큰 외로움이라는 커다란 덩어리가 새로 자리 잡게 되었다.

여닫이와 도어

분홍색 회장저고리
남 끝동 자주 고름
긴 치맛자락을 / 살며시 치켜들고
치마 밑으로 하얀 / 외씨버선이 고와라.
멋들어진 어여머리 / 화관 몽두리
화관족두리에 / 황금 용잠 고와라.
은은한 장지 그리메 / 새 치장하고
다소곳이 / 아침 난간에 섰다.

신석초의 '고풍(古風)'이란 작품이다.

예복으로 성장(盛裝)한 한국 여인의 고전미가 너무나 강렬하게 눈앞에 나타난다. 고요히 아래로 숙인 아미(蛾眉)도 보이는 듯하다. 그런데 이렇듯 아름다운 여인을, 하필이면 왜 장지문과 대비시켜 표현했을까를 생각해 본다.

장지문은 장자문(障子門)의 변한말로서, 방과 마루 사이의 여닫이를 일컫는 것인데, 우리 한옥 구조에서 볼 때 문 중에서 제일 큰 문이다.

그러므로 여인이 마루에 서자면 이 장지문을 나와야 한다는 것이 그 첫째 까닭이요, 또 장지문은 문 중에서 가장 큰, 키 만한 문이기 때문에 머리에 쓴 족두리를 다치지 않으려면 이 큰 장지문을 나와야 편할 것이란 생각도 든다.

그리고 또 이런 생각도 해 본다. 곱게 차린 이 여인의 한국미를 더한층 돋보

이게 하는 격자창(格子窓)의 아름다운 문살을 그 배경으로 깔기 위해 장지문을 등장시킨 것일 거라고.

그렇다. 한국의 문살은 참으로 아름답다. 선의 절조다. 그러나 우리 조상들이 창조하여 물려 준 미적인 유산 중에서 가장 예찬을 받지 못한 것이 또한 이 문살이 아닌가 한다.

춘원은 다리미질할 때 움직이는 치마 주름의 유려한 선을 찬미한 적이 있지만, 문살의 미적인 구성을 어찌 나란하고 평탄한 치마선이 당해 낼 수 있으랴. 우리의 창살은 일반 여염집에서 볼 수 있는 약간 단순한 격자창 말고도, 그 무늬가 수없이 다양하여 실로 선으로 구성한 한국미의 총화라 해도 과언이 아닐 성싶다.

그 창살의 형에 따라 세살문, 빗살문, 완자문, 아자문(亞子門), 꽃살문, 새김암문(暗門), 만살창[滿箭窓], 용자창(用字窓), 월창(月窓) 등이 있다.

서양 가옥의 문인 '도어'도 여러 가지 형이 있긴 하다. 프러시 스타일 도어(Flush style door)라든지, 패널 도어(pannel door), 웨스턴 도어(Western door), 더치 도어(dutch door) 등이 그것이다. 그러나 그것은 우리의 여닫이처럼 무늬의 다양성이 없고, 다만 도어 외면의 큰 사각형의 개수를 몇 개 가감한 데 지나지 않는 이름들이다.

고래로 우리 한옥의 문은 보온방한의 필요성과, 외간 남정네에 대한 내외라는 이중의 목적에 의하여 모두 작아졌던 것이다. 그러나 이렇듯 아름다운 우리의 창살도, 아파트가 일반화됨에 따라, 종래의 여닫이는 도어로 바뀌어 가고 있다. 생활의 편리라는 추세에 밀려나게 된 것이다. 어쩔 수 없는 일이다.

여닫이의 아름다운 창살은 언젠가는 우리 생활 주변에서 영원히 사라질지 모른다. 여닫이의 사라짐과 함께 오랜 역사 속에서 그 여닫이 문틈으로 눈물 지우며 내다보았던 숱한 외침과 절망의 동족상잔도 함께 사라졌으면 한다. 그리고 서양식 도어를 다는 건 좋지만, 서양의 향락 문화나 지나친 핵가족 중심주의의 창살만은 함께 달지 않았으면 싶다.

제 4 부

설화·민속

동물과의 결혼담 전설에 담긴 의미

공주의 웅진에는 다음과 같은 '곰나루' 전설이 전해 온다.

아득한 옛날 지금의 곰나루 근처 연미산(燕尾山)에 큰 굴이 있었다. 이 굴에는 커다란 암 곰 한 마리가 살았다. 어느 날 잘 생긴 사내가 지나가는 것을 보고 그를 물어다 굴속에 가두었다. 곰은 사내를 굴에 가둬 놓고 숲으로 사냥을 나갔다. 그리고 짐승을 잡으면 굴속으로 가져와 사내와 함께 먹었다. 곰과 함께 굴속에서 살아야만 하는 사내는 기회를 보아 도망치려 하였지만, 곰이 밖으로 나갈 때에는 항상 바위로 굴 입구를 막아놓아 어쩔 수 없이 굴속에 갇혀 있어야만 했다.

이렇게 하루 이틀을 지나, 어느덧 이 년 동안 곰과 함께 살게 되자, 사내는 곰과 정을 나누게 되고 그 결과 곰이 새끼를 낳았다. 그로부터 또 일 년이 되어 둘째를 낳자 곰은 사내를 믿기 시작하였다. 사내가 새끼들과 어울려 즐겁게 노는 것을 보면서 더더욱 사내에 대한 믿음이 쌓여갔다.

그 날도 곰이 사냥을 나가게 되었다. 곰은 사내를 믿고 이전처럼 굴 입구를 막지 않았다. 자식이 둘이나 되는데 설마 도망가랴 생각하였던 것이다. 그런데 사냥터에서 한참 사냥을 하고 있는데, 멀리 사내가 강변 쪽으로 도망가는 것이 보였다. 곰은 서둘러 굴로 돌아와 두 새끼를 데리고 강변으로 달려갔다.

사내는 이미 배를 타고 강을 건너고 있었다. 곰은 강가에 다다라 사내를 향하여 돌아오라고 울부짖었다.

하지만 사내는 곰의 애원을 외면하고 강을 건넜고, 그것을 보고 있던 곰은 새끼들과 함께 강물에 빠져 죽었다. 이후로 사람들은 사내가 건너온 나루를 고마나루 또는 곰나루[熊津]라고 불렀다 한다.

공주의 북쪽에서 흐르는 금강의 원래 이름인 곰나루에 얽힌 전설이다. 지금의 웅진(熊津)이다. 그런데 이 곰나루의 '곰'은 동물 이름이 아니라, 어원인 '굼'에서 갈라져 나온 말이다. '굼'은 '신(神)'이란 뜻으로, 후대에 '감, 검, 곰, 금, 고마, 개마' 등의 말로 분화되었고, 이를 한자로는 검[儉, (黑, 玄)], 곰[熊], 금(金), 개마(蓋馬), 금마(金馬), 가마[釜], 고모(顧母) 등으로 표기했다. 단군왕검의 '검'이나 단군신화의 '곰'도 여기서 비롯된 것이다. 이 '굼'이 일본으로 건너가서 '가미'가 되었다.

그러니 '곰나루'는 '신성한 나루(강)'란 뜻이다. 그러니 곰나루는 짐승 이름인 곰과는 아무 관련이 없다. '곰'의 원래 뜻인 '신'이란 뜻을 잃어버린 후세 사람들이 '곰'을 짐승 이름인 곰[熊]으로 인식하여 꾸며낸 이야기가 곰나루 전설이다. 곰나루에 얽힌 전설은 아마도 그 이름이 지닌 신성성을 높이기 위하여 후세인이 그렇게 지어낸 것이 아닌가 싶다.

그런데 이 곰나루 전설은 신화학적으로 볼 때, 인간과 곰이 결혼하는 이물교혼(異物交婚)이란 모티프(motif)를 볼 수 있다. 이 이야기를 읽으면서 우리는 남편에 대하여 정성을 다하는 곰 아내의 모습을 본다. 그런데 인간은 그것을 끝내 배반하고 만다. 배 떠나는 강가에 다다라 사내를 향하여 돌아오라고 울부짖는 곰 아내의 모습에서 우리는 한 줄기 처절한 슬픔을 느끼지 않을 수 없다. 아울러 인간에 대한 일말의 배신감을 느낀다. 모든 희망을 걸었던 남편이 도망하자, 새끼와 더불어 물에 빠져 죽는 그녀의 절망에서, 배어오는 연민의 정을 금할 수 없다.

인간과 동물의 결연은 신화적 상징성을 함축하여 설화상에 심심치 않게 등장하는 소재이다. 이와 같은 유형에는 단군신화와 김현감호(金現感虎), 구렁덩덩신선비 설화 등이 있다. 김현감호 설화는 김현이란 사람이 호랑이 처녀와 사랑을 나누는 이야기고, 구렁덩덩신선비 설화는 사람과 뱀이 혼인하는 이야기다. 그러면 구렁덩덩신선비 이야기를 한번 보기로 하자.

옛날 어떤 곳에 나이 많은 영감과 할머니가 살고 있었는데, 할머니가 잉태를 해서 낳고 보니 구렁이였다. 할머니는 구렁이를 뒤뜰 굴뚝 옆에다 삿갓을 덮어 놓아두었다. 이웃에는 딸 셋을 둔 장자집이 있었는데 할머니가 아기를 낳았다는 소문을 듣고 딸들이 찾아와서 보고 구렁이를 낳았다고 더럽다고 하였다.

그러나 셋째 딸만 구렁덩덩신선비를 낳았다고 하였다. 이 말을 들은 구렁이는 어머니에게 장자 딸에게 청혼을 하라고 하였다. 어머니가 주저하자 구렁이는 청혼을 하지 않으면 한 손에는 불을 들고 한 손에는 칼을 들고 어머니 배속으로 다시 들어가겠다고 위협하였다. 어머니가 장자 집에 청혼을 하자, 첫째 딸과 둘째 딸은 거절하는데 셋째 딸이 부모님 시키는 대로 하겠다고 하여 혼인이 이루어졌다.

그래서 혼례를 치렀는데 첫날밤에 구렁이는 신부에게 간장 한 독, 밀가루 한 독, 물 한 독을 준비하라고 하였다. 구렁이가 간장독에 들어갔다가 나와서 다시 밀가루 독으로 들어가서 몸을 굴리고 물독으로 들어가서 몸을 헹구더니, 허물을 벗고 옥골선풍의 신선 같은 선비가 되었다. 언니들은 동생이 아주 잘

생긴 신선 같은 선비와 함께 살고 있는 것을 보고 시기했다.

어느 날 구렁이는 각시에게 구렁이 허물을 잘 보관하라고 당부하고 서울로 과거를 보러 갔다. 그런데 언니들이 찾아와 동생을 잠들게 하고, 구렁이 허물을 꺼내 화로에 넣어 태워 버렸다. 서울에 있던 신선비는 구렁이 허물이 불에 탔음을 알고 자취를 감추었다.

신선비가 돌아오지 않자 각시는 신선비를 찾으려고 집을 나섰다. 길을 가다가 까마귀, 멧돼지, 빨래하는 여인, 논을 가는 농부 등을 만나 그들이 요구하는 일을 해 주고, 신선비의 행방을 물어 신선비의 집을 찾아가서 마루 밑에서 자기로 하였다.

그날 밤에는 달이 밝게 떠올랐다. 신선비가 다락에서 글을 읽다가 달을 쳐다보며 각시를 그리워하는 노래를 불렀다. 각시가 이 소리를 듣고 화답을 하여 신선비와 만나게 되었다. 그때 신선비는 새로 장가를 갔는데, 선비가 부인 둘을 데리고 살 수 없어서 두 부인에게 일을 시켜 보고 일 잘하는 부인과 살기로 하였다. 나무해 오기, 물 길어 오기, 호랑이 눈썹 빼 오기 같은 어려운 과제를 본래 부인은 잘 해냈으나 새 부인은 하지 못하였다. 신선비는 새 부인을 버리고 본래 부인과 다시 부부가 되어 잘 살았다.

구렁덩덩신선비는 세계적으로 널리 분포된 설화 유형으로서, 설화를 그 서사 유형으로 분류한 아르네 톰슨의 설화 유형에는 '잃어버린 남편을 찾아서'란 형식에 분류되어 있다. 이 유형의 화소는 괴물남편, 남편을 잃음, 남편을 도로 찾음의 순서로 전개되는데 구렁덩덩신선비도 이러한 서사형식을 가지고 있다.

구렁덩덩신선비는 원래 신화에 속하는 설화인데, 이것이 환상적인 전래동화로 새롭게 정착된 것이다. 어린이에게 부부 사이의 사랑과 역경을 극복하고 부부가 재결합하는 과정을 흥미 있게 진술하여, 여성의 인내와 지성(至誠)이 가정을 유지하고 집단을 보전하는 길이라는 교훈이 담겨 있다.

또 두 언니들이 뱀 허물을 태워버리는 사건을 통하여 인간의 질투와 배신, 그리고 동물보다 못한 인간의 신의 없음을 이야기하고 있다. 곳곳에 산재하는 의우총(義牛塚)과 개무덤 같은 것도 따지고 보면 그러한 가치를 강조하려고 생긴 것이다.

우리 설화에 나무꾼과 구미호라는 것이 있다. 나무를 해서 팔아 끼니를 이어가는 가난한 나무꾼이, 어느 날 산 속에서 예쁜 처녀를 만나 결혼하기를 간청하여 일이 성사되었다. 사실 그 처녀는 구미호였다. 사람을 잡아먹고 싶은 유혹을 참고 견디어 구슬을 하나씩 모아 99개를 가진 여우였다. 한 개만 더 채우면 이제 사람이 되는 암여우였다.

그녀는 남편을 지극정성으로 섬기며 부지런히 일하여, 그 덕분으로 살림이 넉넉하게 되었다. 그러자 남편은 점차 게으름을 피우더니 마침내는 노름판을 드나들게 되었다. 드디어 살림을 거덜 낸 남편은 아내한테 노름 밑천을 내 놓으라고 윽박질렀다. 아내는 남편의 청을 거절할 수 없어 몸속에 지니고 있는 구슬을 하나씩 꺼내 주었다. 그것을 꺼낼 때는 한없는 고통을 겪어야 했으나 오직 남편을 위한다는 일념으로 그것을 참았다.

노름에 미친 남편은 그것도 모르고 계속 구슬을 요구하였다. 남편이 구슬을 계속 가져오자 이상한 낌새를 느낀 노름꾼들은 나무꾼에게, 아마도 당신 아내는 요망한 구미호일 것이라는 말을 건넸다. 이 말을 들은 나무꾼은 구슬을 줄 때는 절대로 자기 방을 들여다보지 말라고 했던 아내와의 약속을 어기고 문구멍으로 들여다보니, 아니나 다를까 아내는 구미호로 변하여 처참한 모습으로 고통에 시달리며 구슬을 토해내고 있었다. 그러자 이 어리석고 매정한 나무꾼은 동네 사람들과 작당하여 몽둥이로 구미호를 쳐 죽이고 말았다.

동물 중에 가장 간악한 것이 머리 검은 짐승이란 말이 있다. 또 짐승은 키우면 보은을 하고 인간은 구제해 주면 원수로 갚는다는 말도 있다. 동물 중에 인간이 가장 간악하며 배은망덕하다는 뜻이다. 이물교혼담에도 이러한 인간의 속성이 잘 드러나 있다. 우리 조상들은 그러한 이야기를 통하여 인간의 간악함을 되돌아보도록 하였다.

구미시 산동면 인덕리의 의우총은, 그 마을에 사는 김기년이 집에서 기르던 암소와 함께 밭을 갈고 있던 중, 호랑이가 덤벼들자 이 소가 호랑이와 맞서 싸웠다. 암소 덕분에 다행히 목숨은 구했으나 상처가 덧나 며칠 뒤 숨을 거뒀는데, 죽기 전에 그는 소를 팔지 말고 수명이 다해 죽으면 자기 무덤 옆에 묻어달라는 유언을 남겼다. 주인이 죽자 그 소도 먹이를 먹지 않고 뒤따라 죽었다는 전설을 갖고 있다.

충청남도 천원군 병천면 개목고개 [狗項嶺]는 술 취한 주인이 쓰러져 있는 곳에 불길이 옮겨 오는 것을 보고, 개가 제 몸에 물을 적셔 와 불을 꺼서 살렸다는 의견설화(義人說話)의 근거지이며, 충청남도 서산군 부석면 대두리의 말 무덤은 전쟁에서 죽은 주인의 옷을 말이 물고 와서 죽은 곳이라는 내력이 있는데, 이들 설화는 다 동물의 의로운 행동을 만물의 영장인 인간이 본받아야 한다는 뜻을 담고 있는 것이다.

이와 같은 전설들은 소중한 가치를 지닌 또 하나의 무형문화재다. 소중히 보존하고 되새겨야 할, 조상들의 입김이 서린 가치 높은 유산이다.

아내의 간통 장면을 보고 처용은 왜 춤을 추었을까

처용에 대한 이야기는 우리 모두가 익히 알고 있다.

역신(疫神)이 사람으로 변하여 처용의 아내와 동침하였는데, 이를 본 처용이 노래를 부르고 춤을 추면서 물러나왔다. 그러자 역신은 처용의 앞에 꿇어앉아 그대의 노여워하지 않는 모습에 감탄한다고 하면서 달아났다는 이야기다.

이 이야기는 신라 향가 처용가의 배경설화인바,『삼국유사』권 2에 '처용랑과 망해사'란 제목 아래 다음과 같이 실려 있다.

제49대 헌강왕 때에는 서울로부터 지방에 이르기까지 집과 담이 이어지고 초가는 하나도 없었다. 음악과 노래가 길에 끊이지 않았고 바람과 비는 사철 순조로웠다. 이때 대왕이 개운포(지금의 울주)에서 놀다가 돌아가려고 낮에 물가에서 쉬고 있었다. 갑자기 구름과 안개가 자욱해서 길을 잃었다. 왕이 괴상히 여겨 좌우 신하들에게 물으니 일관이 말하기를,

"이것은 동해용이 부린 변괴입니다. 마땅히 좋은 일을 행하여 풀어야 할 것입니다."

하였다. 이에 왕은 일을 맡은 관원에게 명하여 용을 위하여 근처에 절을 짓게 했다. 왕의 명령이 내리자 구름과 안개가 걷혔다. 그래서 그곳을 개운포(開

雲浦)라 했다.

동해의 용은 기뻐해서 아들 일곱을 기느리고 왕의 앞에 나타나, 덕을 찬양하여 춤을 추고 음악을 연주했다. 그 중의 한 아들이 왕을 따라 서울로 들어가서 왕의 정사를 도우니 그의 이름을 처용이라 했다. 왕은 아름다운 여자를 가려 처용의 아내로 삼아 머물러 있도록 하고, 또 급간이라는 벼슬까지 주었다. 처용의 아내가 무척 아름다웠기 때문에, 역신(疫神)이 사람으로 변하여 밤에 그 집에 가서 몰래 동침하였다.

처용이 밖에서 자기 집에 돌아와 두 사람이 누워 있는 것을 보고는, 노래를 지어 부르고 춤을 추면서 물러나왔다. 그 노래는 이렇다.

서울 밝은 달밤에
밤들도록 노닐다가
들어와 자리를 보니
다리가 넷이어라
둘은 내 것인데
둘은 뉘 것인고
에이,
내 것이지만
빼앗아 가니 어찌할꼬

그때 역신이 본래의 모양을 나타내며 처용의 앞에 꿇어앉아 말했다.

"내가 그대의 아내를 사모하여 지금 잘못을 저질렀으나, 그대는 노여워하지 않으니 감탄스럽고 아름답게 여기는 바입니다. 맹세코 이제부터는 그대의 모양을 그린 것만 보아도 그 문 안에 들어가지 않겠습니다."

이 일로 인해서 나라 사람들은 처용의 형상을 문에 붙여서, 삿된 귀신을 물리치고 경사스러운 일을 맞아들이려 하였다. 왕은 서울로 돌아오자 곧 영취산

동쪽 기슭의 경치 좋은 곳을 가려서 절을 세우고 이름을 망해사라 했다. 또는 이 절을 신방사라고도 했으니 이것은 용을 위해서 세운 것이다.

또 왕이 포석정으로 행차하니, 남산의 신이 나타나 어전에서 춤을 추었는데, 옆에 있는 신하들에게는 보이지 않고 왕에게만 보였다. 그래서 왕이 몸소 춤을 추어 형상을 보였다. 그 신의 이름은 상심이라고 하였기 때문에, 지금까지도 나라 사람들이 이 춤을 전하여 어무상심 또는 어무산신이라 한다.

왕이 또 금강령에 행차했을 때, 북악의 신이 나타나 춤을 추었는데 이를 옥도금이라 했다. 또 동례전에서 잔치를 할 때에는 지신이 나와서 춤을 추었으므로 지백급간(地伯級干)이라 불렀다.

어법집(語法集)에서는 이렇게 말했다.

"그때 산신이 춤을 추고 노래 부르기를 '지리다도파(智理多都波)'라 했는데, '지리다도파'라고 한 것은 대개 지혜[智지]로 나라를 다스리는[理리] 사람이 미리 사태를 알고 많이[多다] 도망하여, 도읍이[都도] 장차 파괴된다[破파]는 뜻이다."

즉 지신과 산신은 나라가 장차 멸망할 것이라는 것을 알기 때문에 춤을 추어 이를 경계한 것이나, 나라 사람들은 깨닫지 못하고 도리어 좋은 조짐이 나타났다 하여, 술과 여색을 더욱 좋아했으니 나라가 마침내 망하고 말았다.

헌강왕대는 신라의 하대에 속하는 시기로, 나라가 쇠퇴기에 접어들어 혼란의 소용돌이가 깊어지게 되는 때다. '처용랑 망해사'라는 제목으로 실려 있는 기록도 이러한 회오리바람의 이야기로 가득 차 있다. 귀족들은 탐락에 빠져 있고 일반 백성들은 불만이 팽배했다. 그래서 산신과 지신 그리고 해신[龍용]까지 나타나 장차 나라가 망할 것이라는 경고를 보낸다. 산신·지신이 나타나 왕 앞에서 춤으로 그것을 알리고, 바다의 용은 안개로 그것을 알린다.

그러나 나라사람들은 그것을 깨닫지 못하고, 그것이 도리어 좋은 징조라 생각하고 담락에서 빠져 나올 줄을 몰랐다. 심지어 산신이 나타나 '지리다도파(智理多都波)' 즉 '대개 지혜[智지]로 나라를 다스리는[理리] 사람이 미리 망할 것을 알고 많이[多다] 도망하여, 도읍이[都도] 장차 파괴된다[破파]는 뜻'을 알리는 춤을 추고 노래를 불러주어도 아랑곳하지 않았다. 사태가 그러함에도 사람들은 '음악과 노래가 길에 끊이지 않았고 바람과 비는 사철 순조롭다'고 여기며 흥청거렸다. 이래서야 나라가 망하지 않을 수 없다.

이 배경 설화의 해석은 여기에서 출발하고 여기에 초점이 모아진다. 배경설화에 보이는 산신·지신 등은 모두가 나라가 망하리라는 것을 깨우치기 위해 임금 앞에 나타나 춤을 추고 있다. 왕이 개운포에 행차했을 때 나타난 용의 출현도 산신·지신과 마찬가지로 나라 망함을 알려 주기 위해 나타난 바다신이다. 『대동운부군옥』이란 책에, 이를 산해정령(山海精靈)이라 기록한 것은 바로 이런 사실을 함축, 대변해 주고 있는 표현이다.

여기서 우리가 유념해야 할 주요한 사실은 나라 망함의 요인이 왕의 유락(遊樂)에 있는 것이 아니라, '나라 사람들의 깨치지 못함'에 있다는 사실이다. 종래에 그 원인이 왕의 유흥에 있다고 한 것은 설화의 문맥을 잘못 읽은 데서 온 오류다. 이 설화에 나오는 '왕이 개운포에 가 놀았다[遊開雲浦유개운포]'는 구절에 나오는 '놀다[遊유]'를 잘못 해석 한 것이다. 여기서의 '遊유' 자는 그냥 논다는 뜻이 아니라, '유세(遊說), 순수(巡狩)'의 의미다. 유세는 원래 제후를 찾아다니며 자기의 정견을 설명하고 권유하는 것을 말하고, 순수는 여러 지방을 돌면서 민정을 살피는 것을 말한다. 맹자에도 이런 말이 있다.

헌강왕이 '유개운포(遊開雲浦 개운포에 놀다)'했다는 구절의 '유(遊)'도 맹자에 나오는 바와 같이, 단순한 유흥이란 뜻이 아니라, 바로 지방 시찰의 유세요 순수였다.

헌강왕은 큰 유락에 빠진 왕이 아니었다. 그러나 나라는 이미 병들어 보전할 수가 없고, 시정은 환락에 싸여 연주와 노래로 나날을 보내는 안이함에 젖어 경계의 빛이 없었으며, 겉으로는 음악 소리가 끊이지 않으나 속은 곪아 있었다.

요약해 말하면 산신, 지신, 용 등이 장차 나라가 망하리라는 경고를 하였으나, 사람들은 그것을 깨닫지 못하고 환락에만 심히 빠져들었다. 마침내 나라가 위태로운 처지에 놓이게 되었으므로, 왕은 이들 여러 신에게 제사하고 처용은 노래와 춤으로써 나라의 평안을 위한 주원(呪願 주술적 기원) 행위를 실시하여 왕정을 보좌하려 한 것이다.

이 설화의 전체 문맥상 처용은 나라를 걱정하는 용의 아들로서 호국적인 무당이다. 그래서 그는 서울로 와서 왕정을 보좌하고, 급간이라는 벼슬을 받았다. 따라서 그의 모든 행적은 왕정 보좌를 위한 주원(呪願) 행위다. 설화 문면에 보이는 바와 같은, 서라벌의 밝은 달밤에 밤들도록 놀이를 한 것이나, 역신이 사람으로 변해 자기의 아내를 범했을 때 춤을 춘 것도 모두가 왕정보좌를 위해 벌인 행동이다. 단순한 개인적 놀이나 가무행위가 아니다.

그러면 역신이 처용의 아내를 범한 것은 무슨 의미를 가지고 있으며, 처용은 아내의 동침 장면을 보고 왜 노래를 부르며 춤을 추었을까? 어떤 이는 이것을 가리켜 불교의 인욕행(忍辱行)을 발휘한 것이라고 한다. 욕됨을 참고 견디는 수행을 의미한다는 것이다. 그러나 그것은 설득력이 약하다. 처용이 불교적 인물이라고 봐야 할 근거도 없거니와, 아무려나 자기 아내의 간통 사실을 보고 노래를 부르며 춤까지 춘다는 것은 합당하지 않다.

역신이 처용 아내를 범한 것은, 당대 신라 사회의 혼란을 상징한다. 고래로 나라의 위태함을 말하려 할 때 가장 크게 제기되는 것이 천문이변과 역병발생이다. 예부터 사서(史書)에는 혜성의 출현, 지진의 발생, 심한 가뭄, 역병의 만연 등이 군데군데 기록되어 있다. 이것은 나라에 불길한 일이 생기거나 그러한 징조를 암시하고 있다. 처용가에 등장하는 역신의 범처 사실도 바로 그러한 예에 속한다. 사회적 질서의 문란과 황폐를 상징하는 것이다.

그래서 처용은 이를 치유하기 위하여 무당의 주원 의식을 행한 것이다. 즉 노래를 부르고 춤을 추는 한 마당 굿을 벌인 것이다. 노래와 춤을 행하는 것은 참을성을 발휘하는 이른바 인욕행을 한 것이 아니라, 무당의 제의(祭儀) 행위다. 무당은 원래 춤과 노래(무가)로 액을 물리친다. 그가 치른 의식의 힘 때문에 역신은 물러난 것이다. 처용이 아내의 동침 장면을 보고도 화를 내지 않고 점잖게 참고 견디었기 때문에 역신이 감동해서 물러간 것이 아니다. 처용이 가무와 함께 행한 굿에 놀라 달아난 것이다. 그리고 처용의 얼굴을 그린 화상만 봐도 다시는 들어가지 않겠다고 다짐한 것이다.

그런데 이 처용가가 위에서 말한 바와 같이 이러한 호국제의의 주술가로 불렸음은 그 맥을 잇고 있는 고려 처용가의 첫 구절 '신라의 태평성대 밝은 성대/천하태평 라후덕'이란 가사를 봐도 알 수 있다. 이는 처용가가 신라의 태평성대를 가져오게 하기 위해 지어졌음을 말해 준다.

신라 처용가는 나라를 어지럽히는 악신을 내쫓고 태평성대를 기원코자 하는 노래다. 신라 처용가가 단순한 역병 치료를 위해서 부른 노래가 아니라, 혼란한 나라의 정세를 바로잡아 태평성대를 가져오기 위해 부른 폭 넓은 주술가임을 확인할 수 있다.

요약하면, 처용가는 신라의 혼란된 사회상을 치유하여 태평성대를 가져오기 위한 제의에서 무당 처용이 달램의 수법으로 노래한 무당노래다.

서울 밝은 달밤에
밤들도록 노닐다가
들어와 자리를 보니
다리가 넷이어라
둘은 내 것인데
둘은 뉘 것인고
아이,
내 것이지만
빼앗아 가니 어찌할꼬

   여기서, 처용이 '서울 밝은 달밤에 밤들도록 노닌' 것은 위에서 강조한 바와 같이 단순히 놀러 다닌 것이 아니다. 여기서의 '노닐다가(遊行 유행)'의 '유(遊)'는 단순한 '놀음'이 아니라 호국행위인 '유세'를 가리킨다. 처용은 호국무(護國巫)다. 이 구절은 처용이 나라의 평안을 되찾기 위하여 밤늦게까지 서라벌에서 무속 행사를 펼친 것을 뜻한다. 더욱이 무당이 굿판을 벌이는 것을 지금도 '한판 논다' 고 한다. 그러니 처용가의 '밤들도록 노니다가'도 처용이 밤늦게까지 '한판 놀면서' 벌인 무속 행위를 말하는 것이다.

   그리고 역신이 자기 아내를 범한 것은 신라 사회의 혼란상을 한 마디로 응축한 것이다. 역병이 만연하고 풍속이 타락한 당대의 사회상을 총체적으로 나타낸 말이다. 그리하여 처용은 무속 의식을 베풀어 그런 혼란상을 치유하고 신라를 태평성대가 되도록 주술적인 기원을 했던 것이다.

우리의 슬픈 이야기 장자못 전설

　망부석 설화는 우리가 익히 알고 있는 이야기다. 절개 굳은 아내가 먼 타향이나 다른 나라에 나간 남편을 고갯마루에서 오랜 기간 기다리다가 끝내 돌아오지 않자, 기다림에 지쳐 죽어서 돌이 되었다는 이야기다. 대표적인 것은 신라시대 박제상의 아내와 백제 가요 정읍사에 얽힌 망부석 전설이다. 전자는 박제상의 아내가 일본에 사자로 간 남편을 치술령에서 기다리다 기다리다 지쳐 죽어서 망부석이 되었다는 이야기며, 후자는 백제 가요 정읍사와 관련된 설화로, 행상 나간 남편이 돌아오지 않으므로, 높은 산에 올라 먼 곳을 바라보며 기다리다가 망부석이 되었다는 전설이다.

　이와 같이 사람이 돌로 변한 이야기는 가지를 쳐서 여러 가지 유사한 설화를 만들어 냈다. 함안의 '돌이 된 처녀 총각'과 같은 이야기가 그러한 예다.

　옛날 선비 한 명이 한양으로 과거를 보러 가던 중이었다. 그는 신촌동에 있는 목화밭에서 목화를 따고 있는 아름다운 아가씨를 보게 되었다. 그 아가씨도 그를 보고는 첫눈에 반해 사모하게 되었다. 둘은 훗날 결혼하기로 약속하고 선비는 과거를 보러 한양으로 떠났다. 그런데 과거일이 한참 지나고 해를 넘겨도 선비는 돌아오지 않았다. 처녀는 기다림에 지쳐서 그만 그곳에서 망부석이 되고 말았다. 그 후 선비는 열심히 공부해서 과거에 급제하고 처녀와의 재회를 그리며 그곳에 왔다. 그러나 때는 이미 늦고 말았다. 망부석을 본 선비 또한 후회와 애모의 정에 사무쳐 그 자리에 돌이 되었다.

이와 같이 돌이 된 사람의 이야기에 대한 가장 오래된 기록은 성경에 나오는 '롯의 아내' 이야기라 생각된다. 창세기 19장의 소돔과 고모라 관련 기사에 덧붙여 나오는 이야기다. 소돔과 고모라는 워낙 타락한 탓에 신에게 불의 심판을 당한 도시다.

아브라함 족장의 조카인 롯은 소돔으로 이주했으나, 소돔과 고모라가 워낙 타락한 탓에 신은 아브라함에게 두 도시를 파괴할 예정이라고 말했다. 아브라함이 신에게 만약 그곳에서 열 명의 의인을 찾을 수 있다면 어찌하겠느냐고 묻자 신은 파괴하지 않겠다고 답했다. 그러나 의인은 열 명이 되지 않았다. 결국 신은 두 도시를 파괴하기로 마음먹고, 사람의 모습으로 변한 천사 둘을 보내 롯과 그의 가족만을 구하게 했다.

밤이 되자 소돔 사람들이 롯의 집을 에워싸고 두 손님을 내보내라고 요구했다. 그들은 두 손님(천사)이 남자같이 보였다. 그래서 그들은 두 손님과 동성애를 저지르려 했다.(영어의 남색을 뜻하는 sodomy라는 말은 이 소돔에서 나왔다). 천사들은 그들의 눈을 멀게 하고, 롯과 가족에게는 난을 피하여 달아나게 했다. 천사는 이들에게, 빨리 도망을 하되 뒤돌아보지 말고 산으로 도망 하여야 살 수 있다고 일러 주었다. 롯과 그 아내 그리고 두 딸은 시킨 대로 소돔 성에서 도망하여 나왔다. 그런데 롯의 아내는 산으로 도망을 가면서 뒤를 돌아보았다. 롯의 아내는 뒤를 돌아보는 바람에 그 자리에 '소금기둥'으로 변하였다.

신은 두 도시를 불과 유황으로 파괴했다. 지금의 사해가 소돔과 고모라가 있었던 곳이라고 한다. 그리고 지금도 사해 동쪽 아라드(Arad) 지역 소금 산에 여인 모양의 돌기둥(소금기둥)이 우뚝 솟아 옛 소돔과 고모라 지역을 바라보고 서 있는 것을 볼 수 있다. 사람들은 그것을 성경에 나오는 롯의 아내라고 한다.

롯의 아내는 뒤를 돌아보았으므로 소금 기둥이 되었다. 이것은 무엇을 뜻하는 것일까? 신학자들은 이에 대해, 세상을 탐하는 미련 곧 욕심을 끊지 못하고, 하나님의 말씀을 순종하지 않았기 때문이라고 설명한다.

성경에는 이를 매우 중시하여, 신약의 누가복음에도 "롯의 처를 생각하라 무릇 자기 목숨을 보존하고자 하는 자는 잃을 것이요 잃는 자는 살리로다"라 하고 있다.

이와 유사한 설화가 우리나라에도 있다. 이른바 '장자못 설화'란 것이 그것이다. 이 설화는 전국적인 분포를 보이며 가장 널리 알려진 대표적인 지명전설의 하나이다. 현재 장자못이라고 알려진 곳만 해도 백여 군데나 된다. 그 이야기는 이러하다.

옛날, 인색하고 심보 고약한 장자(長者 큰 부자)가 살고 있었다. 하루는 장자가 집 외양간에서 쇠똥을 치우고 있는데, 지나가던 스님이 와서 장자에게 시주를 부탁하였다. 그러자 장자는 쌀 대신 쇠똥을 바랑에 퍼주었다. 이것을 본 장자의 며느리가 장자 몰래 쌀을 퍼 바랑에 담아 주며 장자의 무례함을 사과하였다.

그러자 스님은 며느리에게,

"지금 곧 나를 따라 피해야 합니다. 피할 때는 절대로 뒤를 돌아보지 마십시오."

라고 하였다.

며느리는 곧 어린아이를 들쳐 업고 집을 떠나 산을 오르는데, 뒤에서 벼락이 치는 듯 천지를 뒤흔드는 큰 소리가 들려왔다. 그 소리에 며느리는 스님의 당부를 잊고 집이 걱정되어 뒤를 돌아보고 말았다.

　장자의 집은 큰 연못으로 변해 있었다. 며느리는 뒤를 돌아본 순간 등에 업고 있던 어린아이와 함께 그 자리에서 돌로 변해버렸다.

이 장자못 설화도 망부석 설화처럼 여러 가지가 전해오는데, 그 중 한 가지를 더 보기로 하자.

　옛날 어느 곳에 장자가 살고 있었는데, 아주 심통이 많고 고약한 사람이었다. 하루는 장자의 집에 도사가 와서 저녁 때 염불을 하고 시주를 구했다. 주인인 장자는 어떻게나 심사가 고약하던지 외양간에서 무럭무럭 김이 나는 똥을 넉가래로 푹 퍼담아 주었다.

　도사가 그걸 받아서 돌아가는데, 그 근처 우물에서 그 집 며느리가 저녁쌀을 씻다가 바가지에다 김이 무럭무럭 나는 쇠똥을 받아가는 도사를 보고는, 그 쇠똥을 훌렁 쏟아버리고 우물물을 떠서 바랑을 씻고, 거기에다 저녁쌀 씻어 놓은 것을 손으로 한 움큼 떠서 넣어 주었다.

　그 도사가 가만히 생각해보니, 그 집에는 며느리밖에 쓸모있는 사람이 없었다. 그래서 조금 가다가 돌아서서 그 며느리보고, 자기를 따라오되 그 집에서 무슨 일이 있든지 절대 돌아보지 말라고 당부를 했다. 그렇게 돌아가는데 우미천을 지나가다가 별안간 뇌성벽력이 치면서 굵은 비가 막 쏟아지는 것이었다. 이 때 며느리가 장독을 안 덮었다고 하면서 뒤를 돌아보다가 그대로 돌이 되어버리고, 장자의 집은 그 비에 떠내려갔다고 한다. 아직도 그 며느리의 동상이 거기에 남아 있다고 한다.

앞서의 이야기와 약간의 차이는 있으나 대강의 구조는 유사하다.

그러면 장자못 전설이 우리에게 주려는 의미는 무엇일까? 우리의 장자못 전설도 성경에 나오는 롯의 아내 이야기처럼 종교와 관련되어 있다. '롯의 아내'가 기독교의 이야기라면, '장자의 며느리'는 불교의 이야기라 할 수 있다. 롯의 아내가 돌이 된 것은 신의 가르침을 어긴 때문인 것처럼, 장자의 며느리도 스님의 지시를 어겼기 때문이다.

그러나 굳이 문화상대주의를 들먹거리지 않더라도, 우리 것을 저쪽 것과 똑같이 세울 수는 없다고 생각한다. 롯의 소금기둥은 삶과 죽음의 문제에 대한 명제요, 신이 내린 명령을 어긴 형벌의 결과로 빚어진 징표다. 그러나 우리의 망부석과 장자못의 돌기둥은 그런 것과는 거리가 있다.

거기에는 우리의 이상과 정서가 엉겨 있다. 망부석이 된 박제상의 아내와 석상으로 변한 장자 며느리의 애틋한 마음이 가득 서려 있다. 그러므로 우리는 돌기둥에 배어 있는 그러한 속뜻을 읽지 않으면 안 된다.

그리고 여기서 잊지 말아야 할 또 하나 중요한 것은, 우리의 돌기둥을 만든 주체는 신도 아니고, 스님이나 도사는 더더욱 아닌, 이 땅에 사는 우리의 심장이 뿜어낸 형상이다. 그러므로 거기에는 우리가 지향했던 가치와 염원의 인간상을 구현하기 위한 이상이 그 속에 담겨 있다.

박제상의 아내가 지닌 대쪽 같은 정절이 그 속에 녹아 있고, 못된 시아버지이지만 그에 대해, 장자의 아내가 품고 있는 향기 짙은 효심이 그 안에 배어 있는 것이다.

박제상의 아내나 과거에 급제하여 돌아온 선비는 누가 내린 형벌로 돌기둥이 된 것이 아니라, 자신의 가슴에서 우러나오는 심장의 열기로 스스로 돌사람이 된 것이다. 그 누구가 내린 명령이나 시킨 일을 어긴 잘못이 있어서 돌로 변한 것이 결코 아니다.

돌아본 것도 역시 그렇다. 롯의 아내는 떠나기 전에 이렇다 할 선행이 없었으나, 장자의 며느리는 시아버지가 저지른 잘못을 용서 받기 위한 선의에서 나온 행동을 했다. 또 롯의 아내처럼 두 천사가 미리 집에 들러 소돔과 고모라를 벌하겠다는 정보 같은 것을 미리 받은 적도 없다. 아무런 사전 조건이나 작위에 의함이 없이 선행을 하였다. 장자의 며느리가 뒤를 돌아다본 것은 그 속에 시어버지에 대한 걱정도 포함되어 있을 것이다. 단순한 탐욕과 미련에 의한 것이라기보다는, 평소 정성을 다하여 섬겼던 사람들이 있는 집이었기에 돌아본 것이다.

다시 말하지만, 우리의 돌기둥은 그 조성된 근원적인 힘이 우리의 정서다. 그러한 석상을 만들어 후세들에게 귀감을 보이려고 한 의도가 거기에 깔려 있다. 그 석상을 보면서, 자손들이 부부간의 신의를 지키고 여성이 지녀야 할 지고한 가치인 정절을 깨우치고 터득하게 하려는 의도가 숨어 있는 것이다. 소금 기둥처럼 단순히 죽음을 나타내는 상이 아니라, 우리의 돌기둥은 바람직한 삶이 어떤 것인지를 나타내고자 한 표상인 것이다. 롯의 아내처럼 죽은 채로 그냥 서 있는 과거의 전설이 아니라, 우리의 망부석은 지금도 살아서 어떤 것이 진정한 가치를 지닌 삶인가를 안내하는 하나의 증표로 작용하고 있다.

저쪽의 소금기둥이 종교적 의미만을 담고 있다면, 우리의 망부석과 장자못에 얽힌 석상은 거기에다 경계(警戒)의 잠언을 안고 서 있다.

아기장수를 영웅으로 키우지 못한 사람들

한국에서 한 20년 간을 산, 한 저명한 미국인이 교육자 모임에 초청되어 강연을 한 일이 있었다. 그는 이야기 첫머리에서, 한국 교과서와 미국 교과서의 차이점이 무엇이겠느냐고 하면서 운을 뗀 뒤에, 스스로 답하기를 '영웅의 차이'라고 간단히 말하였다. 미국 교과서에는 많은 영웅의 이야기가 실려 있는데, 한국 교과서는 그렇지 않다는 것이다.

그래서 미국 아이들에게 영웅의 이름을 열거해 보라고 하면, 단번에 20여 명의 영웅을 드는데 비해, 한국 학생들은 그렇지 못하다는 것이었다. 기껏해야 '이순신, 을지문덕……'하다 만다는 것이었다.

이야기를 듣고 보니, 일리가 있다는 생각이 들었다. 200여 년 남짓한 역사를 가진 미국에는 그렇게 영웅이 많은데, 반만년의 유구한 역사를 지닌 우리나라는 왜 그리 영웅이 적을까? 그것은 한말로 말하여 잘못된 교육이 빚어낸 결과다. 우리는 영웅을 만들어내지 않았기 때문이다.

유고 연방이 해체되고, 분리된 나라끼리 전쟁이 일어났을 때 일이다. 여기에 참전한 미국의 조종사 한 사람이, 비행기가 격추됨으로써 실종되었는데, 한 달인가 후에 구출된 적이 있었다. 그가 미국으로 돌아오자, 그 날을 영웅의 날로 선포하고, 대통령은 그를 영웅으로 치켜 올렸다.

또 미국 금융을 대표하는 큰 건물이 테러로 인하여 폭파되자, 이에 대한 보복으로 아프가니스탄을 침공했을 때, 아프가니스탄 북부에서 적의 교란 활동을 벌리던 씨 아이 에이(CIA) 요원 한 사람이 최초로 전사하자, 그를 영웅으로 올려 세웠다.

이러한 사례는 유럽도 마찬가지여서, 프랑스에서는 2차 대전을 전후하여, 자기 나라를 위하여 희생한 레지스땅스들은, 그 공적이 아주 미미하더라도 그 곳에 기념비를 세우고, 그 공적을 높이 받들어 영웅시하고 있다.

거기에 비하면, 우리는 이런 면에 너무나 인색한 것 같다. 우리에게도 어찌 이런 영웅이 없겠는가? 찾으면 수없이 많을 것이다. 다만 영웅을 만들려는 마음이 부족하기 때문이다.

나는 우리나라 설화 중에서 가장 안타까운 이야기를 고르라고 하면, '아기장수 이야기'를 든다. 장수를 만들지 못하고 죽여 버리는 우리들의 슬픈 이야기 말이다. 그 줄거리를 잠깐 보자.

옛날 어느 곳에 평민이 살았는데, 산의 정기를 받아서 겨드랑이에 날개가 있고, 태어나자마자 이내 날아다니고 힘도 센 장수 아들을 기적적으로 낳았다. 그런데 부모는 그 아기장수가 크면, 장차 역적이 되어서 집안을 망칠 것이라 해서, 아기장수를 돌로 눌러 죽였다. 아기장수가 죽을 때에 유언으로, 콩 닷 심과 팥 닷 섬을 같이 묻어 달라고 하였다.

얼마 후, 관군이 와서 이 아기 장수를 내 놓으라고 하여, 이미 부모가 죽었다고 하니, 그들은 무덤을 가리켜 달라고 하였다. 부모는 무덤을 가리켜 주었다. 그들이 아기장수의 무덤에 가 서 파 보니, 콩은 말이 되고 팥은 군사가 되어, 아기장수가 막 일어나려는 것이었다.

그래서 관군은 아기장수를 다시 죽였다. 그런 후, 아기장수를 태울 용마가 용소(龍沼)에서 나와서, 주인을 찾아 울며 헤매다 용소에 빠져 죽었다.

기존의 썩은 질서를 뒤엎고 새로운 세상을 열어갈 구세주를 기다리는 민중들의 간절하고 안타까운 염원이 그 속에 배어 있다. 그러나 민중들의 간절한 소망은 관군으로 대변되는 기득권 세력의 무참한 살육으로 좌절되고 만다. 백성을 짓밟는 탐관오리들을 비롯한 지배계급을 고발하려는 의도가 이야기 전편에 깔려 있다.

아기장수와 같이 출중한 능력과 지혜를 갖고 있으면 그것을 키워 주기는커녕 후환을 두렵게 여겨 압살해 버리는 못난 세태를 고발하고 있다. 더구나 아기장수를 고발하는 주체가 그의 부모라는 데서 우리는 잘못된 시대상의 질곡상태가 얼마나 깊이 박혀 있는가를 엿볼 수가 있다. 아기장수 이야기는 영웅감을 키우기는 고사하고 싹을 잘라버리는 우리들의 못난 습성을 고발하는, 안타깝기 짝이 없는 이야기다.

이러한 아기장수 전설이 언제 생겨났는지는 알 수 없으나, 『삼국사기(三國史記)』에 겨드랑이에 깃이 달린 장수에 대한 기록이 있고, 『조선읍지(朝鮮邑誌)』 강릉 고적 조에는 아기장수 전설과 흡사한 이야기가 나타난 것으로 보아 그 연원은 매우 오래임을 알 수 있다. 아기장수의 모티프가 조선시대의 반체제적 인물 전설과 결부되거나 조선 후기 정감록과 같은 진인(眞人) 출현설과도 닿아 있어서, 이 전설이 조선 중기와 후기에는 크게 유포되었음을 알 수 있다.

가난하고 비천한 집안에서 비범한 능력을 지니고 태어난 탓에 그 부모 또는 관군에 의해 비극적 죽음을 당한 이 아기장수에 관한 설화는 여러 지방에 퍼져 있는데, 그 형태는 조금씩 다르다. 그 중 몇 가지를 더 살펴보기로 하자.

철마산의 원래 이름은 천마산이었다. 옛날 이 산 속에는 양 어깨에 날개가 달린 천마가 살았다. 그러나 그 모습을 사람들에게 가깝게 내 보인 적은 없었다. 그런데 언제부터인가 이 산 아랫마을에는 이야기가 돌았다. 나라가 위기에 처하면 근처에 영웅이 태어나고 그 말을 타고 출정할 것이라는 신령스러운 이야기였다.

조선 중기 산 아랫마을에 선량한 부부가 살았다. 남편은 건강하고 착했으며 아내도 부지런하고 얌전하여 사람들의 칭송을 받는 부부였으나, 결혼 10년이 넘도록 아기가 없었다. 어느 날 밤 아내는 말이 힘차게 달려오는 꿈을 꾸고 아기를 갖게 되었다.

"새벽에 길몽을 꿨어요. 아기를 가지려나 봐요."

꿈 내용을 들은 남편은 얼굴에 기쁨이 가득했다.

"태몽이면 얼마나 좋겠소?"

열 달이 지난 뒤 남자 아기를 낳았다. 아기는 눈이 부리부리하고 총명해 보였으며 어깨도 넓었다. 그리고 열흘 만에 걸었으며 한 달 만에 뛰어다녔다. 백일이 되자 맷돌을 번쩍번쩍 들어올렸다. 몸도 민첩해서 방바닥에서 벽을 타고 달려 올라가 천장을 타고 뛰다가 반대편 벽을 타고 뛰어내려 왔다. 초가지붕 위로 휙휙 날아올랐다가 눈 깜짝할 사이에 천마산 꼭대기로 달려 올라가기도 했다. 마을 사람들은 경탄하여 말했다.

"아. 우리 마을에서 전설처럼 정말 아기장수가 태어났구나."

아기장수가 태어났다는 소식은 관아에까지 전해졌다. 고을 사또는 몸소 마을로 와서 아기를 보고 얼굴이 험하게 일그러졌다. 아기장수가 나오면 역적이 되어 나라를 해친다는 속설 때문이었다. 그는 아기의 친척 중 나이가 든 어른에게 말하였다.

"아기를 광에 가두어라. 애를 조정에 보고하면 명령이 내려올 것이다."

사또가 돌아간 뒤 아기장수의 부모는 아기를 광에 가두고 눈물로 시간을 보냈다. 며칠 뒤 아기장수를 죽이기 위해 서울에서 관군이 내려온다는 소문이 들려왔다. 아기의 부모와 아기, 그리고 친척까지 모두 죽일 것이라는 소문도 들려왔다. 아기장수의 아버지는 눈물을 흘리며 말했다.

"아기야, 나를 용서해라. 네가 관군에게 잡혀 죽고 일가가 몰살당하느니 너의 한 목숨을 내가 끊는 게 낫다."

아기장수는 눈물로 애원했다.

"저를 묻을 때 콩 다섯 섬과 팥 다섯 섬을 같이 묻어 주세요."

아버지는 아기장수를 다듬잇돌로 눌러 죽이고 땅에 묻으며 콩과 팥을 함께 묻었다. 다음 날 관군이 도착했다. 관군 장수는 그간의 사정을 알고 고개를 끄덕였다.

"나라의 후환을 없애고 우리 관군의 수고를 덜어 주었으니 잘한 일이로다. 무덤으로 나를 안내하라."

관군이 무덤에 이르렀을 때 놀라운 일이 벌어졌다. 아기장수가 살아 있고 아기와 함께 묻은 콩은 군사가 되고, 팥은 군마가 되어 막 아기장수를 호위하여 일어나려는 것이었다. 관군 장수는 깜짝 놀라 소리쳤다.

"엇 진압하라. 어서 저 역절들을 죽여라."

아기장수는 눈물을 흘리며 말했다.

"왜 나를 역적이라 하십니까? 머지않아 조국에 쳐들어올 적군을 맞아 싸우다 죽게 해 주십시오."

그러나 관군은 칼을 내리쳐 아기장수를 죽였다. 마을 사람들은 아기장수 부모를 붙잡고 눈물을 흘렸다.

"아기장수를 죽이다니 나라에 좋지 않은 일이 생길 거예요."

"그래요 하늘이 벌을 내릴 거예요."

그때 천마산 골짜기에서 천마의 울음소리가 하늘을 흔들며 들려왔다. 천마가 힘차게 날개를 휘저으며 날아와 아기장수의 무덤 위를 선회했다. 천마는 한나절 동안 그렇게 하늘을 날며 슬피 울다가 땅으로 떨어져 죽었다. 마을 사람들은 아기장수의 무덤 옆에 천마를 묻어 주었다.

몇 해 뒤 임진왜란이 일어나고 왜군이 쳐들어왔다. 조선의 군대는 왜군을 당하지 못해 수많은 목숨과 조선의 강토가 그들의 발굽에 짓밟혔다. 사람들은 탄식했다. 아기장수가 살아 있었다면 천마를 타고 날아다니며 왜적으로부터 나라를 지켰을 것이라고.

이와는 좀 다르게 아기장수의 이름이 구체적으로 적시되어 있는 이야기도 있다. 우투리 설화가 그 하나다. 이 우투리 설화에는 지배계층이 이성계로 되어 있다. 이는 아마도 이성계의 쿠데타를 못마땅하게 여기는 당시 민중들의 생각이 담겨 있는 듯하다.

가난하게 사는 집안에 지리산 산신이 점지한 아기가 억새로 탯줄을 자르고 태어났다. 아기는 겨드랑이에 날개가 달려서 천장으로 날아오르는 등 비범한 능력을 보여서, 이름을 우투리라고 불렀다. 우투리는 콩·팥 등의 곡식을 가지고 바위 속에 들어가 새 나라를 세우고자 수련을 하였다.

이때 이성계가 왕이 되기 위하여 산신들에게 제사를 지내려고 팔도를 돌아다녔다. 한 소금 장수가 이성계가 지낸 제사가 부정하여 산신들이 받지 않았다는 나무들의 대화를 듣고, 이성계에게 이를 알려 제사를 다시 지내게 하였다.

다른 산신늘은 이성계가 왕이 되는 것을 잔성하였는데, 지리산 산신은 우투리가 왕이 되어야 한다고 주장하였다. 이를 알게 된 이성계는 우투리 어머니를 찾아가 거짓 혼인을 하였다.

우투리 어머니는, 남편이 된 이성계가 끈질기게 우투리의 종적을 캐묻자, 그를 믿고 우투리가 있는 곳을 일러 주었다. 이성계는 이제 때가 되어 용마를

타고 막 일어나려는 우투리와 그의 군사들을 모조리 죽여 버렸다. 그 뒤 왕이
된 이성계는 지리산 산신을 귀양 보냈다.

설화와 전설은 우리들의 마음을 실어 놓은 이야기다.

그러면 지금 우리 사회는 어떤 설화를 만들어 가고 있을까를 되돌아보지 않
을 수 없다. 현대의 아기장수를 죽이고 있지는 않은가? 오늘날의 관군과 이성계
는 과연 없을까?

현대의 관군은 국민의 삶을 억누르는 독재자만을 가리키는 개념이 아니다. 그
것은 선량한 일반 서민을 절망의 구렁텅이로 빠뜨리는 일부 상류층의 몰지각한
무리들이 더 큰 관군이라 할 수 있다. 병역 기피자. 비리 축재자, 세금 탈루자,
서민을 딛고 특권을 구가하는 권력자, 국민의 뜻이라며 거짓말하는 정치꾼, 기
득권을 내려놓지 않으려고 갖은 기교를 부리는 모리배 등이 바로 백성을 죽이는
현대판 관군이 아니겠는가.

이제 아기장수를 죽이는 일은 없어야겠다. 아니 아기장수를 많이 찾아 큰 장
수로 키워 나가야 한다. 그러면 우리 주위에 흩어져 있는 아기장수를 한 번 살
펴보자.

1995년 6월 삼풍백화점이 무너졌을 당시, 매몰 11일 만에 구조됐던 최명석이
라는 대학생이 있었다. 그는 당시 백화점 1층 수입 아동 신발 코너에서, 아르바
이트를 하다 매몰되었는데, 무너진 건물 더미 속에서 종이 상자를 뜯어먹으며
230여 시간을 버티다, 극적으로 구조된 강인한 정신력의 소유자였다. 그는 구조
된 후에도, 정신적 후유증을 전혀 보이지 않았음은 물론, 끝까지 밝은 표정을 잃
지 않는 강건함을 보여 주었다.

그 후, 그는 모 회사가 병역 혜택을 주는 특례 보충역으로 편입되는 산업 기

능 요원으로 선발하겠다고 제의했으나, 그 제의를 마다하고 해병대에 입대했었다. 고생을 사서 하겠다는 것이었다. 그는, '삼풍 사고가 내게 또 다른 생명을 주었다.'면서, '어떠한 어려움도 이겨낼 수 있는 극기심과 용기를 더 배우기 위해 해병대를 지원하겠다.'고 말하였다.

영웅이 따로 없다고 생각한다. 이런 사람이 영웅이 아니고 무엇인가?

2016년 9월 9일 새벽 4시경에 서울 마포구 서교동에 있는 5층짜리 건물에 큰 불이 났다. 여자 친구의 이별 통보에 분노한 20대 남성이 홧김에 지른 불이었다.

불이 나자 이 건물 4층에 살던 안치범(28세) 씨는 탈출한 뒤 119에 신고하고 다시 연기로 가득 찬 건물로 뛰어들었다. 불이 난 사실을 모른 채 잠든 다른 주민들을 깨우기 위해서였다. 그는 집집마다 돌아다니며 문을 두드려 사람들을 깨웠다.

안 씨의 이웃들은 경찰에서 "새벽에 자고 있는데 초인종 소리가 들려 잠에서 깼다.", "누군가 문을 두드리며 '나오세요'라고 외쳐 탈출할 수 있었다."고 말했다. 안 씨 덕분에 원룸 21개가 있는 이 건물에서 사망자는 단 한 명도 나오지 않았다.

그러나 정작 안 씨는 건물 5층 옥상 입구 부근에서 유독 가스에 질식해 쓰러진 채 발견됐고, 병원으로 옮겨졌지만 열흘 뒤에 사망했다.

이런 사람이 바로 영웅이다. 찾고 받들지 않아서 그렇지 우리 주위에는 지금도 수많은 아기장수가 태어나고 있다. 이런 사람들의 이야기를 일회성으로 흘려버리고 잊어버린다면, 그것이 바로 아기장수를 죽이는 것과 무엇이 다르겠는가?

작은 듯하지만, 너무나 큰 이런 영웅들의 이야기를 교과서에 실어서 그에게 날개를 달아 준다면, 그 날갯짓에 힘입어 제2, 제3의 새로운 많은 영웅들이 줄줄이 생겨날 것이라 믿는다. 그리고 다시 한 번 되뇌고 싶다. 인제 우리 다시는 아기장수를 죽이지 말자.

귀신을 부리는 비형(鼻荊) 설화는 왜 만들어졌을까

　귀신을 물리치는 능력을 가진, 두 사람의 이야기가 『삼국유사』에 전해 온다. 비형과 처용이 그들이다. 처용은 동해용의 아들로서 나라의 안정을 위해 헌강왕을 도왔으며, 처용가를 지어 그의 아내를 침범한 역신을 물리쳤다. 역신이 물러가면서 말하기를, "맹세코 오늘 이후로는 그대의 형상을 그린 그림만 보아도 그 문 안에 절대로 들어가지 않겠습니다." 하였다. 그래서 나라 사람들은 문에 처용의 형상을 붙여 사악함을 물리치고 경사스런 일을 맞이하고자 하였다.

　비형 또한 처용과 비슷한 역할을 했던 인물이다. 비형에 대한 이야기가 실려 있는 『삼국유사』 기이(紀異) 제1의 도화녀 비형랑(桃花女鼻荊郎) 설화를 읽어보자.

　제25대 사륜왕(舍輪王)의 시호는 진지대왕(眞智大王)으로, 성은 김씨이며, 왕비는 기오공(起烏公)의 딸 지도부인(知刀夫人)이다. 대건(大建 陳나라 宣帝의 연호) 8년 병신(丙申)에 왕위에 올랐다.

　나라를 다스린 지 4년에 주색에 빠져 음란하고 정사가 어지럽자 나라 사람들은 그를 폐위시켰다.

　이보다 앞서, 사량부(沙梁部)의 어떤 민가의 여자 하나가 얼굴이 곱고 아름다워 당시 사람들은 그녀를 도화랑(桃花郎)이라 불렀다.

왕이 이 소문을 듣고 궁중으로 불러들여 잠자리를 같이하고자 하니 도화녀가 말하였다.

"여자가 지켜야 하는 것은 두 남편을 섬기지 않는 일입니다. 그런데 남편이 있는데도 남에게 시집가는 일은 비록 천자의 위엄을 가지고도 맘대로 하지는 못할 것입니다." 했다

왕이 말하기를,

"너를 죽인다면 어찌하겠느냐?" 하니

여인이 대답하기를,

"차라리 거리에서 베임을 당하더라도 딴 데로 가는 일은 원치 않습니다." 하니, 왕은 희롱으로 말했다.

"남편이 없으면 되겠느냐?"

"그러면 되겠습니다."고 하니, 왕은 그를 놓아 보냈다.

이 해에 왕은 폐위되고 죽었는데, 그 후 2년 만에 도화랑(桃花郎)의 남편도 또한 죽었다. 10일이 지난 어느 날 밤중에, 갑자기 왕은 평시(平時)와 같이 여인의 방에 들어와 말하였다.

"네가 옛날에 허락한 말이 있지 않느냐? 지금은 네 남편이 없으니 되겠느냐?" 하니

여인이 쉽게 허락하지 않고 부모에게 고하니, 부모는 말하기를,

"임금의 말씀인데 어떻게 피할 수가 있겠느냐?"

하고, 딸을 왕이 있는 방에 들어가게 했다.

왕은 7일 동안 머물렀는데 머무는 동안 오색(五色) 구름이 집을 덮었고, 향기는 방안에 가득하였다. 7일 뒤에 왕이 갑자기 사라졌으나, 여인은 이내 태기가 있었다. 달이 차서 해산하려 하는데 천지가 진동하였다. 이어 한 사내아이를 낳았는데, 이름을 비형(鼻荊)이라고 했다.

진평대왕(眞平大王)이 그 이상한 소문을 듣고, 아이를 궁중에 데려다가 길렀다. 15세가 되어 집사(執事)라는 벼슬을 주었다.

그러나 비형(鼻荊)은 밤마다 멀리 도망가서 놀곤 하였다. 왕은 용사(勇士) 50명을 시켜서 지키도록 했으나, 그는 언제나 월성(月城)을 날아 넘어가 서쪽 황천(荒天) 언덕 위에 가서는, 귀신들을 데리고 노는 것이었다. 용사(勇士)들이 숲 속에 엎드려서 엿보았더니, 귀신의 무리들이 여러 절에서 들려오는 새벽 종소리를 듣고 각각 흩어져 가 버리면, 비형랑(鼻荊郎)도 또한 집으로 돌아왔다. 용사들은 이 사실을 왕에게 보고했다. 왕은 비형을 불러서 말하기를,

"네가 귀신들을 데리고 논다니 그게 사실이냐?"고 하니, 낭이 말하기를, 그렇다고 했다.

왕이 말하기를,

"그렇다면 너는 그 귀신의 무리들을 데리고 신원사(神元寺) 북쪽 개천에 다리를 놓도록 해라."고 했다.

비형은 명을 받아 귀신의 무리들을 시켜서 돌을 다듬어 하룻밤 사이에 큰 다리를 놓았다. 그래서 다리를 귀교(鬼橋)라고 했다.

왕은 또 물었다.

"그들 귀신들 중에서 사람으로 출현(出現)해서 조정 정사를 도울 만한 자가 있느냐?"

하니 비형이 이르기를,

"길달(吉達)이란 자가 있사온데 가히 정사를 도울 만합니다."

"그러면 데리고 오도록 하라."

이튿날 그를 데리고 와서 왕께 뵈니 집사(執事) 벼슬을 주었다. 그는 과연 충성스럽고 정직하기가 비할 데 없었다. 이때 각간(角干) 임종(林宗)이 아들이 없었으므로, 왕은 명령하여 길달을 그 아들로 삼게 했다. 임종은 길달(吉達)을 시켜 흥륜사(興輪寺) 남쪽에 문루(門樓)를 세우게 했다. 그리고 밤마다 그 문

루 위에 가서 자도록 했다. 그리하여 그 문루를 길달문(吉達門)이라고 했다.

어느 날 길달(吉達)이 여우로 변하여 도망쳤다. 이에 비형은 귀신의 무리를 시켜서 잡아 죽였다. 이 때문에 귀신의 무리들은 비형의 이름만 들어도 두려워하여 달아났다.

당시 사람들은 글을 지어 말했다.

성제(聖帝)의 넋이 아들을 낳았으니
비형랑(鼻荊郞)의 집이 바로 그곳일세
날고뛰는 모든 귀신의 무리
이곳에는 아예 머물러 있지 말라

민가에서는 이 글을 써 붙여 귀신을 쫓곤 한다.

이 이야기의 주인공인 진지왕은 진흥왕의 아들이다. 진흥왕은 동륜(銅輪), 금륜[金輪 사륜(舍輪)이라고도 함], 구륜(仇輪) 등의 세 아들과 월륜(月輪), 하양(河陽), 태양(太陽), 은륜(銀輪) 등의 네 딸을 두었다.

그런데 이들 아들딸의 이름에 유독 '륜(輪)' 자가 많이 들어가 있음을 볼 수 있다. 진흥왕은 자식들의 이름을 동륜(銅輪)과 금륜(金輪) 등으로 지음으로써, 왕권을 불교의 이상적 제왕인 전륜성왕(轉輪聖王)과 동일시하려 했던 것으로 보인다.

전륜성왕은 원래 인도 전설에 등장하는 이상적 제왕으로, 줄여서 전륜왕 또는 윤왕이라고도 한다. 이 왕이 세상에 나타났을 때는 하늘의 수레 곧 차륜이 출현하고, 왕은 그것을 타고 무력을 이용하지 않고 전 세계를 다스린다고 한다.

전륜성왕에는 금륜왕(金輪王)·은륜왕(銀輪王)·동륜왕(銅輪王)·철륜왕(鐵輪王)의 네 종류가 있는데 경전에 따르면 그 역할이 다 다르다. 진흥왕은 독실한 불자로서 자신이 스스로 전륜성왕이 되고자 하였다.

경주(慶州) 황룡사(黃龍寺)의 창건설화에도 보이듯, 진흥왕은 인도의 아소카 왕을 전륜성왕의 모델로 삼고, 두 왕자에게도 각각 동륜성왕과 철륜성왕을 가리키는 동륜, 금륜, 구륜이라는 이름을 지었고, 딸에게도 월륜, 은륜이라는 이름을 지어주었다. 말년에는 머리를 깎고 스스로 출가하였는데, 이는 인도의 전륜성왕이라는 아소카 왕이 말년에 승려로 출가하였다는 전승을 그대로 따르고 있다.

그런데 맏아들인 동륜은 진흥왕 27년에 태자로 책봉되었으나, 6년 만에 죽었다. 그리고 그가 죽은 뒤 아우인 금륜(사륜)이 왕위를 계승하였는데 이가 곧 진지왕이다. 그런데 진지왕은 나라를 다스린 지 4년 만에 주색에 빠져 음란하고 정사를 어지럽혀, 그로 인해 백성들에 의해 폐위되었다.

그래서 579년 8월에 둘째 아들 동륜의 아들인 백정(白淨)이 왕위에 올랐으니, 그가 26대 진평왕(眞平王)이다. 진평왕부터 선덕, 진덕여왕까지는 동륜의 후손들이 신라의 왕위를 계승하였다. 성골이 계속 왕위를 이어간 것이다. 그런데 진덕여왕이 결혼했는지 안 했는지, 왕위를 이을 자식이 있었는지 없었는지는 역사 기록에 없다. 이것은 아마도 후대왕위를 이은 김춘추의 힘 때문에, 그 유무가 가리어진 것이 아닐까 싶다.

김춘추는 성골 아닌 진골 출신이다. 그가 이렇게 세력을 구축한 것은 김유신과 결속한 때문이다. 그는 왕위 찬탈을 목적으로 일으킨 비담(毗曇)의 난을, 김유신과 합세하여 진압하면서 큰 발언권을 갖게 되었다.

마침내 김춘추는 대세의 힘을 빌려 51세의 나이로 등극하였다.

그는 재위 7년째인 660년, 당나라 군대를 끌어들여 백제 정벌의 비원을 이룩하였다. 고구려까지 통합하고자 하는 삼국통일의 대업은 아들인 문무왕에게 물려주고 이듬해 세상을 떠났다. 무열왕이라는 시호에 더하여 신라 왕실에서 유일하게 태종(太宗)이라는 묘호를 받았다.

그런데 이 태종무열왕 김춘추는 용춘(龍春)의 아들인데, 용춘은 바로 비형랑 설화의 주인공으로 등장하는 진지왕의 아들이다. 그러니 김춘추는 폐위된 왕의 손자다. 명예롭지 못한 가족력을 가진 자손이다. 게다가 그는 성골 아닌 진골 출신이다. 왕위를 이을 적통은 아니다. 한말로 말하면 그는 떳떳한 정통성을 갖고 있지 못하다. 이런 것이 그를 짓눌렀던 콤플렉스였다.

이러한 약점을 만회하기 위하여 김춘추의 무리는 신화를 만들어 내었다. 신화란 보통 '제의(祭儀)의 상관적 구술물'이라 정의한다. 어느 특정 인물의 신성성을 높이기 위하여 제의를 행할 때 지어 부르는 이야기가 신화라는 것이다. 그 신화를 통하여 건국주(建國主)의 위상을 신성하게 만드는 것이 건국신화의 주된 목적이다. 바꾸어 말하면, 그것을 통하여 일반 백성들에게 자신은 보통 사람이 아니라, 신이한 인물임을 드러내고자 한다. 곧 치자로서의 권위를 확보하려 한다.

김춘추도 신화의 이러한 목적 달성을 위해 하나의 신화를 만들고 싶었다.

가슴 한 구석에 가계에 대한 콤플렉스를 지녔던 김춘추, 방탕하여 폐위당했던 조부 진지왕에게 신성성을 부여함으로써 그것을 씻어내고자 하였다. 그 방법으로 나타난 것이 바로 신화 창조이고, 그 신화가 바로 '도화녀와 비형랑' 이야기다.

도화녀를 단순히 겁탈한 것이 아니라, 도화녀의 남편이 죽은 후에 죽은 진지왕의 혼이 나타나 정당한 절차를 거쳐 그녀와 통정하고, 신이한 인물 비형을 낳았다는 신화를 만든 것이다. 그렇게 탄생한 비형은 왕정을 보좌했을 뿐만 아니라, 민가의 나쁜 귀신을 물리치는 신이한 인물임을 내세웠다.

이 신화를 통해서 진지왕은 단순히 방탕한 왕이 아니라, 신비적인 왕으로 자리매김 된다. 이로 인해 김춘추 자신도 평범한 진골의 인물이 아니라, 신비한 왕의 자손으로 상승된다.

이러한 신화 만들기 작업은 김유신의 누이 문희와 결혼이 맺어지는 것에서도 잘 나타난다.

『삼국유사』 태종춘추공 조에는 김유신의 여동생인 문희와 김춘추가 결혼하게 된 이야기를 이렇게 적고 있다.

김유신의 누이 보희가 서악에 올라가 오줌을 누니 오줌이 서울에 가득 차는 꿈을 꾸었다. 다음날 아침 동생 문희에게 이 이야기를 전하니, 비단 치마 한 폭에 꿈을 팔라 하였다. 열흘 후 김유신이 김춘추와 함께 집에서 공을 차다가, 일부러 춘추의 옷끈을 밟아 떨어뜨리고 누이 보희에게 꿰매라 하였으나, 보희가 거절하였고 대신 문희가 꿰매었다.

그 후 김유신이 문희가 임신한 것을 알고 꾸짖으며, 누이를 태워 죽인다고 불을 피웠다. 선덕 여왕이 이 연기를 보고 김춘추에게 자초지종을 물어, 문희를 구하게 하여 둘은 결혼하게 되었다.

여기에 등장하는 선류몽(旋流夢 오줌이 흘러넘치는 꿈)은 주요한 신화의 모티프다. 후대의 왕건과 관련된 '작제건 탄생설화'와 '헌정왕후 황보씨' 설화에도 등장하는 신화의 한 요소다. 이러한 요소를 빌려 김춘추를 신화화하고 있다. 김춘추는 국조(國祖)는 아니지만 통일신라 최초의 왕이 될 신화적 인물로 상승시키고 있다. 그리하여 그가 지닌 핸디캡인 비정통성을 덮으려 한 것이다. 문희의 비범함을 강조해서 기술하는 것은 무열왕의 신성성을 강화하기 위한 하나의 보조 장치라 할 수 있다. 즉 문희가 산 꿈은 신성한 인물과 결혼할 것을 예시하기 위한 배치다.

김춘추는 통일신라라는 새로운 국가 체제의 수장이 된 왕이기에, 그의 비범함을 기술하는 신화가 더욱 필요했을 것이다. 진골 출신으로 처음 왕이 된 김춘추는 어떻게든 혈연적인 적통성의 문제를 해결해야 했다. 게다가 쫓겨난 진지왕의 자손이라는 오점을 씻어내야 하는 강박관념에서도 벗어나야 했다. 이러한 복합적인 문제를 해결하기 위하여 만들어진 신화가 바로 비형랑 설화다. 이 신화를 통하여 김춘추의 조부 진지왕은 폐군이 아니라 신성한 왕으로 자리매김 되었다. 그 결과로 김춘추는 신성한 왕의 직계라는 신성성을 확보하게 되었다.

요컨대, 김춘추 관련 신화는 조부인 진지왕의 방탕성과 진골 출신이라는 가계상의 흠결을 묻어버리고, 후대 삼국통일의 위업을 닦은 현군으로서의 격을 높이기 위해 창작되었다. 비형랑 설화는 바로 그러한 맥락에서 만들어진 설화다.

노래하는 새와 우는 새

 우리는 새 소리를 우는 소리로 듣고, 서양 사람들은 노래하는 소리로 듣는다. 우리는 '새가 운다.'고 하고, 서양인은 '새가 노래한다.(Birds sing)'고 표현한다. 똑같은 새인데 한국의 새는 모두 울고, 미국의 새는 노래할 리가 없다. 새 소리를 받아들이는 사람의 감성이 다르기 때문에 그렇게 달리 들을 뿐이다.

 봄이면 산비둘기가 '구구 구구'하는 연속음을 내면서 울어댄다. 어린 시절 할머니는 나를 업고 그 산비둘기 울음소리에 같이 장단을 맞추며 읊으시기를, '구국 구국, 계집 죽고 자식 죽고, 나 혼자 어이 살고'라 하시었다. 비둘기가 그렇게 운다는 것이었다.

 어릴 때는 그저 그러려니 하고 무심히 생각했는데, 커서 생각해 보니 그 속에 깊은 뜻이 담겨 있는 것을 알 수 있었다. 잦은 외침과 변란과 가난에 허덕이면서 살아온 이 땅의 백성들이기에, 묵직한 소리로 구슬피 울어대는 산비둘기 소리가 그렇게 들리지 않았나 하는 생각이 들었기 때문이다. 임진왜란 때 아내를 잃고, 병자호란 때 자식을 잃은 사람이 한둘이었겠는가?

 꾀꼬리 울음소리를 우리는 그냥 '꾀꼴 꾀꼴'로 의성화하는데, 일본 사람들은 '호오 호게꾜'라고 표현한다. 실제로 꾀꼬리는 첫머리에 '호오'하고 약간 길게 빼는 소리를 내므로, 일본 사람들이 우리보다 자세하게 들은 것 같은데, 이를 두고 어떤 사람은 우리가 대체로 사물에 대하여 내범한데 비하여, 일본인은 만사에 조밀하여 그렇다고 하였다.

소쩍새는 올빼밋과에 속하는 성질이 사나운 야행성 새인데, 그 울음소리를 '소쩍 소쩍' 혹은 '솥적다 솥적다'로 듣는다. 민간에서는 이렇게 우는 이유를 풍년이 들어 곡식이 넘쳐나 밥을 할 때 오히려 '솥이 적다.'고 하여 그리 운다고 한다. 풍년이 들라는 민중의 애절한 바람이 그 속에 녹아 있다.

시인 장만영은 '아가'를 잃은 슬픔을 '뻐꾹새 감상(感傷)'이란 작품에서 이렇게 썼다.

봄을 따라 아가가 갔다. 조그만 아가의 관이 나가던 날은 비가 무섭게 퍼부었다.
나는 몹시 슬펐다.
나는 여행을 떠났다. 산골 온천에서 달포를 있었다.
밤마다 뻐꾹새가 울었다. 나는 그때 술을 배웠다.

뻐꾹새 울음을 들으며 눈물짓노라.
뻐꾹새는 서러운 새 서러운 목소리로 울음 우네.
뻐꾹새는 밤새 뉘를 찾아 저리 우누?
아빠를 모르고/ 엄마를 모르고
서얼고 쩌게 살다가 가버린 아가,
아가는 죽어서 뻐꾹새가 되었느뇨.
뻐꾹새가 되어 뻐꾹 뻐꾹
아빠를 찾아 엄마를 찾아 저리 우느뇨.
(이하 생략)

보통 사람의 귀에는 그냥 '뻐꾹 뻐꾹' 우는 뻐꾸기 소리도, 귀여운 어린 자식을 잃은 아버지의 귀에는 '아빠를 찾아 엄마를 찾아' 애달프게 우는 소리로 들리는 것이다.

'임꺽정'의 작가 홍명희는 해방의 감격을 '아이도 뛰며 만세/ 어른도 뛰며 만세/ 개 짖는 소리 닭 우는 소리까지/ 만세 만세'라고 노래했다. '멍멍'이나 '꼬끼요' 소리가 해방을 맞은 기쁜 사람의 귀에는 '만세'로 들리는 것이다.

그런데 새 울음소리 중에서 가장 애절하게 들려서, 사람들의 가슴을 울리는 것은 아마도 접동새 소리일 것이다. 두우, 망제혼, 두견이, 귀촉도, 불여귀, 자규 등의 이칭도 많은 이 새는, 밤새도록 그 울음을 그치지 않고 계속해서 울어대는데, 그렇게 피나도록 우는 데는 무슨 애틋한 사연이 있을 것이라고 생각한 옛 사람들은, 이를 촉나라 '망제'의 억울한 사연에 결부시켰다.

소쩍새 울음소리에도 재미있는 전설이 전해지고 있다. 부잣집이었는데도 시어머니는 며느리에게 밥 주기가 싫어서, 아주 작은 솥에다가 밥을 조금만 짓게 했다. 밥을 먹지 못한 며느리는 결국 굶어죽어 새가 되었는데, 밤마다 '솥이 적다' 하면서 울었다. 그것이 마치 '솥쩍' 하고 우는 것처럼 들린다하여 소쩍새라고 부르게 되었다는 이야기다.

이와는 반대로 풍년이 들어 양식이 넘쳐나 작은 솥으로는 밥을 다할 수 없어, 솥이 적다고 '솥 적다'고 운다는 이야기다. 그래서 그 해에 '솥적다'고 울면 풍년이 들고, '소쩍'으로 울면 흉년이 든다고 한다. 두 이야기가 겉으로 보면 정반대의 이야기 같으나 실상 그 내용은 한가지다. 앞의 이야기나 뒤의 이야기 모두 가난을 벗어나고 싶은 애절한 기원을 담고 있기 때문이다.

어찌 소쩍새가 흉풍을 가릴 능력을 갖고 있겠는가? 사람이 풍년 들기를 바라면서 그렇게 듣고 싶을 뿐이다.

촉나라 임금 망제(望帝)는 어느 날 물에 빠져 떠내려 오는 별령이라는 사람을 구해 주었다. 천성이 착한 어린 망제는 그를 궁으로 데려와, 이는 하늘이 나에게 어진 사람을 보내준 것이라 생각하고, 집을 주고 장가를 들게 하고 벼슬을 주었다.

그런데 별령은 예쁜 자기의 딸을 망제에게 바쳐, 임금으로 하여금 정사는 버려둔 채 여색에 빠지게끔 한 뒤에, 여러 대신들과 모의하여 망제를 내어 쫓고 자신이 왕이 되었다. 하루아침에 억울하게 나라를 빼앗기고 쫓겨난 망제는 그 원통함을 참을 수 없었다. 그리하여 그는 죽어서 접동새가 되어 밤마다 불여귀(不如歸)를 부르짖으며 목에서 피가 나도록 울었다.

이렇게 애절한 사연이 담긴 울음소리이기에, 많은 사람들이 시의 소재로 삼았다. 단종이 유배지에서 남긴 것도 자규시(子規詩)다.

> 한 맺힌 새 한 마리 궁중에서 쫓겨나와,
> 짝 잃은 외그림자 푸른 산 속 헤매누나.
> 밤이 가고 밤이 와도 잠 못 이루고,
> 해가 가고 해가 와도 쌓인 한은 끝이 없네.
> 두견새 울음 끊긴 새벽 멧부리 달빛만 희고,
> 피 뿌린 듯한 봄 골짝엔 지는 꽃만 붉구나.
> 하늘은 귀머거린가? 애달픈 이 하소연 어이 듣지 못하는고!
> 어쩌다 수심 많은 이내 귀만 홀로 밝은고!

김소월은 또 다른 접동새 전설을 바탕으로 '접동새'라는 시를 썼다.

옛날 어느 곳에 10남매가 부모를 모시고 행복하게 살았다. 그러다 어머니가 돌아가시고 의붓어미가 들어왔는데, 의붓어미는 아이들을 심하게 구박하였다.

큰누이가 나이가 들자 이웃 부자 집 도령과 혼약하여 많은 예물을 받게 되었다. 이를 시기한 의붓어미가 그녀를 친모가 쓰던 장롱에 가두었다가 끝내는 불에 태워 죽였다.

동생들이 슬퍼하며 타고 남은 재를 헤치자, 거기서 접동새 한 마리가 날아올라 갔다. 죽은 누이가 접동새로 화한 것이다. 관가에서 이를 알고 의붓어미를 잡아다 불에 태워 죽였는데, 재 속에서 까마귀가 나왔다. 접동새는 동생들이 보고 싶었지만, 까마귀가 무서워 밤에만 와서 울었다.

이 애틋한 사연을 담아 소월은 이렇게 읊었다.

접동/ 접동/ 아우래비 접동
진두강(津頭江) 가람 가에 살던 누나는
진두강 앞 마을에/ 와서 웁니다.

옛날, 우리나라/ 먼 뒤쪽의
진두강 가람 가에 살던 누나는
의붓어미 시샘에 죽었습니다.

누나라 불러 보랴/ 오오 불설워
시샘에 몸이 죽은 우리 누나는
죽어서 접동새가 되었습니다.

아홉이나 남아 되던 오랍동생을
죽어서도 못 잊어 차마 못 잊어
야삼경 남 다 자는 아닌 밤중에
이 산 저 산 옮아가며 슬피 웁니다.

소월은 접동새 울음소리를, 억울하게 죽은 누나가 동생들이 못내 보고파 '접동 접동 아우래비 접동'하며 피나게 우는 소리로 듣고 있다.

새가 우는 것은 자기의 위치를 알리거나 암컷을 부르기 위해 울 뿐이다. 노래하는 것도 아니고, 우는 것도 아니다. 어찌 접동새가, '다시 돌아가고 싶다[不如歸]'고 울겠으며, '아우래비 접동'으로 소리 내어 울겠는가? 사람의 귀가 그렇게 들었을 뿐이다. 새가 그렇게 우는 것이 아니라 사람이 그렇게 울고 싶은 것이다.

슬프면 슬프게 들리고 기쁘면 기쁘게 들리는 것이다.

이제 사람 사는 세상에 조금이나마 욕심이 줄어들어 접동새가 그렇게 울어야 할 사연이 줄어들고, 우리에게도 통일과 평화가 하루 빨리 찾아와, 비둘기가 '계집 죽고 자식 죽는' 소리로 울지 않고, '구국(救國) 구국(救國), 너도 살고 나도 살고 즐거이 함께 사세'로 들리는 날이 빨리 왔으면 싶다. 또 소쩍새가 '소쩍'으로 울지 않고 '솥적다'로만 울고, 나아가 우리에게도 새는 울지 않고 노래하는 그런 기쁜 세상이 되었으면 한다.

한국의 어머니는 진짜 신(神)이다

　삼국유사 고조선 조에, 그 제목을 고조선이라 쓰고 바로 아래 왕검조선(王儉朝鮮)이라고 부기하였다. 또 그 내용 첫 부분에 "지금부터 2000년 전에 단군왕검(壇君王儉)이 있어 아사달에 도읍을 정하고 나라를 열어 조선이라 불렀다."고 하였으며, 이어서 "환웅이 잠시 사람으로 변하여 그녀와 혼인하여 아들을 낳으니 단군왕검이라 불렀다."고 하였다.

　이들에 쓰인 '왕검(王儉)'이란 무슨 뜻일까? 그냥 '왕조선', 단군왕'이라 하면 될 것인데 왜 '왕' 자 뒤에 '검' 자를 붙여 '왕검조선, 단군왕검'이라 하였을까? 이 '검'은 신이란 뜻의 우리말 '금'을 한자로 표기한 것이다. 그러니 왕검은 신왕(神王)이란 의미다. 이 '금'은 시간의 흐름에 따라 '김, 검, 곰, 금' 등으로 변하였다. 단군신화에 등장하는 '곰'도 여기에 속한다. '금'이 일본으로 건너가 '가미'가 되었다. 한자로는 이를 '개마(蓋馬), 금마(金馬), 금(錦), 금(今), 흑(黑), 웅(熊)' 등으로 빌려 적었다. 이 중 '흑(黑), 웅(熊)'은 글자의 뜻 '검(다)'와 '곰'을 각각 빌려 적은 것이다.

　북한의 '개마고원', 전북 익산의 '금마', 경북 일원에 보이는 '금천(錦川), 감천(甘川), 감문(甘文), 고모(顧母)' 등이 다 거기에 근원을 둔 지명이다. '금'은 음운의 변동으로 '즘'이 되기도 했는데, '주몽'은 그 예다. 즉 주(朱) 자의 앞 음 'ㅈ'에 '몽(蒙)' 자의 첫 음 'ㅁ'을 합하여 '즘'을 표기한 것이다. 주몽은 활을 잘 쏘았기 때문에 붙여진 이름이라고 『삼국사기』에 적혀 있다. 지금도 활을 잘 쏘아 맞히면 '귀신' 같다고 한다. 그러니 '주몽'은 '즘' 곧 신이었다. 경북 의성을 중심으로 한 옛 조문(召文)국의 '조문'도 '즘'을 한자로 표기한 것이다. '죠(召)'의 'ㅈ'와 '문(文)'의 'ㅁ'을 합친 소리다.

부산 지역에서 모심기를 하면서 부르는 노동요에 '거미야 거미야 왕거미야'라는 민요가 있다. '모심기 소리' 중에서도 모를 다 심어 놓고 논에서 나오면서 부르는 노래인데, 모가 잘 자라기를 기원하면서 부른다. 이 노래는 양산 지역의 지신밟기 사설로도 불려온 주술성이 강한 소리다.

거미야 거무야 왕거미야/ 줄로 노던 왕거미야/ 니 한량 내 천룡 천룡산 청방우/ 황생강 들생강 노든강 새든강/ 남산밑에 남대롱 서산밑에 서처자/ 닐리동산 비늘 달아 닐릴릴쿵 절사 왕거미야

여기에 등장하는 '거미'를 벌레 이름으로 알고 있는 이가 많다. 그러나 이것은 벌레 이름이 아니다. '거미야'는 '검이야' 즉 '신이여'라는 뜻이다. '왕거미'는 바로 삼국유사에 적힌 '왕검(王儉)'이다. 그러니 '거미야 거무야 왕거미야'는 '신이여 신이여 신왕이여'의 뜻이다. 그것은 이 노래가 양산 지방에서 지신밟기의 주술 가요로 불린 것을 봐도 잘 알 수 있다. 모내기를 하면서 모가 잘 자라 풍년이 깃들기를 신에게 바라면서 부른 주술성을 띤 노래다.

우리가 익히 알고 있는 구지가의 '거북(龜)'도 사실은 신을 가리킨 말이다. 그래서 노래 이름도 영신군가(迎神君歌)다. 하늘에서 신군이 내려오기를 바라면서

부른 주술가요다. 삼국유사 가락국기에 실려 전하는 원문과 종래의 풀이말을 보자.

龜何龜何 (구하구하)	구하 구하
首其現也 (수기현야)	머리 내어라
若不現也 (약불현야)	안 내 놓으면
燔灼而喫也 (번작이끽야)	구워 먹는다

우리말에 신을 나타내는 말에는 두 갈래가 있음을 앞에서 말했다. '검' 계열과 '굿(구)' 계열이 그것이다. 다시 한 번 그것을 요약해 보자.

알타이어　Kam → 검 … 감, 깁, 곰, 금, 거미, 즘, 일본어 가미
인도유럽어 Guth → 굿 … 구, 가, 갓, 가시, 구시

지금 우리는 이 노래를 삼국유사에 적힌 글자 그대로 해석하여 '龜何龜何(구하구하)'를 '거북아 거북아'로 풀이하고 있는데 이것은 잘못된 해독이다. 이 구절은 '신이여 신이여'의 뜻이다. '구하구하'로 읽어야 한다. 이 '龜'는 인도유럽에서 들온말인 신의 뜻 '구'를 표기한 것이기 때문이다. 그래서 여기에는 '龜' 자 아래 '~하(何)'라는 극존칭 조사를 붙인 것이다. 백제가요 정읍사의 '달하'라는 말이나 용비어천가 마지막 장의 '임금하'에서 보듯, '~하(何)'는 대상을 아주 높여 부를 때 쓰는 말이다. 단순히 동물 '거북'을 지칭했다면 이 극존칭인 '~하(何)'를 붙여 썼을 리가 없다. '龜何龜何(구하구하)'는 '구하 구하'를 한자로 표기한 것이며, 그 뜻은 앞에서 말한 바와 같이 '신이여 신이여'의 뜻이다.

그러면 신을 '검'이란 말로 나타낸 것은, 위 표에서 보듯이 '검'이 알타이어의 Kam에서 유래한다. 이 '검'은 '검다'의 어원이기도 하다. 검은 것은 아득하고 신비롭다. 무언가 확실히 보이지 않으면서도 그윽한 그런 사상(事象)이다. 한말로 검은 것은 유현하다. 그래서 천자문에서도 하늘은 검고 땅은 누르다[天地玄黃]고 하였다. 우리 민족은 멀고 먼 아득한 곳인 '검은 것'을 '검' 즉 신의 관념에서 떠올린 것이다. 그리고 '검다'에서 모음을 교체하여 '감다'란 말을 만들었다. 눈을 '감으면' 검다.

그런데 이 '금/ 검'이 ㄱ과 ㅇ이 호전(互轉)하는 우리말의 특성에 의하여 뒷날 '음/엄'이 되었다. 이 '음/엄'은 뒤이어 '암/엄'이 되고, 이 '암/엄'은 여신을 가리키는 말이 되었다. 여신을 가리키는 '암/엄'의 '암'은 '암컷'의 어원이 되었고, '엄'은 '엄아' 즉 엄마의 어원이 되었다. '암(컷)'과 '엄(마)'는 동류다. '엄'은 신 중에서도 가장 위대한 여신이다. 그래서 이 세상에서 가장 위대한 신은 엄마다. 또 손가락 중에서 가장 큰 손가락은 '엄지'고, 치아 중에서 가장 중요한 이는 엄니(어금니)다. 훈민정음언해에서 ㄱ을 엄소리라 하여 가장 먼저 내세우고 있는 것도 그런 이유에서다.

'암'은 생명 창조의 근원이다. 그래서 이에서 갈라진 '암, 엄, 움' 등은 조선 초기까지만 해도 어감의 차이는 약간 있었으나 아무런 분별없이 같은 어사로 두루 사용되었다. 지금은 이들 어휘가 의미상의 차이를 나타내고 있다. 그러나 그 근본적인 의미에 있어서는 같다. 즉 '암(컷)'은 생명을 잉태하고, '엄(마)'는 아기를 낳고, '움'은 새싹으로 자란다는 점에서 상통한다.

그런데 '움'이란 말은, 앞에서 예로 든 ①'나무 등걸의 뿌리나 가지에서 새로 돋는 싹'이란 뜻 외에, ②'땅을 파고 위를 거적 따위로 덮어서 추위나 비바람을 막게 한 곳'을 가리키기도 한다. 이 '움'에서 '움누이, 움딸, 움막, 움벼, 움뽕' 등의 말이 파생되었다. 또 '움푹하다, 움쑥, 우물(움물)'이란 말이 이 '움'을 어근으로 하여 생겨났다. 우물은 움에서 나오는 물이다. 곧 우물은 물의 생성처다. 물이 생명을 얻어 태어나는 곳이 우물이다.

움은 ②의 뜻과 관련된 일종의 동굴이다. 동굴 또한 생명을 잉태하는 곳이다. 단군신화에 나오는 곰도 동굴 속에서 햇빛을 보지 않고 쑥과 마늘을 먹고 삼칠일을 견딘 후에 사람이 되었다. 그래서 동굴은 여성의 자궁을 상징한다. 우스갯소리지만 그래서 서양인들도 자궁을 '움(womb)'이라 했을까?

아무렴 어머니는 생명을 창조하는 신이다. 신은 모든 곳에 있을 수 없기에 어머니를 만들었다는 말이 그냥 생긴 것이 아니다.

임금님 귀는 왜 당나귀 귀가 됐을까

'임금님 귀는 당나귀 귀' 설화는 우리나라뿐만 아니라 전 세계에 걸쳐 널리 구전되고 있다. 설화를 주요한 항목별로 분류한 아르네와 톰슨도 '당나귀 귀를 가진 사람'을 하나의 모티프(motif 설화에 반복적으로 나타나는 주요한 요소)로 설정하고 있다.

이 이야기의 가장 오래된 기록은 아리스토파네스가 소아시아 반도의 프리지아 왕 마이더스에 관하여 쓴 것이다. 마이더스 왕의 귀도 당나귀 귀로 되어 있어서 우리나라의 이야기와 비슷하다. 그러나 프랑스, 루마니아, 러시아, 그리스, 아일랜드, 칠레와 같은 지역에선 당나귀 귀 외에 말이나 산양의 귀로 나타나기도 한다.

아시아권에서는 인도, 몽고, 터키 등에 분포하는데, 내용상으로 약간의 차이는 있으나, 주인공이 모두 당나귀 귀를 하고 있다는 점에서는 같다. 우리나라의 '임금님 귀는 당나귀 귀' 설화는『삼국유사』권2 48경문대왕조(四十八景文大王條)에 다음과 같이 실려 있다.

경문왕은 임금 자리에 오른 뒤에 갑자기 귀가 길어져서 당나귀의 귀처럼 되었다. 왕후와 나인들도 그 사실을 몰랐으나, 오직 왕의 복두장이(幞頭匠 왕이나 벼슬아치가 머리에 쓰던 두건을 만드는 사람)만은 알고 있었다.

그는 평생 그 사실을 남에게 말하지 않았다. 그가 죽을 때에 이르러 도림사(道林寺)라는 절의 대밭 속으로 들어가 소리를 내었다. '임금님 귀는 당나귀 귀'라고 소리쳤다. 그 뒤부터는 바람이 불면 대밭으로부터, '임금님 귀는 당나귀'라는 소리가 났다. 왕은 이것을 싫어하여 대를 베어 버리고 산수유를 심었더니, 바람이 불면 이런 소리가 났다.

"임금님 귀는 길다"

왕의 침전에는 매일 저녁에 무수히 많은 뱀들이 모여들었다. 궁인들이 놀라고 두려워하며 몰아내려고 했지만, 왕은 이렇게 말하였다.

"과인은 뱀이 없으면 편히 잘 수가 없다. 그러니 마땅히 금하지 말라."

왕이 잠을 잘 때면 매번 뱀들이 혀를 내밀어서 왕의 가슴을 덮었다.

국선 요원랑, 예흔랑, 계원, 숙종랑 등이 금란(지금의 강원도 통천)을 유람했을 때, 은연중에 임금님을 위해 나라를 다스릴 뜻을 품었다. 그래서 노래 세 수를 지어서, 심필 사지(舍知 신라 관직명)에게 초벌 원고를 주며 대구화상에게 보내게 하여 노래 세 곡을 짓도록 하였다. 첫째 노래의 이름은 현금포곡이고, 둘째는 대도곡이고, 셋째는 문군곡이었다. 궁궐에 들어가 왕에게 아뢰었더니, 왕이 크게 기뻐하고 칭찬하며 상을 주었는데, 노래는 전하지 않아 자세히 알 수 없다.

이 설화는 크게 세 부분으로 짜여 있다. ①복두장이가 임금님 귀는 당나귀 귀라는 비밀을 몰래 대밭에 가서 토해 내는 것 ②왕은 잘 때 항상 뱀과 같이 잔다는 것 ③세 화랑이 나라를 다스리는 뜻을 담은 노래 세 수를 지어 올렸다는 것으로 되어 있다. 얼른 보아, 이들 세 개의 에피소드 사이에는 아무런 관련이 없는 듯하다.

아무 관련이 없다면 일연은 왜 이들 이야기를 한데 실어 놓았을까라는 의문을 떨칠 수 없다. 세 화소간에는 과연 아무 연관이 없을까, 아니면 그 안에 무언가를 들려주려는 속뜻이 숨어 있는 것일까?

그러면 그 비밀의 통로를 한번 찾아가 보기로 하자.

이 설화가 우리들에게 일차적으로 들려주고자 하는 바는 아마도 '인간은 말을 참기 어려운 동물'이라는 것이 아닐까 한다. 얼마나 참기 어려웠으면 그냥 죽지 못하고, 죽을 임시에 대나무 밭에까지 가서 '임금님 귀'의 비밀을 토해 냈을까?

서양의 설화에서는 땅을 파고 거기에다 소리를 지르고 나서, 흙으로 그 구덩이를 메우는 것으로 나와 있다. 봄이 되자 초원에는 갈대가 무성하게 자랐는데, 바람이 불 때마다 이발사가 불어 넣은 이야기가 바람결을 타고, 미다스왕의 귀는 당나귀 귀라고 속삭였다고 되어 있다.

그만큼 인간에게는 듣거나 보거나 한 것을 참지 못하고, 누구에게 드러내어야 직성이 풀리는 본능을 가지고 있다는 것이다.

그리고 이 설화의 부차적인 주제는, 말이란 아무리 비밀스럽게 하려 해도 끝내는 그것이 새어나간다는 것이다. 낮말은 새가 듣고 밤말은 쥐가 듣는다는 것이다. 아무도 모를 것이라 생각하고 대나무 밭에 가서 외쳤지만 대나무도 바람이 불면 그 말을 전했고, 대나무를 베어버리고 산수유를 심었지만 산수유마저 그 비슷한 소리를 질러대는 것이다. 땅을 파고 묻어도 거기서 난 갈대가 바람결을 타고 그 말을 퍼뜨리는 것이다.

그야말로 말은 조심해서 해야 할 것임을 깨우치고 있다.

그런데 『삼국유사』의 경문왕 설화는 단순히 이러한 말의 속성을 전하는 데 있는 것은 아니라 생각된다. 삼국유사에 실려 있는 설화는 겉으로 보기에는 산만한 것 같지만, 실상 그것을 자세히 살펴보면, 하나의 '짜여진 구조'로 되어 있는 것이 특징이다. 이 경문왕 관련 설화도 전편을 잘 읽어 봐야 그 얼개를 알 수가 있다. 헌안왕의 뒤를 이은 경문왕은 그 아들이 아니고 사위다. 그의 본래 이름은 응렴인데 화랑 출신이다. 그가 왕위에 오르게 된 내력은 『삼국사기』와 『삼국유사』에 다 같이 실려 있는데, 그 중 『삼국유사』의 기록을 인용하면 다음과 같다.

왕의 이름은 응렴인데, 18세에 국선이 되었다. 20세가 되자 헌안대왕이 낭(郎)을 불러 궁전에서 잔치를 베풀면서 물었다.

"낭이 국선이 되어 사방을 두루 유람하면서 이상한 일을 본 적이 있는가?"

낭이 아뢰었다.

"신이 아름다운 행실이 있는 자 셋을 보았습니다."

왕이 말하였다.

"그 이야기를 듣고 싶구나."

"다른 사람의 윗자리에 앉을 만한 능력이 있는데도 겸손하여 다른 사람의 아래에 앉은 사람이 그 첫째이옵니다. 세력이 있고 부자이면서도 옷차림을 검소하게 하는 사람이 둘째이옵니다. 본래 귀하고 세력이 있으면서도 그 위세를 부리지 않는 사람이 그 셋째입니다."

왕은 그의 말을 듣고 그가 어질다는 것을 알았다. 그래서 자신도 모르게 눈물을 떨구며 말하였다.

"짐에게 두 딸이 있는데, 그대에게 시집을 보내고 싶다."

낭이 절을 하고 머리를 조아린 채 물러나왔다. 그리고 부모에게 이 사실을 말하였다. 부모는 놀랍기도 하고 기쁘기도 해서 자식들을 모아놓고 의논하였다.

"임금님의 맏공주는 얼굴이 매우 못생겼고 둘째 공주는 매우 아름다우니, 둘째에게 장가를 가는 것이 좋겠다."

그런데 낭의 낭도 중에 우두머리 범교사(範敎師 삼국사기에는 흥륜사 중이라 되어 있다)가 그 소문을 듣고는 낭의 집에 와서 물었다.

"대왕께서 공주를 공에게 시집보내려고 하신다는데 정말입니까?"

낭이 말하였다.

"그렇습니다."

"어느 공주에게 장가를 드시렵니까?"

낭이 말하였다.

"부모님께서 저에게 의당 동생에게 장가들라 하셨습니다."

그러자 범교사가 이렇게 말하였다.

"낭이 만약 동생에게 장가를 든다면, 저는 반드시 낭의 얼굴 앞에서 죽을 것입니다. 하지만 그 언니에게 장가든다면 반드시 세 가지 좋은 일이 있을 것이니 잘 생각해야 합니다."

"시키는 대로 하겠습니다."

이윽고 왕이 날을 택하여서 낭에게 사신을 보내어 물었다.

"두 딸은 오로지 그대가 명하는 대로 할 것이오."

사신이 돌아가서 낭의 뜻을 아뢰어 말하였다.

"맏공주님을 받들겠다고 합니다."

그 후 세 달이 지나서 왕의 병이 위독하게 되자, 여러 신하들을 불러 이렇게 말하였다.

"짐은 아들이 없으니, 내가 죽으면 마땅히 맏사위 응렴이 자리를 잇도록 하라."

그리고 다음 날 세상을 떠났다. 낭은 명을 받들어서 왕위에 올랐다. 그러자 범교사가 왕이 된 응렴에게 나아가 아뢰었다.

"제가 말씀드린 세 가지 좋은 일이 지금 모두 다 이루어졌습니다. 맏공주에게 장가 들어서 지금 왕위에 오른 것이 하나요, 예전에 흠모하였던 둘째 공주도 이제 쉽게 얻을 수 있으니 두 번째요, 언니에게 장가들었기 때문에 왕과 왕비께서 기뻐하신 것이 셋째입니다."

왕은 그 말을 고맙게 여기고 그에게 대덕 버슬을 내리고 금 130 냥을 하사하였다. 왕이 세상을 떠나자 시호를 경문이라고 하였다.

이에서 보는 것처럼 경문왕은 비록 어렸지만 지혜가 뛰어났다. 화랑으로 사방을 유람하면서 본, 행실이 아름다운 자 셋을 왕에게 아뢰어 감동을 사서 부마가되고 마침내 왕위에까지 오르게 된 인물이다. 행실이 아름다운 자 셋을 왕에게 아뢸 때의 나이를, 『삼국유사』에는 18세라고 하였지만 『삼국사기』에는 15세라적고 있다. 그는 어릴 때부터 매우 똑똑하고 인품이 출중했음을 알 수 있다.

그런데 그의 재위 기간 15년은 순탄치 않았다. 역사서에 기록된 천문이변, 이상기후, 역병의 유행 등은 통상 국가의 불길한 조짐을 나타내는데, 『삼국사기』에는 이 같은 변괴가 그의 치세 기간 중 열한 차례나 기록되어 있다. 돌아간 해에만도 세 번이나 보인다. 지진이 일어났고, 요성이 나타나 20일이나 머물렀으며, 궁전의 우물에 용이 나타나 안개가 사방에 끼기도 하였다. 이러한 사실들은 그 앞의 헌안왕대나 뒤의 헌강왕대에는 전무하다.

이에 덧붙여, 가장 큰 변란인 모반 사건이 세 번이나 일어났다. 즉위 6년 10월에 이찬 윤흥이 그 아우 숙흥, 계흥과 더불어 모반하였고, 8년 정월에 이찬 김예, 김현 등이 모반하였으며, 14년 5월에는 이찬 근종이 모반하였다.

그토록 명민한 왕이 다스리는 치세 기간에 왜 그런 모반이 자주 일어났을까? 자세히는 알 수 없지만, 아마 그가 적통이 아니었기 때문에 빚어진 일이 아니었을까 싶다. 적자가 아닌 사위였기 때문에 여타 세력들이 불만을 품었음 직하다. 요새말로 하면 정통성이 없는 왕이어서 그러한 사태가 발생한 것이라 생각된다.

아들을 얻기 위해 갖은 노력을 기울이는 경덕왕의 이야기가 『삼국유사』에 실려 있는데, 그것은 왕권의 정통성을 확보하기 위해 선왕이 얼마나 고뇌하는가를 보여 주는 이야기다. 이로 미루어 보아, 경문왕의 입지가 그와 같은 사태를 불러온 요인이었음을 충분히 추론해 볼 수가 있다.

그런데 여기서 우리가 유의해야 할 사항이 하나 있다. 여러 차례 모반 사건을 겪은 왕의 심적인 궤적을 더듬어 봐야 한다는 것이다. 자기의 권좌를 찬탈하고자 하는 일대 변고를 겪은 사람이라면, 누구나 그 같은 사건의 재발을 막기 위한 조치에 힘쓸 것이다.

그것은 일차적으로 감시를 강화하고 정보망을 확대하는 일이 될 것이다. 또 언로를 열고 귀를 기울이는 데 노력을 경주할 것이다. 많은 정보원을 두고 그들로부터 여러 가지 사전 정보를 취할 것이다. 이것을 상징적으로 나타낸 것이 '당나귀 귀'라 생각된다. 위험을 느낀 왕은 가까이 있는 복두장이에게도 어떤 정보를 얻으려고 수시로 귀를 기울였을 것이다. 보통 사람이 생각하는 것보다 지나칠 정도로 측근에게 귀를 기울여 그에게 갖다 댔을 것이다. 바꾸어 말하면, 왕의 귀는 보통 사람보다 길어질 수밖에 없다. 여러 차례 모반 사건을 겪으면서 신변의 위협을 느낀 사람은, 더 많은 정보를 얻기 위하여 당나귀 귀가 될 수밖에 없다. 왕의 귀가 본래부터 길어진 것은 아니었다. 『삼국유사』의 설화 첫머리에, '경문왕은 임금 자리에 오른 뒤에 갑자기 귀가 길어져서 당나귀의 귀처럼 되었다.'고 되어 있다. 이로 보아도 당나귀 귀가 된 것은 여러 번의 모반 사건으로 인하여, 정보에 민감하게 된 후의 일임을 짐작할 수 있다.

왕에게서 수시로 정보를 강요당한 복두장이는 때로는 심히 귀찮기도 했을 것이다. 그러나 그 답답함을 틀어 놓을 수도 없었다. 그것은 보통 스트레스가 아니었을 것이다. 그래서 그는 극단의 선택을 할 수밖에 없었다. 즉 대나무 밭에 가서 그것을 풀 수밖에 없었던 것이다.

당나귀 귀가 정보와 관련된 사실이란 것은 '임금님 귀는 당나귀'라는 삽화 다음에 이어져 있는 다음과 같은 뱀 이야기에서도 읽어 낼 수 있다.

왕은 왜 밤에 뱀과 같이 잤을까? 뱀들이 왜 혀를 내밀어 왕의 가슴을 덮었을까?

성경에도 뱀이 나온다. 날름거리는 혀로써 이브로 하여금 선악과를 따 먹게한다. 왜 하필이면 뱀일까? 그것은 단적으로 말해 뱀에게는 내미는 혀가 있기 때문이다. 혀는 곧 말이다. 말은 정보다. 항상 신변의 위협을 느끼는 경문왕은 밤에도 정보를 소홀히 할 수 없었다. 그래서 혀를 내밀어 정보를 주는 사람을 곁에 두고 그걸 청취했던 것이다.

뱀은 지혜의 상징이기도 하다. 헤르메스의 지팡이에 뱀이 새겨진 것은 그 때문이다. 경문왕은 그러한 뱀같이 민첩한 정보원을 밤낮으로 항상 곁에 두었던 것이다. 이것이 설화에서 말하는, '혀를 내미는 뱀'과 함께 잔다는 의미다.

뱀은 왕을 지키는 수호신으로 등장하는 것도 그러한 것과 관련되어 있다. 신라 문무왕 때, 전 가야국 김수로왕의 왕묘(王廟)에 금과 옥이 많이 있다 하여 도적들이 그것을 훔쳐가려 하였다. 이때 30여 척이나 되는 큰 뱀이 나와 8, 9명의 도적들을 물어 죽였다는 '가락국기'의 기록도 그런 궤적이다.

이러한 추론은 그 다음의 토막이야기에서도 엿볼 수 있다. 위에서 보듯이『삼국유사』에는 이 설화의 말미에 왕에게 '노래 세 수'를 지어 바치는 이야기가 적혀 있다.

본 이야기 끝에, 얼른 보기에 생소한 '노래 세 수' 이야기가 말미에 붙어 있다. 왜 이런 이야기가 덧붙어 있을까? 앞에서 말한 바와 같이『삼국유사』소재 설화는 일견 무질서한 것 같이 보이지만, 자세히 보면 긴밀하게 '짜여진 구조'로 되어 있다. 반드시 이야기해야 할 무엇이 있어서 기록되고 있는 것이다. 위에 있는 '노래 세 수' 관련 이야기도 그런 맥락에서 살펴야 한다. 요원랑 등 세 사람이 임금을 위해 나라를 다스리는 뜻을 담은 가사를 지어 올리니, 왕이 이를 기뻐하여 칭찬하고 상을 내렸다는 것이다.

이것 역시 언로를 열고 귀를 기울이며, 좋은 정보를 주는 사람에게 상을 내리는 장려책을 쓴다는 것을 의미한다. 보통 귀가 아닌, 크게 귀를 기울이는 즉 '당나귀 귀'를 가진 임금이기 때문에 그런 정책을 폈다는 것이다.

경문왕의 당나귀 귀 이야기는 단순한 설화가 아니다. 말을 참지 못하는 인간의 속성만을 이야기하는 것이 아니다. 외국의 당나귀 귀 이야기와 다른 점이 여기에 있다. 몽골의 왕 여이한(驢耳汗)은 태어나면서부터 나귀처럼 기다란 귀를 가졌다. 평소에는 머리털을 길게 늘여 귀를 가렸지만, 머리를 깎을 때가 문제였다. 그래서 왕은 평민 이발사를 불러 머리를 깎은 뒤에는 모두 죽였다.

그러나 우리의 설화 경문대왕 이야기는 그런 일차적인 귀 이야기에만 머문 것이 아니다. 그러기에 거기에는 당나귀 귀와 관련된 잔악한 살인 따위는 아예 존재하지 않는다. 경문대왕 이야기 속에는 정통성을 갖지 못한 한 치자의 콤플렉스가 들어 있고, 그 속에는 또 한 시종자의 스트레스가 짙게 배어 있다. 한 임금의 고뇌가 거기에 서려 있고, 한 신하의 아리는 고민이 거기에 녹아 있다. 경문대왕조 이야기는 글자 그대로 역사의 설화화다.

한국의 이끼와 서양의 이끼

우리는 말로써 자기의 생각과 감정을 남에게 전달하고, 또한 말을 통하여 다른 사람의 그것을 받아들인다. 그런데 말이란 이러한 의사 전달의 단순한 음성적 도구만은 아니다. 말은 쓰는 사람의 인격이나 의식 구조를 드러내는 하나의 징표이기도 하다. 말을 들어보면, 그 사람의 학력 수준이나 교양의 정도는 말할 것도 없고, 그가 지닌 성격이나 사고의 높낮이도 함께 알 수 있다.

그러므로 말은 그 사람의 내부에 갖추어져 있는 의식을, 귀로 들을 수 있는 소리로 드러낸 것이라고 할 수 있다. 정신과 의사들이 환자의 언어를 듣고 분석하여, 발병 원인을 찾아내고 그에 대한 적절한 치료 방법을 모색하는 것도, 이러한 언어의 기능에 그 뿌리를 두고 있는 것이다. 그래서 하이데거는 '언어는 존재의 집이라'고 했다. 영혼이라는 존재는 언어라는 집 속에서 산다. 모든 존재는 언어를 통하여 표현된다.

유럽인들은 원래 부족 끼리 떠돌아다니는 유목생활을 하였다. 그들은 이동 중에 다른 부족을 만나면 물물교환을 했는데, 자기들에게 남거나 불필요란 물건을 상대편에게 주고받는 방식이었다. 이렇게 물건을 주고받는 것을 그들은 ghebe라하였다. 이 말에서 '준다'를 뜻하는 'give'와 '가진다'는 의미의 라틴어 habere가

파생했다. 그 후 havere는 have로 변했다. 그러니 유럽인들에게는 give와 have가 본디 한 단어였던 것이다. 이러한 'ghebe의 집'에는 지금도 서구인의 '의식이란 존재'가 그 속에 살고 있다. give와 have가 한 집에 사는 것이다. 그들이 남에게 잘 베풀고, 사회에 환원하고 기부하기를 좋아하는 문화를 향유하고 있는 것은 거기에 연유한다.

이와 같이 말하는 이의 의식을 밖으로 드러내는 언어는, 거꾸로 사람의 의식을 변화시키는 역할도 아울러 하고 있다. 고운 말을 사용하는 습관을 갖게 되면 심성 또한 곱게 다듬어지고, 거친 말을 버릇처럼 계속해서 사용하면 마음 또한 거칠어지게 되는 것은 바로 그 때문이다. 언어가 곧 존재가 되는 가역반응을 일으키는 것이다.

이처럼 언어는 인간의 의식을 밖으로 드러내기도 하고, 반대로 인간의 의식을 변화시키기도 하는 양면적 기능을 갖고 있다. 그래서 언어철학자 홈볼트(humbolt)는 '우리는 언어가 우리에게 보여주는 대로 인식한다.'고 하였다. 그가 품고 있는 언어 수만큼 알고, 그 경계선 안의 세계만 인식한다는 것이다.

이러한 예를 몇 개의 단어 속에서 살펴본다.

한 단어가 지니고 있는 내포적 의미를 보면, 그것을 사용하고 있는 집단의 사고 유형이나 의식 수준을 알 수가 있다.

'구르는 돌은 이끼가 안 낀다'는 속담은 우리나라에도 있고 영국에도 있다.

그런데 그 의미에 있어서는 양자가 서로 다르다. 우리나라에서는, 돌도 한 자리에 가만히 있으면 이끼가 앉듯이, 사람이 활동이 없으면 폐인이 된다는 뜻으로 쓴다. 그러나 영국에서는, 한 곳에 자리 잡지 않고, 자꾸 옮겨 다니면 이익이 없다는 뜻으로 사용한다. 그 쓰임이 정반대다.

우리는 이끼를 나쁜 관념으로 떠올리지만, 저쪽 사람들은 좋은 개념으로 받아들인다. 우리는 이끼가 끼는 것을 썩거나 더러운 때가 끼는 것으로 생각한다. 그러나 서양에서는 '이끼가 끼다'란 말을 '돈을 번다'거나 '바람직한 것을 얻다'란 뜻으로 관념한다. 문화의 차이다. 그러므로 영국의 속담 'A rolling stone gathers no moss.'를 번역할 때는 직역할 것이 아니라, '새는 앉는 곳마다 털 빠진다.' 정도로 의역하는 것이 옳을 듯하다.

영어의 'father'를 한번 보기로 하자. 이 단어는 '아버지'란 뜻 외에 '성직자, 신(神)의 의미를 함께 가지고 있다. 'the father'는 기독교의 하나님을 뜻한다. 그러나 한국어의 '아버지'는 남자인 어버이 곧 부친(父親)을 의미하며, 그 이외의 뜻은 원래 가지고 있지 않다. 우리는 상하 질서를 존중하는 문화 속에서 살아온 민족이기 때문에 '아버지'라는 말 속에는 자기를 낳아준 존엄한 아버지 이외의 다른 뜻이 들어올 수가 없었다. 아버지가 둘일 수가 없는 것처럼 두 가지 뜻이 용납될 수가 없었던 것이다.

이러한 문화적 특성을 살피지 아니하고, 초기 성경의 번역자들이 'father'를 그대로 아버지로 직역한 것은 다소 미숙한 번역이 아니었던가 싶다. 영어의 'father'에는 '창조주, 신'의 뜻이 포함되어 있지마는, 한국어 '아버지'에는 이러한 의미가 전혀 들어 있지 않음을 간과하고 있기 때문이다.

우리는 자기 아버지 이외의 그 누구도 아버지일 수 없다는 사고 체계를 가지고 살아왔다. 그러므로 그러한 번역은 문화적 충격을 빚게 하는 요인으로 작용할 수가 있다. 'father'를 '아버지' 아닌 다른 적절한 말로 번역했더라면, 새로 들어온 종교에 대해 좀 더 친근감을 갖지 않았을까 하는 아쉬움을 갖게 된다. 지금도 성경에 천부(天父)라는 말이 있는데, 처음부터 그런 말로 썼으면 훨씬 더 언중들에게 친근감을 주지 않았을까 싶기도 하다.

다음으로 영어의 'yield'를 한번 살펴보자. 도로 표지판의 우리말 '양보'란 단어 아래 번역어로 함께 쓰여 있는 바로 그 말이다. 이 'yield'는 '양보하다'라는 뜻 이외에 '(농산물 등을) 산출하다', '(이익을) 가져오다'라는 의미를 동시에 갖고 있다. 이를 통해 우리는 영어권 사람들이, 양보는 곧 생산적이며, 이익이 된다는 사고 체계를 갖고 있음을 미루어 알 수 있다. 이웃과의 관계에서 빚어지는 횡적 질서를 강조하면서 생활해 온 그들의 문화에서 생성된 결과라 생각된다.

그러나 위아래의 종적 질서를 존중하면서 살아온 우리는, 이러한 횡적인 양보의 진정한 의미를 깨닫지 못한 연유로, 양보라는 말에 '생산'이란 의미를 내포시키지 못하였다. '먼저 걸음[步]을 내디디는 것을 사양[讓]한다'는 정도의 뜻만 갖고 있다. 그래서 우리는 양보하면 오히려 손해 본다는 의식이 우리들의 내면에 자리 잡고 있는 듯하다. 우리도 '양보'가 '생산적'이며 '이익'이 된다는 의식의 변화를 일으켜, '양보'라는 단어의 의미 속에 그러한 뜻이 담겨지는 날이 빨리 왔으면 싶다.

영어의 'give up'은 '포기하다'는 뜻으로 주로 쓰지만, '(자리를) 남에게 내주다, (일에) 열중하다, 몰두하다'의 뜻으로 더 널리 쓰인다. 영어권 사람들의 의식 속에는 포기가 포기 자체로 그치는 것이 아니라, 남에게 내주고, 그것을 계기로 하여 일에 더욱 열중한다는 의미를 함께 갖고 있는 것이다. 즉 포기는 'up'하게 'give'하는 것이다. 우리도 포기라는 말 속에 한 단계 더 높은 곳으로 올라간다는 의미가 깃들이는 날이 빨리 왔으면 싶다.

독일어 'gift'는 선물이란 뜻과 함께 '독약'이란 의미도 있다. 선물에 대한 독일인들의 의식을 이 말에서 더듬어 볼 수가 있다. 적당한 선물은 주는 이와 받는 이 사이의 정을 돈독히 쌓게 하지만, 지나친 선물은 오히려 뇌물이 되어 폐해를 초래하는 법이다. 그야말로 선물이 독이 된 것이다. 아마도 독일인들은 선물을 주거나 받을 때, 그 속에 정이 담겨 있는지 혹은 독이 스며 있는지를 깊이 살펴

볼 것이라 생각된다. 그러나 우리의 선물이라는 말의 선(膳)에는, '반찬이나 고기 따위를 먹거나 바친다'는 뜻밖에 없다. 그 속에 독이라는 뜻은 전혀 없고, 무조건 먹는다는 의미밖에 없다.

중국에서 오래 공부하고 온 지인이 원고를 청탁하기에 주저했더니, '객기(客氣)'를 부리지 마라고 하였다. 그런데 이때의 객기란 말은 상황에 맞지 않은 말이다. 우리말 객기와 중국어 객기는 그 말뜻이 다르기 때문이다. 우리말 객기는 객쩍게 부리는 혈기나 분수를 모르는 협기(俠氣)를 가리킨다. 변영로의 『명정 40년』에, "취중 객기로 나도 평양을 가겠다고 벌떡 일어섰다."는 구절이 나온다. 이와 같이 객기는 분수에 넘치는 혈기를 뜻하는 말이다. 반면에 중국어의 객기는 겸손, 사양을 뜻하는 말이다.

우리는 객기를 '마음의 주인' 즉 본마음에 상대되는 '손님[客]과 같은 또 다른 기운[氣]'으로 관념한 반면, 중국인들은 주인에 대한 손님[客]으로서 갖는 예의 즉 사양[氣]의 마음으로 뜻매김한 것이다.

그분은 중국에서 오래 생활하다 보니, 그만 중국식 표현을 한 것이다. 한자가 같다고 하여 중국어와 우리말의 뜻이 반드시 일치하지 않는다. 양자가 갖는 문화의 차이다.

이렇듯 언어는 그것을 사용하는 한 개인이나 민족의 사고 체계를 담고 있는 문화적 산물이다. 그러므로 단어 하나라도 그것을 다른 말로 번역할 때는 그것을 사용하는 언중의 정서에 맞게 번역해야 할 것이다.

영어에는 피동형이 많지만, 우리말은 주로 능동형이다. 그러므로 영어의 피동형을 옮길 때, 곧이곧대로 번역하면 문장이나 말이 껄끄럽게 된다. 우리의 정서와 의식에 맞게 번역하는 것도 매우 중요하다.

특히, 종교의 경전은 한 자 한 구가 다, 신자들의 양식이 되는 말씀이 되기 때문에, 더한층 신중을 기해야 한다. 성경에 '마음이 가난한 자는 복이 있나니 천국이 저희 것임이요'라는 구절이 있다. 이것은 아마도 영어 성경의 "Blessed are the poor of spirit for theirs is a kingdom of heaven"을 직역한 것으로 보인다.

마음이 가난하다는 것은 어떤 것을 말함일까? 우리는 마음이 가난하다 하면, 마음가짐이 인색하고 여유롭지 못한 것을 가리킨다. 그러니 이 번역대로라면, '마음이 인색한 자는 복이 있다'는 뜻이 된다. 의아스럽기 그지없다. 그런데 영어의 'The poor'는 탐욕의 마음을 갖지 않은 사람을 뜻한다. 그러니 번역 과정에서 잘못하여 '욕심을 버리고 마음을 비운 사람'을 '인색하고 가슴이 좁은 사람'으로 만들어 버린 것이다. 표층적 의미로만 직역한 탓으로, 원래의 뜻과는 정반대가 되고 말았다. 언어에 담긴 문화의 차이를 고려하지 않았기 때문이다.

그런데 중국 성경은 비교적 원뜻에 맞게 번역되어 있다. "虛心的人 有福了 因爲天國是他們的"라 번역하여 놓았다. 마음을 비운 사람은 복이 있다는 뜻이다. 우리도 이와 비슷한 말로 바꾸는 것이 좋겠다.

우리말로 번역할 때는 어법에도 신경을 써야 한다. 요한복음에 "진리를 알지니 진리가 너희를 자유케 하리라."란 구절이 보인다. 이는 영어의 'And you shall know the truth, and the truth shall make you free.'를 직역한 것 같다. 그런데 여기의 '자유케'란 말은 우리말 문법에 맞지 않은 말이다. '자유케'는 '자유하게'의 준말인 듯한데, 이 말이 되려면 '자유하다'란 우리말이 있어야 한다. 그러나 우리말에 그런 말은 없다. 이는 단순히 영어의 'make ~ free'를 직역한 것으로, 우리말의 의미를 고려하지 않는 결과로 빚어진 것이다. 그러므로 이 말은 '진리를 알지니 진리가 너희를 자유롭게 하리라'로 바꾸어 써야 옳다.

또 교회 이름에 '자유케하는교회'라고 지은 교회를 본 적이 있다. 이 교회 이름도 역시 '자유롭게하는 교회'로 바꾸는 것이 옳다.

말이 나온 김에 사족으로 덧붙일 것은 시대의 흐름도 고려해야 한다는 것이다. 일례로, 초기 성경 번역자들이 당시의 우리 생활상을 고려하여 '빵(bread)'을 '떡'으로 번역하였는데, 이런 어휘도 다시 고쳐야 하리라 본다. 당시와는 달리 지금은 빵이란 말이 생소한 단어가 아니기 때문이다.

마태복음에 '사람이 떡으로만 살 것이 아니요'란 구절은 영어의 'Man shall not live by bread alone.'을 번역한 것인데, 영어의 bread를 떡으로 번역하였다. 이제는 떡보다 오히려 빵이 일반화되어 누구에게나 친근한 말이 되었다. 또 성경의 문맥에서 볼 때, 그 말이 단순한 빵의 뜻이 아니라 '양식'의 제유(提喩, Synecdoche)로 쓰인바, 지금의 의미망으로 볼 때 떡은 그런 의미를 함축하고 있지 않다. 그래서 중국 성경에서는 이 말을 '먹을 것[食物]'으로 번역 했다. 이런저런 것을 고려해 볼 때, 떡은 원래의 뜻을 살려 빵으로 고쳐 씀이 마땅하다.

또 사복음서에 고루 등장하는 오병이어(五餠二魚 떡 다섯 개와 물고기 두 마리)도 마찬가지다. 이것은 영어의 'five loaves of bread and two fishes'를 번역한 것인데, 여기의 bread도 떡[餠]으로 번역하였다. 시대의 흐름에 따라 의식도 변했다. 그러니 떡도 그에 맞추어 이 역시 빵으로 바꾸는 것이 맞겠다.

의식을 밖으로 드러내는 것이 언어다. 또한 언어는 의식을 바꾸기도 한다고 했다. 이 말은 곧 언어가 문화를 반영하고, 역으로 문화를 형성해 내기도 한다는 말이 된다. 그러므로 언어는 개인이나 사회의 문화적인 양상에 맞게 사용하고, 또 이를 잘 감안해서 다듬어 나가야 하는 음성 매체다.

우리말의 '예쁘다'는 '불쌍하다(어엿브다)'에서 왔고, '어리석다'는 '어리다'에서 왔다. 또 '사랑하다'는 원래 '생각하다'는 뜻이었다. 겉으로 보면 무관할 것 같은 두 말의 관계는 그 속을 들여다보면 사실 하나다. 나에게 예쁘게 보이는 대상은 항상 그 밑에 가엾고 애처로운 정서가 깔려 있고, 예쁜 사람이 조금만 탈이 나도 불쌍해 보인다. 그래서 '예쁘다'와 '불쌍하다'는 이음동의어(異音同義語)다. 또 어리면 역시 어리석다. 그래서 '어리다'와 '어리석다'는 쌍둥이 말이다. 그리고 사랑하면 늘 생각나기 마련이다. 이들 역시 마찬가지다.

이와 같이 우리의 의식 속에는 '예쁘다'와 '불쌍하다'가 한 집에 살고, '어리다'와 '어리석다'도 같은 집에 산다. '사랑하다'와 '생각나다' 역시 한집 식구다.

이처럼 앞으로는 '주다'와 '갖다'가 한 집에서 살고, '가다'와 '양보하다'가, 그리고 '이웃하다'와 '이해하다'가 같은 집에서 살면 좋겠다. 그리고 '전라도'와 '경상도'가 한 집 식구가 되는 말의 곳집을 만들어, 우리의 집단무의식 속에 그러한 내포(connotation)들이 하루빨리 자리 잡았으면 한다.

경상도 보리 문둥이란 말의 유래

경상도에서 반가운 사람을 오랜만에 만나면 "아이고 이 문둥아." 혹은 사투리 그대로 "이 문디야."라는 말을 쓴다. 또 경상도 사람을 가리켜 '보리 문디'라고도 한다.

이런 말을 쓰는 유래에 대하여는 두어 가지 주장이 있다. 그 중 한 가지는 경상도는 곡창지대가 적어 쌀보다는 보리를 주식으로 삼으면서 항상 가난에 시달렸고, 또 다른 도에 비하여 문둥병 환자가 많았기 때문이라는 것이다. 즉 보리 문디는 한말로 '보리를 먹고 사는 가난한 시골사람'이라는 뜻이며, 이 때문에 항상 조롱과 폄훼의 의미로 유통되어 경상도 사람들은 이 말을 들을 때마다 강한 거부감을 보인다고 주장한다.

그러나 이러한 견해는 설득력이 약하다. 경상도가 쌀 생산량이 적고 주로 보리를 먹었기 때문에 이런 말이 생겼다면, 경상도보다 더 척박하여 쌀이나 보리보다는 한참 떨어지는 잡곡을 주식으로 했던 지방에서는, 왜 그런 말이 생기지 않았는가를 설명할 수 없다.

또 경상도에 문둥이가 많았다는 것을 주장하기 위해 일제 강점기의 통계를 제시하는 이도 있는데, 이는 당시의 지역 크기와 인구수를 간과한 자료에 불과하다. 경상도는 전국에서 가장 큰 도였고 인구도 타 지역에 비하여 월등히 많았다. 그렇기 때문에 그것에 비례하여 한센병 환자가 많을 수밖에 없었다.

그리고 무슨 근거로 그런 말을 했는지는 모르겠으나, 경상도 사람들이 이 말을 쓰면서 스스로 조롱과 폄훼의 의미를 갖고 있다고 했는데, 이것도 실상은 그렇지 않다. 경상도에서는 오히려 친밀감을 나타내면서 그 말을 쓴다. 그러므로 이 말을 들을 때마다 강한 거부감을 보이지도 않는다. 경상도 사람들은 지금도 가끔 '이 문디야' '문디 자석' '문디 같은 놈'이란 말을 애칭 삼아 쓰는 경우가 있다. 필자는 어린 시절에 그런 말을 종종 들을 수 있었다. 그 말은 무간한 사람끼리 쓰는 정다운 말이었지 결코 조롱하는 비칭이 아니었다.

그러므로 경상도 사람들이 보리를 많이 먹고, 그런 풍토병자가 많았기 때문에 '보리 문디'란 말이 생겼다고 하는 주장은 옳지 않다.

또 어떤 이는 이렇게 설명한다. 경상도는 선비의 고장이기 때문에 글 잘하는 문동(文童)이 많았는데, 반가운 사람을 만나면 상대방을 치켜세워서 문동이라 불렀다. 그런데 이 문동이란 말이 변해서 문둥이가 되었다는 것이다.

그러나 이것 또한 억지로 가져다 붙인 이야기에 지나지 않는다. 얼핏 생각해도 문동이가 문둥이로 변할 수는 없다. '문둥아'라고 하는 말은, 필자가 체험한 바로는 주로 아녀자들 사이에서 사용되었는데, 지난날의 아녀자들은 지식 계층과는 거리가 멀었다. 그런 위치에 있는 사람들이 하필이면 자기네들과는 거리가 먼 문동(文童)이란 한자말을 끌어와 썼겠는가?

그러면 경상도 문둥이라는 말은 어떻게 생겼을까? 결론부터 말하면, 그것은 고운 것에는 잡귀가 시기를 해서 괴롭힌다는 민간의 습속에서 생겨난 것이다. 잘생긴 것은 귀신이 질투하고 시기하여 해를 입히기 때문에, 일부러 못 생겼다고 빗대어 말함으로써 그 위해를 피하고자 한 데서 연유한 것이다. 생김새가 잘

나고 귀염상인 아기를 보고, "그놈 참 밉상이구나." 하는 표현을 하는 것이나, 충실한 아이를 안으면서 무겁다는 말을 쓰지 못하게 하는 것도 다 그러한 습속에 기인한 표현이다. 잘생겼다고 하면 이를 귀신이 시기 하여 해를 입힐까 염려하고, 또 무겁다고 하면 아이의 충실함을 귀신이 시기하여 해를 끼칠까 염려한 까닭이다.

어린 아이를 보면서 부르는 우리 민요에, "둥글둥글 모과야 아무렇게나 크거라."는 노래가 있다. 모과는 과일 중에서 가장 못생긴 과일로 일컬어지는 것인데, 이것을 아이에게 비유한 것도 바로 그러한 이유다. 못생겨야만 병마가 달라붙지 않고 아무 일 없이 건강하게 잘 자랄 수 있다고 생각한 때문이다.

지난날, 아이의 무병장수를 기원하기 위하여 일부러 이름을 천하게 지은 것도 바로 그러한 이유에서다. 고종의 아명이 개똥이고, 황희의 아명이 도야지(돼지)인 것은 다 그러한 연유로 지은 것이다. 이는 역(逆)으로 표현해서 귀신의 접근을 막자는 뜻이다. 더럽고 천하기 때문에 귀신도 가까이 오지 않을 것이라 믿은 것이다.

이러한 이유 때문에, 반갑고 아끼고 싶은 사람을 만나면 역으로 문둥이라 부르는 것이다. 너무 곱고 반가운 사람이기 때문에 그렇게 천하게 부르는 것이다.

미운 상대와 싸울 때, 인간이나 동물은 다 물고 때리고 꼬집는다. 그런데 이와는 반대로, 귀엽고 사랑스러울 때도 똑같이 물고 꼬집는 것은, 인간을 포함한 모든 동물의 가슴속 저변에 그러한, 역의 심리가 깔려 있기 때문이라 생각된다. 경상도 문둥이란 표현도 이러한 역의 심리에서 발원한 것이라 볼 수 있다.

그러면 문둥이 앞에 왜 '보리'를 덧붙였을까?

이에 대해서는 두어 가지 연유를 생각할 수 있다. 그 첫째는 보리는 쌀과 대비해 볼 때 곱지 않고 못생기고 천한 유에 속한다. 아이들 놀이에도 '쌀밥 보리

밥' 하면서 내기하는 놀이가 있다. 그만큼 쌀과 보리는 대척적인 위치에 있다. 쌀은 먹기도 좋고 타작하기도 좋은데, 보리는 먹기도 힘들고 타작하기도 힘든다는 말을 어릴 때 많이 들었다. 벼는 탈곡기로 하면 되는데, 보리는 일일이 사람 힘으로 도리깨로 두드려야 하는 어려움이 따랐기 때문이다.

이렇듯 보리는 쌀처럼 귀염 받는 곡식이 아니었다. 쌀에 비하면 훨씬 천대받는 곡식이다. 그래서 반갑고 아끼는 사람에게 천한 보리를 갖다 붙이고 문둥이를 갖다 붙인 것이다. 천한 이름을 붙여야 해가 없다는 언어주술에서 나온 표현인 것이다.

보리를 문둥이 앞에 붙인 또 한 가지 이유는, 보리는 문둥이와 밀접한 관계를 가지고 있는 습속이 있었기 때문이라 생각해 볼 수 있다. 우리가 어린 시절에는 문둥이가 아이를 잡아먹는다는 이야기를 수없이 들었다. 사람의 간을 먹으면 문둥병이 낫는다는 것이었다. 당시에는 한센병이 치료가 불가능한 천형이라 여겼기 때문에 의외의 것을 먹어야 약이 되리라고 관념했기 때문일 것이다. 그런데 문둥이가 아이를 잡아먹을 때는 눈에 잘 띄지 않은 보리밭에 들어가서 잡아먹는다는 것이다. 이러한 설화 아닌 설화는 전국적으로 퍼져 있는 이야기다.

서정주의 시 '문둥이'나 단편소설 '보리밭의 문둥이'라는 작품은 다 이러한 모티프를 깔고 생성된 것으로, 공연히 나온 것이 아니다. 그래서 미당은 '문둥이'에서 이렇게 읊었다.

해와 하늘 빛이
문둥이는 서러워

보리밭에 달뜨면

애기 하나 먹고

꽃처럼 붉은 울음을 밤새 울었다

  그러므로 보리 문둥이란 말은 경상도 사람들이 보리를 주식으로 하였기 때문에 생긴 것이 아니며, 한센병 환자가 많아서 그렇게 생긴 것은 더더욱 아니다. 문둥이란 말이 변하여 생긴 말도 아니다. 또 이 말은 경상도 사람들이 조롱이나 폄훼로 사용하는 것이 아니라, 그 반대로 애정과 친밀감을 그 밑에 깔고 쓰는 말이다.

섣달 그믐날 밤에 잠을 자면 왜 눈썹이 셀까

밤이 깊은데도 잠들을 잊은 듯이
집집이 부엌마다 기척이 멎지 않네
아마도 새날 맞이에 이 밤 새우나 부다.

아득히 그리워라 내 고향 그 모습이
새로 바른 등(燈)에 참기름 불을 켜고
제상(祭床)에 제물을 두고 밤새기를 기다리나.

벌써 돌아보랴 지나간 그 시절이
떡가래 썰으시며 어지신 할머님이
눈썹 센 전설을 풀어 이 밤 새우시더니.

할머니 가오시고 새해는 돌아오네
새로운 이 산천(山川)에 빛이 한결 찬란켜라
어떠한 고담(古談)을 캐며 이 밤들을 새우노?

이영도 시인의 제야(除夜)라는 시조다. 섣달 그믐날 밤에 눈썹이 셀까 봐 잠을 자지 않고 밤샘을 하던 지난날의 풍습을 실타래 풀어내듯 살뜰히도 자아내고 있다.

어린 시절, 설 전날 그러니까 섣달 그믐날 밤에 잠을 자면 눈썹이 하얗게 센다는 할머니의 이야기를 듣고, 퍼붓는 졸음을 물리치려고 애를 쓴 적이 있었다. 지금은 이런 습속이 거의 사라졌지만, 나이든 사람들은 한두 번 이런 경험을 했으리라 짐작된다.

눈썹이 세지 않기 위하여 잠을 자지 않고 밤을 지킨다 하여, 이날 밤을 일러 수세(守歲), 제석(除夕), 제야(除夜), 제일(除日), 경신수야(庚申守夜 경신일에 밤을 새다), 수경신(守庚申 경신일을 자지 않고 지키다), 별세(別歲), 불밝히기, 해지킴이라는 말이 생겨났다.

고려 원종 6년인 1265년 4월 경신일에 태자가 밤새워 연회를 베풀고 술 마시며 자지 않았다는 기록이 보이는데, 이것이 우리 문헌에 나타난 가장 오랜 경신수야의 기록이다. 당시 고려의 일반적 풍습이 경신일이 올 때마다 반드시 술 마시며 밤을 지새웠다고 하는 것을 보면, 고려의 상하층을 막론하고 수경신(守庚申)하는 습속이 널리 퍼져 있었음을 알 수 있다. 그래서 궁중에서도 축제적인 경신수야의 행사가 계속 행해져 왔던 것이다.

이와 같은 행사는 조선시대에도 그대로 계승되었고, 그 규모와 내용은 더욱 확대되어 국왕까지도 참석하기에 이르렀다. 태조·태종은 물론, 세종·세조도 이를 행하였으며 성종도 때때로 이런 의식을 행하였다.

『성종실록』에는 경신수야의 연회 규모가 커지면서 유신(儒臣)들의 반대가 있었다는 기록도 보인다. 이러한 습속은 점차 민간에까지 널리 퍼졌다.

『동국세시기』에 "섣달그믐날 밤 인가에서는 방, 마루, 다락, 곳간, 문간, 뒷간에 모두 등잔을 켜놓는다. 흰 사기 접시 하나에다 실을 여러 겹 꼬아 심지를 만들고 기름을 부어 외양간, 변소까지 불을 켜놓아서 마치 대낮 같다. 그리고 밤새도록 자지 않는네 이를 수세라 한다."라고 적혀 있다.

또 권용정(權用正)의 『한양세시기(漢陽歲時記)』에는 "어린아이들에게 '섣달그믐날 밤에 잠을 자지 말아야 한다. 잠을 자면 눈썹이 희어진다'라고 하는데, 아이들 중에는 이 말을 그대로 믿어서 새벽이 될 때까지 잠을 자지 않는 경우도 있다."라고 하였다.

'농가월령가(農家月令歌)' 십이월령(十二月令)의 "앞뒷집 타병성(打瓶聲 떡 치는 소리)은 예도 나고 제도 나네, 새 등잔 세발 심지, 장등(張燈)하여 새울 적에, 윗방 봉당(封堂) 부엌까지, 곳곳이 명랑하다. 초롱불 오락가락, 묵은세배 하는구나." 라는 묘사에서도 그것을 엿볼 수 있다. 소당(嘯堂) 김형수(金逈洙)의 '소당풍속시(嘯堂風俗詩)'에는

나이 더한 늙은이는 술로써 위안 삼고　　　翁感齒添醉爲慰(옹감치첨취위위)
눈썹 셀까 어린 아이 밤새도록 잠 못 자네　　兒愁眉皓眠未成(아수미호면미성)

라는 구절이 있다.

이날 밤에는 가족끼리 모두 모여서 새벽닭이 울 때까지 어른아이 할 것 없이 모두 잠을 자지 않았다. 밤새도록 화롯가에 둘러앉아 옛날이야기를 하거나 윷놀이를 하면서 졸음을 쫓으려 애썼으며, 남자들은 망년주(忘年酒)를 마시면서 밤을 새우기도 하였다. 섣달 그믐날 저녁을 일찍 먹으면 농사일을 일찍 마친다고 하여 서둘러 먹으며, 부스럼이 없어진다고 하여 무를 먹기도 하였다. 부녀자들은 밤을 새며 한자리에 모여 실을 길게 나이대로 매듭을 지어 불을 붙여서, 조금 타면 초년 고생, 중간쯤 타면 중년 고생, 다 타면 만사형통이라고 믿었다. 아이

들이 졸음을 참지 못하고 잠들면 흰 밀가루나 쌀가루를 개어서 눈썹에 발라두고, 이튿날 아침 깨어났을 때 눈썹이 세었다고 놀리기도 하였다.

이날 밤에는 방이나 마루, 부엌 그리고 다락, 뒷간, 외양간에도 불을 밝게 밝히고 잠을 자지 않았는데, 이러한 풍습은 지금도 더러 남아 있다.

그러면 이러한 습속은 언제 어디에서 유래한 것일까?

이것은 한말로 말해 도교(道敎) 장생법의 하나인 경신수세(庚申守歲)에서 유래한 것이다. 60일 만에 한 번씩 돌아오는 간지(干支)인 경신일(庚申日)이 되면, 사람 몸에 기생하던 삼시충(三尸蟲)이란 벌레가 사람이 잠든 사이에 몸을 빠져나와서, 옥황상제에게 지난 60일 동안에 그 사람이 지은 죄(罪)를 고해바쳐 수명을 단축시키기 때문에, 밤에 잠을 자지 않고 삼시충이 옥황상제께 고해바치지 못하도록 잘 지키려는 신앙의 한 형태에서 온 것이다. 잠을 자지 않고 삼시충을 지키려는 것을 도교에서는 경신수야 또는 수경신(守庚申), 수삼시(守三尸)라고 했는데, 섣달 그믐날 밤에 잠을 자지 말라는 습속은 바로 이에 관련된 것이다.

도교의 사제를 도사라고 한다. 도사가 되기 위해서는 반드시 넘어야 할 과정이 있는데, 그것이 곧 7 경신수야라는 절차다. 그것은 경신일에 몸속에 들어 있는 삼시충이 빠져나가지 못하도록 잠을 자지 않고 수행을 하는 것이다. 즉 60일 만에 돌아오는 경신일을 한 번도 빠지지 않고 연이어 7차례 밤샘 수행을 하는 것이다.

삼시충은 앞에서 밝힌 대로, 경신일 밤에 잠을 자면 몸 안에서 빠져나와, 하늘로 올라가 그날까지 행한 죄업을 옥황상제에게 고하여 수명을 감소시키는데, 죄가 가벼우면 3일을, 무거운 경우에는 300일을 감소시킨다고 한다.

이런 삼시충(三尸蟲)을 막기 위해, 중국에서는 송대(宋代)에 불교와 접목되어 수경신(守庚申) 때 원각경(圓覺經)을 독송하기도 하였다. 우리나라도 고려 원종(元

宗) 때에는 신분의 위아래를 막론하고 이런 습속이 널리 퍼졌으며, 조선시대에는 너욱 성행했었다.

삼시충(三尸蟲)은 삼팽(三彭)이라고도 하는데, 상시, 중시, 하시로 나눈다. 그 가운데 상시(上尸)는 검다고 하며 그 이름을 팽거(彭琚)라 하고, 중시(中尸)는 푸르다고 하며 그 이름을 팽질(彭質)이라 하고, 하시(下尸)는 하얗다고 하며 그 이름은 팽교(彭矯)라 하였다. 『동의보감』에도 이와 비슷한 삼시충에 대한 언급이 있다.

이 충(蟲)들은 사람의 몸에서 더불어 살면서, 능히 삼업(三業)과 더불어 사람이 속히 죽기를 바라며, 그믐과 초하루 아침에 사람의 죄와 과오를 살펴 상제(上帝)에게 지은 죄를 보고하러 간다. 잠든 사이에 몸을 빠져나가므로 이를 막기 위해 잠을 자지 않았던 것이다.

경신일(庚申日) 밤을 자지 않고 새움으로써 삼시충(三尸蟲)이 상제(上帝)에게 보고하지 못하도록 하는 데서 생겨난 이런 풍습은, 연거푸 3번을 수경신(守庚申)하면 삼시충(三尸蟲)이 약해지기 시작하며, 7번 수경신(守庚申)하면 삼시충(三尸蟲)이 영영 없어져 정신이 안정되고 오장(五臟)이 편해져 장생(長生)할 수 있다고 믿었다.

사람의 몸 안에 있으면서 여러 가지 해로운 일을 하는 삼시충(三尸蟲)을 제거 또는 약화시켜야 불로장생할 수 있다는 도교의 신앙에서 출발한 이런 풍습이 현재까지도 전해지고 있다. 지금도 시골에 가면, 섣달 그믐날 밤에 잠을 자면 눈썹이 센다고 하여 함께 모여 밤을 지새우며 새해를 맞이하는 것을 간혹 볼 수 있다. 이날 밤에 사람이 거처하는 집안 곳곳에 촛불을 켜놓고 밤을 지새운다.

그런데 그 대상이 삼시충이 아닌, 부엌을 관장하는 조왕신(竈王神)이나 집을 관장하는 성주신이, 하늘에 올라가 천신(天神)에게 그 집안에서 일 년 동안 일어났던 일을 낱낱이 보고한다는 것으로 변형되어 있기도 하다. 그래서 경상도에서는 불을 켜는 장소에 따라 조왕불, 성주불, 용왕불이라 하는데, 이들 신들이 하늘에 고하러 가지 못하도록 지키는 역할을 하게 한다.

우리 조상들이 행했던 이러한 수경신 습속의 참의미는 무엇일까?

수경신의 유풍으로 집안 곳곳에 불을 밝히는 이 수세의 풍습은 묵은해를 보내고 새해를 맞이하면서 잠을 잘 일이 아니라, 묵은해를 되돌아보고 새해 설계를 하라는 숨겨진 교훈이 깃들인 것이 아닐까? 조상들이 행했던 이런 풍속의 의미를 새롭게 살려 매일 매일을 수세하는 마음가짐으로 살아간다면 매우 유익하지 않을까 싶다.

부럼은 왜 깰까

부럼은 정월 보름날에 부스럼을 다스리기 위해 먹는 밤, 호두, 은행, 땅콩 등을 이르기도 하고, 그런 견과류를 먹는 풍습을 가리키기도 한다. 이 풍속을 다른 말로 '부스럼(부럼) 깨물기'라고도 하고 '부럼 먹는다'고도 한다. 보름날 아침에 부럼을 먹으면서 '부스럼 깨자'라고 외치며 일년 내내 부스럼 없기를 기원하였다.

이를 보면, 지난날 부스럼이 얼마나 사람들을 괴롭혔는가를 알 수 있다. 임금이 종기로 죽는 일까지 있었으니 일반인들이야 오죽했으랴. 변변한 약이 없던 그 시대에는 부스럼이 큰 골칫거리였다. 50년대만 하더라도 부스럼 없는 아이가 거의 없을 정도였다. 머리부터 발끝까지 부스럼투성이의 아이도 많았다. 부스럼을 예방하기 위해 부럼을 먹는 것은 그만한 이유가 있었던 것이다.

그런데 보름에 부럼을 먹는 것은 보름과 부럼이라는 두 말이 지닌 음의 유사성에 기인한 것 같다. 그리고 부럼도 부스럼과의 소리 유사성에서 유래된 것 같다. 지금도 부럼을 부스럼의 뜻으로 쓰는 이가 있어서, 사전에도 부럼은 부스럼의 잘못이라고 적혀 있음을 봐도 그것을 알 수 있다.

부스럼의 옛말은 브스름이다. 브스름은 '붓다'의 고어 '븟다'에서 온 말이다.

부스럼이 나면 붓기 때문이다. 그리고 브스름은 우리말의 음운 변화 법칙인 ㅅ>ㅿ>ㅇ의 과정을 거쳐 변해 왔다. 즉 브스름>브ᅀᅳ름>브으름으로 변해 왔다. 이 브으름이 브름으로 줄어지고, 이 말이 부럼으로 바뀌게 된 것이다.

그런데 여기서 큰 의문이 드는 것은 부스럼을 깨는 데 왜 하필이면 부럼 즉 견과류를 먹었느냐는 것이다. 먹기 좋은 딴 음식을 다 제쳐두고 왜 그 먹기 어려운, 껍질이 단단한 견과류를 택해 먹었을까?

이를 상고하기 위하여 부럼에 대한 옛 기록을 문헌에서 찾아본다.

우리나라의 세시 풍속에 대한 대표적 기록인, 홍석모(洪錫謨)의 『동국세시기(東國歲時記)』에는 부럼을 작절(嚼癤)이라 하고, 김매순(金邁淳)의 『열양세시기(洌陽歲時記)』에는 교창(咬瘡)이라 하였다. 또 유만공(柳晚恭)이 1843년에 편찬한 『세시풍요(歲時風謠)』에서는 '작옹(嚼癰)'이라 적고 있다. 이는 모두 부스럼을 깨문다는 뜻이다.

그런가 하면 이와는 좀 다른 내용의 기록이 보인다. 1882년에 간행된 김려(金鑢)의 『담정유고(藫庭遺藁)』에는 "호두와 밤이 어금니를 단단하게 하니, 오이처럼 부드럽게 부럼을 깨무네."라는 시구가 보이며, 양뇌아(養牢牙)라는 말도 보인다. 양뇌아는 이를 튼튼하게 기른다는 뜻이다. 또 홍석모(洪錫謨)의 『도하세시기(都下歲時記)』속시(俗詩)에는 고치지방(固齒之方)이란 말이 보이는데, 이는 '이를 튼튼하게 하는 처방'이란 뜻이다.

또 『동국세시기』의 다른 곳에는 "의주(義州) 풍속에 젊은 남녀들이 새벽에 엿을 깨무는 것을 치교(齒交)라고 한다."는 기록이 있다. 여기의 치교는 '이 내기'로써 누구 이가 튼튼한지를 겨룬다는 뜻이다.

이러한 기록을 통해서 볼 때, 부럼은 민간에서 부스럼 예방과 이를 단단하게 하는 처방이란 두 가지 목적으로 행해졌음을 알 수 있다. 그러면 이 두 가지 생소한 목적이 처음부터 아울러 행해졌을까? 그렇지는 않을 것이다. 미루어 생각건대, 고치지방(固齒之方) 즉 이를 튼튼하게 하려는 습속이 부스럼 예방보다 앞서 행해졌을 것이다. 왜냐하면, 이를 가꾸는 것이 생존이라는 구극적 면에서 볼 때 부스럼 문제보다 훨씬 앞서기 때문이다. 이의 건강은 생존에서 가장 중요한 요소다. 이가 건강해야 먹이를 잘 섭취할 수 있기 때문이다. 그러려면 단단한 껍질도 잘 부수고 그 안에 있는 내용물을 쉽게 섭취할 수 있어야 한다. 이것은 아득한 원시시대 때부터 인류가 가졌을 원초적 본능에 속한 것이라 할 수 있다. 그러니 부럼의 풍습은 먼 옛날에 시작된 것이라 하겠다.

게다가 부럼과 비슷한 이웃나라의 고대 기록을 살펴봐도 그것을 짐작할 수 있다.

부럼깨기 풍속은 중국과 일본에서도 찾아볼 수 있는데, 중국의 『형초세시기(荊楚歲時記)』에 이르기를, "설날에 도소주와 교아당(膠牙餳)을 올린다."는 기록이 그것이다. 교아당은 엿기름으로 만든 딱딱한 엿을 말하는데, 정초에 이것을 올린다는 것은 곧 엿을 깨물어 이의 강함을 겨루는 것을 가리킨다. 동국세시기에 적힌 우리의 치교(齒交) 습속과 유사하다.

또 일본에서는 정초에 하가타메(齒固め)라는 풍속이 전해오는데, 이것은 '이 강하게 하기' 습속이다. 이것은 조정과 민간에서 두루 행해졌다.

이러한 면에서 볼 때, 부럼깨기는 부스럼을 깨물어 그것을 예방한다는 목적으로 행해지기 전에, 본디 이를 튼튼하게 한다는 실용적 목적에서 시작된 것으로 보인다.

그러면 이를 튼튼하게 하기 위한 습속이 왜 부스럼 방지를 위한 주술적 방법으로 쓰이게 되었을까? 이것은 '부럼'이 두 가지 뜻을 갖게 된 데서 연유한다. 부럼이라는 말은 원래 굳은 껍질의 과일이란 뜻이었다. 그런데 앞에서 말한 것처럼 후대에 부스럼이 부럼이란 말소리로 변하여 쓰였다. 두 말이 같은 음, 다른 뜻을 가진 동음이의(同音異義)에서 비롯되었다. 이것은 정월대보름 민속인 다리 밟기[踏橋]와 비슷하다. 다리(橋)를 밟으면 다리(脚)가 튼튼해진다는 습속의 의미와 같다. 이는 교량을 뜻하는 다리와 인체 기관의 다리가 음이 같다는 데서 연유한다. 부럼을 깨물면 부스럼(=부럼)이 없어진다는 일종의 유감주술(類感呪術 homeopathic magic)적 작용에 의한 것이다.

유감주술이란 모방주술(模倣呪術)이라고도 하는 것으로, 닮은 것은 닮은 것을 낳는다든가 결과는 그 원인을 닮는다고 하는 유사율(類似律)에 그 바탕을 두는 것이다. 이를테면, 석불(石佛)의 코를 떼어 먹으면 아들을 낳을 수 있다고 믿는 것 등이 이에 속한다. 석불의 코와 남성의 성기를 유감한 것이다.

그럼 여기서 부럼을 깬다는 의미는 무엇일까를 생각해 본다.

말 그대로 부스럼을 깨는 것이다. 부스럼을 깨뜨려 없애버린다는 의미다. 앞에서 인용한 담정유고의, '종기의 약한 부분을 깨물어 부수는 것'이란 기록도, 바로 그러한 사실을 가리킨 것이다. 그런데 이런 민속이 생기게 된 그 근저에는 그럴 만한 이유가 있다. 딱딱한 견과류는 부스럼에 비유하고, 깨는 것은 부스럼을 깨뜨려 없애는 것을 빗댄 것이다. 이것은 아마도 지난날의 부스럼 치료법과 관련하여 유추된 것으로 보인다. 마땅한 약이 없던 과거에 부스럼을 치료하는 유일한 방법은, 부스럼을 터뜨려(깨뜨려) 그 속에 박힌 고름 덩이를 제거하는 것이었다. 민간에서는 이를 가리켜, '해를 빼낸다'고 하였다.

『담정유고』에 종기를 말하면서, "호두와 밤을 깨무는 것은 바가지를 깨는 것처럼, 종기의 약한 부분을 깨물어 부수는 것이다. 신령의 소리를 흉내 내어, 용한 의원이 침을 놓는다는 주문(呪文)을 외우며 깨문다."라 적힌 것은 바로 그것을 말한 것이다. 또 여기서 '침'을 이야기한 것도 그러한 치료법과 관련이 있는 것이다. 침으로 종기를 찔러 깨뜨리는 것이다.

이럴 때 함께 썼던 대표적인 약이 고약(膏藥)이다. 고약은 부스럼을 깨뜨려 고름을 빼내는 약으로, 60년대까지만 하더라도 부스럼 치료용으로 널리 쓰였다. 부럼 깬다는 말은 이런 사연을 그 속에 안고 있는 것이다.

제 5 부

종교 · 철학

마음의 실체와 수양에 대한 인심도심설

인심도심설(人心道心說)은 마음의 실체와 심성 수양의 근거를 밝힌 것으로, 성리학에 있어서 인성론의 주요한 문제이다. 사람의 마음이란 매우 미묘한 것이어서 무엇으로 되어 있다고 단언하기가 어렵다. 성리학에서는 이를 인심과 도심으로 나누어 파악하려 했다.

인심과 도심에 대한 문제는 서경(書經) 대우모편(大禹謨篇)에 처음으로 나타나는데, "인심은 위태하고 도심은 희미하니, 오직 정치(精緻)하고 한결하여야 진실로 그 중(中)을 잡으리라."는 것이 그것이다. [人心惟危 道心惟微 惟精惟一 允執厥中]

그러면 인심과 도심은 각각 무엇을 가리키는 용어인가?

흔히 우리는 인간의 가슴속에는 천사와 악마가 공존하고 있다는 말을 한다. 지킬 박사와 하이드씨가 함께 있다는 말도 한다. 감각적인 욕망에 이끌리면서도 한편으로는 이래서는 안 된다고 다시 돌아보기도 하는 것이 인간의 마음이다.

이와 같이 사람의 마음은 이중적이다. 인심이란 인간이 지닌 일상적 마음을 말한다. 배고프면 먹고 싶고, 졸리면 자고 싶은 마음이 인심이다. 마음에 드는 이성을 보면 탐하고 싶고, 좋은 집에 살면서 고급 차를 타고 싶은 마음이 인심이다. 반면, 도심이란 인간이 지닌 도덕적 윤리적인 마음이다. 진선미를 추구하고자 하는 마음이다. 불쌍한 사람을 돕고 싶어 하고, 불의와 부조리를 보면 그것을 척결하고 싶어 하는 마음이다. 또 남을 돕거나 봉사하고 싶은 마음이다.

그런데 인심과 도심은 참으로 미묘하다. 그래서 대우모(大禹謨)에서도 인심은 위태하고 도심은 희미하다고 하였다. 즉 인심이 위태하다는 것은 그것이 감각적 욕구에 따른 것이기 때문에 부도덕한 방향으로 흐를 위험이 있고, 도심은 마음의 깊은 곳을 살피지 않으면 깨달을 수가 없을 뿐만 아니라, 자칫하면 감각적 욕구에 빠지기 쉽기 때문에 희미하다고 한 것이다. 다시 말하면, 일상적인 마음은 탐욕에 빠지기 쉽고, 도덕적 마음은 나타나기가 쉽지 않다는 뜻이다.

불교의 심성수양론에 대항하기 위하여, 인심도심에 관심을 기울인 주자도, 인심도심이 한 마음 속에 섞여 있음에도 그것을 잘 다스리지 못하면, 위태로운 인심은 더욱 위태로워지고 희미한 도심은 더욱 희미해져서, 천리(天理)의 공변됨[公]이 마침내 인욕(人欲)의 사사로움(私)을 이길 수 없을 것이라 하였다.

조선의 성리학자들은 인심도심설을 사단칠정론(四端七情論)과 밀접하게 관련시켜 전개하였다.

이황은 인심과 도심을 완전히 다른 것으로 구분하였는데, 인심은 칠정이며 도심은 사단이라 하여 그의 이기호발설(理氣互發說)에 근거하고 있다. 반면에 이이는 인심과 도심은 나누어 설명할 수가 없으며, 칠정 속에 사단이 포함된다고 한 그의 기발이승일도설(氣發理乘一途說)에 근거하고 있다.

이황은 인간의 마음이 인심과 도심으로 나누어져 있는데, 이 두 마음이 서로 갈등하면서 인간의 행동을 다스린다는 주장이다. 그런데 이러한 주장에는 한 가지 문제점이 있다. 앞서 살핀 바와 같이 인심은 그 자체가 결코 비도덕적이고 악하거나 나쁜 것이 아니다. 목마르면 마시고 싶고, 추우면 두꺼운 옷을 입고 싶은 것이 나쁜 마음은 아니다. 예쁜 여자나 잘난 남자에게 매력을 느끼는 것이 결코 악한 것은 아니다. 그것은 일상적, 현실적 욕구에 지나지 않는다. 다만 그것이 지나쳐 탐욕에 빠진다면 문제일 뿐이다. 대우모의 말처럼 그저 위태할 따름이다. 이럼에도 불구하고 인심이 기의 발동에 의한 나쁜 것이라고만 하는 것은 문제가 아닐 수 없다.

이이는 인심(人心)과 도심(道心)이 비록 두 가지 이름이지만, 그 근원은 단지 하나의 마음일 뿐이라고 하였다. 인심과 도심이 완전히 두 가지로 구분되어 있는 것이 아니라, 인심은 도심이 될 수 있고, 도심도 인심이 될 수 있다는 것이다. 선한 마음과 악한 마음이 별도로 존재하여 인간을 다스리는 것이 아니라, 하나의 마음이 선한 마음이 되었다가 때로는 악한 마음으로 된다는 것이다. 사람의 뜻이 도덕적 본성에 바탕을 두면 도심이 되고, 감각적 욕구에 바탕을 두면 인심이 된다는 것이다.

그는 도심은 순수한 천리(天理)인 까닭에 착한 것만 있고 나쁜 것은 없으나, 인심은 착한 것도 있고 나쁜 것도 있다고 하였다. 즉 사단(四端)이 도심인 것은 가능하지만, 칠정(七情)은 인심과 도심을 합한 것이라고 주장한 것이다. 이러한 주장은 칠정이 사단을 포함하고 있다는 논리적인 구조에 근거한다.

이이의 주장에도 문제점이 없는 것은 아니다. 그의 말대로 인심은 착한 것도 있고 나쁜 것도 있다고 한다면, 굳이 도심이란 것을 제언할 필요가 없다. 왜냐하면 인심만으로 좋은 것과 나쁜 것을 다 설명할 수 있으므로, 도덕적 선의 바탕이 되는 도심은 아예 설정할 필요가 없기 때문이다.

이처럼 이황과 이이의 주장은 모두 인심과 도심에 대한 논리적 근거를 가지고 있는 반면에, 문제점 또한 양자가 다 가지고 있다. 마음의 실체가 둘이냐 하나이냐의 문제는 그렇게 쉽게 풀릴 일은 아닌 것 같다.

그것이 하나이든 둘이든 다만 인간이면 누구나, 도심은 희미하지만 이것을 잘 살펴서 키워 나가도록 노력하고, 인심은 위태로운 것이니 잘 살펴서 지나친 탐욕에 빠지지 않도록 해야 할 것이다.

화두는 목표란 뜻이 아니다

　화두(話頭)라는 말을 자주 듣기도 하고 또 쓰기도 한다. 그러나 정작 화두가 어떤 개념을 가진 말인지 정확하게 모르고 쓰는 경우가 많은 것 같다.

　화두는 불교 선종에서 깨달음을 얻기 위하여 마음속에 들고 있는 하나의 '문제'로서 공안(公案) 또는 고칙(古則)이라고도 한다. 화두의 '화(話)'는 말이라는 뜻이고, '두(頭)'는 머리, 즉 앞서 간다는 뜻이다. 따라서 화두는 말보다 앞서 가는 것, 언어 이전의 소식이라는 뜻을 담고 있다. 따라서 참된 도를 밝힌 말 이전의 서두, 언어 이전의 소식이 화두다. 공안의 '공(公)'은 '공중(公衆), 누구든지'라는 뜻이고, '안(案)'은 방안이라는 뜻이다. 그러니 누구든지 이 공안을 붙들고 있으면 그것이 성불할 수 있는 방안이 된다는 뜻을 담고 있다.

　화두는 우리가 흔히 듣고 있는 '이 뭣고'와 같이 생각을 집중시키는 말머리로서, 하나의 답이 나오는 수학 문제 같은 것이 아니다. 굳이 말하자면 하나의 아포리아(aporia)다. 처음부터 답이 없는 문제다. 답을 구하는 것이 아니라, 화두를 놓지 않고 일심으로 의심하며 그저 참구(參究 참선하여 진리를 찾음)하는 것이다.

　그래서 화두는 우리의 상식으로는 얼핏 이해가 되지 않는 물음으로 되어 있다. 우리는 이를 선문답(禪問答)이라고 한다. '뜰 앞의 잣나무'라는 화두는 어떤 승려가 조주스님에게 "(달마)조사가 서쪽에서 온 뜻이 무엇입니까?" 하고 물었을 때 답한 것이고, '삼 서 근[麻三斤]'은 "어떤 것이 부처입니까?" 하는 제자의 물음에 운문종(雲門宗)의 수초선사(守初禪師)가 답한 것이다. 또 '마른 똥막대기'는 "어떤 것이 부처입니까?" 하는 물음에 대하여 문언선사(文偃禪師)가 던진 화두다.

달마가 불법을 전하기 위하여 서쪽에서 온 이유가 어찌 '뜰 앞의 잣나무'가 될 수 있으며, 무엇이 부처냐고 하는 물음의 답이 어찌 '삼[麻] 서[三] 근(斤)'이나 '마른 똥막대기'가 될 수 있는가? 상식적으로 얼른 이해가 가지 않는다. 이와 같이 화두는 일반적인 상식을 뛰어넘고 있는 문답에 대하여 의문을 일으켜 그 해답을 구하는 것이다.

이 화두를 가지고 간절히 참구하면 마침내 깨달음의 경지에 이르게 된다는 것이다. 그러므로 화두를 들 때는 갈 때나 서 있을 때나, 앉아 있을 때나 누워 있을 때나 항상 화두에 몰두하여야 한다. 심지어 성철은 꿈속에서도 놓쳐서는 안 된다고 하였다. 그래서 화두를 들 때는 닭이 알을 품은 것과 같이 하며, 고양이가 쥐를 잡을 때와 같이 하며, 어린아이가 엄마를 생각하듯 해야 한다고 일러왔다. 이렇듯 간절한 마음이 없이 깨친다는 것은 있을 수 없는 일이다.

이렇듯 간절한 마음을 강조하는 경지를 나타내는 선문답에 '구지(俱胝) 선사가 손가락을 세우다[俱胝豎指]'란 것이 있다.

중국 당나라 때의 선승 구지(俱胝)화상은 누가 불법을 물으면 말없이 손가락 하나를 세워 보였다. 그래서 '구지일지선(俱胝一指禪)'이라는 이름이 붙게 되었다.

그런데 구지 화상과 함께 살던 동자승이 있었는데, 스승이 없을 때 사람들이 법을 물으러 오면 아무것도 모르면서 스승을 흉내 내어 얼른 손가락 하나를 세워 보이곤 했다. 이 소문을 들은 어느 날, 구지 선사는 동자승을 불러 "어떤 것이 부처인가?"라고 물었다. 그러자 역시 동자는 얼른 손가락을 세워 보였다. 순간 구지 선사는 칼로 그 손가락을 싹둑 잘라 버렸다. 동자승이 고통스러워 울면서 산문으로 도망을 갔다. 그때 선사는 달아나는 동자를 불렀다. 그러자 선사는 뒤를 돌아보는 동자에게 손가락을 세워보라고 하였다. 동자승은 손가락이 없어졌다는 사실을 잊은 채 손가락을 세우려고 하였다. 바로 그때 동자승은 홀연히 깨달았다고 한다.

부처 되는 법이 '왜 손가락 하나일까?'라는 것이 구지일지선이 주는 화두다. 일반 상식으로는 얼른 이해가 되지 않는다. 수행자는 '불법이 왜 손가락 하나일까?'라는 이 물음을 들고 밤이나 낮이나 의심에 몰두한다. 언젠가 이 화두를 뚫으면 마침내 깨달음에 이른다는 것이다.

그리고 이 이야기의 끝머리에 나오는 동자승의 깨달음도 모든 번뇌를 물리치고 화두에 몰두하는 것과 같이, 손가락이 없어졌다는 것을 잊은 채 손가락을 세우려고 한, 몰입무아의 경지에 이르렀기 때문에 깨달음을 얻은 것이다.

그런데 선가에서는 보통 1700여 가지의 공안이 있다고 하는데, 그 공안을 모아 소개하고 있는 대표적인 선어록으로 무문(無門) 혜개(慧開)선사의 『무문관(無門關)』과 원오 극근(克勤)선사의 『벽암록(碧巖錄)』이 있다. 그렇다고 하여 공안이 꼭 1700여 개뿐이라는 말은 아니다. 유명한 선승들의 어록에 담긴 공안을 합치면 수없이 많다.

그 중 가장 많은 공안을 남긴 고승은 중국의 조주(趙州) 선사라 할 수 있다. 가장 널리 알려진 '무(無)' 자 화두는 조주 선사와 한 학인의 문답에서 유래한 것이다. 그 생긴 배경담은 이러하다.

어느 때 한 스님이 조주선사에게 물었다.

"개에게도 불성이 있습니까?"

이에 조주선사가 대답했다.

"없다(無)."

그 스님이 다시 물었다.

"일체 중생이 모두 불성이 있다고 했는데, 어째서 개에게 불성이 없다고 하십니까?"

부처님은 '일체중생은 다 불성을 가지고 있다'고 하였다.[一切衆生皆有佛性] 즉 사람이나 짐승이나 모든 중생은 닦으면 다 부처가 될 수 있다는 가르침이다. 여기에 나오는 수행승도 이 말을 떠올리고 조주에게 질문했던 것이다. 그런데 엉뚱하게도 조주는 '없다(無)'고 한 것이다. 도대체 무슨 뜻인가? 조주의 말을 따르면 분명 부처님은 거짓말을 한 것이 된다. 그래서 수행자는 의심이 들지 않을 수 없게 된다. '개에게는 왜 불성이 없다 했을까?'라는 문제를 들고 왜 그럴까 하는 의심에 빠지게 될 것인바, 이것이 곧 '무(無)'자 화두다.

이처럼 화두는 마음을 한데 모으는 하나의 수행방법이다. 원래부터 답이 있는 것이 아니다. 풀리지 않는 '의심 덩어리'일 뿐이다.

그러면 '남전이 고양이 목을 치다'[南泉斬猫]라는 화두 하나를 더 보자.

대선사 남전(南泉) 아래에서 조주(趙州)가 공부 할 때의 일이다. 이 절에는 고양이 한 마리가 있었는데, 여느 고양이가 다 그렇듯이, 이 고양이도 이 건물 저 건물, 이 방 저 방을 오가면서 살고 있었다.

그런데 어느 날 동쪽 선원 승려들과 서쪽 선원 승려들 간에, 고양이를 놓고 시비가 붙었다. 그 내용인즉, 고양이가 서로 자기네 것이라고 우기는 다툼이었다. 이를 보던 남전이 고양이를 움켜잡고는, "누구든지 이 고양이가 누구의 것인지 정확히 말해 보라. 그러면 살려주고 그렇지 못하면 죽여 버리겠다."고 칼을 들었다.

대중 가운데 그 누구도 대답을 못했다. 대답을 못 할 수밖에 없었다. 날이면 날마다 이 방 저 방을 왔다 갔다 하는 고양이를, 꼭 집어 누구의 고양이라고 대답할 사람은 아무도 없었기 때문이다. 그러자 남전은 들고 있던 칼로 고양이를 베어 죽여 버렸다. 살생을 금하고 있는 불가에서 고양이를 죽였으니, 이를 본 대중은 모두가 놀라지 않을 수 없었다.

이때 마침 외출했던 조주가 돌아와 스승 남전에게 인사를 드리니, 남전이 조주를 보고 "너 같으면 어떻게 답하겠느냐?"고 물었다. 그 말을 들은 조주는 아무 말도 하지 않고, 신발을 거꾸로 해서 머리에 이고 나가 버렸다. 그러자 남전이 "조주가 그때 있었다면 고양이를 살릴 수 있었을 것이다."라고 말했다."

'조주가 왜 신발을 거꾸로 해서 머리에 이고 갔을까'라는 질문을 계속하여 참구하는 것이 바로 남전참묘(南泉斬猫)의 화두다.

* 남전(南泉): 이 분을 가리킬 때는, 통상적으로 '남천'이라 읽지 않고 '남전'이라 읽음.

이와 같이 화두는 의문을 지닐 뿐, 정해진 답을 구하는 것이 아니다. 원래 답이 없는 것이다. 처음부터 답이 없는 문제를 들고 의문을 갖고 분심(憤心)을 내어 참구하는 것이다. 그러므로 이루어야 할 목표나 수치를 화두에 비의하는 것은 합당하지 않다.

그런데 우리 사회에서는 언제부터인가 '금년의 화두는 사법 고시에 합격하는 것이다', '올해 경제 정책의 화두는 물가를 잡는 데 있다.'와 같이, 화두란 말을 목표란 뜻으로 쓰고 있다. 물론 그런 말을 쓰는 이는 화두처럼 늘 그것에 생각을 쏟는다는 확대된 의미로 쓰고 있음은 분명하다. 그러나 화두는 목표처럼 정해진 결과치가 있는 것이 아니다. 또한 물가처럼 측정할 수 있는 사상(事象)도 아니거니와, 목표처럼 달성할 수 있는 정도를 나타내는 개념도 아니다. 화두는 강한 의심을 수반하는데, 일반적으로 사용하는 그런 예에서는 그런 뜻도 포함되어 있지 않다.

그러므로 화두를 목표란 말의 대용으로 쓰는 것은 엄밀히 말해 적절하지 못하다. '화두'의 정확한 의미를 모르는 데서 나온 소치다. 화두는 정신을 집중시키기 위한 하나의 문제이지 목표가 아니므로, 화두를 목표와 같은 뜻으로 쓰는 것은 이치에 맞지 않다.

굳이 화두란 말을 다른 데에 비의해서 쓰려면, '해결하기 어려운 문제'나 '고민해야 할 난제' 또는 '이슈'라는 뜻으로 써야 한다. '낮은 출산율 문제는 해결해야 할 중요한 화두다.', '남북통일은 우리가 안고 있는 하나의 화두다.'와 같이 쓰면 되겠다.

어느 신문의 기자가 쓴 글에, "이번 게티즈버그 방문은 지난 3년간 워싱턴에서 매달렸던 '미국의 본질은 무엇인가'라는 화두를 정리하는 데 나름대로 도움이 됐다."라는 문장이 있었는데, 이 경우의 화두는 맞게 쓰였다.

닫집의 유래와 의미

전각 안의 불상을 모신 위에는 집 모양의 작은 건축물이 천장에 매달려 있는데, 이를 보통 닫집이라고 하는바 그 장식이 매우 화려하다. 궁궐 정전의 어좌 위에도 이와 같은 작은 집 모형을 만들어 걸었는데, 이 또한 닫집이라고 부르며 한자로는 당가(唐家)라고 한다.

이 닫집의 생성 유래에 대해서는 두 가지 설이 있다. 인도의 일산(日傘) 설과 불교의례의 변화에서 온 것이란 설이 그것이다.

일산은 산개(傘蓋), 보개(寶蓋) 등으로도 불리는데, 이것은 한말로 햇빛을 가리기 위한 양산이다. 인도는 더운 기후 때문에 일찍부터 양산을 쓰는 문화가 발달했다. 왕이나 귀족들이 밖으로 나들이할 때는 하인들이 커다란 일산을 받쳤다. 이러한 문화가 불교에 수용되어 인도의 탑과 불상 위에는 산개가 있다. 이 일산의 양식이 변하여 닫집이 되었다는 것이다. 또 궁전의 당가도 불교의 영향으로 생성되었다고 주장한다.

그런데 이와는 달리 불교 자체의 의례 양식이 변하여 닫집이 형성되었다는 주장이다. 부처를 중앙에 모셨던 고대 불전에서는 금당이 부처님 집이었으므로 닫집이 필요 없었다. 그러나 예불의례가 금당 바깥을 도는 요잡(繞匝)중심이었다가, 차츰 금당 안으로 들어가 절하는 것으로 바뀌면서 마루가 깔리고 불단이 뒤로 밀리면서, 금당 안에 부처님의 집을 별도로 만들기 시작한 것이 닫집으로 정착하였다는 것이다.

고구려 고분벽화의 주인공 머리 위에 양산이 받쳐져 있는 것을 볼 수 있고 인도의 불교와 힌두교 사원의 신상위에는 화려한 보개(寶蓋)가 씌워져 있는 것으로 보아 앞의 설이 더 설득력이 있는 것 같다. 닫집은 모양에 따라 보궁형(寶宮形), 운궁형(雲宮形), 보개형(寶蓋形)으로 나눈다.

보궁형은 공포를 짜 올려 건물처럼 만든 화려하게 만든 닫집으로 가장 흔하게 볼 수 있다. 공포 아래에는 짧은 기둥이 달려 있는데 이를 헛기둥[虛柱]이라고 한다. 대표적인 예로 영주 부석사 무량수전과 안동 봉정사 극락전의 닫집이 있다.

대구 석가사 대웅전 보궁형 닫집

밀양 정암사 대웅전 보궁형 닫집

운궁형은 공포(栱包)를 사용하지 않은 간결한 구조로 되어 있고, 불상 위 천장에 구름, 용, 봉, 비천 등을 장식하고 있는 구조다. 대표적으로 경산 환성사 대웅전과 서산 개심사 대웅전, 봉선사 금당의 닫집에서 볼 수 있다.

화순 유마사 대웅전 운궁형 닫집

경산 환성사 대웅전 운궁형 닫집

보개형은 천장 일부를 감실처럼 둥글게 속으로 밀어 넣은 형태인데 고대 불전에서 많이 보인다. 대표적으로 강진 무위사 극락전과 봉정사 대웅전에서 볼 수 있다. 보개형은 닫집이라고 하기보다는 보개천장으로 불리며 천장의 한 종류로 분류하는 경우가 많다. 그러나 의미와 역할은 닫집과 같다.

안동 봉정사 대웅전 보개형 닫집

그러면 '닫집'이란 단어의 의미에 대해 알아보자. 닫집이란 말의 어원에 대해서는 종래 여러 가지 설이 있어 왔다.

닫집이 '닫힌 집' 또는 '닫는 집'이라는 주장이 있다. '보통 사람들이 접근하기 어려운 닫는 구조의 닫힌 집'이라는 해석이다. 그런데 닫집을 이렇게 해석하면 부처님이 거주하는 곳이 폐쇄적인 공간이란 뜻을 지님으로써, 중생과의 거리를 단절시키는 결과가 빚어지는 모순을 가져온다.

이 외에 '두드러진 집'이라는 뜻의 '돋집'에서 유래되었다는 설과, '위에 달아맨 집'이란 뜻의 '달집'에서 왔다는 설이 있다.

그러나 닫집은 그러한 데서 온 말이 아니다. 닫집은 '닫+집'으로 이루어진 말인데, '닫'은 '따로'의 옛말이다. 그 용례 몇 개를 적어 보면 이러하다.

› 믈읫 有情이 눔과 **닫** 나믈 즐겨 서르 싸화 저와 남과를 어즈려『석보상절』 9:16

(무릇 중생이 남과 **따로** 나는 것을 즐겨, 서로 싸워 저와 남과 어지럽게 하여)

› 精舍애 도라와 왼녁 피 **닫** 담고 올흔녁 피 **닫** 다마 두고 닐오딕『월인석보』1:7

(精舍에 돌아와 왼쪽 피 **따로** 담고, 오른쪽 피 **따로** 담아두고 말하되)

› 알핏 經이 잇ㄱ장 ᄒ시고 **닫** 아랫 그를 니르와ᄃ시니라『능엄경언해』4:75

(앞의 經이 이까지 하시고, **따로** 아랫 글을 일으키시니라)

고어에서 '닫나다'는 '따로 나다'의 뜻이며, '닫내다'는 '따로 내다', '닫 담다'는 '따로 담다', '닫 혜다'는 '따로따로 생각하다'의 뜻이다. 그러므로 닫집은 '집 안의 집'으로서 '따로' 있는 또 하나의 집이란 뜻이다.

대승불교의 새로운 이해

5세기 쿠마라굽타 1세에 의해 세워진 나란다사에 나란다 대학이 설립되었다. 나란다사는 인도 불교의 중심지가 되었다. 상주하는 학승과 객승 그리고 그들을 뒷바라지하는 인원을 합치면 1만 명 정도였다고 한다. 이 절은, 우리가 잘 아는 당나라 현장 스님이 631년에 이곳을 찾아 5년 간 수학한 절이기도 하다.

그런데 이 나란다사는 8세기 초 굽타왕조의 몰락과 힌두교의 발흥으로 쇠퇴하다가, 13세기 초 아프가니스탄 고르왕조의 장군이었던 무하마드에 의하여 완전히 파괴되고 말았다. 승려들은 무참히 살해되었고 나란다사는 6개월 동안이나 불탔다고 한다.

인도에서 불교가 사라진 것은 이 같은 이슬람의 침입에 의한 것이라고 이야기하는 사람들이 많다. 정말 그럴까? 그러나 그 주된 이유는 그러한 외적인 요인도 있겠지만 불교 내부의 요인이 더 크다고 할 수 있다. 왜냐하면 함께 박해받았던 힌두교는 아직도 건재하여 인도의 주된 종교가 되어 있기 때문이다.

불교 몰락의 자체 원인으로 보통 세 가지 요인을 든다.

첫째, 불교는 일반 서민과 동떨어진 왕족과 귀족들의 보호를 받으며 안일에 빠졌다는 것이다. 승려들은 권력자의 비호를 받으면서 일반 세인들과는 유리되어 포교를 게을리 함으로써 그 지지력이 무너지게 되었다는 것이다.

둘째, 불교의 지나친 수용적 태도 때문이다. 수용성은 불교의 커다란 장점이요 특징이다. 이로 인하여 불교가 들어가는 곳은 기존 종교와 마찰이 없다. 지금도 불교는 여타 종교와 마찰하는 경우가 거의 없다.

우리나라의 경우만 하더라도 그렇다. 사찰 안에 모셔진 산신각은 산신과 호랑이 곧 토속적인 샤마니즘을 수용한 것이고, 독성은 천태산(天泰山)에서 홀로 선정을 닦아 독성(獨聖)이라 불린 나반존자(那畔尊子)를 모신 것이고, 칠성각은 북두칠성 곧 기존의 도교를 수용한 것이다. 이처럼 불교는 기존의 신앙을 통섭하는 특성을 발휘한다.

이와 같이 불교는 인도에서 기존 힌두교의 잡다한 신을 수용한 나머지 불교의 본질을 벗어나 점차 힌두화된 하나의 요인이 되었다. 불교가 사라졌다기보다는 힌두 불교로 변한 것이라 할 수 있다는 것이다.

셋째, 불교의 지나친 학문화 때문이다. 불교가 학문화함으로써 승려들은 불교 자체의 연구와 논쟁에 휩싸이게 되어 일반대중과는 거리가 멀어지게 되었다.

석가가 세상을 떠나고 100여 년이 지나자 교단 내에서는 교리와 계율의 해석 문제를 놓고 논쟁이 일었고, 이에 따라 과거의 계율을 엄격히 지켜야 한다는 보수적인 성향과 시대 변화에 따라 융통성 있게 받아들여야 한다는 진보적 성향의 두 입장이 공존하게 되었다.

전자를 상좌부(上座部), 후자를 대중부(大衆部)라 하는데 이들은 크게 대립하여 분열하였다. 이후 다시 200~300년에 걸쳐 이들 두 파로부터 다시 분파가 생겨나 기원전 200년경에는 총 20여 개에 이르는 파가 생겨났는데, 이 시기를 부파 불교 시대라 한다. 이때 각 교단은 저마다 석가의 교리와 계율을 연구·정리하여 방대한 논서(論書)를 지어내면서 논쟁을 그치지 않았다. '논(論)'이라는 말의 원어가 아비다르마(abhidharma)이고 이를 한역(漢譯)한 것이 아비달마(阿毘達磨)이므로, 부파불교를 달리 아비달마 불교라고도 한다.

당시 교단의 관심은 온통 석가의 가르침에 충실하기 위한 교리의 해석이었으며, 자연히 출가자와 승원(僧院)을 중심으로 하는 학문불교의 성격을 띠어갔다. 따라서 출가를 전제로 하여 계율을 엄격하게 지키면서 수행하고, 또 타인의 구제보다는 자기 수행의 완성을 우선 목표로 삼았다.

이로 인해 교단으로부터 멀어진 대중들은 교단에 반발하며 불탑(佛塔)을 중심으로 석가에게로 복귀하려는 움직임이 일어났고, 이로써 대승불교가 탄생하였다. 그러나 대승 또한 점차 밀교화되어 가다가 본래의 종지를 잃은 채 힌두화되고 말았다.

그러면 이렇게 된 근본적인 연유는 무엇일까?

그것은 한말로 불교가 무신론의 종교이기 때문이라 생각한다. 불교는 여타 종교처럼 어떤 신을 따르는 종교가 아니다. 세상을 만든 창조주도 없다. 어떤 절대자가 이 세상을 주관하며 결정해주는 것이 아니라, 모든 것은 인연 즉 원인과 결과에 따라 이루어진다고 믿는다. 모든 것은 변하는 것이며, 그 안에 어떤 불변의 고정된 실체도 없다는 것이 불교의 교설이다. 수행과 정진으로 자기 안에 있는 불성을 깨우치면 누구든지 부처가 될 수 있다고 하여 자력을 중시하였다.

반면에 힌두교는 수억의 신이 존재하는 다신교의 종교이며 신께 기도함으로써 복을 얻는다는 신 중심의 종교다. 이에 반해서 불교는 자신의 삶은 신의 영향을 받는 것이 아니라, 자신이 짓고 자신이 받는 원인과 결과의 인과응보 사상에 기반한다는 그러한 진리를 믿는 종교다.

힌두교는 창조신, 유지신, 파괴신을 비롯하여 3억3천의 수많은 신을 모신다. 그런 신에게 제사지내는 브라만 계급은 왕족이나 귀족보다도 높은 최상의 지위로 대접받았으며, 카스트제도는 신이 정한 불변의 원리로 받아들였다.

이때에 석가가 나타나, 세급은 신이 내린 불변의 진리가 아니며 만민은 평등하다는 것을 선언하였는데, 그러한 가르침은 매우 혁신적인 것이어서 민중들에게 많은 환영을 받았다.

게다가 아쇼카왕의 불교 옹호정책에 의해 인도 전역으로 불교가 힌두교를 누르고 퍼지기도 하였다. 그러나 아무리 신흥사상이라 하더라도 수천년간 그들의 생활과 밀착되어 있던 힌두사상과는 관계가 쉽게 단절될 수는 없었다. 그들에게 뿌리 깊게 자리잡고 있는 카스트제도를 떨쳐버릴 수가 없었을 뿐만 아니라, 신에게 의지하기보다는 자신의 마음을 수행하고 진리를 찾아, 내 안의 무한한 가능성을 찾는 수행 위주의 불교 가르침은 지속적인 힘을 발휘할 수가 없었다.

당장 신에게 무언가 필요한 것을 빌고 원하는 것을 추구하고, 나를 보호해주는 기복성향을 일반인들이 더 추구하기 때문에, 자력신앙인 불교는 서서히 일부 출가 수행자에게만 수용되고, 일반인에게선 멀어지게 되었던 것이다.

그런데 여기서, 이에 곁들여 잠시 생각해 볼 사항이 있다. 지금의 대승불교 곧 한국불교를 보면 석가를 신앙 대상으로 하고 있음은 물론 아미타불 그리고 관세음보살을 비롯한 많은 보살들을 의지처로 한 기복신앙의 양상을 보이고 있다. 이는 분명 근본불교에서 벗어난 현상이다. 석가는 입멸시에도 '자등명(自燈明) 법등명(法燈明)' 즉 석가 아닌 자기 자신을 등불로 삼고 진리를 등불로 삼으라 하였다. 석가는 자기를 신앙 대상으로 삼으라든지 자기를 따르라는 말은 결코 하지 않았다. 이를 비추어 볼 때 지금의 대승불교는 그 만큼 근본불교에서 멀어져 있다. 다른 말로 하면 불교 본래의 무신론에서 멀어져 있다.

대승불교는 원래 없던 약사여래나 지장보살, 관음보살을 내세워 이를 신격화하였다. 또 원래 없던 기도라는 것도 만들어 이런 불보살에게 화를 면하게 해달

라거나 병을 낫게 해 달라고 기도하고 빌게 하였다.

이는 소승과 대승의 차이이기도 하다. 우리는 보통 소승은 자신의 구원을 최고의 이상으로 보고, 대승은 모든 인류의 구원을 최고의 이상으로 본다는 차이점이 있는 것으로 이야기한다. 그러나 그것은 전체적인 일면을 말한 것일 뿐이다. 사실 양자 사이에는 커다란 내질적 차이가 있다. 소승 불교와 대승 불교는 승단(僧團)의 규율이나 행동 규범 등에서 큰 차이가 없지만, 그들의 이론에는 근본적인 큰 차이가 있는 것이다.

즉 소승 불교에서는 부처마저도 인간으로 보고, 고타마 싯달타로 태어난 것은 성불하는 마지막 단계라고 보았으나, 대승 불교에서의 부처는 신의 화신으로 본다. 이와 같이 양자의 시선에는 커다란 차이가 있다. 이런 관점에서 볼 때 대승 불교는 본래의 자력 신앙에서 타력 신앙의 자세로 민중들에게 다가가려 한 개혁 운동이라 할 수 있다. 이러한 사상을 바탕으로 하여 이루어진 경전이 이른바 대승경전들인데, 금강경을 비롯하여 미륵경, 법화경, 화엄경, 지장경, 아미타경 등이 그것이다.

아무튼 대승불교는 초기불교와는 상당한 거리가 있다. 이런 견해를 바탕으로 하여 대두된 것이 이른바 대승비불설(大乘非佛說) 곧 대승불교의 경전은 석가모니가 설한 것이 아니라는 주장이다. 다시 말하면, 대승은 부처님의 가르침이 아니라는 것이다.

일본 에도시대(江戶時代)의 사상가인 도미나가 나카모토(富永仲基 1715~1746)가 자신의 저서 『출정후어(出定後語)』에서 주장한 설이다. 이 주장은 근대 불교학의 선구로서 처음에는 많은 비판을 받았으나 그 후 점차 인정을 받기에 이르렀다. 이에 따르면 경전은 역사적으로 성립된 것이지 부처가 모두 설한 것이 아니다. 특히 여러 경전이 서로 모순되는 점이 많고 이설(異說)도 많은 것은 결국 부처 한 사람의 설이 아니라는 것이며, 부처가 직접 설한 것은 『아함경』 중의 일부분뿐이라고 하였다.

그러니 대승불교는 초기불교와는 달리, 무신론이 아닌 유신론이 도입된 불교로 변화되었다고 할 수 있다. 다시 말하면, 순수 자력신앙에서 타력신앙적인 면을 많이 받아들였다. 이는 내 안의 무한한 가능성을 찾는 수행 위주의 불교 가르침이, 힌두교와 같은 신 중심의 여타 종교에 대하여 지속적인 힘을 발휘할 수가 없었기 때문에 생긴 방편으로 생겨난 것이다. 그러나 이러한 노력에도 불구하고 한발 늦은 개혁의 몸부림은 기존의 신 중심 종교에 힘이 밀려 본토에서 사라지게 되었다.

이것은 오늘 한국불교가 안고 있는 문제 해결에도 하나의 시사가 될 법하다. 통계청이 발표한 2015년 인구주택 총조사 표본 집계를 보면, 10년 사이에 불교 인구가 약 300만 명 감소하였다. 이렇게 된 데는 여러 가지 연유가 있을 것이다. 그런데 필자가 보기에는 지금의 한국불교가 초심자로 하여금 여러 가지 혼란스러움을 가지도록 하는 것이 그 일차적 요인이라 생각한다. 위에서 말한 대승불교의 한계에서 비롯된 것이다. 그러한 단면 몇 가지를 더듬어 본다.

불교는 부처를 믿는 종교가 아니다. 깨달음의 종교요 무신론의 종교다. 그런데 지금은 부처상이 하나의 신상이 되었다. 그 뿐만 아니라 보살상도 나반존자도 산신도 다 신격화되었다. '참 나'를 찾는 것이 아니라 신에게 비는 종교가 되었다. 초심자로서는 무엇이 불교의 참모습인지 혼란스럽지 않을 수 없다.

그리고 불교는 자력신앙이자 타력신앙이라고 한다. 출가자는 선 위주의 수행을 하는가 하면, 일반 신도들은 관음신앙 같은 타력 신앙에 의지하며 기도 위주의 신행을 한다. 자력, 타력이라는 이중적 모습은, 밖에서 보는 이들을 역시 혼란스럽게 한다.

또 신도들에게 근본 교리를 충실히 가르치지 않은 점도 혼란의 한 요인이다. 지금 절에 다니는 신도 중에는 삼법인(三法印)은 몰라도 미신인 삼재(三災)는 잘 알고, 사성제(四聖諦)는 몰라도 민간에서 내려오는 손 없는 날은 잘 아는 이가 많다. 수능 점수를 잘 받게 해 달라고 갓바위에 빌 줄은 알아도 설법 제일 부루나(富樓那)가 누구인지는 모른다. 불교 본연의 것이 아닌 잡것이 섞인 이런 모습 또한 보는 이를 혼란스럽게 한다.

지금 한국불교가 직면하고 있는 가장 큰 문제는 젊은 신도를 많이 확보하는 것이다. 특히 청소년들에 대한 포교에 힘을 쏟아야 한다. 그러려면 먼저 젊은 세대들에게 그러한 혼란스러움에서 벗어나도록, 우리 대승불교의 개념을 확실히 정립하여 보여 주어야 한다. 개념에 대한 혼란에서 벗어나게 해야 한다. 기복 위주의 불교가 아니라, 깨달음으로 가는 빛을 비춰주는 불교 본래의 길을 안내해야 한다. 그래서 한국 대승불교의 진면목이 어떤 것인가를 젊은이들에게 새롭고 명료하게 알게 해야 한다.

미륵보살반가사유상은 무엇을 사유할까

오른쪽 다리를 왼쪽 허벅다리 위에 올려놓은 자세를 반가부좌(半跏趺坐), 줄여서 반가라고 한다. 결가부좌(結跏趺坐) 곧 가부좌의 상대되는 말이다. 미륵보살반가상은 이런 반가의 자세로 앉아서 손가락을 살짝 뺨에 대고 깊은 생각에 잠겨있는 미륵의 모습을 나타낸 불상이다. 머리에는 삼면이 각각 둥근 산 모양을 이루는 관을 쓰고 있어 삼산관반가사유상(三山冠半跏思惟像)이라고도 불린다.

삼국시대에는 미륵신앙이 크게 행해져 많은 반가사유보살상이 제작되었다. 그 중에서도 평안남도 평양시 평천리 출토의 고구려 금동미륵보살반가사유상, 충청남도 서산 용현리 마애여래삼존상의 왼쪽 협시인 백제의 반가사유상, 그리고 경주 단석산 신선사 마애불상군 중 가장 높은 위치에 조각된 신라의 반가사유상은 삼국시대의 초기 작품에 속하는 예들이다.

금동미륵보살반가사유상은 국보 78호, 그리고 이보다 연대가 내려와 삼국시대 후기에 만든 것으로 추정되는 국보 83호, 고구려의 반가사유상으로 주목되는 삼성미술관 리움 소장의 국보 118호 등의 작품이 뛰어나다. 그 외 보물이나 비지정 문화재로 보관되어 있는 것도 있다.

이 중 국보 제83호 반가사유상은 일본 교토 고류지(廣隆寺)에 있는, 일본의 국보 1호인 목조반가사유상과 그 양식이 매우 유사하여 주목을 받고 있다. 고류지 반가사유상의 제작지에 대해서는 백제와 신라의 두 가지 설이 있으나, 고류지를 창건한 진하승(秦何勝)이 신라계의 도래인이었다는 사실이나, 신라에서 온 불상을 이 절에 모셨다고 하는 『일본서기』의 기록으로 보아, 이것은 신라에서 제작되었을 가능성이 큰 것으로 보인다. 더욱이 고류지의 목조반가상이 한국에 많은 적송으로 만들어졌다는 점은, 당시 삼국과 일본과의 교류 관계를 통해서 볼 때 신라에서 제작되었다는 사실을 뒷받침해 주고 있다.

이들 미륵보살반가사유상은 예술적으로 너무나 뛰어난 작품들이다. 독일의 유명한 실존철학자 카를 야스퍼스는 고류지 불상을 보고, "이 불상이야말로 고대 그리스나 고대 로마의 어떤 조각 예술품과 비교할 수 없을 정도로 매우 뛰어난, 감히 인간이 만들 수 없는 살아 있는 예술미의 극치다."라고 찬탄하였다.

그런데 우리는 이 불상의 예술적 미감에만 몰입한 나머지 정작 이 불상이 지닌 '사유(思惟)'의 의미에 대해서는 소홀한 것 같다. 이를 이해하기 위해서는 미륵사상에 대해 개괄적으로 이해할 필요가 있다.

미륵은 친구를 뜻하는 산스크리크어 미트라(mitra)에서 파생한 마이트리야(Maitreya)를 음역한 것이다. 자씨(慈氏)로 의역되기도 한다. 그래서 미륵보살은 흔히 자씨보살이라 불린다.

미륵불은 석가 이후에 오는 미래불이다. 불교사상이 시대를 내려오면서 발전함에 따라, 미래불이 나타나 석가모니 부처님이 구제할 수 없었던 중생들을 남김없이 구제한다는 사상이 싹트게 되었는데, 이에 따라 등장한 보살이 미륵보살이다.

이 미륵보살은 인도 바라나시국의 바라문 집안에서 태어나 석가모니불의 교화를 받으면서 수도하였고, 미래에 성불하리라는 수기(授記 부처가 되리라고 미리 예언함)를 받은 뒤 도솔천(兜率天)에 올라가, 현재 하늘에 사는 사람들을 위해서 설법하고 있다고 한다. 그러나 아직 부처가 되기 이전 단계에 있기 때문에 보살이라고 부른다.

부처는 지혜의 완성자이고, 보살은 지혜의 완성을 향해 가고 있거나 중생 구제를 위해 부처의 자리를 잠시 유보해 놓고 있는 이들이다. 미륵보살도 때가 오면 미륵부처의 몸으로 나타나게 된다.

그는 석가모니불이 입멸(入滅)한 뒤 56억7000만 년이 되는 때, 즉 인간의 수명이 8만 세가 될 때 이 사바세계에 태어나서 화림원(華林園) 안의 용화수 아래서 성불하여 3회의 설법으로 272억 인을 교화한다고 한다. 그때의 이 세계는 전륜성왕(轉輪聖王)이라는 훌륭한 임금이 나타나 다스리는데, 그때는 땅이 유리와 같이 평평하고 깨끗하며 꽃과 향이 뒤덮여 있는 이상적인 국토로 변한다고 한다.

미륵신앙은 한말로 미륵불이 내도하기를 기원하는 신앙이다. 미륵신앙은 상생과 하생 신앙으로 나뉜다. 미륵보살을 신앙하는 사람들이 미륵이 강림하는 오랜 세월을 기다릴 수 없을 때는, 현재 보살이 있는 도솔천에 태어나고자 기원했는데 이를 상생(上生) 신앙이라 한다. 또 보살이 보다 빨리 지상에 강림하기를 염원하며 수행했는데 이를 하생(下生) 신앙이라 한다.

이런 미륵신앙이 삼국시대에 널리 유행하였다. 신라의 진흥왕은 왕자를 금륜(金輪)과 동륜(銅輪)으로 이름을 지었는데, 이는 자신이 전륜성왕(轉輪聖王)이 되고자 하는 꿈을 반영한 것이다. 선화공주와 결혼한 이야기로 유명한 백제의 무왕도 익산에 미륵삼존을 모신 미륵사를 창건하고 스스로 전륜성왕이 되고자 하였다.

이러한 인간의 간절한 바람에 부응하여 먼 훗날 미래세에 미륵은 강림할 것이다.

　이에 미륵보살은 도솔천에 머물다가 다시 태어날 때까지의 기간 즉 56억7000만 년 동안, 자신이 교화할 먼 미래를 생각하며 반가의 자세로 앉아서 손가락을 살짝 뺨에 대고 깊은 명상에 잠겨있는 것이다. 이러한 모습을 새긴 것이 바로 미륵보살반가사유상이다.

불교의 표지에는 어떤 것이 있나

불교에서 사용하는 표지에는 여러 가지가 있다. 그 중에서 우리가 흔히 볼 수 있는 만(卍) 자와 원이삼점(圓伊三點) 그리고 법륜(法輪)에 대하여 간략히 살펴보기로 하자.

만(卍) 자

우리는 이 만자를 불교 전유의 문양으로 알고 있으나 실상은 그렇지 않다. 이 만자(卍)는 산스크리트로 스바스티카 또는 슈리바차라 불려지는 것으로, 693년 당나라 측천무후 시대에 '만(萬)'이라는 음을 가진 한자로 편입되어 오늘에 이르고 있다.

'만'자의 기원과 상징에 대해서는 여러 의견이 있으나. 대체로 아리안족의 태양 숭배와 관련된 것이라는 것이 정설로 되어 있다. 만자의 가운데 +자 모양은 태양을 상징하고, 주변의 꺾인 부분은 태양의 빛을 상징한다는 것이다. 이외에 그것을 흐르는 물의 상징으로 보기도 하고, 둥글게 선회하는 모발의 형상이라고도 하는 주장이 있다. 인도의 고대 신화 속에 등장하는 비슈누와 크리슈나와 밀접한 관련이 있는 것으로 보아서, 두 신의 가슴에 난 털이 빙빙 말아 올려졌는데, 그 털이 기원이라고 보는 견해도 있다. 인도 이외에 페르시아와 그리스 등지에서도 이와 유사한 부호를 사용한 흔적이 있는데 여기서는 이것을 태양, 번갯불, 흐르는 물 등을 상징하는 표현이었다.

그러므로 이 표지는 인도불교에만 있었던 고유한 상징이 아니고, 유럽·아프리카 등 세계 전역에서 그 모양을 찾아볼 수 있다. 문양은 행운과 번영을 상징하는 것으로 널리 퍼져 폭넓게 쓰인 문양이다.

이러한 상징물은 동서양의 교류로 인하여 인도에 전해지게 되어 불교를 비롯하여 자이나교 힌두교들까지 받아들여서 길상의 상징으로 자리매김하게 되었다. 이와 같이 만 자는 불교에 하나의 상징물로 자리잡혀져 불교의 전파와 함께 동아시아 전반에 퍼지게 되었다.

특히 북방불교에서는 만 자 혹은 덕(德) 자라고 하여 이를 길상해운(吉祥海雲), 길상희선(吉祥喜旋)이라 한역하기도 하였다. 초기 불교에서는 부처님께서 갖추고 계시는 32상 가운데 하나로 여겨, 가슴이나 손 또는 발 등에 만 자를 표시하기도 하였다.

화엄경 여래십신상해품(如來十身相海品)에는 부처님의 가슴에는 훌륭한 사람의 모습인 만 자 모양이 있으니 이를 길상해운이라 한다고 하였고, 대반야경에서는 가슴에만 있는 것이 아니라 온 몸에 덕 자가 있는 것으로 표현되어 있다.

이 스바스티카에 대해서 구마라습은 대품반야경과 대지도론에서는 덕(德) 자라고 번역을 하였고, 선비요법경 등에서는 덕자만자(德字萬字)라고 번역하였으며, 현장 스님은 대반야경에서 덕 자라고 번역하였다.

스바스티카를 만 자라고 하는 것은 곧 만(萬)자와 통하기에 이는 만덕이 모였다는 것을 뜻한다. 북방불교에서는 불교의 상징마크로 사용하고 있으나 남방불교에서는 이 대신 법륜을 그 상징 마크로 사용하고 있다.

만(卍) 자의 모양은 중심에서 오른쪽으로 도는 우만 자(卐)와, 왼쪽으로 도는 좌만 자(卍)로 크게 나누어진다. 인도의 옛 조각에는 卍자가 많으나, 중국·한국·일본에서는 굳이 구별하지는 않는다. 또 좌우 만자의 각 끝부분이 다시 꺾인 모양도 있다. 이러한 만자는 아시리아·그리스·로마·인도·중국 등 고대 문명이 찬란하였던 곳에서 흔히 발견된다.

이 표지는 현재의 동남아시아 남방불교권에서 보이지 않는 것으로 보아 '만' 자는 중국과 우리나라를 중심으로 한 대승불교권에서만 유행하였던 불교의 상징 표지임을 알 수 있다.

원이삼점(圓伊三點)

원이삼점은 주로 사찰 건물의 박공(博栱) 부분에 그려진 문양으로서, 원 안에 둥근 점 세 개가 들어 있는 것을 가리킨다. 이자삼점(伊字三點) 혹은 줄여 '이자(伊字)'라고도 한다. 이것은 산스크리트 문자 '∴'의 음인 '이'를 한역하면서 '이(伊)'라고 나타낸 데서 유래한다. 곧 ∴=伊다.

이 원이삼점의 원은 우주법계를 나타낸다고도 하고, 원융(圓融)을 상징한다고도 한다. 여기서 원융이란 걸리고 편벽됨이 없이 모든 것에 가득하고 만족하며, 완전히 일체가 되어서 서로 융합하므로 방해됨이 없는 것을 뜻한다. 원융은 화엄사상의 요체로 의상대사 법성게에도 첫구절에 '법성은 원융하여 두 모습이 없다(法性圓融無二相)'고 나와 있다.

중국의 불교를 종파불교라고 규정짓듯이, 중국에서는 하나의 교리에 대하여 각 종파 나름대로의 주장을 펼쳐, 종파 사이에 이론과 실천수행의 차이점이 극에 달하는 양상을 보였다. 이러한 종파불교의 가르침이 우리나라에도 처음 그대로 전래되었으나, 삼국통일기를 전후하여 우리나라의 고승들은 보다 포괄적이고 체계적인 이론을 통하여 이들을 하나로 모으는 작업에 몰두하였다. 이와 같이 우리나라 고승들에 의하여 전개된 새로운 교리통합론을 일반적으로 원융사상이라고도 하며, 이 원융사상은 우리나라 불교의 대표적인 흐름을 형성하여 우리나라 불교를 원융불교라고까지 지칭하게 되었다.

우리나라에서 원융사상을 주창한 대표적인 것이 원효(元曉)의 화쟁(和諍)사상이다. 원효는 인도 및 중국불교에서 논쟁의 대상이 되었던 이(理)와 사(事), 소승과 대승, 아(我)와 법(法) 등과 같은 상대적이고 대립적인 것들을 한데 어우르는 원융사상을 전개하였다. 이들은 모두 일(一)이면서 다(多)요, 다(多)면서 일(一)이라는 원융사상을 천명하고 있다.

그러면 ∴=伊 곧 점 세 개는 무엇을 뜻하는 것일까?

첫째, 법신과 반야 그리고 해탈을 상징한다는 설이다. 법신이란 진리의 본체를 가리킨다. 반야는 지혜의 다른 말로 제행무상과 제법무아를 깨닫는 것이다. 즉 이 세상의 모든 것은 고정된 실체가 없으며 항상 변한다는 것을 아는 것이다. 한말로 표현하면 공(空)을 깨닫는 것이다. 해탈은 윤회라는 고통에서 벗어나는 것이다. 모든 집착에서 벗어나 대자유의 경지에 드는 것이다.

진리와 그것을 깨닫는 지혜 그리고 고뇌의 속박에서 벗어난다는 불교의 핵심을 그림으로 나타낸 것이 원이삼점이라는 것이다. 또 이 세 점은 각기 불(佛) 법(法) 승(僧)의 삼보(三寶)를 상징한다고 하여 이를 삼보륜(三寶輪)이라고 이름붙이기도 한다.

이외에 이자삼점이 제행무상(諸行無常), 제법무아(諸法無我), 열반적정(涅槃寂靜)의 삼법인(三法印)을 상징한다고도 하고, 법신(法身), 보신(報身), 화신(化身)의 삼신불을 상징한다고 설명하기도 한다. 법신(法身)은 해탈의 법인 진리 자체를 뜻하는 비로자나불을 가리킨다. 보신(報身)은 수행의 결과로 얻어진 공덕으로 부처가 된 아미타불, 노사나불 같은 분이며, 화신(化身)은 중생을 제도하기 위해 인간 세상에 출현한 석가모니불을 말한다.

원이삼점

법륜(法輪)

법륜이란 8개의 바퀴살을 가진 배의 키 모양으로 된 문양이나 형상으로 나타낸 것으로 불법을 상징한다. 원래의 법륜은 많은 바퀴살을 가진 수레바퀴 모양이었으나, 표현하기가 복잡하여 8개의 바퀴살을 가진 배의 키 모양으로 간략화된 것이다.

법륜은 법 즉 진리의 바퀴란 뜻으로, 산스크리트어 다르마차크라(Dharma-cakra)에서 나왔다. '다르마'는 법, '차크라'는 수레바퀴를 의미한다. 수레바퀴가 때와 장소에 구애받지 않고 굴러가듯, 부처님의 가르침 또한 어느 한 사람, 어느 한 곳에 머물지 않고 모든 곳에서 중생을 교화한다는 의미를 담고 있다.

원래 법륜의 '륜(輪)'은 태양을 상징하고, 바퀴살은 햇살을 상징했다. 태양은 고대에 널리 퍼져 있던 신앙의 대상이었다. 이것이 후대로 내려오면서 군왕의 권위를 나타내게 되었다. 이것을 전륜이라고 하는데, 이것을 지닌 군주를 왕 중의 왕인 전륜성왕이라고 한다.

전륜성왕은 인도신화에서 통치의 수레바퀴를 굴려, 세계를 통일·지배하는 이상적인 제왕으로 자이나교와 힌두교에도 등장하고 있다. 불교에서는 특히 중요한 의미를 갖고 있다. 몸에 32상과 7보(七寶)를 갖추고 있으며, 무력에 의하지 않고, 정의에 의해서만 천하를 지배한다고 하는 왕인데, 이 전륜성왕에는 금륜(金輪)·은륜·동륜·철륜의 네 왕이 있다. 고대 인도의 통치자들은 금으로 만든 바퀴인 금륜(金輪), 은으로 만든 은륜(銀輪), 동으로 만든 동륜(銅輪) 등의 수레바퀴를 통해 세계 정복에 나섰다.

풍류도를 설립하고 불교에 귀의했던 신라의 진흥왕이 왕자의 이름을 금륜(金輪)과 동륜(銅輪)으로 지어 불렀는데, 이 또한 자신이 전륜성왕(轉輪聖王)이 되고자 했던 꿈을 반연한 것이다.

전륜성왕이 가지고 있는 칠보(七寶) 중에 윤보(輪寶)라는 것이 있는데, 이것이 법륜의 모양을 하고 있다. 전륜성왕은 이 윤보로 산과 바위를 부수고 거침없이 나아간다고 한다. 전륜성왕이 가는 곳에는 언제나 윤보가 땅을 평평하게 닦고, 모든 적을 굴복하게 만들었다. 그러니 불교의 법륜은 곧 윤보(輪寶)다. 전륜성왕이 윤보로써 모든 적을 굴복시키듯이, 부처님은 법륜으로 중생의 번뇌를 없애는 것이다.

불교에서 전륜은 불법을 펴는 것을 함께 가리킨다. 석가가 도를 깨친 후 처음으로 다섯 제자에게 설법했는데, 이를 초전법륜(初轉法輪)이라 하는 것은 이에 기인한다.

법륜(조계사)   법륜(운문사)

　그러니 세상을 다스리는 전륜성왕(轉輪聖王)의 보기(寶器), 즉 윤보가 불교에서
는 8개의 바퀴살을 가진 배의 키 모양을 한 법륜이다. 그러므로 법륜은 한말로
부처님의 가르침을 의미한다고 할 수 있다. 다시 말하면, 법륜이란 부처의 가르
침이 세상 어느 곳에 존재하는 중생에게도 영향을 미치는 보물이란 의미를 가지
고 있다. 부처는 이 바퀴를 굴리며 미혹한 중생으로 하여금 미혹과 집착을 부수
며 깨우침의 길로 나아가게 하는 것이다.

이차돈을 다시 생각한다

살아 있다는 것은 생명을 가지고 있다는 것이다. 그래서 생명을 가진 것은 그것을 가장 소중히 여기고 그것을 유지하기 위해 온 힘을 쏟는다. 그만큼 생명은 소중하고 고귀하다. 그러므로 한 인간이 어떠한 것을 위해 생명을 바친다는 것은, 인간이 지닌 가장 어렵고 숭고한 것이다. 더욱이 그것이 한 인간의 개인을 위한 것이 아닌, 더 높은 가치와 질서를 위한 것일 때는 한없이 존귀하다.

이러한 예에 드는 것이 순교와 순국이라 생각된다. 한말로 순교는 인간의 영혼을 구제하기 위하여 제단에 바치는 성스러운 죽음이고, 순국은 국가와 민족을 구제하기 위하여 제단에 바치는 성스러운 죽음이다. 그 모두가 범인(凡人)은 행할 수 없는 지극히 높은 영역에 속하는 숭엄한 것이다. 그런 길을 간 분들은 모두가 겉모양은 사람의 모습으로 이 세상에 왔지만, 사실 그들의 진정한 모습은 사람이 아닌 화신이라 생각된다.

그러면 먼저 순교자 몇 분을 찾아보자

순교라 하면 누구나 먼저 기독교를 떠올릴 것이다. 교주인 예수부터 십자가에서 죽임을 당하였고, 그 가르침을 따르는 수많은 사람들이 순교했기 때문이다. 그 중에서도 대표적인 사람이 바울과 베드로다.

바울은 본명이 사울인데 3회의 대전도 여행을 하며 '이방인의 사도'로서 사명을 다하였다. 비울은 그리스도교 최대의 전도자였고 최대의 신학자였다. 오늘의 그리스도교가 있게 한 것은 그의 노력 때문이라고 할 수 있을 만큼, 그리스도교의 사상가 가운데 가장 중추적인 인물이라 할 수 있다.

이 과정에서 각 지역 곧 로마인, 고린도인, 갈라디아인, 에베소인, 필립보인, 골로세인, 데살로니카인, 히브리인 등 자기가 전도한 지역의 사람들과, 디모데, 디도, 빌레몬 등 개인에게 조언이나 충고의 말을 적어 보낸 13 통의 편지가, 우리가 흔히 일컫는 로마서, 고린도 전·후서, 갈라디아서 등으로 일컫는 신약성서에 쓰인 경이다. 신약 27 편 중에 그가 쓴 것이 거의 절반인 13 편을 차지한다. 우리가 일상으로 흔히 듣는 "항상 기뻐하라 쉬지 말고 기도하라 범사에 감사하라"는 유명한 말은 데살로니카 전서에 씌어 있는 것이다.

그는 그리스에서 높은 교육을 받았으며 로마시민권을 가진 당대 최고의 지식인이었다. 처음에는 열렬한 바리새파로서 그리스도 교도들을 잡아들이는 일을 하였다. 그런 일을 하기 위하여 다메색으로 가던 어느 날, 신비로운 그리스도의 출현을 경험하고, 그 놀라운 빛에 3일간이나 실명 상태가 되어 소명(召命)을 받고 사도가 되었다. 그는 전도 과정에서 옥에 갇히는 등 많은 시련을 겪은 끝에, 네로 황제의 박해 때 로마에서 순교하였다.

지금 가톨릭교에서 제일대 교황으로 추앙받는 베드로 역시 열렬한 전도 끝에 순교한 예수의 제자다. 로마에서 전도하던 중 집정관이었던 아그리파(Agrippa)로부터 박해를 받은 베드로는, 신도들의 권유에 따라 로마를 떠나려고 길을 가다가 맞은편에서 걸어오는 예수를 만났다. 베드로가 "주님, 어디로 가십니까?" 하고 묻자, 예수는 "십자가에 매달리려고 로마로 가는 길이다."라고 대답했는데, 그 말을 들은 베드로는 다시 로마로 돌아갔다가 체포되어 십자가에 매달려 처형되었다.

불교는 각 지역으로 전파되는 과정에서, 그 지역의 토착신앙을 수용하는 특성을 가졌으므로 기독교처럼 많은 순교자를 내지는 않았다. 그러나 작은 마찰이나마 없을 수는 없었다. 그 중 석가의 10대 제자의 한 사람인 부루나(富樓那)의 순교는 널리 회자되고 있다.

부처님께서 사왓티의 기원정사에 계실 때였다. 어느 날 부루나 존자가 부처님께 문안을 올리고 여쭈었다.

"세존이시여, 저는 서방 수로나로 가서 법을 전하고자 하나이다."

"부루나야, 서방 수로나 사람들은 성질이 사납고 거칠다. 만약 그 사람들이 너를 업신여기고 욕하면 어쩌겠느냐?"

"세존이시여, 만약 수로나 사람들이 면전에서 헐뜯고 욕하더라도 저는 고맙다고 생각할 것입니다. 그래도 그 사람들은 착해서 돌을 던지거나 몽둥이로 나를 때리지는 않는구나라고 생각할 것입니다."

"만약 수로나 사람들이 돌을 던지고 몽둥이로 때린다면 어떻게 하겠느냐?"

"세존이시여, 수로나 사람들이 비록 돌을 던지고 몽둥이질을 하지마는, 그래도 착한 데가 있어 칼로 찌르지는 않는구나라고 생각할 것입니다."

"만약 칼로 찌른다면 어떻게 하겠느냐?"

"비록 칼로 찌르기는 하지만 그래도 착한 데가 있어 나를 죽이지는 않으니 고맙다고 생각할 것입니다."

"부루나야, 만약 그들이 너를 죽인다면 어떻게 하겠느냐?"

"세존이시여 그때엔 저들이 현명하고 인정이 많으므로, 언젠가는 무너져야 할 육신을 죽임으로써 저를 모든 속박에서 벗어나 해탈케 하는구나 하고 생각하겠습니다."

"장하구나, 부루나야, 너는 인욕을 성취하였으니 수로나의 난폭한 사람들

속에서도 머물 수가 있으리라. 너는 수로나로 가서 제도 받지 못한 자를 제도하고, 근심과 걱정으로 불안해하는 사람들을 편안하게 하며, 열반을 얻지 못한 사람들을 열반에 들게 하라."

부루나 존자는 수로나에 가서 500명의 재가신자를 얻고, 500개의 가람을 세우고, 그곳에서 생을 마쳤다.

읽는 이의 가슴을 서늘케 한다. 비신도들이 자신을 죽이고자 하여도 그것을 "언젠가는 무너져야 할 육신을 죽임으로써 저를 모든 속박에서 벗어나 해탈케 하는구나, 하고 생각하겠다."고 하는 말을 대하면 짐짓 오싹해지기까지 하다.

고금을 막론하고 새로운 외래 사상이 들어올 때는 기존의 토착 신앙과 마찰이 있기 마련이다. 신라에 불교가 들어올 때도 역시 그러했다.

눌지왕 때 고구려 승려 묵호자가 일선군(지금의 선산)에 들어와 포교하고자 했으나, 박해가 심하여 고을 사람 모례(毛禮)가 그를 자신의 집 굴방에 숨겨 주었다는 이야기도 그러한 데서 나온 것이다.

그 후 미추왕의 왕녀가 병을 앓자, 왕은 묵호자를 불러 향을 피워 제를 올리게 하여 왕녀의 병을 고쳤다. 왕은 이를 매우 기뻐하여 흥륜사를 지어 주고 불법을 펼치게 하였다. 그러나 미추왕이 죽자 백성들이 그를 해치려 하므로, 모례의 집에 돌아가 굴을 파고 문을 봉하고 영영 나오지 않았다 한다. 이처럼 불교는 이질적인 것으로 배척되었다.

신라는 초기부터 민간신앙을 바탕으로 하는 제사가 성행했고, 지증왕 때에는 아예 신국(神國)을 선포하기까지 했는데, 이는 곧 기존 집권 세력의 자기보호 행동이라 할 수 있다. 여기에 새롭게 들어오는 불교는 민간신앙과 그 격을 달리할 뿐만 아니라, 이로 인해 새로운 세력이 형성되는 계기를 만들어주어, 기존 세력의 경계 대상이 되었던 것이다.

『삼국유사』에 '나오는 거문고 갑을 쏘다[射琴匣]'란 설화도 사실은 불교와 토착신앙과의 갈등을 알려 주는 이야기다.

이는 비처왕이 행차하는 도중에 못 속에서 나온 노인의 편지 때문에 죽을 위기를 넘겼다는 전설로 서출지(書出池)라는 못의 지명전설이기도 하다.

소지왕이 정월보름에 천천정(天泉亭)으로 행차하였다가 쥐가 사람의 말로 까마귀를 따라가라 하여, 기사(騎士)를 시켜 까마귀를 따라가게 하였다. 기사는 도중에서 돼지싸움을 구경하다가 까마귀의 행방을 놓쳐버렸다. 이때 못 가운데에서 한 노인이 나와 글을 쓴 봉투를 주기에 받아보니, 겉봉에 "열어보면 두 사람이 죽고 안 열어보면 한 사람이 죽을 것."이라고 쓰여 있었다.

기사가 이상히 여겨 그 봉투를 왕에게 바쳤더니, 왕은 한 사람이 죽는 것이 낫다고 생각해서 열어보지 않으려 하였으나, 일관이 "두 사람은 보통사람이고 한 사람은 임금을 가리키는 것이니 열어보셔야 합니다."하고 아뢰므로, 왕이 열어보니 "거문고갑(琴匣)을 쏘라."고 쓰여 있었다. 이에 왕이 활로 거문고갑을 쏘니 그 안에 왕비와 정을 통하던 중이 있었다. 장차 왕을 해치려고 숨어 있던 차였다.

왕은 중과 왕비를 함께 처형하였다. 이러한 일로 하여 매년 정월 첫 해일(亥日)·첫 자일(子日)·첫 오일(午日)에는 모든 일을 삼가고 행동을 조심하며, 정월보름을 오기일(烏忌日)이라 하여 찰밥으로 까마귀에게 공양하는 풍속이 생겼으며, 그 못을 서출지라고 부르게 되었다.

사금갑 설화에는 향을 살라 복을 기원하는 승려가 등장한다. 『삼국유사』에 따르면, 사금갑 설화의 시간적 배경은 신라에서 불교 공인의 결정적 계기가 된 이차돈의 순교가 있기 40년 전으로, 당대 신라 왕실 내에서 비록 공인되지는 않 있지만, 암암리에 불교가 성행하고 있었음을 암시받을 수가 있다.

이 설화에서 승려를 죽이고 왕을 살리는 데 기여한 것은 일관과 노인, 그리고 쥐, 까마귀, 돼지 등이다. 여기서의 승려는 물론 불교를 대변한다. 그를 제외한 일관과 노인, 쥐, 까마귀, 돼지는 토속적인 신앙을 대변한다. 쥐, 까마귀, 돼지는 일종의 토템이고, 못에서 나온 노인은 용왕의 다른 이름으로, 이 역시 토착신이 다. 일관은 고대 사회에서 일월성신의 운수를 알려주는 관직으로, 전래의 기존 규범과 의례를 정치 영역에 반영하는 존재다

사금갑 설화는 신라 전통 사상과 신흥 종교인 불교 사이의 충돌이라는 내용 을 비유담의 형식으로 내비친 것이라 할 수 있다. 승려의 간통은 궁중 세력과 불교 세력 간의 야합으로 해석할 수 있게 하며, 이러한 궁중 불교 세력과 노인, 일관, 까마귀, 쥐 등으로 대변되는 토속 신앙 세력 사이에 벌어진 치열한 갈등을 드러내고 있는 것이다.

이렇게 이어진 긴 갈등 속에서 빚어진 큰 사건이 이차돈의 순교다. 이차돈의 순교는 법흥왕의 불교 공인과 관련되어 이루어진 사건이다. 법흥왕은 왜 불교를 비호하고 공인하려고 했을까?

그 답은 한말로 왕권 강화에 있다. 법흥왕은 보다 강력한 통치체제를 만들어 기존의 귀족세력보다 큰 힘을 행사하려 했다. 새로운 통치 질서를 구축하려면 새로운 철학이 필요하다. 불교라는 종교는 그에 발맞추어 새로운 이념을 제공해 주기에 족했다.

왕족을 부처님의 일족으로 격상시키며 신성한 권력을 만들어 나가는 데는, 불 교가 말 그대로 안성맞춤이었기 때문이다. 법흥왕은 그런 포부를 실현하고자 한 사람이었다. 불교를 공식종교로 인정하고 받아들이면, 왕은 부처의 신성성을 얻

고 이제까지와는 다른 권위로 신하를 다스릴 수 있다. 그러므로 법흥왕의 불교 공인에는 이와 같은 정치적인 계산이 깔려 있었다. 그러나 이를 실현시키기 위한 길에는 여러 가지 장애 요소가 가로막고 있었다. 기득권을 지키기 위한 신하들의 저항이 만만치 않았기 때문이다.

왕의 이러한 고민을 해결하기 위하여 앞선 사람이 스물여섯 살의 젊은 관료 이차돈이었다. 그는 시쳇말로 새로운 개혁세력이었으며 진보파였다. 이차돈은 왕을 찾아가 자신이 목숨을 바쳐 불교가 공인 될 수 있도록 하겠다는 의지를 밝히고 그 계략을 꾸몄다. 그 계략은 자신이 왕명을 사칭해서 절을 지을 테니 귀족들이 물으면 자신에게 모든 것을 뒤집어 씌워 죽이라는 것이었다. 이차돈은 공적으로는 왕의 비서였으나 개인적으로는 그의 조카였다. 이차돈의 순교는 불교를 받아들여 왕권을 강화하려는 법흥왕과, 그것을 뒷받침하려는 충신 이차돈과의 비밀 약정에 의한 것이었다. 이때 오고간 이야기를 삼국유사는 이렇게 전하고 있다.

"나라를 위해 몸을 바치는 것은 신하의 큰 절개이고, 임금을 위해 목숨을 다하는 것은 백성의 곧은 의리입니다. 거짓된 말을 전한 죄로 신을 형벌에 처하여 목을 베시면, 만백성이 모두 복종하여 감히 하교를 이기지 못할 것입니다."

이에 왕이 말하였다.

"살을 베이고 몸이 고문당해도 새 한 마리를 살리려 하였고, 피 뿌리며 스스로 목숨을 끊어도 짐승 일곱 마리를 불쌍하게 여겨야 할 것이다. 과인의 뜻은 백성들을 이롭게 하고자 함인데 어찌 죄 없는 자를 죽이겠는가?"

"버리기 어려운 것은 모든 것들 중에서 목숨보다 더한 것은 없을 것입니다. 그러나 소신이 저녁에 죽어 불교가 아침에 행해진다면, 부처님의 해는 다시

중천에 떠오르고 성스런 임금님께서는 영원토록 평안할 것입니다."

이 같이 이차돈의 순교는 미리 짠 시나리오에 의해 이루어진 것이었다. 어전 회의에서, 불교를 받아들이자고 주장하는 이차돈과 그에 반대하는 다른 신하들 사이에 언쟁이 벌어졌을 때, 법흥왕은 모르는 척하고 이차돈에게 형벌을 주는 쪽으로 명을 내렸다. 죄명은 왕명을 잘못 전해 절을 세운 죄로 참형에 처하라는 것이었다.

법흥왕은 이차돈이 죽은 후 이번엔 귀족들에게, 아끼던 신하를 죽게 하였으니 자신은 죽어 마땅하다고 은근히 말함으로써 귀족들의 기를 꺾어 놓았다. 이리하여 법흥왕은 불교를 받아들이고 전제 왕권을 확립하여 신라의 기틀을 단단히 다졌다.

신라의 불교 공인은 이 같은 이차돈의 순교에 의하여 이루어졌다. 형리가 그의 목을 베자 흰 피가 한 길이나 솟았고, 잘린 머리는 멀리 경주의 북쪽 산으로 날아가 떨어지는 이적이 일어났다.

여기서 우리는 이차돈의 순교는 다른 순교자와 조금 다른 점이 있음을 놓치지 말아야 한다. 여타 순교자는 순교 그 자체뿐이지만, 이차돈의 순교는 위에서 본 것처럼 거기에다 순국을 더했다는 점이다. 오늘 우리가 이차돈을 다시 생각해야 하는 점이 바로 거기에 있다.

정도전의 불교 비판을 다시 읽다

정도전(鄭道傳)은 고려에서 조선으로 교체되는 격동의 시기에, 역사의 중심에서 새 왕조를 설계한 인물이었다. 그러나 자신이 꿈꾸던 성리학적 이상 세계의 실현을 보지 못하고 끝내는 정적의 칼에 쓰러져, 조선 왕조의 끝자락에 가서야 겨우 신원되는 극단적인 삶을 살았다.

조선 개국을 위해 앞장선 행동가가 이성계라면, 입국 설계를 한 사람은 정도전이라 할 수 있다.

개경에서 한양으로 천도하는 과정을 비롯해 현재의 경복궁 및 도성 자리를 정하였고, 수도 건설이 마무리되면서는 경복궁을 비롯한 성문의 이름과 한성부의 5부 52방 이름도 지었다. 그는 이런 작업을 진행하면서 각종 상징물에 대부분 유교의 덕목이나 가치가 담긴 표현을 썼다. 서울이 수도로서의 의미만이 아닌 유교적 이상을 담은 곳으로 자리 잡게 하려는 것이었다.

그는 또한 『조선경국전』을 지은바, 이 책은 조신의 통치 규범을 제시한 것으로, 후일 조선의 최고 법전인 『경국대전』이 나오게 되는 출발점이 되었다.

우리가 잘 알다시피 조선은 개국 이념의 하나로 억불승유를 내걸었다. 배불사상은 고려 말에 성리학이 도입되면서부터 이미 유자들 사이에서 싹트기 시작하였다. 정몽주는 젊은 나이에 벌써 이렇게 불교를 비판하였다.

"유자의 도는 모두 일용 평상적인 것이다. 마시고 먹는 것과 남녀관계는 사람이면 누구나 같은 바로서 지극한 이(理)가 그 속에 있다. 요순의 도는 또한 이를 벗어나지 않으니 동정어묵(動靜語默)에 그 바름을 얻으면 곧 요순의 도일 뿐, 처음부터 높고 멀어 행하기 어려운 것이 아니다. 저 불교는 그렇지 않아서 친척관계를 떠나고 남녀관계를 끊어, 홀로 바위굴에 앉아 초의목식하면서 관공적멸(觀空寂滅)로써 종지를 삼으니, 이 어찌 명상이 도이겠는가?"

또 그의 나이 55세 때 성균관의 박사 김초가 불상을 깨뜨리도록 요구하여 왕의 진노를 사자, "부처를 배척하는 것은 유자로서 떳떳한 일이니, 예로부터 임금된 이는 이를 내버려 두고 논하지 않았습니다."라고 하여 불교 배척의 정당성을 옹호하고 나섰다.

성리학 도입 이전의 고려는 사회 전반적인 영역에서 커다란 영향력을 끼친 불교의 위상으로 인해 불교를 우위에 두고 유교를 한 차원 낮은 단계로 보거나, 불교를 우위에 둔 바탕에서 하위에 있는 유교가 근본에서는 크게 다르지 않다는 유불무수(儒佛無殊)의 입장이었다. 그러나 조선에 들어와서는 정책적으로 배불의 시대를 열었다.

이러한 조선의 배불정책에 체계적인 이론을 내세운 것이 바로 정도전의 불씨잡변(佛氏雜辨)이라는 글이다. 불씨는 '부처 씨'라는 뜻으로 '석씨(釋氏)'라는 말과 더불어 석가를 약간 낮추어 부른 말이고, 잡변은 '잡스러운 것을 바로 잡다'란 뜻이다. 그러니 불씨잡변은 한 마디로 불교의 교리를 비판한 것이다.

불씨잡변은 태조 7년, 그의 나이 57세이던 때, 이방원의 이른바 무인정사(戊寅定社)에 의해 살해되기 직전인 윤5월 16일에 완성된 것으로, 그의 배불사상을 집대성한 것이다. 글의 서문은 권근이 쓰고 발문은 윤기견(尹起畎)이 썼다. 정도전은 이 글을 쓴 동기를 권근에게 이렇게 말했다.

"불씨의 해가 인륜을 헐어 버린지라, 앞으로는 반드시 금수를 몰아와서 인류를 멸하는 데까지 이를 것이오. '일찍이 내가 뜻을 얻어 행하게 되면 말끔히 그것을 물리쳐 버리겠다.'고 했다. …… 그러므로 내가 분을 참지 못하여 이 글을 지어 무궁한 후인들에게 사람마다 다 깨달을 수 있기를 바라는 것이다."

또 그는 이 글을 완성하고 난 후의 자기 심정을 이렇게 밝혔다.

"세상 사람들이 이단의 설에 미혹되어 사람의 도가 없어지는 데 이를까 두렵다. 아아, 난신적자는 사람마다 잡아 죽일 수 있으니, 반드시 형벌을 다스리는 관리를 기다릴 필요가 없다. 사특한 말이 넘쳐서 사람의 마음을 무너뜨리면 사람마다 물리칠 수 있으니, 반드시 성현을 기다릴 필요가 없는 것이다. 이것은 내가 여러 사람에게 바라는 바이며 아울러 내 스스로 힘쓰는 것이다."

이로 보아 정도전은 이단을 물리치는 것을 자신의 임무로 생각했으며, 이단을 배격하는 데 전심을 기울였음을 알 수 있다.

불씨잡변의 논설 조목은 도합 20편인데, 이 가운데 15편은 주로 불교의 인과설, 윤회설, 화복설 등 세속의 신앙과 결부된 불교의 교설을 비판하고, 인간의 마음과 본성에 대한 불교적 관점의 오류를 비판한 내용이다. 그리고 나머지는 불교 전래 이후 중국 역대 왕조의 역사적 경험을 들어, 불교가 국가에 유해한 종교임을 논술하였다.

불교 교설에 대한 비판에서 불씨잡변은 앞에서 지적한 바와 같이 성리학의 두 중심 개념인 이(理)와 기(氣)의 개념이 많이 응용되었다. 이런 성리학의 이념으로써 불교의 윤회설·인과설 등을 비판했다.

한마디로 말하여 불교는 인간과 세계에 대한 인식을 그릇되게 하고, 사람의 정의(情意)를 어긋되게 하고 사회적 질서 또는 인류의 질서를 파괴한다는 것이

다. 정도전은 이처럼 불교에 대해서 하나하나 논리적인 비판을 가하고 있다. 그래서 한영우는,

"불씨잡변에 나타난 정도전의 불교교리에 대한 비판은 철학적 깊이에서나 비판의 철저성에서나 이론체계의 논리성에서 당시의 중국과 일본을 통틀어서 가장 수준 높은 수준에 있었던 것으로 평가되고 있다. 불교가 중국과 우리나라와 일본에 들어온 지 2000여 년이 지나도록 유자에 의한 사소한 비판은 있었어도 이처럼 철저한 비판은 정도전이 최초라고 알려져 있으며, 그 이후에도 이를 능가할 만한 비판이 나온 일이 없었다."라고 하였다.

그러나 불씨잡변을 통한 정도전의 불교에 대한 철학적 비판은, 불교의 교의에 대한 올바른 이해에 전적으로 바탕을 둔 것은 아니었다. 즉, 유교적 편견에서 이루어진 것이 많기 때문에 자기 나름의 억측과 독단이 많다.

그러면 그에 대한 몇 가지 억견들을 살펴보기로 하자.

먼저 '불씨 윤회지변'과 '불씨 인과지변'에 대해서 보기로 하자. 정도전은 윤회지변에서 사람이 죽어서 다시 태어난다는 불교의 윤회설을 유교의 혼백론(魂魄論)과 정수윤회설(定數輪迴說)로 비판하고 있다. 정도전은 사람과 만물은 태극의 이(理)와 음양오행의 기(氣)가 묘하게 응집되어 생기며, 죽을 때는 기의 모임인 정신이란 것은 육체와 함께 흩어지는 것이며, 별도로 존재하는 것이 아니라고 전제하였다. 불이 꺼지면 연기는 하늘로 올라가고, 재는 떨어져 땅으로 돌아가듯이, 사람이 죽으면 혼(魂)은 하늘로 올라가 사라지고 백(魄)은 땅으로 내려가 사라진다. 또 화기가 꺼지면 연기와 재가 다시 합하여 불이 될 수 없는 것처럼, 사람도 죽은 후에 혼과 백이 합하여 생물이 될 수 없다고 하였다.

그런데 혼백이 돌고 돌아서, 모든 생물은 인류가 되지 않으면 새, 짐승, 곤충, 물고기 등이 된다는 것은 있을 수가 없다는 것이다. 또 윤회한다면 그 수가 일

정하게 정해져 있어야 하는데 그렇지 않다는 것이다. 즉 어느 한 종이 번성하면 다른 어느 종은 감소하여야 하는데 세상에 그런 것은 볼 수 없다는 것이다. 즉 일정한 수를 유지하는 것은 아니라는 것이다.

그러니 한말로 윤회한다는 것은 이치에 합당하지 않다는 것이다. 성대한 세상을 만나면 인간과 축생들의 수가 늘어나고, 쇠약한 세상을 만나면 인물이 감소하고 다른 동물들도 감소하는 것이지 윤회의 법칙 때문에 중생의 증감이 이루어지는 것은 아니라는 것이다.

이생에서 선한 업을 지으면 후생에 선한 과보를 받고, 악한 업을 지으면 후생에도 악한 과보를 받는다는 불교의 인과응보에 대해서도, 그는 성리학적 설명 곧 음양오행설로 다음과 같이 비판하였다.

"음양오행은 교차하면서 운행되며, 들쭉날쭉하여 가지런하지 않다. 그러므로 그 기는 통하고 막히고, 치우치고 바르고, 맑고 탁하고, 두껍고 얇으며, 높고 낮고, 길고 짧은 차이가 있다. 그리하여 사람과 만물이 생겨날 때에 마침 그 때를 만나 바르고 통하면 사람이 되고, 치우치고 막히면 만물이 된다. 사람과 만물의 귀하고 천함이 여기서 나누어진다.

또 사람에게 있어서도 그 기(氣)가 맑으면 지혜롭고 어지나, 흐리면 어리석고 어질지 못하며, 두꺼우면 부자가 되나 얇으면 가난하고, 높으면 귀하게 되나 낮으면 천하게 되고 길면 장수하게 되나 짧으면 요절하게 되는 법이다."

한 마디로 윤회의 법칙은 삿된 논리라는 것이다.

이어서 그는 술과 누룩의 비유를 들어 그것을 이렇게 설명하였다.

즉 술은 누룩과 재료의 많고 적음과 항아리의 덜 구워짐과 잘 구어짐, 날씨의 차고 더움, 숙성 기간의 길고 짧음이 서로 적당히 어울리면 그 맛이 좋게 된다. …… 그러므로 술맛이 있고 없고, 상품이 되고 하품이 되고, 쓰이기도 하고 버려지기도 하는 것은 모두가 다 일시적으로 마침 그렇게 되어서 그럴 뿐이지, 술을 만드는 데에 인과의 보응이 있어서 그런 것은 아니라고 하였다.

그러면 그의 이러한 주장을 불교의 교리와 대조해 보자.

정도전은 윤회설을 비판하기 위한 첫머리로 영혼을 부정하고 있다. 사람이 죽으면 혼(魂)은 하늘로 올라가 사라지고 백(魄)은 땅으로 내려가 사라진다. 또 화기가 꺼지면 연기와 재가 다시 합하여 불이 될 수 없는 것처럼, 사람도 죽은 후에 혼과 백이 합하여 생물이 될 수 없다고 하였다. 이는 한말로 현세 위주의 유교 이념으로 불교를 재단한 것인데, 종교가 지니는 기본적 내세관을 부정한 것이다. 유교는 별도의 내세가 없다. 죽어도 조상은 무덤에 있고 사당에 있다. 죽어도 우리의 곁에 있다. 그러나 불교는 그렇지 않다. 수많은 계층의 하늘(신의 세계)이 있고 육도의 구분이 있다. 이것이 불교의 내세관이다. 내세관이 없다면 종교라 할 수 없다. 이런 면에서 볼 때 정도전은 문화와 종교를 혼동하고 있다.

불교는 인연설에 기본 바탕을 두고 있다. 인(因)은 직접적인 원인이고, 연(緣)은 간접적인 원인이다. 그 원인에 의하여 빚어지는 것이 과(果)요 보(報)다. 씨앗이 땅에 떨어져 싹이 난다고 할 때, 씨앗은 인이요 흙과 물기와 햇빛은 연이고, 그것을 밑동으로 하여 올라온 싹은 과다. 이것이 불교의 인연설이다. 이 세상에 존재하는 모든 것은 이러한 인연에 의해 존재한다. 그러므로 이 세상의 어떤 것도 홀로 존재할 수는 없고, 서로의 수많은 인연에 의존하는 관계망 속에서 이루어진다.

수많은 인연이 쌓임에 따라 모든 것은 항상 변하기 마련이다. 이것이 제행무상(諸行無常)이다. 이 세상에 변하지 않는 것은 없다. 그러므로 변하지 않는 고정된 실체는 없다. 곧 제법무아(諸法無我)다.

불교에서 말하는 윤회의 주체는 행위의 주체가 되는 업(業)이다. 윤회의 주체는 자기동일적 자아는 없지만 오온가합체로서의 가아(假我)가 지은 업력으로 인한 오온간의 연속성이 존재한다는 것이다. 고정된 실체는 없지만 인연에 의하여 일시적으로 모인 가아에는 그것을 구성한 오온들이 지은 업의 힘이 전해진다는 것이다. 그러나 거기에는 불변의 고정된 실체는 없다. 그러므로 우리는 전생을 기억하지 못하는 것이다. 만약 변하지 않는 고정된 실체가 있다면 전생을 기억할 수 있을 것이다. 이것이 무아윤회설이다.

이처럼 불교의 윤회와 인과설은 인간을 물질적인 육체와 영혼으로 나누어 볼 때 육체는 나기도 하고 죽기도 한다. 그리고 영혼 즉 마음은 영원하지도 영원하지 않기도 하다는 이론 구조에서 나온 것이다. 정도전이 말한 술과 누룩의 관계도 인과론으로 설명이 가능하다고 할 수 있다. 그가 예로 든 술의 경우, 누룩과 재료의 많고 적음과 항아리의 덜 구워짐과 잘 구어짐, 날씨의 차고 더움, 숙성 기간의 길고 짧음이 다 인연으로 작용하여 술의 좋음과 나쁨이란 결과로 빚어지는 것이기 때문이다.

그런데 정도전은 유교는 육체나 영혼은 영원하지 않고 죽어 소멸한다고 하여, 유한성으로 끝난다는 현세적인 철학만으로 불교를 비판하고 있다. 성리학적 잣대만을 가지고, 사람은 죽어도 정신은 불멸한다는 논리정연한 불교의 인과윤회설을 틀린 것으로 논박하고 있다.

그리고 일체 유정은 정해진 수가 있어 증감이 없다는 정수윤회설은, 정도전이 어느 경전을 인용했는지 알 수 없는데, 붓다의 교설에서 이런 부분은 찾기 어렵다. 그리고 모든 생물은 인류가 되지 않으면 새, 짐승, 곤충, 물고기 등이 될 것이므로 그 수가 일정하게 정해져 있어야 한다는 정도전의 주장도 불교의 윤회설을 정확히 알지 못하는 데서 나온 것이다. 왜냐하면, 윤회는 수많은 요소들의 관계 즉 인연에 의해서 이루어지므로 시공간적으로 달라지기 때문이다. 시간에 따라서 그 수가 달라질 수 있고, 공간적으로 또 그 수가 달라질 수가 있다. 그러므로 어느 한 개인이 처한 한 시점이나, 어느 한 공간을 보고 항상 그 수가 일정해야 한다고 말할 수는 없는 것이다.

다음으로 '불씨가 인륜을 버림에 관한 비판' 즉 '불씨훼기인륜지변'에 대해 보기로 한다. 그는 이 글에서, "부자(父子)에게는 부자의 친함이 있고, 군신에게는 군신의 엄격함이 있고, 부부와 장유와 붕우에 이르러서도 각각 도가 있다. 이는 그것이 잠시도 떠날 수 없는 것이기 때문이다. 그러므로 불교는 인륜을 무너뜨리고 사대를 버렸으니 그것이 도에서 멀어졌다고 하겠다."는 명도 선생의 말을 빌려 불교를 비판하였다.

이는 아마도 출가자를 빗대어 평한 것으로 보인다. 종교적 의례를 이끌어가는 사제자의 계율을 불교 전체를 비판하는 도구로 삼은 것은 적절치 않아 보인다. 또 설사 출가자라 하더라도 불교가 유교의 으뜸 덕목으로 여기는 충이나 효를 경시하는 것도 아니다.

고상현은 이와 관련하여 장아함경 등의 불교 경전을 예로 들었다. 그 한 대목을 보자.

"첫 번째는 부모님을 공손하게 받들되 부족함이 없게 하는 것이요, 두 번째는 할 일이 있으면 무슨 일이든지 먼저 부모에게 고하여야 하고, 세 번째는 부모가 하는 일은 공손하고 거스르지 않는 것이며, 네 번째는 부모의 바른 명령을 감히 어기지 않는 것이며, 다섯 번째는 부모가 하던 바른 가업을 끊어지지 않게 하는 것이다."라고 하였다.

그리고 중국에서 만들어진 경이긴 하지만, 부모은중경은 부모의 은혜에 대해 깊이 있는 헤아림을 보이고 있다. 또 일연이 쓴 삼국유사에도 불교에 대한 여러 가지 일사(逸事)를 적은 끝에, 따로 효선편을 두고 효자, 효녀들의 이야기를 실어 그것을 강조하고 있다.

부부간의 윤리에 대해서도 장아함경에서 상세하게 설하고 있다. 남편의 도리 다섯 가지와 아내의 도리 다섯 가지를 조목조목 설하고 있다.

그뿐만 아니라, 붓다는 붕우간의 윤리도 자세히 설하고 있다.

친할 만한 친구에 네 가지가 있는데, 그것은 잘못을 그치게 하는 친구, 다른 이를 사랑하고 가엾이 여기는 친구, 남을 이롭게 하는 친구 고락을 함께 하는 친구가 그것이다.

이상에서 보는 바와 마찬가지로 불교의 교설도 유교 못지않게 부모, 부부, 붕우간의 윤리를 중시하고 있다. 아마도 정도전은 가정을 떠나는 출가승을 염두에 두고 그것을 비판한 것으로 보이나, 어떻든 불교의 윤리 항목들을 자세히 모르고 유가의 편견으로 그것을 비판하고 있음을 본다.

이어서 '자비의 변'에서 정도전은 불교의 자비와 유교의 인이 서로 비슷한 듯하지만, 불교의 자비는 오륜을 무시하고 만물을 사랑하기 때문에, 실제로는 사람을 이롭게 하거나 만물을 구제하는 기능이 없으므로 양자는 다르다고 주장하였다.

여기서 정도전이 불교의 자비는 사람을 이롭게 하지 않는다고 주장한 것은 무엇을 근거로 하여 펴낸 논설인지를 알 수가 없다. 불교의 자비설을 담고 있는 사섭법(四攝法)을 통하여 그것을 잠시 살펴보자. 사섭(四攝) 즉 네 가지의 섭사는 보시섭(布施攝)·애어섭(愛語攝)·이행섭(利行攝)·동사섭(同事攝)을 말한다.

보시섭은 중생이 재물을 구하거나 진리를 구할 때 힘닿는 대로 베풀어 주어서, 중생으로 하여금 친애하는 마음을 가지게 하여 중생을 교화하는 것이다. 애어섭은 중생을 불교의 진리 속으로 들어오게 하기 위하여, 여러 사람들에게 듣기 좋은 말을 하여 친애하는 정을 일으키게 하는 것으로, 보살은 온화한 얼굴과 부드러운 말로 중생을 대한다는 것이다.

이행섭은 몸과 말과 생각으로 중생들을 위하여 이익 되고 보람된 선행(善行)을 베풀어서, 그들로 하여금 도에 들어가게 하는 것이다. 동사섭은 보살이 중생과 일심동체가 되어 고락을 함께 하고 화복을 같이하면서, 그들을 깨우치고 올바른 길로 인도하는 적극적인 실천행이다.

이 동사섭은 남의 아픔을 자신의 아픔처럼 여기는 이타행이다. 동사섭은 사섭법 가운데 가장 지고한 행이다. 보시·애어·이행은 처해진 환경에 따라서 얼마든지 실천할 수 있는 것이지만 동사섭은 쉽게 이루어지지 않는다. 이러한 자비가, 정도전의 말처럼 '사람을 이롭게 하거나 만물을 구제하는 기능이 없다'고 할 수는 없다.

이를 보면 정도전의 주장은 실제와 상당히 멀어져 있음을 알 수가 있다.

또 그는 '진가(眞假)의 변'에서 불교가 천지만물을 가환(假幻)이라고 하고, 심성을 진상이라고 말하는 것을 억설이라 비판하고 있다.

불교가 천지만물을 가환이라고 하는 것은 공(空) 사상에 기반한 것으로, 제행무상 즉 세상만물은 항상 변하고 있기 때문에, 변하지 않고 고정되어 있는 어떤 실체도 없다는 것이다. 이 세상에 영원한 것은 하나도 없다는 것이다. 수많은 요소들이 서로 인연을 맺고 의존하여 일시적으로 존재할 뿐이라는 것이다. 진정 이것을 깨달아 욕망의 허깨비[幻]에서 벗어나라는 것이다. 이 이치를 알면 무명에서 벗어날 수 있다고 가르친다. 그래서 금강경 사구게(四句偈)에서는 다음과 같이 설한다.

인연으로 이루어진 모든 것은 　　一切有爲法(일체유위법)
꿈과 환상과 물거품과 그림자와 같고 　如夢幻泡影(여몽환포영)

이슬과 같고 번개와도 같으니　　　　如露亦如電(여로역여전)

마땅히 이렇게 볼지니라　　　　　　應作如是觀(응작여시관)

그러므로 불교에서 말하는 가환은 공의 이치를 깨달아 모든 집착에서 벗어나는 즉 번뇌에서 벗어나는 길을 말한 것이지, 정도전이 말한 것처럼 단순히 실재하는 것이 허깨비라는 것을 말한 것이 아니다.

또 정도전은 '지옥의 변'에서, 지옥이 아닌 극락에 가기 위해 부처를 섬기고 불전에 재산을 바친다고 함을 비판하고, 이는 선을 행하도록 하는 방편설에 지나지 않는다고 하였다. 지옥이나 극락은 원래 윤회인과설에서 나온 것이다. 선인선과, 악인악과를 설명한 것인데 사실은 이러한 교설은 하나의 방편설이요, 불교의 본질은 깨달음의 경지 곧 열반에 드는 것이며 윤회를 벗어나는 것이다. 그러니 정도전은 하위의 개념을 지적했을 뿐, 상위인 해탈의 경지는 간과하고 있다. 그러므로 그의 비판은 단편적이라 할 수 있다.

다음으로 '불씨화복의 변'을 살펴보자. 정도전은 불교의 화복론을 비판하면서 다음과 같은 논리를 폈다.

"불씨는 사람의 삿됨과 그름은 논하지 않고, 이에 말하기를 '우리 부처에게로 오는 자는 화를 면하고 복을 얻을 수 있다.'고 한다. 이것은 비록 열 가지의 큰 죄악을 지은 사람일지라도 부처에게 귀의하면 화를 면하게 되고, 아무리 도가 높은 선비일지라도 부처에게 귀의하지 않으면 화를 면할 수 없다는 말이다. 가령 그 말이 거짓이 아니라 할지라도 모두 사심에서 나온 것이요, 공도가 아니니 징계해야 할 것이다. 하물며 불설이 일어난 후 오늘에 이르는 수천 년 동안에 부처 섬기기를 독실히 한 양(梁)의 무제(武帝)나 당의 헌종과 같은 이도 화를 면치 못했다."

그런데 불교만 믿으면 복을 얻는다는 말은 불경 어디에도 없다. 다만 포교 과정에서 당시의 무식한 대중에게 원효 같은 이가 쉬운 포교를 위해 '관세음보살을 암송하면 극락 간다.'고 했다는 말은 전한다. 앞서도 말했지만, 불교는 선을 행하면 선업을 받고, 악을 지으면 악업을 받는다는 인과보응의 교설이 있을 뿐, 불교를 믿지 않으면 화를 면하지 못한다는 교설은 없다. '과거를 알려면 현재를 보고 미래세를 알려면 현재를 보라.'고 하여 업에 따른 인과를 강조할 뿐이다.

다음으로 '불씨 걸식의 변'을 보자. 정도전은 불씨 걸식의 변에서 스님들이 걸식하는 것을 다음과 같이 비판하였다.

"남자가 밭가는 것이나 여자가 베 짜는 것을 옳지 않다고 하여 버렸으니, 어찌 힘써 일함이 있었겠는가? 부자도 없고, 군신도 부부도 없으며, 이 또한 선왕의 도를 지키는 사람도 아니다. 이런 사람은 하루에 쌀 한 톨을 먹을지라도 모두 구차하게 먹는 것이다. 진실로 그 도와 같이 하려면 지렁이처럼 아예 먹지 않은 뒤에라야 가능할 것이니, 어찌 빌어서 먹는단 말인가? 더구나 자기 힘으로 벌어서 먹는 것을 옳지 않다고 하니, 그렇다면 빌어먹는 것은 옳단 말인가?"

이 또한 앞에서 본 '인륜을 버림에 관한 비판'에서 살핀 바와 같이, 사제자 즉 비구 출가자들의 수행법을 불교 전체의 폐해로 비판 것이다. 출가자들이 가장 우선시하는 것은 수도이므로, 득도하는 데 필요한 최소한의 생필품 이외는 무소유를 원칙으로 하고 있었다. 따라서 붓다 당시 출가자들의 교단 생활방식은 당연히 걸식이었다. 걸식에 있어서도 매일 한 끼만 하되, 미리 저축해서도 안 된다고 하였다. 석가 자신도 매일 직접 걸식을 했으며 제자들이 걸식해서 대신 올리는 것을 거절하였다.

붓다 당시의 출가자들은 4의법(四依法)에 충실하였다. 4의법이란 수행자의 최소한 생활을 위하여 규정한 네 가지 규칙인데, ① 출가는 걸식(乞食)으로 살아

가며, 목숨을 마칠 때까지 이에 힘써야 하고, ② 출가자는 분소의(糞掃衣) 즉 시체를 감싸서 무덤에 버려진 천 조각을 이은 옷을 입어야 하며, ③ 출가자의 주거는 나무 밑에서 살아가야 하고[樹下座 수하좌], ④ 출가자의 약은 오줌을 발효시킨 것[陳棄藥 진기약] 이외 비싼 약을 먹지 않아야 한다는 것이다.

이처럼 걸식은 무욕을 실천하는 하나의 수행 방편으로 생겨난 것이다. 그리고 이와 관련하여 한 가지 덧붙일 것은, 당시 인도 사회는 승려에게 음식을 제공하는 것이 큰 공덕을 짓는 보시로 생각했다는 점이다. 석가가 직접 걸식을 행한 것도 한 사람의 걸식승이라도 세간에 나가지 않으면, 그만큼 세간 사람들이 복을 지을 기회를 잃게 되므로, 출가자는 저마다 걸식을 하여 세인들이 공덕을 이루도록 해야 하기 때문이었다. 이처럼 걸식은 출가자와 세간의 합의적 사항이었다.

걸식은 물론 출가자에게만 해당되는 것이요, 재가자에게 적용되는 계율은 아니다. 이러한 취지로 행해진 걸식을 정도전은 간과하고 출가자들의 걸식 행위를 단순한 무노동 취식을 위한 방편으로 생각하였다. 이렇게 엄격했던 걸식 규범은 후대로 내려오면서 시공간적 변화를 겪었다. 불교가 중국에 들어온 후 백장 선사는 그의 청규(淸規)에서 "하루를 일하지 않으면 하루를 굶어라."고 하였다. 이러한 영향을 받아 한국 불교도 자급자족의 울력을 실천하려고 노력하였다.

이상에서 정도전의 불씨잡변에 대하여 간략히 살펴보았다. 정도전 당시의 불교는 본연에서 이탈하여 많은 부폐상을 보이며 타락한 면이 많았다. 그래서 이에 대해서 많은 유학자들이 그 폐단을 지적하였다. 이러한 시대적 상황과 조선이라는 새로운 나라를 떠받칠 개국이념 수립이라는 대명제 앞에서, 정도전은 불씨잡변이라는 이름으로 불교를 비판하였다. 불씨잡변은 이러한 측면에서 개혁을 위한 최고의 명문으로 찬사를 받고 있다.

그런데 불씨잡변이 당시의 현실적인 폐단을 지적하면서 불교의 교리가 가지고 있는 바른 이해의 토대 위에서 이루어진 것만이 아님을 위에서 살폈다. 그는 이단배척이란 사명감과 성리학적 이념에 경도되어 불교를 바르게 바라보지 못하고 있는 면이 적지 않았다. 그래서 불씨잡변은 편향적 비판이라는 비판을 면치 못하고 있는 것 또한 사실이다.

최한기는 어떤 세상을 꿈꾸었나

　최한기(崔漢綺, 1803~1877)는 19세기를 대표하는 학자로, 기존의 동서양의 학문적 업적을 집대성한 수많은 연구 저서를 내고, 한국의 근대사상이 성립하는 데 큰 기여를 한 실학자이다. 그런데 최한기라는 이름조차도 모르는 이가 많을 정도로, 그는 지금 세상에 잘 알려져 있지 않다.

　우리 역사에서 많은 저술을 남긴 사람이라 하면 으레 원효를 꼽는다. 그는 100여 부의 책을 저술하였다. 실로 대단한 저술이다. 그런데 최한기는 이보다 훨씬 많은 1000권의 책을 지었다. 그 가운데서도 최한기는 '기학(氣學)'이라는 학문 체계를 통해서 동서양의 학적 만남을 꾀했고, 이를 통해 조선이 처해 있는 난국을 헤쳐 나갈 새로운 돌파구를 찾고자 노력했다.

　최한기는 1803년 최치현과 청주 한 씨 사이에서 태어났다. 개성 출신이지만 대부분 서울에서 살았다. 자는 지로(芝老)이며 호는 혜강(惠岡), 패동(浿東), 명남루(明南樓) 등을 사용했다.

　최한기 집안은 조선 전기 대학자인 최항의 후손으로 되어 있는데 직접적인 혈손은 아니다. 직계로 보면, 8대조인 최의정이 음직으로 감찰직을 지냈다고는 하나, 증조부 최지숭이 무과에 급제하기 전까지 문무과는 물론이고 생원진사시에도 합격자를 배출하지 못한 한미한 가문이었다.

최한기 집안이 상층 양반이 된 것은 아들 대에 와서였다. 최한기는 1825년에 생원에 급제하였지만, 벼슬길과는 거리가 멀었고, 그의 아들 최병대가 1862년에 문과에 급제하여 왕의 시종신이 되었다.

부친인 최치현은 최한기가 10세 때인 1812년 27세의 젊은 나이로 요절했다. 부친의 사망 당시 최한기는 큰집 종숙부인 최광현의 양자로 입양되어 있었다.

내세울 만한 것이 없었던 본가에 비해, 양가(養家)는 무과 집안으로 부유하였다. 양부 최광현은 1800년에 무과에 급제하여 지방 군수를 지내기도 했다. 많은 책을 소장하고 거문고도 켤 줄 아는 교양 있는 인물이었던 최광현은, 최한기의 외조부인 한경리를 비롯하여 한경의, 김천복, 김헌기 등 개성 지역 학자들과 교유하면서 만년을 보냈다.

예나 지금이나 학문을 하기 위해서는 경제적인 안정이 필수다. 벼슬 생활을 하지 않은 최한기가 먹고사는 문제에 크게 신경을 쓰지 않으면서, 온갖 책을 사 보며 연구에 전념할 수 있었던 것은, 양자로 간 집안이 경제적으로 넉넉했기 때문이었다. 그의 학문을 대표하는 『기학(氣學)』과 『인정(人政)』이 경제적 기반이 탄탄했던 시기에 쓰인 것은 결코 우연이 아니다.

그러나 많은 책을 사고 학문에만 열정을 쏟다 보니, 끝내는 경제적으로 타격이 없을 수 없었다. 그 후 최한기 집안은 경제적으로 기울기 시작하여, 1870년 중반에 와서는 귀중한 책과 물건을 전당 잡힐 정도로 경제적인 어려움을 겪었다.

최한기는 잘나가는 양반 자제들과 어울리지 않고 자신과 생각이 비슷한 인물들과 어울렸다. 대동여지도를 만든 김정호는 최한기가 벗이라 부른 유일한 인물이다. 그는 자기와 뜻을 같이하는 이규경, 김정호 등과 학문 토론을 하였는데,

이들은 모두 19세기 조선 사회의 선각자들이었다. 조선의 현실을 개혁하고 앞날을 전망한 새로운 지식인들이었으나, 당대에는 그들을 받아들일 풍토가 마련되어 있지 않았다. 그래서 최한기는 조선의 밝은 미래를 열기 위해 기학이라는 학문을 제창했다.

최한기의 학문 세계는 유교적 전통에서는 극히 드물게, 강한 경험주의를 바탕으로 하고 있다. 심지어 맹자가 인간의 본유적(本有的)인 것이라고 규정한 인의예지조차 경험으로 얻게 되는 습성에 불과하다고 주장했다. 인간의 모든 앎이란 선천적이 아니라 후천적 경험을 통하여 배워 얻어지는 것이라는 것이다.

그러면 그의 대표적 저서인 『기학』에 대하여 알아보기로 하자.

기학은 말 그대로 기에 대한 학문이다. 그런데 이 '기(氣)'는 성리학에서 말하는 이기(理氣)를 가리킬 때 쓰는 그런 '기'에서 따 왔으나, 기존의 성리학에서 말하는 '기'의 개념과는 다르다. '기'는 만물을 이루는 기본체로서 언제나 운동하면서 변화하는 것이라고 그는 정의하였고, 이런 '기'에 기반을 둔 것이 진정한 학문이라고 하였다. 만물을 이루고 항상 운행하고 변화하는 '기'에 기반을 둔다는 것은 경험하고 관찰한다는 의미를 함께 지닌다. 그러므로 '기'의 운행 변화의 원리를 알고, 그에 맞추어 삶을 살아야 한다는 것을 목적으로 하는 학문이 기학이라 할 수 있다.

인간의 몸은 항상 변하고 있다. 몸을 이루는 세포들은 늙어서 죽고, 또 새로 생겨나고 하는 것을 끊임없이 반복한다. 또 나를 둘러싸고 있는 환경도 역시 마찬가지다. 따뜻하다가 추워지기도 하고, 건조하다가 습해지기도 한다. 그뿐만 아니라 사회나 국가의 문물과 형세도 늘 변한다. 더 나아가 우주의 '기'도 항상 변화한다. 인간의 삶은 이와 같은 주위 변화에 맞게 변해야 한다. 그래야 건강도 지키고 주위의 변화에 적응하여 보다 나은 삶을 살아갈 수가 있다. 이처럼 최한기는 일찍이 변화에 눈을 돌리고 그것을 강조한 사람이다.

이것은 마치 토인비가 그의 명저 『역사의 연구』에서 말한 '도전(挑戰)과 응전(應戰)'의 논리와도 유사하다. 그는 도전 받고 거기에 응전한 문명은 살아남고, 도전받지 않고 따뜻한 봄날만 지속된 문명은 다 사라졌다고 하였다. 범람하는 강 유역의 문명은 문명의 꽃을 피웠고, 전혀 범람하지 않고 강 주변의 비옥한 토지를 가졌던 곳의 문명은 쇄락해서 역사 속에서 사라졌다는 것이다.

오늘 우리 앞에 벌어지고 있는 4차 산업혁명에 대하여 이우영 한국폴리텍대 이사장은,

"누가 무엇을 어떻게 바꾸어 왔는가. 오늘 우리에게 다가오는 변화는 무엇이고 우리는 어떻게 혁신해야 하는가. 고민 끝에 역사에서 두 열쇠를 찾았다. '지식'과 '통섭(統攝)'이다. 통섭은 서로 다른 것을 한데 묶어 새로운 것을 찾는다는 의미로, 인문 사회 자연과학의 융·복합을 통해 새로운 것을 창조함을 뜻한다." 고 하였다.

요약컨대, 그가 말한 핵심은 '변화'에 잘 적응해야 한다는 것이다. 혜강 최한기 역시 그 변화란 대전제 위에서 기학의 입론을 구한다.

혜강이 『기학』을 쓰기 시작한 1857년 전후의 시대는 조선 사회가 커다란 위기에 봉착하고 있던 때다. 누적된 구질서의 모순과 세도정치의 폐해가 극에 달하여 민생이 도탄에 빠지고, 이에 분노한 민중들이 도처에서 민란을 일으켰다. 때 맞춰 서구열강들은 기술문명의 이기를 앞세워, 서세동점(西勢東漸)의 열기를 한창 올리고 있었다. 그러나 조선의 조정은 쇄국정책을 내세워 서학의 유입은 물론, 서구의 자연과학 지식과 기술 그리고 그것을 활용한 각종 발명품들을, 이른바 오랑캐의 산물이라 하여 그것을 긍정적으로 수용하지 않았다.

혜강은 일찍부터 청나라에 파견된 서양 선교사들이 가져와서 한역한 자연과

학 관련 서적들을 접하고, 커다란 충격과 감탄의 마음을 품었다. 한말로 말하여, 혜강은 변하지 않는 조선 사회를 크게 걱정한 인물이다.

그는 서양의 자연과학 서적을 접하기 이전에 유교 경전에 대한 깊은 소양을 쌓고 있어서, 일단 그 유교 정신에 바탕하여 이들 서구의 새로운 지식을 수용하고 싶었다. 여기서 구상하고 생각을 담아 정리한 것이 『기학』이다.

그러면 이제 『기학』의 내용이 어떤 것인지 개략적으로 살펴보자.

앞서 말한 바와 같이, 기(氣)는 만물을 이루고 있는 요소로서 언제나 운행하면서 변화하는 존재다. 이런 '기'에 기반을 둔다는 것은 다른 말로 표현하면, 경험할 수 있고 관찰할 수 있다는 의미를 함축하고 있다. 결국 기의 운행 변화의 원리를 알고 그에 맞춰 삶을 살아가는 것을 목적으로 하는 학문이 기학이다. 이를테면, 건강을 지키려면 내 몸과 환경의 변화를 잘 관찰해야 그것이 가능한 것과 같다.

그는 인간의 상상으로 만들어 놓은 신과 같은 것 즉 경험할 수 없는 학문은 인간의 삶에 도움이 되지 않으므로 진정한 학문이 아니라고 하였다. 이러한 학문을 일러 그는 중고지학(中古之學)이라고 불렀다. 쓸모없는 옛날의 학문이란 뜻이다. 그러니 '기'의 변화에 바탕을 둔 기학이야말로 인간에게 전정 유익한 학문이라 할 수 있다는 것이다. 성리학 같은 공리공론의 학이 중고지학의 대표적인 것이라 할 수 있다.

그는 중고지학을 췌마학(揣摩學)과 낭유학(稂莠學)으로 구분하여 설명하였다. 췌마란 사물에 대한 경험을 바탕으로 하지 않고 제멋대로 상상하여 만들어 내는 것을 뜻한다. 경험할 수 없기 때문에 그것이 참인지 거짓인지 구분할 수 없는 학문이다. 그 대표적인 것이 성리학이다. 성리학은 세상이 이(理)와 기(氣)로 이루어져 있는바, '기'는 앞서 말했듯이 만물을 이루고 있는 것이고, '이'는 어떤 사물이 사물이도록 하는 원리다. 그 중 '이(理)'는 인간이 태어날 때부터 이미 마음속에 갖고 있다는 것으로 불변적인 선(善)이라고 하였다.

여기서 보듯이 '이'는 경험할 수도 없고 또 변하지 않는 것이다. 그래서 최한기는 성리학을 췌마학 곧 거짓된 학문이라고 하였다. 그러므로 혜강은 성리학을, 현실의 변화와 발전을 막는 쓸모없는 학문이라 본 것이다.

그는 또 백성들에게 해를 끼치는 학문으로 낭유학이란 걸 내세웠는데, 낭유란 강아지풀 즉 곡식이 자라는 데 방해가 되는 잡초란 뜻이다. 이는 인간의 재앙이나 복, 혹은 상서(祥瑞)로움 등을 말하여 참된 삶에 보탬이 되지 않는 학문을 가리킨다. 그 대표적인 것으로 불교, 이슬람교, 기독교 등을 지적했다.

그는 여기서 우리가 생명 활동을 하게 해 주는 모든 것에 대해 감사하는 종교 행위는 옳다고 할 수 있지만, 신을 믿음으로써 자신이 지은 죄에서 벗어나거나, 지옥을 피해 천당에 오르려고 하는 것은 잘못된 것이라 하였다. 이것 역시 그가 주장한 사물에 대한 경험에 바탕하지 않는 학문이라는 것이다. 즉 기학은 형체가 있는 것에서 출발하고 현실의 문제를 해결하는 학이기 때문이다.

그는 이와 같이 경험 속에서 통일된 원리를 찾고, 우리 인간은 경험을 더욱 넓혀야 한다고 하였다. 그렇게 하는 것을 가리켜 그는 추측(推測)이라 이름지었다. 어떤 사물에 대한 경험을 쌓아 그 사물의 원리를 미루어서 우주만물의 원리를 헤아리라는 것이다. 다시 말하면 '기'로 이루어진 사물에 대한 경험과 추측에 의해서 이루어진 학문이 참된 학문이라는 것이다. 이것은 경험론의 선구자인 프랜시스 베이컨이 주장한 귀납법과도 유사하다.

'기'는 우리 몸과 만물을 이루는 재료다. 허공에도 공기가 있는 것처럼 온 세상은 '기'로 되어 있다. 우주를 채우고 있는 '기'가 뭉쳐져서 지금 우리가 사는 세상과 만물을 만든 것이다. 인간도 이 세상에 없다가 '기'가 뭉쳐져서 생겨났고,

마침내는 '기'가 흩어져서 없어지는 것이다. 이 '기'는 항상 운동하며 변화하는 원리를 가지고 있다. 우주를 이루는 근원은 하나의 '기'뿐이다. 성리학에서는 '기'의 운동은 '이'가 시켜서 이루어진 것이라고 했는데, 혜강은 '이'라는 것은 '기'가 움직이는 원리가 무엇인지를 말하는 것이라고 하였다. 그런 면에서 혜강은 기일원론(氣一元論)자다.

이 '기'에 대해서 그는 형질의 기와 운화(運化)의 기로 나누어 설명했다. 형질은 형태와 물질이다. 그러므로 형질의 기는 사물을 이루는 물질과 형태로서의 '기'다. 이 '기'는 끊임없이 운동하고 변화함에 의해서 구체적 현실이 이루어진다. 이러한 변화를 그는 운화라 불렀다.

운화는 활동운화(活動運化)를 줄인 말인데, 생생한 기운이 항상 움직이고 두루 운행하여 크게 변화한다는 뜻이다. 생생한 기운이란 '기'가 마치 살아 있는 생명체와 같다는 것이다. 그리고 '항상 움직인다'는 것은 앞의 생생한 기운과 연결되어, 생명체가 항상 운동하고 있는 것처럼 '기' 역시 그렇다는 것이다. 인간을 포함한 이 세상의 모든 사물은 차츰 변화한다. 즉 성장하고 늙어 가다가 죽어서 다시 우주의 '기'로 돌아간다. 운화는 한 마디로 말하면 이러한 운동과 변화를 가리킨다. '기'는 끊임없이 운동하고 변화를 일으킨다는 뜻이다.

형질의 기가 형성되고 나면 운화의 기도 그 형질의 기에 따라 변화한다. 사자와 소는 '기'의 운화에 의하여 생성되었다. 그러나 그 운화는 형질에 따라 다른 모습이 되었다. 소는 풀을 뜯고 사자는 고기를 먹는다. 이 세상 만물은 '기'의 운동 변화로 인해서 각각의 모양과 몸뚱이를 갖는다는 것이다.

혜강은 이와 같은 '기'의 운화를 기준으로 하여 먼저 우주와 인간을 나누었다. 즉 우주를 이루고 있는 '기'와 인간을 이루고 있는 '기'로 나눈 것이다. 우주를 이루는 '기'의 운화를 대기운화(大氣運化)라 하고, 사람을 이루는 '기'의 운화를 인

기운화(人氣運化)라 하였다. 인간을 이루는 '기'와 그 외 우주만물을 이루는 '기' 사이에는 커다란 차이가 있다고 생각했기 때문에 이 둘을 대등하게 나눈 것이다.

이 둘을 나눈 기준은 의지가 있고 없고의 차이다. 곧 인간에게는 의지가 있고, 기타 만물에게는 의지가 없다는 것이다. 그런데 인간도 먹고 싶어 하고 동물도 먹고 싶어 한다는 점은 같은데, 어찌하여 의지를 기준으로 하여 구분한다는 말인가? 그러나 인간은 입으로는 먹고 싶으나 의지로 먹지 않고 억제할 수가 있는데, 동물은 단순히 본능에 의해서만 먹으므로 그 기준이 다르다는 것이다.

그리고 최한기는 인기운화를 통민운화(通民運化)와 일신운화(一身運化)로 나누어 구분하였다. 통민운화는 인간 사회의 운동과 변화를 말하고, 일신운화는 안 개개인의 운동과 변화를 말하는 것이다. 그래서 이들 운화를 기호로 나타내면 인기운화> 통민운화> 일신운화가 된다.

여기서 혜강이 말하고자 하는 것은 작은 것은 큰 것을 따라야 한다는 것이다, 즉 한 개인이 사회의 일원이라면 그 사회의 법도를 따라야 하고, 한 사회가 전체 우주의 일원이라면 그 우주의 법도를 따라야 한다는 것이다. 다시 말하면 인간 사회가 우주의 운동 변화에 발맞추어야 하고, 개인 역시 인간 사회와 우주의 운동 변화에 따라야 한다는 것이다.

이를 따르지 않는 것은 소가 고기를 먹으려 하고 사자가 풀을 뜯으려 하는 것처럼, 법칙에 어긋나 종국에는 죽고 말게 된다는 것이다. 우주가 변하면 사회도 변하고 사회 속의 개인도 변해야 한다는 것이다.

이러한 혜강의 생각은, 동양과 다르게 발전해 온 서양의 과학적 성과물에서 자극을 받아서 생긴 것이며, 변화를 거부하는 당시의 조선 사회를 걱정하는 비판에서 나온 것이라 할 수 있다.

그러면 이제 『기학』의 핵심이라고 할 수 있는 통민운화에 대해 살펴보기로 한다.

'기'의 운동변화를 설명하는 말이 운화이고, 그 운화에는 대기운화, 인기운화, 통민운화, 일신운화가 있다고 했다. 그리고 일신운화는 통민운화를 본받으며, 통민운화는 대기운화를 본받는다고 했다. 대기운화는 우주 즉 천지만물을 가리킨다. 대기운화는 우리 인간이 우주를 관찰하여 얻는 지식의 변화로 시작된다. 우주에 대한 지식의 변화는 우주만물에 대한 인간이 갖는 지식의 변화다.

우리의 전통적 우주관은 중국의 영향을 받은 천원지방(天圓地方)이었다. 즉 하늘은 둥글고 땅은 네모로 되어 있다는 생각이었다. 그리고 그 가운데에 중국이 있고 그 외 나라는 변방에 위치한다는 사상이다. 중국이라는 이름도 거기서 나온 것이다. 그래서 변방의 나라인 조선은 중국을 따르고 그 문화를 본받는 것은 당연하다고 생각하였다.

그런데 서양 선교사를 통하여 지구는 그렇게 네모진 것이 아니고 둥글다는 사실을 알게 되었다. 이러한 지구론의 변화에 따라 중국이 중심이라는 사상은 무너지게 되었다. 왜냐하면, 공처럼 둥근 물체에는 어느 한 곳을 중심이라고 할 수 있는 곳이 있을 수 없기 때문이다. 그래서 서양의 지구론을 수용한 홍대용 등 실학자들은 중국 중심주의에서 벗어날 수가 있었다.

이러한 대기운화에 대한 지식의 변함에 따라 우리 사회의 운영 원리도 변화된 것이다. 통민운화란 이처럼 우주의 변화에 발맞춰서 인간 사회를 운영하는 것을 말한다. 즉 인간 사회의 운영 원리는 우주의 변화에 발맞추고자 하는 인간의 의지가 반영된다. 이처럼 우주의 변화에 맞추어 인간 사회를 변화시키는 것을 최한기는 변통(變通)이라고 불렀다. 변통이라는 말은 주역에서 따온 말인데, 변화와 소통을 합쳐서 말한 것이다.

혜강은 통민운화에서 인간의 의도적인 변통이 중요하다고 생각하였고, 이 변통으로 변화하는 세상에 알맞은 새로운 사회를 만들어 가야 한다고 생각하였다. 그런데 당시의 조선 사회를 이끄는 지배층은 이러한 변화를 따르지 않았다. 그래서 혜강은 통민운화, 변통 등을 내세워 세계의 변화에 발맞춰 우리 사회를 운영하자고 한 것이다.

그가 살던 당시의 성리학 풍토는 성리학의 본령에서도 벗어나 있었다. 주희는 원래 사물을 탐구하는 격물치지(格物致知)를 중시하였다. 격물치지란 구체적 사물에 나아가서 그것을 잘 탐구하여 올바른 지식을 얻으라는 것이다. 그러나 당시의 사회는 사물을 탐구하는 자세는 사라지고, 이미 확정되어 있는 원리만 따르고 지킬 뿐이었다. 즉 그가 주장하는 바의, 사물이 운동 변화하는 이치를 깨달아 그 원리를 파악하고자 하는 노력을 하지 않았던 것이다.

기학은 경험과 관찰을 통하여 운화 즉 운동과 변화를 읽어 내어 구체적인 현실에 맞게 적용하려는 학문이다. 기학은 그러한 원리를 적용하여 인간이 풍요롭고 도덕적인 삶을 영위할 수 있게 하는 것을 목표로 하는 학문이다. 인간이 만물의 변화에 맞추어 스스로를 변화시키는 것이 다름 아닌 통민운화다.

그러한 운화의 원리를 안다면 농부는 농사를 더 잘 지을 수 있을 것이며, 어부는 고기를 보다 많이 잡는 데 유익할 것이다. 또 정치가는 시대의 조류에 맞고 도덕적인 정치를 할 수 있고, 장군은 더 좋은 전략을 짤 수 있을 것이다. 또 과학자는 인류에 공헌하는 법칙과 발명을 해 내어 백성들의 삶을 윤택하게 변화시키는 데 기여할 것이다.

최한기는 이러한 바탕 위에서 세워진 기학의 원리를 모든 인류의 삶의 방식으로 확대하고자 희망하였다. 인간은 사는 지역에 따라 사소한 차이는 있지만, 같은 기운을 타고 생겨났으므로, 인류 모두에게 공통되는 도덕률이 있다고 보았기 때문이다. 이처럼 같은 기운을 타고 났고 공통된 도덕을 가진 인류라면, 서로가 적대시하거나 다툴 이유가 없다고 생각했다. 그는 이것을 대동(大同) 사상이라 표현했다. 이와 같이 기학은 단순한 '기'에 국한되는 학문이 아니다. 국제평화론에까지 닿는 큰 철학이다.

최한기의 『기학』은 서양의 실용사상을 기학이라는 이름으로 받아들이면서도, 그 밑바탕에는 전통적인 '기'에 의거하였다. 그만큼 주체적인 입장을 견고히 가지고 있었다. '기'의 운동과 변화 즉 운화를 강조한 혜강은, 원리는 변하지 않는 것으로 보는 성리학을 지도 이념으로 삼은 당시 조선 사회를 변화시키고자 하였다. 그리고 그것을 인류 공동의 철학으로 확대하여 평화적인 세계를 만드는 이념으로 제시한 것이다. 실로 위대한 선각자다. 오늘날 우리가 부르짖는 세계화, 4차 산업혁명, 소통, 나아가 세계평화도 따지고 보면 160년 전에 혜강 최한기가 외친 통민운화에 닿아 있다.

벼슬길에 나가지 않고 평생을 학문과 저술에 바친 최한기라는 선각자를 우리모두가 기억해야 하는 연유가 여기에 있다.

정약용, 성리학을 새로 쓰다

　정약용은 남인 가문 출신으로, 자는 미용(美鏞), 호는 다산(茶山), 사암(俟菴), 여유당(與猶堂), 채산(菜山) 등을 썼다. 정조(正祖) 연간에 문신으로 벼슬했으나, 청년기에 접했던 서학(西學 천주교)으로 인해 장기간 유배생활을 하였다.

　그는 이 유배기간 동안 자신의 학문을 더욱 연마해, 육경사서(六經四書)에 대한 연구를 비롯해 일표이서(一表二書) 즉 경세유표(經世遺表), 목민심서(牧民心書), 흠흠신서(欽欽新書) 등 모두 500여 권에 이르는 방대한 저술을 남겼고, 이 저술을 통해서 조선 후기 실학사상을 집대성하였다.

　그는 실학의 학통을 이어받아 발전시켰으며, 각종 사회 개혁사상을 제시하여 묵은 나라를 새롭게 하고자 노력하였다. 정치, 경제, 사회, 문화 등 역사 현상의 전반에 걸쳐 전개된 그의 사상은, 조선왕조의 기존 질서를 전적으로 부정하는 혁명론은 아니었지만, 파탄에 이른 당시의 사회를 개량하여 조선왕조의 질서를 새롭게 강화시키려는 의도를 가지고 있었다.

　18세기 후반에 오랫동안 정치 참여로부터 소외되었던 근기(近畿) 지방의 남인들은, 기존의 통치방식에 대한 회의를 갖게 되었다. 그들은 정권을 장악하고 있던 노론들이 존중하는 성리학과는 달리, 선진유학에 기초한 새로운 개혁의 이론을 일찍부터 발전시켰다. 정약용은 바로 이와 같은 시대적 배경을 가지고 태어났고, 어릴 적부터 이러한 학문적 분위기를 접하게 되었다.

이러한 다산에 대해서 우리는 일표이서와 여유당전서 등을 통해 그의 정치, 경제, 사회, 문화 등에 대한 사상은 다소나마 모두가 알고 있다. 그러나 그의 철학 사상에 대해서는 생소한 이가 많다고 생각된다. 이에 정약용의 철학사상에 대하여 알아보는 것은 의미가 자못 크다고 생각되므로, 이를 개략적으로 살펴보기로 한다.

우선 그는 기존의 성리학 이론과는 다른 자신만의 논리를 전개하였다. 그래서 그의 철학사상을 이해하기 위해서는 먼저 기존의 성리학에 대한 밑바탕 즉 성(性)과 이기론(理氣論)을 이해할 필요가 있다. 그럼 이에 대한 내용을 잠깐 더듬어 보자.

주자는 이 우주의 본바탕인 태극을 받아들여 그것을 이(理)라고 이름하여 만물 생성의 근본원리로 삼고, 이 태극에서 생성되는 음양, 오행, 만물과 같은 현상적인 세계를 기(氣)라고 이름 붙였다. 이(理)는 모든 사물이 존재하게 하는 근본 원인과 이유이며 현실을 지배하는 법칙이다. 다시 말하면 우주를 형성하는 근본 원리다.

그러니까 이(理)는 우주가 존재하는 원리를 가리키고, 기(氣)는 드러나 보이는 현상 세계를 가리킨다. 현상이란 눈으로 보거나 감각으로 느낄 수 있는 것이다. 그러니 이(理)는 볼 수도 없고 느낄 수도 없는 것인데 비하여, 기(氣)는 보거나 느낄 수 있는 것이다. 덧붙이면, 이(理)는 기의 근원이 되는 것이고, 기(氣)는 이(理)의 원리에 의해 생겨나는 구체적 현상이다. 이(理)란 어떤 것이 그것으로 존재할 수 있도록 하는 이치요 본래성이며, 기(氣)란 어떤 것의 이치가 실현될 수 있는 재료 즉 물질이요 에너지다.

그리고 우주에는 하늘의 이치 곧 천리(天理)가 있다. 이 천리는 인간과 모든 개별적 사물에 내재되어 있다. 모든 것은 천리에 의하여 만들어졌기 때문이다. 그 중 인간에게 존재하는 천리를 성(性)이라 하였다. 그러므로 인간의 성은 천리다.

성리학에서는 사람의 성(性)을 본연지성(本然之性)과 기질지성(氣質之性)으로 나눈다. 주자에 따르면, 본연지성은 천부자연의 심성으로 지극히 선한[至善] 것이다. '사람이 본래부터 지니고 있는 심성'이라는 뜻으로, 지극히 착하고 사리사욕이 조금도 없는 천부자연의 심성을 말한다. 천명지성(天命之性) 또는 천지지성(天地之性)이라고도 한다.

기질지성은 타고난 기질과 성품을 가리키는데, 타고난 기질의 맑고 흐림과 편벽되고 막힘에 따라 선하게도 나타나고 악하게도 나타난다.

그러니 본연지성은 만물에게 보편적으로 부여된 공통적인 것이고, 순선(純善)한 것이다. 이에 반해 기질지성은 사물마다 타고 나는 정도가 달라서 불선(不善)할 수 있는 가능성을 항상 지니고 있는 것이다. 그러므로 기질지성의 본래 상태인 본연지성은 순선무악(純善無惡)하므로 인간의 본성은 선하다는 것이다.

이황은 본연지성과 기질지성을 둘로 나누어 보는 주희의 심성론을 따랐다. 그러나 이이는 본연지성과 기질지성을 둘로 나누어 보는 점을 비판하면서, 본연지성과 기질지성은 두 가지 본성이 아님을 주장하였다. 기질의 위에 나아가 단순히 그 이만을 가리켜 본연지성이라 하고, 이와 기질을 합쳐서 기질지성이라고 하는 것일 뿐이라는 것이다.

그러면 이(理)와 기(氣)의 관계에 대하여 살펴보자.

주희는 이에 대하여, 이(理)와 기(氣)는 서로 떨어질 수도 없고, 서로 섞일 수도 없다.[不相離 不相雜]고 하였을 뿐, 명확한 정의나 구분을 하지 않고 세상을 떠났는데, 그 후 중국의 학자들도 이에 대한 구체적 논의를 하지 않았다. 주자의 그러한 모호한 정의는 조선의 학자들로 하여금 다양한 논쟁을 불러일으키는 기제로 작용하였다. 아무도 하지 않았던 이(理)와 기(氣)에 대한 깊이 있는 논의를 조선의 학자들이 앞서서 천착한 것이다. 인간의 본성과 감정이 이기(理氣)와 어떻게 관련되는가를 합리적으로 설명하고자 한, 학자간의 논쟁이 그 유명한 사단칠정론(四端七情論)이다.

그럼 여기서 먼저 사단에 대하여 살펴보자.

사단(四端)이란 유학의 인성론에서, 인간은 본질적으로 선하다는 덕목[四德] 곧 인의예지(仁義禮智)의 단서가 되는 네 가지를 말한다.

사단은 맹자의 용어로서 맹자(孟子) 공손추편(公孫丑篇)에 나오는 말인데, 인간의 선한 본성인 인의예지(仁義禮智)를 측은지심(惻隱之心), 수오지심(羞惡之心), 사양지심(辭讓之心), 시비지심(是非之心) 등 네 가지 단서(端緒)와 관련지어 설명한 것이다. 즉 측은지심은 남의 불행을 가엾게 여기는 마음으로 인(仁)의 단서(端緒)가 되고, 수오지심은 자신의 잘못을 부끄러워하고 남의 잘못을 미워하는 마음으로 의(義)의 단서가 되며, 사양지심은 남에게 양보하는 마음으로 예(禮)의 단서가 되고, 시비지심은 선악과 잘잘못을 판별하는 마음으로 지(智)의 단서가 된다는 것이다. 이때 '단서'라는 것은 인간의 마음 속에 인의예지의 선한 본성이 있다는 것을 보여 주는 증거(실마리)라는 뜻이다.

이를테면, 우물에 빠지려는 아이를 보면, 누구든지 아무런 보상을 받으려는 생각이 없이 무조건 아이를 구하려 드는데, 이것은 측은지심의 발로로서 인간의 성품이 본래 선하다는 것을 보여주는 증좌라는 것이다. 즉 타인의 불행을 보면 그것을 도우려는 마음이 생기는 것은, 인간의 마음 바탕에 선한 인(仁)이 있음을 알 수 있는 단서가 된다는 것이다.

이상에서 성리학의 성과 이기(理氣) 그리고 사단에 대한 대강을 살펴보았다. 그러면 여기에 대한 다산의 의견을 들어보기로 하자.

　정약용은 먼저 도학의 중요 개념인 태극, 성, 이기 등의 개념들에 대해 전면적이고 근본적인 비판을 하고 있다. 주자는 '태극'을 우주의 본바탕으로 만물 생성의 근원이라 제시하고 있는데, 정약용은 하늘과 땅이 분리되기 이전의 미분화된 상태로 형체가 있는 시작이 태극이라 하였다. 그런 면에서 태극은 초월적이고 궁극적인 존재가 아니라 분리 이전의 혼돈으로서의 전체를 태극이라고 보고 있는 것이다. 이것은 우주론적인 혼돈의 의미로 태극을 보는 것이다. 정약용은 태극개념을 천지가 분화되기 이전의 상태로서 음양이 배태되는 생성과정의 시원으로 파악하며 무형의 천과 일치시키기를 거부한다.

　성리학 속에서는 '이'와 '기'가 우주의 모든 존재를 그 본체와 현상으로 설명하는 두 범주이며 근원적 실재라고 본다. 이에 비해 정약용은 기(氣)를 스스로 존재하는(자립하는) 물체이며, 이(理)는 기에 붙어 있는 속성으로 본다. 따라서 '이'는 스스로 존재할 수 있는 것이 아니라 구체적인 사물에 붙어 있는 법칙 내지 조리가 된다. 이것은 이데아와 현상이 별개임을 말한 플라톤의 설을 부정하고, 그것을 형상과 질료로 일원화한 아리스토텔레스의 주장과 유사하다. 다산의 주장은 성리학의 주리론을 거부하는 입장이면서, 동시에 기를 근원적 존재로 인정하지 않는다는 점에서 주기론과도 다르다. 곧 그는 이기론 자체를 거부하는 입장이다.

　기존 성리학의 인성론에서는 사덕(四德) 곧 인의예지(仁義禮智)를 선천적인 것으로 여기고 있다. 사덕은 인간의 행위를 통해 얻어지는 것이 아니라, 마음속에 천부적으로 갖추어진 성(性)으로 보기 때문이다.

　그러나 다산은 사덕은 선천적인 것이 아니라 인간의 실천적인 노력에 의하여 이루어지는 것이라고 하였다. 즉 기존의 성리학은 사단의 단(端)을 서(緒)로 보아 인의예지가 그 안에 있다는 증거로 본 것이다. 인의예지가 본래 있다는 단서 즉 측은, 수오, 사양, 시비지심은 밖에 드러난 것[端]으로 보아, 그것으로써 인간이 지니고 있는 본래의 성(性)을 볼 수 있다는 것이다.

그러나 다산은 단(端)을 시(始)로 보아 사단은 안에, 사덕은 밖에 있는 것으로 본다. 즉 사단이 시초(기반)가 되어 이를 실행하여 후천적으로 길러진 것이 인의예지 사덕이라는 것이다. 이를 다산의 단시설(端始說)이라 한다. 사단의 마음은 인간이 나면서부터 지니고 있는 것이며, 인의예지는 그것을 닦고 확충하여 이룬 것이라 본 것이다. 사단은 실천의 근본이요 시작이고, 사덕은 실천의 결과로 형성된 덕목이라는 것이다.

그의 단시설은 단(端)을 시(始)로 보고, 인의예지를 열매로 비유하며, 근본을 마음에 둔다. 또 인의예지처럼 효제(孝悌)도 수덕(修德)의 명칭이므로, 그 완성은 바깥에 있지 안에 있는 것이 아니라 하였다. 성리학에서는 인의예지의 도덕성은 인간의 본성에 선천적으로 부여되어 있는 것으로서, 개인의 감정을 통제하고 기질을 억제하여 보편적 본성을 발휘함으로써 도덕성이 실현될 수 있다고 본다. 그러나 정약용은 성품이 마음의 속성이요 본체일 수 없다는 입장에서, 인의예지가 인간의 성품에 선천적으로 내재되어 있는 것이 아니라, 행위의 결과로서 획득되는 것이라 주장한다. 따라서 사단(四端)은 성리학의 해석처럼 인의예지의 성품이 드러나는 실마리로서의 '단서'가 아니라, 인의예지의 도덕성을 실현하기 위한 첫머리로서 '단시(端始)'라 해석하고 있다.

다산은 또 성(性)을 이(理)이자 내면의 본체로 파악한 주자의 설을 부정하고, '성'을 마음의 기호(嗜好) 즉 마음이 좋아하고 싫어함의 정감적 태도를 가리키는 것이며, 어떤 대상이나 가치를 지향하는 자세라 정의하였다. 곧 기호는 꿩이 산을 좋아하고, 사슴이 들을 좋아하는 감각적 기호라 생각했다. 이 주장은 기존의 전통적인 성리학의 인성론과 차이점이 있다. 기존의 성리학에서는 앞에서 본 바와 같이, 인간이 선천적으로 인의예지(仁義禮智)라는 내면적 도덕성을 지니고 있다고 본다. 이에 반해, 정약용은 인간의 심성은 선이나 악으로 결정되어 있는 것이 아니라, 행위의 구체적 실천을 통하여 결단을 촉구하는 자유 의지라고 규정한다. 따라서 선악 행위의 선택은 인간 자신의 자주권(自主權)에 속한다는 것이다

즉 인간에게 자유지권(自由之權) 곧 자유의지를 부여한 것이다. 결국 인간을 도덕적 주체로서 자유의지를 지니는 존재로 확인함으로써, 성리학에서처럼 본연지성이 선하다고 하는 관점을 거부한 것이다. 선은 그것을 쌓으려고 노력한 결과로 얻어지는, 자유의지의 산물이라는 것이다.

그는 인간에게 두 가지 기호(嗜好)가 있다 하였다. 그 하나는 영지(靈知)의 기호, 즉 영성적(靈性的), 지성적(知性的)으로 즐기고 좋아하는 것이고, 다른 하나는 형구(形軀)의 기호, 즉 육체적, 감각적으로 즐기고 좋아하는 것이다. 영지의 기호란 선을 바람직스럽다고 하고 악을 미워하며, 덕행을 좋아하고 더러움을 부끄럽게 여기는 마음이다. 이것은 인간만이 가지고 있는 도덕적 성품이라 한다. 형구의 기호란 인간의 눈이 좋은 빛깔을 좋아하고, 입이 맛있는 음식을 즐겨하며, 따뜻하게 입고 배부르게 먹는 것을 좋아하는 것을 말한다. 이것은 동물도 가지고 있는 성품이므로 동물의 성품 또는 기질(氣質)의 성품이라 한다.

정약용의 이러한 인성론은 인간의 성(性)을 현실의 구체적인 사물에 대한 성향, 즉 기호로 보기 때문에 성기호설(性嗜好說)이라고 일컫는다. 다시 말하면 인간의 성품은 선천적으로 정해지는 것이 아니라, 영지의 기호와 형구의 기호의 선택과 조절 즉 노력에 의하여 결정된다는 것이다.

성리학에서는 천리가 각 사물에 부여되어 내재하는 것을 일러 성(性)이라 하고, 그 성을 다시 보편성과 특수성의 의미로 나누어 본연지성(本然之性)과 기질지성(氣質之性)으로 나누어 설명했다. 물론 성리학에서 두 가지의 성이 동시에 존재함을 말하는 것은 아니다. 단지 이기(理氣)의 측면에서 순수 '이'로서의 본연지성과 '기'와의 결합으로서의 기질지성을 구분한 것이다. 따라서 본연지성은 천리로부터 부여받은 본래적이고 순선한 성인데 반해, 이기(理氣)가 공존하는 기질지성은 선악의 가능성을 가진 현실적인 '성'이 되는 것이다.

다산은 이러한 본연지성과 기질지성으로 나누어 보는 견해에 대해 반대한다. 성리학의 본연지성, 기질지성은 선악이 공존한다는 설을 인정하고 있기 때문이다. 그는 성에는 오직 한 가지밖에 없음을 주장한다. 벼는 물을 좋아하고, 보리는 건조함을 좋아할 따름이라는 것이다.

성리학에서는 본연과 기질이라는 개념을 도입하여 선악의 존재 문제를 해결하려 하였다. 그러나 다산은 인성에 선이 있고 악이 있는 것이 아니라, 이 '성'이란, 위에서 말한 바와 같이 기호에 다름 아니라는 것이다. 이러한 기호에 형구의 기호가 있고 영지의 기호가 있어, 선을 지킬 수도 불선에 빠질 수도 있다는 것이다. 이 역시 인간의 의지를 강조한 것이다.

다산은 성리학의 선천적 불평등설에 대해서도 반대하였다. 정자는 성은 본래 선한 것이다. 그런데 기(氣)에는 청탁(淸濁)이 있다. 청한 것을 받은 자는 현인이 되고, 박한 것을 빈은 이는 어리석은 사람이 된다. 본연지성은 모든 인간과 만물이 같으나, 기질에 의해서 달라진다고 하여 선천적인 차이를 인정했다.

이에 대해 다산은 현명함과 어리석음은 '성'의 차이가 아니라 지혜의 우열일 뿐이라 하였다. 즉 현명과 어리석음은 선천적인 성의 차이가 아니고, 후천적인 습관과 노력의 결과라 하였다. 이와 같이 다산은 인간에게는 하나의 '성'만 있음을 강조하였으며, 동시에 후천적인 노력을 중시하였다.

나음으로 성즉리(性卽理)설에 대한 다산의 주장을 살펴보자. 성리학에서는 성즉리 즉 하늘이 준 성(性)이 곧 이(理)라고 하여, 천리에 의해 모든 만물이 같은 '이'를 받아 동일한 '성'을 이룬다고 하였다. 그러나 다산은 하늘이 성을 부여할 때 처음부터 인간과 사물에게 각각 다른 성을 부여했다고 하였다.

성리학의 성즉리설에 따르면, 인간이나 사물이 동일한 성을 부여받게 된다. 그러면 다른 사물들도 사람과 마찬가지로 도의의 성을 가지게 되어, 결국 인간과 사물은 차별이 없게 된다. 그래서 다산은 본연의 성이 각각 같지 않다고 생각한다. 사람인즉 선을 좋아하고 악을 부끄럽게 여겨, 몸을 닦고 도를 지향하고자 하는 것이 그 본연이고, 개는 도둑을 보면 짖는 것이 그 본연이며, 소는 멍에를 차고 무거운 짐을 나르며 풀을 먹는 것이 그 본연이라 하였다. 이것은 사람과 사물의 '성'이 다르다는 인물성이론(人物性異論)과 연결된다.

위에서 본 바와 같이 그의 철학사상은 당시의 성리학과는 다른 시야를 바탕으로 한 새로운 해석을 가하고 있다. 그는 근본적으로, 하늘이 내려준 것보다 인간 자신의 노력과 인간자체의 실천을 강조하였다. 인간의 성품도 선천적으로 정해진 것이 아니라, 인간의 후천적 기호(嗜好) 즉 자유의지를 강조하였다. 이러한 개량주의적인 그의 시각은 실학과 서학의 영향이 큰 것으로 보인다.

변하지 않으면 썩고, 썩으면 종국에는 죽게 된다는 것은 만고의 진리다. 우리가 다산의 철학사상을 다시 곱씹어 봐야 하는 연유는, 혼란의 시대를 헤쳐가려면 어떠한 자세로 살아가야 할까를 고민하고, 그에 대한 철학적 자세를 정립하려 했던 그의 울림이 지금 우리 앞에 절실히 와 닿아 있기 때문이다.

원효의 파계는 어떤 의미를 갖고 있나

　원효와 의상은 같은 시대(7세기)를 살았던 신라의 승려들로서 우리 불교사를 빛낸 우뚝 선 두 봉우리다. 원효는 속성이 설씨로, 일심(一心)과 화쟁(和諍) 사상을 중심으로 불교의 대중화에 힘썼으며, 수많은 저술을 남겨 불교 사상의 발전에 크게 기여하였다. 의상(義湘)은 한신(韓信)의 아들로 우리나라 화엄종(華嚴宗)의 개조(開祖)이자 화엄십찰의 건립자이다.

　원효와 의상은 다 같이 화엄종의 학승으로서 당시의 일인자들이지만, 두 사람은 상당히 대조적인 삶의 위상을 지니고 있어서, 당시 사회에서도 이는 일반인들 사이에 비교·대조적인 인물로 관념되고 있었던 듯하다. 대덕 고승의 구법, 수도, 이적을 담고 있는 『삼국유사』권 4에도 '원효는 얽매이지 않다'와 '의상이 가르침을 전하다'란 항목을 앞뒤로 나란히 싣고 있어서, 그러한 사실을 단적으로 대변하고 있다.

　그러면 두 사람의 상이한 궤적을 따라가 보자.

　원효와 의상은 함께 당나라에 가서 불법을 배우려는 유학길에 올랐으나(650년), 요동에서 고구려의 순찰대에 간첩이란 혐의를 받고 붙들려 실패한 후 2차 유학을 중도에서 포기하였는데, 의상은 문무왕 원년(661년)에 바닷길을 통하여 다시 당나라에 가서 지엄삼장(智儼三藏)의 문하에서 화엄경을 배운 후 귀국하였다. 그리하여 의상은 화엄경의 원융무애(圓融無碍)의 교리를 체득한 국사(國師)가 되었다.

반면 원효는 의상과 함께 유학의 길을 떠나던 중, 어느 동굴에서 밤을 지내게 되었는데, 밤에 목이 말라 어둠속을 더듬다 손에 닿은 바가지에 담긴 물을 마시고 갈증을 채워 흡족하게 잠이 들었다. 다음날 일어나 보니, 동굴은 사람이 죽은 무덤이었고 바가지는 해골이었으며, 물은 뇌가 썩은 물이었던 것이었다. 그걸 보고 구역질이 올라온 원효는, 어제까지만 해도 달디단 물이었다는 느낌을 기억하면서, 모든 것이 마음에서 오는 것이라는 진의를 알게 되고, 진리를 당나라에서 구할 필요가 없다고 생각하여 유학을 그만 둔다.

그 후 요석 공주와 파계하고, 일체무애인(一切無碍人)의 비속비승(非僧非俗) 즉 승려도 아니고 속인도 아닌 행동을 하면서 대중 속에 뛰어들었다.

저서면에 있어서도 원효는 경에 관한 것 34종, 논(論)에 관한 것 32종을 비롯하여 모두 91종의 방대한 저술을 남긴 반면, 의상은 십문간법관(十門看法觀), 입당구법순례기(入唐求法巡禮記), 소아미타경의기(小阿彌陀經義記), 화엄일승법계도(華嚴一乘法界圖) 등 모두 4권만을 남기고 있어 양자는 사뭇 대조적인 면을 보이고 있다.

그러나 무엇보다도 이들 사이의 두드러진 행적상의 차이점은 여인에 대한 태도라 하겠다. 이들의 여인과 관련된 설화는 삼국유사의 원효불기(元曉不羈)조와 찬녕이 쓴 송고승전(宋高僧傳), 그 외 몇 편의 구전설화에 보이는데, 이들 설화를 살펴보자.

먼저 의상의 행적을 보자.

의상이 현장의 신유식(新唯識)을 배우기 위해 두 차례에 걸친 시도 끝에 당으로 건너가 등주에 있는 한 신도 집에서 머물게 되었다. 그 신도네 집의 딸 선묘(善妙)는 37세의 준수하고도 유현한 덕을 지닌 의상을 보고 마음으로 지극히 사모하여 따랐으나, 세속적인 사랑이 이루어질 수 없음을 알고 도심(道心)을 일으켜, 세세생생 의상을 스승으로 삼아 귀명할 것을 맹세하였고, 그가 당에 머문 10년 동안 단월(檀越 시주자)로서 공양을 계속하였다.

그러던 중 의상은 법을 전하는 일을 시작할 때가 왔음을 알고 귀국길에 오르고자, 상선의 편이 있기를 기다리다가 어느 날 드디어 출범하게 되었다. 선묘는 의상에게 드릴 법복과 일용품 등을 마련하여 함 속에 가득 채워 해안가로 가지고 나갔으나, 의상이 탄 배는 이미 항구를 멀리 떠나 있었다. 선묘는 지성으로 기도를 올린 뒤, 간절한 마음을 담아 거센 파도 위로 물품이 든 함을 던져 의상이 탄 배에 이르게 하였고, 곧 이어 자신도 바다에 몸을 던져 용으로 변신하여, 험난한 뱃길을 지켜 의상이 안전하게 본국의 해안에 도착하게 하였다.

의상이 귀국한 뒤에도 선묘는 일심으로 그의 전법을 도왔다. 의상이 부석사 터에 이르렀을 때에 신령스런 기운을 느끼고, 그곳이야말로 참된 법륜을 돌릴 만한 곳이라는 생각이 들었으나, 이미 소승 잡배들이 먼저 자리를 차지하고 있었다. 이러한 의상의 마음을 읽은 선묘가 이들을 쫓아내고 의상을 수호하기 위해, 대반석으로 변하여 공중으로 붕 뜨자 그들은 모두 어찌할 바를 모르고 혼비백산하여 사방으로 흩어져 날아났다. 그리하여 의상은 이곳을 전법처로 삼아, 평생 이곳을 떠나시 않고 운집히는 대중들에게 화엄경을 강설하여 우리나라 화엄종의 초조가 되었다.

다음으로 원효의 발자취를 따라가 보자.

어느 날 원효가 미친 듯이 거리에서 노래를 불렀다. '누가 자루 없는 도끼를 주랴? 하늘 받칠 기둥감을 내 찍으련다[誰許沒柯斧 我斫支天柱].' 태종무열왕이 이 노래를 듣고 '대사께서 귀부인을 만나 어진 자식을 낳고 싶어 하신다. 나라에 어진 이가 있게 된다면 그보다 더 큰 유익이 없다.'고 말하고 궁리(宮吏)를 보내어 원효를 데려오게 하였다. 궁리가 원효를 찾으니 때마침 문천교(蚊川橋)를 지나고 있었다.

원효가 일부러 물 가운데 떨어져 옷을 적시니 요석궁(瑤石宮)으로 인도하여 옷을 벗어 말리게 하였다. 요석궁에는 과부가 된 공주가 거처하고 있었다. 원효가 요석궁에 머무르게 된 뒤, 공주는 잉태하여 설총(薛聰)을 낳았다. 설총은 나면서부터 총명하여 경서와 역사책을 널리 통달하였다. 그는 신라 십현(十賢)의 한 사람으로 꼽혔다.

위의 두 설화를 다시 새겨 보자.

의상은 그를 간절히 사랑하는 선묘의 청을 끝까지 거절한다. 선묘는 바다에 몸을 던져 용이 되어 의상의 귀국을 도왔을 뿐만 아니라, 부석사의 창건에도 이바지한다.

원효의 자세는 의상과는 너무나 대조적이다. 자기가 먼저 나서서 "누가 자루 없는 도끼를 주랴?"며 공주에게 접근하여 끝내는 파계하고 만다.

이어서 삼국유사에 나오는 의상과 원효의 대비되는 또 다른 설화를 보자. 의상과 원효가 관음보살의 진신을 친견하기 위하여 성스러운 동굴로 들어가는 이야기다.

먼저 의상의 행적을 보자.

옛날 의상법사(義相法師)가 처음 당나라에서 돌아와 관음보살(觀音菩薩)의 진신(眞身)이 이 해변 굴 안에 산다는 말을 듣고 낙산(洛山)이라 이름 붙였으니, 서역(西域)에 보타락가산(寶陀洛伽山)이 있기 때문이다. 이것을 소백화(小白華)라고도 했는데, 백의보살(白衣菩薩, 당송 이후 민간에서 신앙되던 33종류의 관세음보살 중 하나. 항상 흰 옷을 입고, 흰 연꽃 위에 앉아 있기 때문에 붙은 이름)의 진신이 머물러 있는 곳이기 때문에 이렇게 이름붙인 것이다.

이곳에서 의상이 재계(齋戒)한 지 이레 만에 좌구(座具)를 새벽 바닷물 위에 띄웠더니, 용천팔부(龍天八部)의 시종들이 굴속으로 그를 이끌고 갔다. 그래서 공중을 향해 참례(參禮)하니 수정으로 만든 염주 한 꾸러미를 내주었다. 의상이 받아 가지고 물러나오는데, 동해의 용도 여의보주(如意寶珠) 한 알을 바쳤다. 의상이 받들고 나와 다시 이레 동안 재계하고서야 겨우 관음의 모습을 보았다. 관음보살이 말하였다.

'좌상(座上)의 산꼭대기에 대나무 한 쌍이 솟아날 터이니, 그곳에 불전(佛殿)을 짓는 것이 좋겠다.'

의상이 이 말을 듣고 굴에서 나오니 과연 대나무가 땅에서 솟아났다. 그곳에 금당(金堂)을 짓고 관음상을 모시니, 둥근 얼굴과 고운 바탕이 마치 저절로 생긴 것처럼 보였다. 대나무가 없어지고 나서야 비로소 관음의 진신이 살고 있는 곳인 줄 알았다. 이 때문에 이름을 낙산사(洛山寺)라 하고, 의상법사는 자기가 받은 구슬 두개를 성전에 봉안한 뒤 떠났다.

이어서 원효의 경우를 보자.

그 후 원효가 뒤이어 와서 예(禮)를 올리려고 하였다. 처음 올 때 남쪽 교외(郊外)에 이르렀는데, 논에서 흰 옷을 입은 여인이 벼를 베고 있었다. 원효가 희롱삼아 벼를 달라고 부탁하자, 여인은 벼가 아직 여물지 않았다고 심드렁하게 대답하였다. 계속 갔더니 다리 밑에서 웬 여인이 개짐(생리대)을 빨고 있었다. 법사가 물을 부탁했는데 여인은 개짐을 빨던 더러운 물을 떠서 주었다. 원효는 물을 엎질러 버리고 냇물을 떠 마셨다. 이때 들 가운데 있는 소나무 위에서 파랑새 한 마리가 그를 부르더니 말하였다.

'제호[醍醐 우유죽, 여기서는 불성(佛性)을 비유] 스님은 멈추시오.'

그리고는 갑자기 사라져 보이지 않는데, 소나무 밑을 살피니 신발 한 짝이 떨어져 있었다. 법사가 절에 닿아 관음보살상의 자리 밑을 살피니 전에 보던 신발 한 짝이 거기 벗겨져 있었다. 그제야 좀전에 만난 여인이 관음의 진신인 것을 알았다. 이리하여 사람들이 그 소나무를 관음송(觀音松)이라 부르게 되었다.

원효가 성굴(聖窟)로 들어가서 관음의 진용(眞容)을 뵈려 했지만, 풍랑이 크게 일어 들어가지 못하고 할 수 없이 그냥 떠났다.

이들 설화에서도 의상과 원효는 대조적이다. 의상은 낙산 바닷가의 굴속에 들어가 관음보살을 친견하고, 게다가 동해용이 주는 여의보주와 수정 염주 한 꾸러미를 받아 오지만, 원효는 성굴에 들어가 관음보살의 진용을 보려했지만 풍랑이 세어 결국 실패하고 만다. 원효는 가는 도중에 벼 베는 여인을 희롱하기도 하고, 생리대를 빠는 여인이 떠 주는 물을 더럽다고 버린다. 이러한 사실은 무엇을 말하려는 것일까? 그것은 한말로 의상에 비해 원효는 아직 도가 익지 않았다는 것이다.

위에서 본 설화를 통하여 우리는 파계한 원효에 대해 세인들이 얼마나 비난을 했는지를 간파할 수 있다. 이는 또 역으로 일반 사람들이 원효에 대해 얼마나 기대를 가졌고, 그 기대가 무너진 데 대해 얼마나 안타까워했는지를 짐작할 수도 있다.

그런데 원효는 파계 이후에 더욱 불도에 정진한 것 같다. 그에 대하여 삼국유사는 이렇게 적고 있다.

"원효는 파계하여 설총을 낳은 뒤로는 세속의 복장으로 갈아입고, 자신을 소성거사(小姓居士)라 이름하였다. 광대가 춤추며 노는 큰 표주박을 우연히 얻어서 도구로 삼고 이름하여 '무애(無㝵)'라고 하였는데, 이는 아무데도 걸림이 없다는 뜻으로 『화엄경』의 게구(偈句)에서 따온 이름이다."

원효는 그와 같이 거사복으로 갈아입고 민중 속으로 뛰어들어 불교를 전파하는 데 힘을 기울였다. 당시의 귀족 중심의 불교를 민중 불교로의 일대 전환을 시도한 것이다. 어려운 교리를 떠나 '나무아미타불 관세음보살을 외우면 극락 간다'는 쉬운 말로 민중들에게 다가간 것이다. 이렇게 하여 그는 점차 민중들의 신뢰를 받게 되었다. 이를 바탕으로 한 대표적인 설화가 소요산 자재암 연기설화다. 그에 담긴 이야기를 들어보자.

원효 스님이 요석공주와 세속의 인연을 맺은 뒤 설총을 낳았다. 환속을 했으니 다시 부처님 앞에 앉으려면 더 지독한 수행을 해야 했다. 소요산으로 들어와 초막을 짓고 용맹정진하고 있었다. 어느 폭풍우 치는 깊은 밤 선정에 들었다. 그때 문을 두드리는 소리와 함께 다급한 여자의 음성이 들려왔다.

'스님, 문 좀 열어주세요.'

문을 여니 어둠 속에서 여인이 비를 맞고 서 있었다.

'스님, 죄송합니다. 하룻밤만 재워주십시오.'

원효는 여인의 애원을 외면할 수 없었다. 방안에 들어온 여인의 자태는 매혹적이었다. 비에 젖어 속살까지 들여다보였다. 여인이 속삭였다.

'스님, 추워서 견딜 수가 없습니다. 제 몸을 녹여주십시오.'

원효는 여인을 눕히고 언 몸을 주물러 녹여 주었다. 여인의 몸이 이내 따뜻해졌다. 기운을 차린 여인이 이번에는 요염한 미소를 지으며 다가왔다. 순간 그 유혹을 뿌리칠 수 없어서 밖으로 뛰쳐나왔다. 간밤 폭우로 불어난 옥류천에 뛰어들었다. 폭포소리는 우렁찼고 계곡물은 차가웠다. 원효는 세찬 물속에서 간밤의 일들을 씻어냈다. 벌써 아침 해가 떠오르고 있었다. 그러자 여인이 어느새 옷을 벗고 물에 들어왔다. 햇살이 여인의 몸에서 부서졌다. 눈이 부셨다. 끝내 참지 못하고 한 마디 했다.

'나를 유혹해서 어쩌자는 거냐?'

'스님, 저는 유혹한 적 없습니다. 스님이 저를 색안(色眼)으로 볼 뿐이지요.'

순간 원효는 온 몸에 벼락을 맞은 듯했다. 여인의 목소리가 계속 귓전을 때렸다. 원효가 문득 정신을 가다듬었다. 그러자 비로소 폭포소리가 들리기 시작했다. 눈앞의 사물도 제대로 보였다. '맞다, 바로 그것이다.' 원효는 물을 박차고 일어나 발가벗은 몸으로 여인 앞에 섰다. 그리고 거침없이 설했다. '마음이 생겨 가지가지 법이 생겨나는 것이니, 마음을 멸하면 또 가지가지 법이 없어진다. 나 원효는 자재무애의 경지에 이르렀으니 참된 수행의 힘이 있노라.'

원효의 말에 여인은 미소를 머금었다. 같은 웃음이지만 예전 웃음과는 판이하게 달랐다. 색기는 간 데 없고 오로지 맑을 뿐이었다. 아니 같은 웃음이지만 원효의 눈에 다르게 보인 것이었다. 여인은 어느새 금빛 후광이 서린 보살로 변해서 폭포를 거슬러 올라가 이내 사라졌다. 원효는 그 여인이 관세음보살임을 알았다. 원효는 관세음보살을 친견하고 자재무애(自在無碍) 경지를 증득했기에 그곳에 암자를 세우고 자재암(自在庵)이라고 했다. 그리고 관세음보살이 사라진 봉우리를 관음봉이라 불렀다.

이 설화에 등장하는 원효는 파계와는 너무나 거리가 멀다. 비에 젖어 속살까지 드러나 보이는 여인 앞에서 무애의 경지로 다가가 관음보살을 친견하는 그야말로 도가 통한 수행자로 나와 있다.

이러한 용맹정진의 과정을 거치어 마침내 그는 일반인은 물론 당시의 명성

높은 승려들에게까지 추앙을 받는 인물로 다시 태어나게 되었다. 당시의 사정을 『송고승전』은 이렇게 기록하고 있다.

원효가 금강삼매경을 받은 것이 그의 고향 상주(湘州)에서다. 그는 경을 가져온 관리에게 말했다. '이 경은 본각(本覺 무명으로 인한 세계 왜곡 이전의 인간이 지닌 본래적 완전성)과 시각(始覺 존재에 대한 왜곡의 길에서 나와 존재의 온전한 관점의 세계로 돌아가는 깨달음의 과정)으로써 근본을 삼습니다. 나를 위해 소가 끄는 수레를 준비하고, 책상을 두 뿔 사이에 두고 필연(筆硯)도 준비하시오.' 그리고는 소가 끄는 수레에서 시종 소(疏)를 지어 5권을 이루었다. 왕이 날짜를 택하여 황룡사에서 강연토록 했다. 그때 박덕한 무리가 새로 지은 '소(疏)'를 훔쳐갔다.

이 사실을 왕에게 아뢰어 3일을 연기하고, 다시 3권을 이룩하니, 이를 약소(略疏)라고 한다. 강연 날이 되어 왕과 신하, 도속(道俗 도인과 속인) 등 많은 사람이 구름처럼 법당을 가득 에워 싼 속에서 원효의 강론이 시작되었다. 그의 강론에는 위풍이 있었고, 논쟁이 모두 해결될 수 있었으니, 그를 찬양하는 박수 소리가 법당을 가득 메웠다.

원효는 다시 말했다. '지난날 100개의 서까래를 구할 때에는 내 비록 참여하지는 못했지만, 오늘 아침 대들보를 가로지름에 당해서는 오직 나만이 가능하구나.' 이때 모든 명망 높은 승려들이 고개를 숙이고 부끄러워하며 가슴 깊이 참회했다.

『금강삼매경』을 알기 쉽게 풀이한 『금강삼매경소』를 지을 때의 이야기다. 아무도 이해할 수 없는 『금강삼매경』 풀이를 3일 만에 지어냈다는 경이로운 내용이다. 그전에는 파계승이라 하여 얕보고 욕하던 대중들이 그 누구도 해낼 수 없는『금강삼매경』을 원효만이 풀이해 내자, 원효를 서까래 아닌 대들보로 여기면서 모두가 감복했다는 이야기다. 이『금강삼매경소』는 불교 선진국인 중국에 들어가 그곳 승려들을 놀라게 하였고, 그들은 이를 가리켜 예사로운 '소(疏)'라는 명칭을 붙일 수가 없으니 대장경의 반열에 오르는 '론(論)'이라 해야 마땅하다 하여,『금강삼매경소』를『금강삼매경론』이라 이름 붙였다.

이전에 황룡사에서 인왕백고좌회(仁王百高座會 신라·고려 시대에 국가적 행사로 개최되었던 호국 법회의식. 100명의 학덕이 고명한 법사를 초청하여『인왕반야경』을 외움)가 열렸을 때는 다른 승려들이 반대하여 초청을 받고도 참석하지 못하였는데, 마침내 원효는 이렇게 우뚝 선 봉우리에 올라앉게 되었다.

위에서 본 바와 같이, 원효는 파계라는 행적 때문에 평생 뭇사람들의 입에 오르내리는 비난을 면치 못했다. 원효가 요석공주와 만나 설총을 낳았다는 것은 실로 충격적인 일이었다. 특히 골품제와 17관등급제라는 엄격한 신라의 계급 사회에서, 진골 여성과 육두품 출신의 남성이 맺어졌다는 것은 실로 파격적인 것이다. 세속 초월을 지향하는 구도자로서 혼인은 치명적 장애물이다.

그러면 요석공주와의 인연이 원효의 삶에서 지니는 의미망을 찾아가 보자, 이를 추적하는 중요한 하나의 길목은 원효의 깨달음과 요석공주와의 인연이 시기적으로 어떻게 맞닿아 있는가를 살펴보는 것이다. 원효가 의상과 함께 당나라 유학길에 나섰다가 중도에 무덤에서 깨달음을 얻은 것은 그의 나이 45세 때인 661년으로 알려져 있다. 그런데 원효가 인연을 맺은 요석공주는 태종무열왕의 과공주(寡公主)다. 태종무열왕의 재위기간은 654년부터 660년이다. 이 시기는 원효의 나이 38세에서 44세 때이다. 그러니 원효의 파계와 깨달음이 거의 같은 시기에 일어난 것이다. 결국 원효가 공주를 만나 파계하여 거사가 된 것과 깨달음은 매우 근접한 때이다. 그러나 그 선후를 꼭 집어 확정하기는 어렵다.

그러면 원효를 깊이 연구한 박태원의 이야기를 들어보자. 요석공주와의 파계 사건은 의상과 함께 유학길에 나서면서 중도의 토굴에서 깨달음을 얻은 이후의 일일 가능성이 높다고 한다. 원효가 토굴 무덤에서 얻은 깨달음은 궁극적이고 완전한 깨달음이 아닐 가능성이 짙다는 것이다. 불교의 수행 과정에서는 해탈에 이르기 까지 많은 수준의 깨달음이 있다. 선종에서도 깨달음을 설하는 동시에, 그 이후에 깨달음을 부단히 간수하여 온전하게 가꾸어가는 보임(保任)을 강조한다. 일반적으로 궁극적 깨달음의 기반이 되는 선행하는 깨달음이 다양한 수준으로 생겨나는 것이다.

원효는 완전하지는 못하지만, 거기서 얻은 깨달음에서 체험에 의거한 확신과 자신감을 얻어,좀 더 완전하고 깊이 있는 깨달음으로 향해 질주하는 전환점으로 삼았던 것 같다. 그 깨달음에 대한 확신과 자신감으로, 아무것에도 걸림이 없는 일탈의 행위의 하나로 요석공주와 인연을 맺었을 것이다. 가던 길에서 잠시 비틀거리는 일탈행위를 저지른 것이다. 이 일탈은 단순한 퇴행이 아니라, 더 튼튼한 향상의 기반으로 작용하는 하나의 성장통이라 할 수 있다.

실제로 원효는 요석과의 인연을 계기로, 깨달음의 수준과 힘을 더욱 향상시켜 가는 획기적 계기로 삼았다. 요석공주와의 인연을 계기로 하여 원효는 더욱 강한 열정으로 구도의 길에 매진하여, 마침내는 아무것에도 걸림이 없는 무애(無碍)의 경지, 대자유의 경지를 획득한 것이다. 다시 말하면, 요석공주와의 파계가 원효로 하여금 속인으로 떨어지게 하는 사건으로 매듭지어진 게 아니라, 더욱 불법에 정진하는 계기가 되었던 것이다. 이것이 바로 요석과의 파계가 더 큰 원효와 얽어지는 참 의미다.

원효는 여기서 힘을 얻어, 그 사상의 밑동이 되는 일심(一心)사상, 화쟁(和諍)사상, 무애(無碍)사상을 펼쳐 나갔던 것이다.

불교의 세 가지 큰 진리 곧 삼법인(三法印)은 제행무상, 제법무아, 열반적정이다. 제행무상은 인연으로 인하여 생겨난 모든 현상은 변하므로 영원한 것은 없다는 것이다. 그러므로 거기에는 영구히 변하지 않는 불변의 고정된 실체는 없다. 이것이 제법무아다. 이 세상의 모든 것은 변하는 것인데도 중생은 그것이 영원한 것이라 착각한다. 또 나에게는 '나'라고 하는 불변의 그 무엇이 존재한다고 착각한다. '나'라고 하는 고정된 실체는 없는 것인데도 말이다. 이러한 착각으로 인하여 우리는 그 무엇에 집착하고 분별한다. 좋고 나쁨, 사랑과 미움, 생겨남과 멸함과 같이 이분법적으로 분별하고 그 중 하나를 취하려 한다. 그러나 그것은 무명에서 비롯된 망념이요 환각이다. 이러한 집착과 분별의 무명에서 벗어나면 누구나 깨달은 자 곧 부처가 될 수 있다는 것이다. 깨달을 수 있는 마음의 근원 그것을 가리켜 원효는 오직 '하나가 된 마음'곧 일심(一心)이라 하였다. 이 일심의 경지에서는 허구였던 실체의 벽이 무너져 모든 존재가 서로를 향해 열려 '한 몸'과도 같은 전일적 통섭의 면모로 드러난다. 이것이 원효의 일심사상이다.

원효는 이 일심사상을 바탕으로 하여 화쟁(和諍)의 보편원리를 수립하였다. 화쟁사상이란 어떤 문제에 두 가지 이상의 다른 견해가 있을 때, 서로 다른 견해를 융섭의 이념에 의하여 화해시키고 회통시켜 큰 법의 바다로 융합시키고자 하는 사상이다.

당시 신라에는 다양한 불교 이론이 있었으며, 각 이론가들이 다른 이론들을 배척하며 자신의 이론만이 옳다는 주장을 펴는 등 논쟁이 극심했다. 그러한 정황 속에서 원효는 비판하고 긍정하는 두 가지 논리를 융합하여, 보다 높은 차원에서 새로운 가치를 찾고자 하였다. 모순과 대립을 한 체계 속에 하나로 묶어 담은 이 기본구조를 가리켜 그는 '화쟁'이라 한 것이다. 통일·화합·총화·평화는 바로 이와 같은 정리와 종합에서 온다는 것이 그의 신념이었다.

원효는 당시의 여러 이설(異說)을 열 개의 글로 모아 정리한 『십문화쟁론(十門和諍論)』을 저술하였다. 화쟁은 이 『십문화쟁론(十門和諍論)』 외에 그의 모든 저서 속에서 일관되게 나타나고 있는 기본적인 논리다. 마치 바람 때문에 고요한 바다에 파도가 일어나지만, 그 파도와 바닷물이 따로 둘이 아닌 것처럼, 중생의 일심에도 깨달음의 경지인 진여(眞如)와 그렇지 못한 무명(無明)이 둘로 분열되고는 있으나, 그 진여와 무명이 따로 둘이 아니라 하여, 『대승기신론소(大乘起信論疏)』에서도 화쟁의 원리를 제시하였다. 그러니 화쟁 역시 일심으로 돌아가고자 하는 하나의 방편이라 할 수 있다.

이러한 화쟁사상은 그 후 우리나라 불교의 특징적인 사상으로 자리잡았으며, 고려시대 대표적인 사상가 의천(義天)과 지눌(知訥)에게도 큰 영향을 미쳤다.

무애사상은 어떤 것에도 걸리거나 얽매이지 않는 대자유의 경지다. 어쩌면 요석공주와의 인연도 이러한 그의 무애사상에서 나온 것인지도 모른다. "일체에 걸림이 없는 사람은 단번에 생사를 벗어난다(一切無碍人 一道出生死)."라고 한 그의 말을 보더라도 그의 무애사상이 어떤 것인가를 짐작할 수 있다. 일찍이 화엄(華嚴) 사상을 쉽게 풀이한 무애가(無碍歌)를 지어 뭇 사람의 관심을 끄는 가운데, 때와 장소를 가리지 않고 큰 표주박을 두드리고 노래하면서, 이 거리 저 마을에 나타남으로써 불교를 생활화하는 데 힘을 기울인 것도, 바로 그의 무애사상에서 나온 것이다. 원효는 부처와 중생을 둘로 보지 않았으며, 무릇 중생의 마음은 원융하여 걸림이 없는 것이니, 태연하기가 허공과 같고 바다와 같으므로, 모든 것이 평등하여 차별상이 없다고 하였다. 그러므로 원효는 철저한 자유가 중생심에 내재되어 있다고 보았고, 스스로도 자유인이 될 수 있었으며, 그 어느 종파에도 치우치지 않고 보다 높은 차원에서 일심을 주장하는 깨달음의 경지에 들어갔던 것이다.

원효는 요석과의 파계 이후 거기에 주저앉지 않고, 오히려 이를 계기로 하여 더욱 불법에 정진하여 귀족 중심의 신라 불교를 민중 불교로 뻗치는 데 힘을 쏟았고, 나아가 일심(一心)사상, 화쟁(和諍)사상, 무애(無碍)사상을 펼쳐 나갔다. 이것이 원효의 파계가 갖는 커다란 의미다.

우리의 농경신(農耕神) 자청비는 어디서 왔을까

제주도의 큰굿에 '세경본풀이'라는 것이 있다. 세경이란 농경신을 가리키는 이름이고 본풀이는 그의 내력담을 말한다. 즉 자기가 모시고자 하는 신의 탄생과 이력을 담고 있는 이야기다. 쉽게 비유하자면 유교식 제사의 축문과 같다. 다른 말로 표현하면 일종의 청배가(請拜歌)다. 굿을 할 때는 언제든지 첫머리에 이 본풀이를 한다.

세경본풀이는 농경신을 창하는 굿에서 부르는 무가다. 그러므로 세경본풀이는 오곡종자를 가져다 준 농경기원(農耕起源) 신화이면서 농축신(農畜神)에 관한 우리의 소중한 신화다.

서사 무가인 이 세경본풀이의 주인공은 '자청비'라는 이름을 가진 여인이다. 갖은 파란과 곡절 끝에 하늘의 옥황상제에게서 오곡 씨앗을 가져와 농경신이 된 인물이다. 세경본풀이는 자청비 여신이 신화의 주인공 역할을 담당하기 때문에 '자청비 신화'라고도 일컫는다.

그러면 이 본풀이의 줄거리를 한번 살펴보자.

김진국과 조진국 부부는 아들을 원했으나, 바친 재물 한 근이 모자라서 딸을 낳게 되었는데, 그 이름을 자청비라고 지었다.

사청비가 열다섯 살이 된 어느 날, 못가에서 빨래를 하고 있는데, 하늘에서 지상으로 내려온 문 도령이 글공부를 하기 위해 그곳을 지나갔다. 그가 자청비에게 물을 좀 달라고 하자, 자청비는 바가지에 버들잎을 띄워 주니 문 도령은 화를 내었다. 자청비는 문 도령이 급하게 물을 마시다 체할까봐 일부러 버들잎을 띄웠다고 말하니, 문 도령은 그 말이 뜻이 깊다고 생각하고 그녀에게 반했다.

자청비 또한 문 도령을 보고 반하여, 자기를 자청비 동생이라 속이고 남장(男裝)을 하고 따라가, 문도령과 함께 같은 서당에서 한 방에 머무르며 삼 년을 공부한다. 문도령은 자청비가 여자인 듯하여 '오줌 멀리 누기' 등 여러 가지를 시험하나, 자청비는 그때마다 기지를 발휘해 탄로나지 않고 잘 넘어간다.

삼 년 뒤에, 장가들러 오라는 하늘나라 옥황상제의 편지가 와서 문 도령이 서당을 떠나게 되었다. 자청비도 공부를 마치고 함께 돌아오다가 중도에서 목욕을 하며 문 도령에게 자신이 여자임을 밝힌다. 둘은 자청비의 집으로 돌아와 사랑을 나누고 헤어졌다.

자청비네 집 머슴인 정수남은, 소와 말을 각각 아홉 마리씩 모두 열여덟 마리나 잡아먹고, 이에 혼이 날까봐 자청비에게 산에 문 도령이 놀고 있는 것을 보다가 우마를 잃었다고 거짓말을 한다. 자청비는 문 도령의 소식을 듣고 좋아하며 그와 함께 산에 갔으나 문도령은 없었다. 그제야 자청비는 정수남에게 속은 것을 알았다. 이에 더하여 정수남은 겁탈하려고까지 하였다. 그래서 자청비는 그를 죽여버렸다. 부모는 자초지종도 모르고 자청비가 일 잘하는 남종을 죽였다고 해서 그녀를 쫓아냈다.

자청비는 남장을 하고 서천꽃밭으로 가서 속임수로 서천국의 막내딸과 결혼한 후 생명꽃을 얻어와 정수남을 살린다. 그러나 부모는 여자가 남자를 죽였다 살렸다 한다고 다시 내쫓았다.

자청비는 청태국 마귀할망의 수양딸이 되어 하늘나라 문도령에게 갈 비단을 짜면서 거기에 자신의 이름을 함께 새겨 넣어 보냈다. 그 후 문 도령이 내려 보낸 선녀들을 도와주고 하늘로 올라가 문 도령을 만난다.

문 도령은 부모에게 자청비와 결혼할 것을 청하고, 자청비는 시부모가 숯불을 피운 오십 자 구덩이 위에 칼을 거꾸로 세우고, 그 위를 통과해야 하는 시험을 통과하여 결혼하게 된다.

자청비는, 그 전에 서천꽃밭에서 남장으로 속여 서천국의 막내딸과 거짓 결혼을 한 일이 미안해서, 문 도령으로 하여금 서천국의 막내딸과 결혼하고 돌보아 주라고 부탁한다. 그래서 문 도령은 그 집과 이쪽 집을 보름씩 교대로 오가며 남편 노릇을 하게 되었다. 그러나 문 도령이 한 번은 기한이 넘어도 그 집에서 돌아오지 않자, 자청비는 시부모가 죽었다는 거짓 편지를 새의 날개에 끼워 보내 그를 돌아오게 한다.

하늘나라에서는 자청비의 미모가 소문나면서 많은 선비가 모여 그녀를 보쌈하기로 한다. 그리고 선비들은 잔치를 벌여 그녀의 남편인 문 도령을 초청한 후 술을 먹여 죽이려고 하였다. 자청비는 기지를 발휘해 선비들의 보쌈을 모면한 뒤 남장을 하고 서천꽃밭으로 가 환생꽃을 가져와서 문 도령을 살려낸다. 또 나라에 변란이 일어나자 자청비가 서천꽃밭에 가서 생명을 죽이는 악심꽃을 가져와 난을 진압하기도 했다.

자청비는 이 공을 인정받아 옥황으로부터 오곡 종자를 얻어 음력 칠월 열나흗날 문 도령과 함께 지상으로 내려온다. 와서 보니 부모는 죽어 없고 정 수남은 굶어서 죽어가고 있었다. 자청비는 정수남을 위해 밥을 준 늙은이의 밭에는 풍년을 주고, 밥을 주지 않은 아홉 형제의 밭에는 흉작을 준 후 정수남을 목축신으로 만들었다.

그런데 그녀가 지상으로 와보니, 메밀 씨를 잊고 와서 하늘에 다시 가서 가져왔다. 그래서 메밀은 수확 시기가 다른 작물보다 조금 늦게 되었다.

하늘나라의 문 도령과 인간 세상의 자청비가 결혼하여 정착하기까지의, 이리 얽히고 저리 얽히는 복잡한 신화다.

중국도 상고시대의 신화에 신농씨(神農氏)라는 농업신이 등장하고, 주나라 때에 이르러는 후직(后稷)이라는 사람이 농업신으로 떠받쳐진다. 그런데 이들 농업신은 우리나라의 농경신인 자청비와 그 성격이 근본적으로 다르다.

신농씨는 나무를 잘라서 쟁기의 보습을 만들고, 나무를 휘어잡아서 곡괭이를 만들어 씨를 갈게 했으며, 농사지을 때 김을 매는 일이 매우 이롭다는 것을 천하 사람들에게 가르쳤다. 시장을 열어 천하의 백성들을 오게 하여, 필요한 물건을 서로 바꾸어 얻게도 했다. 즉 그는 농경문화와 물물교환을 처음으로 만들어 낸 인물이었다.

후직(后稷)은 주(周) 부족의 시조인데, 어려서부터 농작물 심기를 좋아했다. 이 때문에 일찍이 요(堯)와 순(舜)의 농관(農官)을 지내면서 백성들에게 경작을 가르쳐 공덕을 쌓아, 후에 중국의 농업신(農業神)으로 받들어졌다.

이와 같이 중국의 농업신은 인간에게 단순히 농사짓는 방법을 가르치고 있을 뿐이다. 그러나 우리의 자청비는 온갖 고생을 겪고서 하늘에서 오곡의 씨앗을 가지고 왔다. 비유컨대, 지구라는 공간적인 배경에서 본다면, 중국의 농업신들은 우리가 하늘에서 가져온 씨앗을 얻어 가지고 가서 그것을 뿌리고 거두는 법만 백성들에게 가르친 셈이 된다. 그들은 그 과정에서 아무런 고생도 하지 않았다.

인간에게 이로움을 주기 위해 천상에서 불을 훔쳐 온 프로메테우스는, 그 형벌로 코카사스의 바위에 묶여 독수리에게 간을 쪼아 먹히는 형벌을 제우스로부터 받았다. 프로메테우스가 그러한 혹독한 과정을 겪은 덕분으로 인간은 불을 사용하여 편리한 삶을 영위하고, 나아가 찬란한 문명을 이룰 수 있었다.

우리의 자청비도 그 못지않은 고난과 시련을 겪은 끝에 우리에게 곡식 씨앗을 가져왔다. 이 덕분에 우리는 배불리 먹고 잘 살게 되었다. 신화는 그 민족의 현실과 이상을 함께 담고 있는 이야기다. 그러기에 자청비는 무수한 고난에도 굴하지 않는 이 땅의 모성의 다른 이름이다. 웅녀는 그 매운 마늘과 쑥을 먹으며 어두운 동굴 속에서 삼칠일을 견뎌내고 사람이 되었다. 자청비 또한 웅녀보다 더했으면 더했지 결코 덜하지 않은 고난을 겪었다.

자청비가 여자이면서 남장을 했다는 것은, 여성이란 모성을 가지면서 함께 남성적인 용기를 지녔다는 것을 암시한다. 자청비란 이름도 '비를 스스로 청했다'는 데서 유래한 것이라는 설이 있다. 농사에 첫째가는 것이 비다. 우리의 농경신은 그만큼 활력 있고 사려 깊다. 어려운 시험을 통과하는 인내력의 소유자다.

또 메밀 씨를 잊고 와서 하늘에 가서 다시 가져왔기 때문에 메밀은 수확 시기가 조금 늦게 되었다고 하였는데, 여기에는 깊은 뜻이 숨어 있다. 메밀은 구황작물이다. 날이 가물어 벼 같은 본 작물을 심을 수 없을 때 늦게나마 뿌려 거두는 대체작물이다. 본 작물을 심을 수 없을 때 그 대신 조금 늦게 심는 작물이다. 또 메밀은 아무데서나 잘 자란다. 메마른 박토에서도 잘 자란다. 우리의 농경신은 이 땅의 백성들이 가뭄에도 굶지 않고 목숨을 이어갈 수 있도록 세세한 배려를 했던 것이다. 신화 속에는 이러한 깊은 뜻이 들어 있다.

우리가 오늘날 수많은 시련을 딛고 풍족한 산물을 거두면서 만방에 우뚝 설 수 있는 나라를 만든 것도, 모두가 그러한 농경신 자청비의 정성이 그 밑에 깔려 있기 때문이 아닐까?

고상현, 『정도전의 불교 비판을 비판한다』, 푸른역사, 2014.

구태환, 『최한기 기학 - 서울대 선정 인문고전 50선 제40-』, 김영사, 2012.

금장태, 『한국유학의 탐구』, 서울대학교출판부, 1999.

김이박, 『옛말 산책』, 비봉출판사, 2014.

박태원, 『원효 하나로 만나는 길을 열다』, ㈜도서출판 한길사, 2012.

배우리, 『우리 땅이름의 뿌리를 찾아서 1, 2』, 토담, 1994.

신지우, 『재미있는 선이야기 100』, 불교시대사, 1994.

양주동, 『고가연구』, 박문출판사, 1954.

양현승, 『한국 說 문학선』, 월인, 2004.

위정철, 『존재 위백규와 다산 정약용의 생애와 사상연구』, 한국학술정보(주), 2012.

자 현, 『사찰의 비밀』, 담앤북스, 2014.

장진호, 『신라에 뜬 달 향가』, 학연문화사, 2017.

정상우, 『조선선비들의 사랑과 해학 고금소총』, 도서출판 다문, 2015.

정치학대사전편찬위원회, 『21세기정치학대사전』, 아카데미아리서치, 2002.

최한기, 『기학 - 19세기 한 조선인의 우주론-』, 손병욱 역, 통나무, 2004.

한국민족문화대백과사전 편찬부, 『한국문화대백과사전 1~28권』, 1993.

doopedia 두산백과, 2010.

장진호

대구사범학교를 졸업하고 계명대학교에서 문학박사 학위를 받았다.
대구대학교와 계명대학교 겸임 교수, 대구교육과학연구원 연구부장을 거쳐 달성고등학교 교
장을 역임했다.
저서로는 『신라 향가의 연구』, 『굽은 나무는 굽은 대로 곧은 나무는 곧은 대로』, 『손을 쥐
면 아무것도 없고 손을 펴면 천하를 쥔다』, 『국어 선생님도 몰랐던 우리말 이야기』, 『우리
문화 그 가슴에 담긴 말』(2015 세종도서 교양부문 선정도서), 『신라에 뜬 달 향가』 등이 있고,
논문으로는 「고려가요 동동고(動動考)」, 「국어교육의 맥과 흐름」 등 다수가 있다.

우리 문화 그 은은한 향기
ⓒ 장진호 2018

초판1쇄 인쇄 2018년 5월 4일
초판1쇄 발행 2018년 5월 15일

지 은 이 장진호
펴 낸 이 최종숙

책임편집 이태곤
편   집 문선희 권분옥 홍혜정 박윤정 추다영
디 자 인 안혜진 홍성권
마 케 팅 박태훈 안현진 이승혜

펴 낸 곳 글누림출판사 / 서울시 서초구 동광로46길 6-6(반포4동 577-25) 문창빌딩 2층
전   화 02-3409-2055 팩스 02-3409-2059
이 메 일 nurim3888@hanmail.net
홈페이지 www.geulnurim.co.kr
블 로 그 blog.naver.com/geulnurim
북트레블러 post.naver.com/geulnurim
등   록 2005년 10월 5일 제303-2005-000038호

ISBN 978-89-6327-507-9 03380

정가 23,000원